COLEÇÃO
ABERTURA
CULTURAL

Copyright © Originalmente publicado em holandês por Historische Uitgeverij
como De Nieuwe Politiek van Europa
Copyright da edição brasileira © 2020 É Realizações
Título original: *De Nieuwe Politiek Van Europa*

A É Realizações agradece o apoio da
Dutch Foundation for Literature

**Nederlands letterenfonds
dutch foundation for literature**

Editor | Edson Manoel de Oliveira Filho
Produção editorial e projeto gráfico | É Realizações Editora
Capa | Daniel Justi
Diagramação | Nine Design Gráfico / Mauricio Nisi Gonçalves
Preparação de texto | Paulo Mendrone
Revisão | Fernanda Simões Lopes
Tradução dos trechos em francês | Pedro Sette-Câmara

Reservados todos os direitos desta obra. Proibida toda e qualquer reprodução desta edição por qualquer meio ou forma, seja ela eletrônica ou mecânica, fotocópia, gravação ou qualquer outro meio de reprodução, sem permissão expressa do editor.

Dados Internacionais de Catalogação na Publicação (CIP)
de acordo com ISBD

M573n   Middelaar, Luuk van, 1973-

A nova política da Europa / Luuk van Middelaar ; traduzido por Francis Petra Janssen. - São Paulo, SP : É Realizações Editora, 2020.
496 p. ; 16 cm x 23 cm. – (Abertura Cultural)

Tradução de: De nieuwe politiek van Europa
ISBN: 978-85-8033-391-6

1. Relações econômicas internacionais. 2. União Europeia. 3. História. 4. Integração econômica. I. Janssen, Francis Petra. II. Título. III. Série.

2020-1506   CDD 337.142
                                                   CDU 339.923

Elaborado por Vagner Rodolfo da Silva - CRB-8/9410

Índice para catálogo sistemático:
1. Relações econômicas internacionais 337.142
2. Relações econômicas internacionais 339.923

É Realizações Editora, Livraria e Distribuidora Ltda.
Rua França Pinto, 498 · São Paulo SP · 04016-002
Telefone: (5511) 5572 5363
atendimento@erealizacoes.com.br · www.erealizacoes.com.br

Este livro foi impresso pela Gráfica Pancrom em agosto de 2020. Os tipos são da família Sabon Light Std e Frutiger Light. O papel do miolo é o Lux Cream 70 g, e o da capa cartão Ningbo C2 250 g.

A NOVA POLÍTICA DA EUROPA

Luuk van Middelaar

TRADUÇÃO DE FRANCIS PETRA JANSSEN

É Realizações
Editora

Sumário

Prefácio 9

Apresentação à edição brasileira 15

Introdução 25

PARTE I – AGIR
    Naquela época 47

Capítulo 1 | Improvisar. A crise da zona do euro 55
    Sem apoio 55
    Sete decisões 62
    Responsabilidade e solidariedade 107

Capítulo 2 | Negociar. A crise da Ucrânia 115
    O ímã e a fronteira 115
    Quatro episódios 127
    Entre os Estados Unidos e a Rússia 143

Capítulo 3 | Limitar. A crise dos refugiados 151
    Convencimento e responsabilidade 151
    Três episódios 154
    Fronteiras externas e internas 176

Capítulo 4 | Levantar. A crise do Atlântico 185
    "Até que a morte nos separe" 185
    Cinco sequências 188
    Pegar o destino nas próprias mãos 230

PARTE II – FAIXAS TEMPORAIS, LINHAS DE FRATURA
A ironia da história 235

Capítulo 5 | Dois vizinhos, três planos construtivos, duas fundações 239
Incompreensão franco-germânica 239
Três planos construtivos 250
Depois da Guerra: promessa e tabu 256
Depois do Muro: União *versus* Comunidade 265

PARTE III – GOVERNAR OU NÃO?
Emancipação do Poder Executivo 287

Capítulo 6 | Autoridade 297
Autoridade e legitimidade 297
Regularidade. Formação do Conselho Europeu 300
Cinco momentos-chefe 307
A dinâmica do encontro 317
Visibilidade 325
A Comissão e a limitação da autoridade legal 333

Capítulo 7 | Determinação 339
Desenvolvimentos do Conselho e do Conselho Europeu 340
Reposicionamento da Comissão 354
Surgimento de gabinetes centrais 362

Capítulo 8 | Capacidade de ação 375
Os engenheiros da política de regras 376
Generais e chefes da missão 385
Antecipar 393

PARTE IV – OPOSIÇÃO
Sem ponto de referência 399

Capítulo 9 | A experiência da Europa 409
Regras como emaranhado 410

Convencimento como comportamento messiânico 418
Crise como faca no pescoço 422

Capítulo 10 | Votos como resistência 427
O público desperta 428
Arriar a bandeira e parar o mercado. O duplo não
    franco-neerlandês (2005) 432
Interromper a austeridade e nenhum centavo para a
    Grécia (2010–2015) 438
Retomar o controle. O voto britânico pelo Brexit (2016) 444

Capítulo 11 | Dissenso vinculatório 449
Política na fábrica de regras 451
O Parlamento e a Promessa 458
Desunião na Cúpula 470
Um novo ambiente público 488

Prefácio

2016, 2017: anos de eleição que dividiram a Europa, repletos de mudanças e ressurreição. Depois do referendo do Brexit e do voto norte-americano em Trump de 2016, a revolta nacional-populista seguiu em direção ao continente europeu no começo de 2017. As eleições nos Países Baixos e na França deixaram a Europa tensa; a sobrevivência da União estava em risco. Os eleitores nos dois países também sabiam disso e agiram de acordo; eles rejeitaram um futuro de "Nexit" e "Frexit". Com a eleição do matador de dragões Emmanuel Macron, a Europa deu uma virada; a paralisia parecia ter terminado e era possível olhar para a frente. Evidentemente, a sensação de crise persistia: duras divergências entre Sul e Norte sobre os barcos com refugiados africanos, névoa densa sobre Londres por causa do Brexit, a discussão do estado de direito polonês e húngaro e o pessimismo dos euroeconomistas. Mas, depois de sete anos em que a União – desde o começo da crise da primavera de 2010 – várias vezes esteve à beira do precipício, a ameaça existencial desvaneceu. O verão de 2017 é claro: continuamos como União, também e justamente quando novos acontecimentos vão pôr nosso destino à prova.

Em setenta anos de paz e prosperidade, o debate político na Europa Ocidental girou em torno de questões sobre crescimento e distribuição, saúde e educação, liberdades e identidades. Tratamos bem menos das questões fundamentais de Estado e autoridade, estratégia e guerra, segurança e fronteiras, cidadania e contradição. Assim, desaparecem as condições da peça milagrosa de uma convivência livre. É bem verdade que imagens de guerra civil, ditadura ou conflitos militares em outros lugares poderiam nos ter lembrado de que o paraíso democrático da Europa não é óbvio. Mas bem soubemos argumentar contra o lembrete: o resto do mundo *ainda não* havia atingido nosso nível de desenvolvimento, africanos, árabes, chineses ou indianos, todos ainda estavam a caminho, eles ainda viviam *na* história enquanto nós já estamos com o pé no final da história mundial. Bem, agora, um fato nos deixa curiosos: nossa ordem é frágil, nosso futuro não é um berço esplêndido. A política é importante. "A história voltou."[1] A chegada de Donald Trump à Casa Branca deu o "empurrãozinho" decisivo: sem nenhuma gentileza, ele puxou o tapete debaixo da segurança do continente europeu há tanto tempo garantida pelos Estados Unidos. Vivemos num mundo de conflitos e rivalidade, de poder e contrapoder, e a reorientação, de repente, passou a ser uma amarga necessidade.

Só que nossos políticos têm dificuldade de (re)encontrar as palavras e os gestos adequados a essa situação. Infelizmente, isso é extremamente difícil na política europeia, dar respostas conjuntas a mudanças geopolíticas e desafios econômicos. O modelo de cooperação europeu baseia-se historicamente em ignorar a política. As instituições, os métodos de trabalho e as formas de pensamento de Bruxelas estão voltados a esmorecer as paixões políticas em uma rede de regras: despolitização, muito útil para a construção de um mercado. Mas essa engenhosidade reverte em fraqueza assim que é preciso agir, como nos demos conta quase diariamente desde a eurocrise de 2010.

Este livro mostra como a política – sob a pressão dos acontecimentos e contra a lógica doutrinária de Bruxelas – volta a exigir

---

[1] Palavras do presidente do Conselho Europeu, Donald Tusk, na cerimônia de passagem do cargo do presidente Herman Van Rompuy, em 1º de dezembro de 2014.

seu lugar. Uma metamorfose gradual, mas imponente. Política de acontecimentos. No meio da confusão das crises em torno do euro, Ucrânia, refugiados, Brexit e Trump, no emaranhado dos *players* nacionais e de Bruxelas em campo, em centenas de decisões e afirmações, é possível discernir linhas de desenvolvimento. Certa vez, Miles Davis disse: "Primeiro eu toco e, depois, digo o que é". Passados oito anos de improvisação dos *players* políticos europeus, já podemos descrever, esclarecer o que aconteceu diante de nossos olhos. Este livro coloca os desenvolvimentos em perspectiva e visa a criar transparência.

Em uma democracia, a legibilidade dos atos políticos é vital. Se a realidade política se comporta de forma complexa, confusa ou paradoxal, ninguém mais saberá quem é o responsável por uma decisão. A incompreensão é a porta de entrada de desconfiança, indiferença, revolta e desânimo. Por isso, o objetivo principal é: criar compreensão. Sem veredito final, sem "soluções" confortáveis, sem polêmicas acadêmicas; isso é para outro momento. Mas, sim, com histórias, imagens e conceitos que oferecem interpretação e análise, permitindo que o próprio leitor possa julgar por si só os acontecimentos que estão diante de nós – e agir.

Se a dupla de anos eleitorais 2016 e 2017 nos provou algo, é que o público, sobretudo aquele à guisa de oposição, entrou na cena política: é dali que a nova política terá que extrair suas forças.

Há oito anos, publiquei *Europa em Transição*, livro que também chegou a leitores de outros idiomas. Este livro é uma continuação? *Sim*, pois *Europa em Transição* lançou a base para um conceito de desenvolvimentos; muitos dos limites dele continuam e o livro revelou ser uma caixa de ferramentas para desenvolvimentos que ainda estavam por vir. Mas, ao mesmo tempo, *não*, pois *A Nova Política da Europa* não é uma crônica dos anos 2009-2017, não é um livro que continua de onde o anterior parou.

Onde me for útil, releio o presente com consciência histórica e com uma visão político-filosófica.

Além disso, desta vez me respaldo mais em experiências pessoais: de oito anos, cinco – do início de 2010 até o começo de 2015 – trabalhei no coração da União, como redator de discursos do primeiro presidente fixo do Conselho Europeu.[2] Essa função era nova e também me obrigou a aguçar minha perspectiva. Em reuniões de cúpula noturnas, acompanhei bem de perto como 28 líderes de governo batalharam com mercados e entre si para salvar o euro, ou como reagiram aos levantes árabes e à invasão russa da Crimeia. Também descobri na pele quando eu vi, como redator de discursos, como era difícil contar uma história conjunta e convincente de como essa "Europa", de Dublin até Sófia e de Madri até Helsinque, é um escudo de projeção em contínua mudança dos desejos e medos nacionais, mas, também, como em Bruxelas palavras bem normais ficavam fora da agenda.

Ao mesmo tempo, já são dois anos que estou fora da loucura e, como acadêmico e colunista, reconquistei uma distância intelectual e analítica. A minha intenção era escrever um artigo, mas acabou virando um livro. Novos acontecimentos ajudaram na reflexão. Pois foi só em 2017 – o ano de Trump – que vimos a Nova Política da Europa surgir em todo o seu esplendor; não só de forma improvisadora, e, apesar de si mesma, reestruturando-se, mas ganhando autoconsciência e vontade de viver.

E, para finalizar, uma palavra de agradecimento. É impossível citar todos aqueles que nos locais de trabalho em Bruxelas, em debates públicos ou como amigos partilharam ideias, deram suas opiniões em conversas que às vezes já duram dez anos ou até mais; espero

---

[2] Depois que Herman Van Rompuy concluiu o mandato, em 30 de novembro de 2014, ainda trabalhei por mais três meses na transição para seu sucessor, Donald Tusk, até 28 de fevereiro de 2015.

que saibam o quão importante isso é para mim. Quero agradecer explicitamente a Philippe Van Parijs pelo trabalho em um projeto e livro em que, em 2013-2015, tentamos iniciar o diálogo entre a casta política fechada e a classe intelectual envolvida, e que me trouxe de volta à minha escrivaninha;[3] agradeço aos novos colegas acadêmicos Stefaan Van den Bogaert (Leiden) e Bernard Coulie e Vincent Dujardin (Louvain-la-Neuve) pelo espaço oferecido para trabalhar neste livro; agradeço também aos colegas da mídia que me encorajaram a não guardar todas as ideias até a publicação do livro – Peter Vandermeersch e Monique Snoeijen (*NRC Handelsblad*), Matthias Krupa (*Die Zeit*) e Philippe Ricard (*Le Monde*).

Também agradeço, por seus comentários em parte do manuscrito, a Maryem van den Heuvel, Nanda Kelly, Sarah Nelen, Ton Nijhuis e Coen Simon. Quatro leitores leram tudo, às vezes, mais de uma vez, e sou-lhes muito grato por isso: Hans Kribbe, especialista em Bruxelas e filósofo político; Vestert Borger, um jurista sensível; Patrick Everard, um editor incisivo e empático, mestre da palavra certa; e Manon de Boer, minha mulher – sem a qual o livro não existiria. Também agradeço a Julius, por se divertir enquanto eu escrevia.

Luuk van Middelaar
21 de julho de 2017, voo noturno Bruxelas-Cingapura

---

[3] Luuk van Middelaar e Philippe Van Parijs (eds.), *Na de Storm. Hoe We de Democratize in Europa Kunnen Redden* [*Depois da Tempestade. Como Salvar a Democracia na Europa*. São Paulo, É Realizações Editora, 2018]. Tielt, Lannoo, 2015. Com contribuições de: Rémi Brague, Maurizio Ferrera, Dieter Grimm, Jürgen Habermas, Turkuler Isiksel, Ivan Krastev, Koen Lenaerts, David Miller, Dani Rodrik, Pierre Rosanvallon, Fritz Scharpf, Paul Scheffer, Amartya Sen, Larry Siedentop, Frank Vandenbroucke e Herman Van Rompuy.

Apresentação à edição brasileira

PEGANDO O DESTINO NAS PRÓPRIAS MÃOS: A POLÍTICA DE
ACONTECIMENTOS CONTRA A POLÍTICA DA ETERNIDADE

> A história continua quente, não há dúvida – quente, explosiva e imprevisível.
> J. G. Merquior

Nos parágrafos iniciais da segunda parte de suas *Lembranças de 1848*, Alexis de Tocqueville dirigiu determinadas objeções a alguns dos intérpretes contemporâneos da revolução que se desencadeou na França em fevereiro daquele ano. Assim se expressou o autor de *A Democracia na América*:

> De minha parte, detesto os sistemas absolutos, que tornam todos os acontecimentos da história dependentes de grandes causas primeiras, ligadas entre si por um encadeamento fatal, e que eliminam, por assim dizer, os homens da história do gênero humano. Considero-os estreitos em sua pretendida grandeza e falsos em seu ar de verdade matemática. Creio [...] que muitos fatos históricos importantes só podem ser explicados por circunstâncias acidentais e que muitos outros são inexplicáveis; e enfim que o acaso – ou antes, o entrelaçamento de causas secundárias, que assim chamamos por não sabermos desenredá-las – tem um grande papel em tudo o que vemos no teatro do mundo; mas creio firmemente que o acaso nada faz àquilo que, de antemão, já não esteja preparado. Os fatos anteriores, a natureza das instituições, a dinâmica dos espíritos e o estado dos costumes são os materiais com os quais o acaso compõe os improvisos que nos assombram e nos assustam.[1]

---

[1] Alexis de Tocqueville, *Lembranças de 1848: As Jornadas Revolucionárias em Paris*. Trad. Modesto Florenzano. São Paulo, Companhia das Letras, 2011, p. 104.

Pois bem, o leitor tem em mãos um livro escrito por alguém que, de modo semelhante a Tocqueville, procura dar atenção especial ao acaso e à sua relação com certas *estruturas* históricas. Há algo de repetível ou de previsível na história? A história se torna mais acelerada em alguns momentos, e mais lenta em outros? Como se preparar para acontecimentos catastróficos? Quais decisões devem ser tomadas quando esses acontecimentos nos pegam de surpresa? Qual é o momento propício para agir? Tais questões estão no cerne de *A Nova Política da Europa*.

Esta é a terceira obra do historiador e filósofo político holandês Luuk van Middelaar (45 anos), que foi também, de 2010 a 2015, membro do gabinete de Herman Van Rompuy, primeiro presidente do Conselho Europeu, a instituição mais importante já criada pela União Europeia (UE). Trata-se, portanto, de um intelectual qualificado que viu grandes decisões políticas sendo tomadas no calor da hora, nos momentos em que os mais destacados líderes europeus tiveram que improvisar, diante das *vicissitudes do destino*, a fim de manter a União coesa. (Diga-se de passagem, "improvisar" é uma das palavras-chave deste livro, como o leitor perceberá.)

O livro está dividido em quatro partes.

A primeira delas, "Agir", tem quatro capítulos, cada qual dedicado a um acontecimento recente que exerceu grande impacto sobre a Europa. A crise do euro (2008), a anexação da Crimeia pela Rússia (2014), as multidões de refugiados vindas do Norte da África e do Oriente Médio (2015) e, por fim, o Brexit, ocorrido em 2016, todos esses acontecimentos exigiram uma resposta *conjunta* da Europa. Soma-se a isso a vitória de Donald Trump nas eleições norte-americanas (também em 2016), fato que tornou o cenário ainda mais crítico. A segunda parte, "Faixas temporais, linhas de fratura", cujo título se vale da noção de "estratos do tempo" (*Zeitschichten*), do historiador alemão Reinhart Koselleck, tem um único capítulo, intitulado "Dois vizinhos, três planos construtivos, duas fundações", e revisita alguns pontos referentes à fundação e à consolidação da União Europeia, com ênfase em dois países: França e Alemanha. Após esse interlúdio, a terceira parte, intitulada "Governar ou não?", trata, em seus três capítulos, de algumas brechas que começam a aparecer na rígida estrutura burocrática que, até então, deu os contornos da União Europeia. Por fim, temos a quarta parte, "Oposição", também com três capítulos, que aborda a importância da discussão pública sobre temas de interesse geral, as estratégias de convencimento e de conquista do público (por parte dos *players* europeus), além da consciência de que a democracia não existe sem o dissenso – e de que o consenso forçado é um passo largo em direção ao totalitarismo.

Mas o tema geral que atravessa *A Nova Política da Europa* é o fenômeno que Middelaar denomina de passagem da "política de regras" para a "política de acontecimentos". O que querem dizer tais expressões?

Por "política de regras", Middelaar compreende as estratégias adotadas na própria formação da União Europeia, isto é, as estratégias que alguns países europeus passaram a desenvolver, a partir da década de 1950, para impedir que outras guerras fratricidas (como foram as duas guerras mundiais), insufladas por ressentimentos variados e mitologias nacionalistas, irrompessem novamente. Tais soluções tinham como objetivo estimular, por meio de tratados, a cooperação e a interdependência entre os Estados-membros que compusessem a União. Desde então, as regras estabelecidas pelos tratados firmados vêm funcionando como "ilhas de certeza num oceano de incertezas" (como disse certa feita Hannah Arendt – cujas ideias não raro são evocadas por Middelaar, em suas reflexões.). A metáfora se justifica porque, a despeito dos resultados obtidos com essa "política de regras", quando os ventos do acaso começaram a soprar com força em alto-mar, tais "ilhas" se mostraram inóspitas. Houve, por exemplo, um progressivo afastamento entre o público europeu e as instituições europeias. Bruxelas foi se tornando cada vez mais fria e com nítidas dificuldades de conquistar a opinião dos cidadãos dos Estados-membros, de fazê-los se sentir, de fato e de direito, *europeus*. O excesso de confiança na eficiência administrativa e na estrutura regulatória criou uma carapaça burocrática imune à criatividade política e à capacidade de lidar com situações críticas, bem como de extrair de tais situações algum substrato que fortalecesse coletivamente a Europa. Em suma, a "política de regras", em dada medida, colaborou para a atrofia da própria *política*, entendida como espaço de ação das virtudes cívicas, que só são possíveis quando há capacidade de absorção dos efeitos provocados pelos acontecimentos (a rigor, imprevisíveis).

É por isso que a "nova política" de que fala Middelaar só pode ser uma "política de acontecimentos". A pressão exercida por acontecimentos como o já mencionado Brexit tem feito a União Europeia, segundo o historiador holandês, perceber com maior nitidez a necessidade da emergência dessa "nova política".

Tal opinião fica explícita logo no início do livro. Vejamos um trecho da primeira parte, na tradução de Francis Petra Janssen:

> Pocock fala do momento "em que a república percebeu que ela estava cara a cara com sua temporariedade e natureza finita, e estava tentando se manter política e moralmente em uma corrente de acontecimentos irracionais que pareciam subverter e destruir todo o sistema social e político". Quem sabe que é mortal deve olhar para si mesmo e se armar como uma unidade contingente na corrente do tempo. Uma experiência existencial.
>
> Há dez anos a União Europeia está envolvida com um momento de conscientização histórico-política como esse. Um *momento maquiavélico*, no sentido de Pocock. Uma crise depois da outra, desde 2008, é o que está minando os fundamentos, sua autoimagem, sua existência.

Como se vê, Middelaar faz referência a um clássico da história das ideias, *The Machiavellian Moment*, do historiador neozelandês J. G. A. Pocock, publicado em 1975. Maquiavel é um autor central no pensamento de Middelaar. A preocupação com o caráter contingente da ação política e a atenção ao modo como o autor florentino deu tratamento a isso acompanham Middelaar desde seu primeiro livro (escrito em 1999, como tese de doutorado), perpassam o segundo,² publicado dez anos depois, e retornam agora, com toda a força, neste *A Nova Política da Europa*. Ter consciência de sua contingencialidade é, para a União Europeia, um sinal do "retorno da política", isto é, da percepção de que, mais do que planejar, estabelecer regras ou idealizar um futuro impecavelmente formatado, é necessário agir, tomar decisões, aqui e agora. Para Middelaar, tal consciência foi expressa pela primeira vez, publicamente, pela boca de Angela Merkel, que disse (em março de 2017, portanto após o Brexit e a eleição de Trump): "Está na hora de tomar o destino da Europa em nossas próprias mãos". Eis a imagem do "momento maquiaveliano" que Middelaar enfatiza diversas vezes ao longo do livro.

Para entender melhor a imagem contida nessa expressão e o porquê de ela remeter diretamente à concepção maquiaveliana da política, remeto o leitor a um texto de um conterrâneo de Merkel. Refiro-me a alguns versos do "Prólogo do Diretor", de *Fausto*, de Goethe. A seguir, a citação, seguida da tradução de Jenny Klabin Segall:

> Was heute nicht geschieht, ist morgen nicht getan,
> Und keinen Tag soll man verpassen,
> Das Mögliche soll der Entschluß
> Beherzt sogleich beim Schopfe fassen,
> Er will es dann nicht fahren lassen
> Und wirket weiter, weil er muß.
>
> [O que hoje não se faz, nos falta amanhã;
> E não passe um só dia em vão.
> Deve aferrar-se a decisão
> Ao que é possível; tão em breve

---

² Refiro-me, respectivamente, a *Politicídio – O Assassinato da Política na Filosofia Francesa* e *Europa em Transição – Como um Continente se Transformou em União*, ambos traduzidos por Ramon Alex Gerrits e publicados no Brasil também pela É Realizações Editora.

Não pensa em lhe dar larga, então,
E age até o fim, porque é o que deve.]³

A fala é do diretor, que se dirige ao poeta para repreendê-lo por sua postura pouco pragmática. Na página da edição em que se encontra o trecho citado, há uma nota esclarecedora escrita pelo estudioso Marcos Vinicius Mazzari. Diz-nos ele (nota 17): "Literalmente, o diretor diz aqui que a decisão deve agarrar o possível pelo topete (*beim Schopfe fassen*), em alusão à Kairós, a divindade do momento propício, tradicionalmente representada com um topete e com a parte posterior da cabeça raspada". Kairós designava, entre os antigos gregos, o tempo da decisão. Na passagem da Idade Média para o Renascimento, na Itália, passou a estar diretamente associado às alegorias da Ocasião (*Occasio*) e da Fortuna.⁴ Sabemos que, às "visitas da dama Fortuna" (lê-se: à imprevisibilidade da história), Maquiavel sugeria o cultivo do *virtù*, isto é, da virtuosidade e do engenho, o que implicava tanto preparo e antevisão quanto capacidade de improvisação no enfrentamento de circunstâncias adversas. Por isso, a frase dita por Merkel, "tomar o destino nas próprias mãos", chamou tanto a atenção de Middelaar. O que ela revela é nada mais nada menos que a percepção de um momento novo para a Europa; o momento de uma Europa que tem de agir "sob a pressão dos acontecimentos".

O desafio maior, contudo, é o da antipolítica, da subversão dos valores democráticos. Tendo isso em vista, acredito que seja pertinente, para encerrar esta introdução, relacionar o que Middelaar entende por "política de acontecimentos" com o que o historiador norte-americano Timothy Snyder chama de "política da eternidade", um tipo de política "anti-histórica".

---

³ J. W. Von Goethe, *Fausto I – Uma Tragédia*. Trad. Jenny Klabin Segall. São Paulo, Editora 34, 2004, p. 44-5.

⁴ Cf. Simona Cohen, "Transformations of Time and Temporality in Medieval and Renaissance Art Series": *Brill's Studies on Art, Art History, and Intellectual History Brill's Studies in Intellectual History*, Volume: 228/6. Leiden, Brill Academic Pub, 2014.

Sugiro tal relação porque creio que a primeira pode funcionar como "antídoto" para a segunda – a antipolítica se combate com a própria *política* na medida em que a anti-história é desmascarada pela *história* mesma.

Em seu opúsculo *On Tyranny: Twenty Lessons from the Twentieth Century*, publicado em 2017, Timothy Snyder, um dos mais importantes historiadores dos regimes totalitários, estabelece uma distinção entre dois tipos de política "anti-histórica", ambos nocivos para a democracia. Ele denomina o primeiro de "política da inevitabilidade", que consiste em um tipo de crença no fato de que, na política, nada realmente pode ser mudado e que o caos que nos cerca sempre será absorvido por um sistema autorregulador. Quando o comunismo soviético ruiu, há um quarto de século, diz Snyder, "tiramos a conclusão errada: em vez de rejeitar as teleologias, imaginamos que a própria narrativa (do 'fim da história', *à la* Fukuyama) fosse a verdadeira". O risco está justamente em encarar a história como algo linear e inevitável, que transcorre em "ponto morto". Nesse sentido, Snyder entende a política de inevitabilidade como "um coma intelectual autoinduzido".

Ao segundo, Snyder denomina "política da eternidade". Diferentemente do que acontece primeiro, ela se interessa pelo passado de uma forma "egocêntrica, livre de qualquer compromisso com os fatos", e seu espírito

> é o de uma nostalgia de momentos gloriosos que jamais aconteceram em épocas que, na verdade, foram desastrosas. Os políticos da eternidade nos oferecem o passado como um vasto pátio enevoado de incompreensíveis monumentos à vitimização nacional, todos realmente suscetíveis à manipulação. Todas as referências ao passado envolvem um ataque de algum inimigo externo à pureza da nação.[5]

---

[5] Edição brasileira: Timothy Snyder, *Sobre a Tirania: Vinte Lições do Século XX para o Presente*. Trad. Donaldson M. Garschagen. São Paulo, Companhia das Letras, 2017, p. 117.

Assim, na política da eternidade,

> a sedução de um passado mítico nos impede de contemplar futuros possíveis. O hábito de concentrar-se na vitimização embota o impulso da autocorreção. Como a nação é definida por sua virtude inerente, e não por seu potencial futuro, a política torna-se uma discussão sobre o bem e o mal, e não uma discussão de possíveis soluções para problemas reais.[6]

(O alvo aqui é tanto o discurso da "América grande de novo" da campanha presidencialista de Donald Trump quanto a retórica autoritária com tempero tradicionalista de Vladimir Putin.)

Se uma é um "coma", a outra é uma "hipnose": "Fitamos o vórtex giratório do mito cíclico até entrarmos em transe – e aí fazemos alguma coisa chocante, obedecendo às ordens de alguém". O perigo que se corre, segundo Snyder, é o de se passar de uma a outra, da "inevitabilidade" a "eternidade". O grande antídoto a essas duas formas de encarar o passado, segundo o historiador, de fato, é a *história* propriamente dita:

> A história nos permite ver padrões e fazer julgamentos. Ela esboça para nós as estruturas dentro das quais podemos procurar a liberdade. Revela momentos, cada um deles diferente, nenhum inteiramente singular. Compreender um momento é ver a possibilidade de participar da criação de outro momento. A história nos permite sermos responsáveis: não por tudo, mas por alguma coisa.[7]

Daí a importância das reflexões de Middelaar sobre uma "política de acontecimentos" como uma forma de "aceitar a dinâmica imprevisível da história", sabendo fazer o melhor uso político disso, procurando colher o que há de profícuo na tensão e no dissenso, sem cair na tentação das generalizações mitológicas autoritárias, cujo propósito é silenciar o outro, torná-lo um inimigo a ser eliminado, e

---

[6] Idem, p. 119.

[7] Idem, p. 120.

não um interlocutor a ser ouvido ou convencido. E esse risco todos nós corremos.

Há que sempre ter em vista, portanto, o que disse o crítico e ensaísta José Guilherme Merquior, em artigo para o jornal O *Globo*, de dezembro de 1990, ao objetar o famoso texto de Francis Fukuyama sobre o "fim da história" (e que pus como epígrafe nesta introdução): "A história continua quente, nem há dúvida – quente, explosiva e imprevisível".

Goiânia, setembro de 2018.

Cláudio Ribeiro é historiador e colaborador dos blogues
Estado da Arte, do jornal *O Estado de S. Paulo*, e *Miméticos*,
dedicado ao pensamento de René Girard.

Introdução

> A *polis*, falando propriamente, não é o local físico da cidade; trata-se da organização que surge a partir de agir e falar uns com os outros, e seu espaço de fato está entre as pessoas que vivem juntas com esse objetivo, não importando quem sejam.
>
> Hannah Arendt[1]

O QUE AS CRISES REVELAM

Uma crise é um momento de verdade. Quando o chão sob os pés estremece, quando, subitamente, há um opositor diante da porta, é que se descobre a força interior que se tem. Em um teste como esse, um indivíduo ou um órgão político consegue aprender muito mais sobre si mesmo do que em semanas ou anos que decorrem harmoniosamente.

Bancos prestes a desmoronar, a moeda à beira do precipício, guerras na periferia do continente, fronteiras internas fechadas, fumaça de pólvora nos centros urbanos – crise é o que não falta. Assim, em breve e bruscamente, a União Europeia terá que processar a cronologia de perspectivas, pontos de vista que exigirão ações. Três se aplicam em especial.

A primeira redescoberta é esta: quando a unidade da União ou a paz em nossa parte do mundo está em jogo, os motivos políticos para a coexistência prevalecem sobre as necessidades e avaliações de cunho puramente econômico. Em situações anormais, a política subjacente age tornando-se mais evidente do que em situações normais, quando é praticamente imperceptível.

---

[1] Hannah Arendt, *The Human Condition*. Chicago e London, The University of Chicago, 1998 (orig. 1958), p. 198.

Isso foi evidente na crise da zona do euro. Por que a Grécia continua sendo membro da zona do euro até hoje? Essa posição foge ao entendimento dos especialistas. A partir de 2010, um coro de economistas de Londres, Nova York e Washington explicava por que a unidade monetária europeia precisava cair; e os mais audaciosos até davam uma data para tal.[2] Eles provavelmente estavam certos de que a união monetária como projeto econômico é "subótima". Mas se esqueceram de que o euro, então, fora criado sobretudo por motivos políticos – na esteira da queda do Muro de Berlim – e agora, mais uma vez, é salvo por motivos políticos. É claro que argumentos econômicos tiveram e têm um papel nisso. A crise da zona do euro é debatida no idioma financeiro de bancos, déficits, empréstimos e *spreads*. Só que em função de argumentos políticos, que são mais fortes que os econômicos, como revelam alguns poucos momentos-chave. De início, alguns círculos políticos europeus temiam que a

---

[2] Destaques dos discursos de três favoráveis à saída da Grécia do euro ("grexiteiros"), Buiter, Roubini e Krugman: Willem Buiter, em 16 de novembro de 2011, em uma entrevista na *Bloomberg*: "Creio que ainda temos alguns meses – podem ser até semanas ou dias – antes que haja um risco material de um descumprimento fundamental desnecessário por um país como a Espanha ou a Itália, o que seria catastrófico, arrastando consigo o sistema bancário europeu e a América do Norte". Em julho de 2012, Buiter definiu o dia D do "grexit" (um termo que ele inventou) como o dia 1º de janeiro de 2013. Nouriel Roubini, em 25 de janeiro de 2012 (segundo declarações no Fórum Econômico Mundial): "A zona do euro é um desastre em câmera lenta. Países, e não só a Grécia, estão insolventes. Acredito que a Grécia sairá da zona do euro nos próximos doze meses e, depois, Portugal. (...) Existe uma chance de 50% de a zona do euro se dissolver nos próximos três a cinco anos". Paul Krugman, no texto "Apocalypse Fairly Soon", publicado na *New York Times*, 17 de maio de 2012: "De repente, ficou fácil ver como o euro – aquele grande experimento falho de união monetária sem união política – poderia desmoronar pelas emendas. Nem estamos falando de uma perspectiva distante. As coisas podem desmoronar rapidamente, em questão de meses, não de anos". (Pelo blogue de Francesco Papadia moneymatters-monetarypolicy.eu e Noah Barkin, "Euro Doomsayers Adjust Predictions after 2012 Collapse Averted", na *Reuters*, 28 de dezembro de 2012.)

saída da Grécia acabaria causando uma "contaminação financeira" de outros países da zona do euro. Por isso, Atenas recebeu recursos financeiros e foram erigidas "barreiras": nessa fase, a lógica econômica rejeitava um Grexit. Mas depois, quando, por volta de 2012, o risco de contaminação havia sido contido – e novamente o populismo de esquerda de Tsipras em 2015 se mostrava recalcitrante –, alguns ministros das Finanças começaram a debater expressamente o assunto. Nas calculadoras de Berlim e Haia, dessa vez, a análise do custo/benefício da saída da Grécia apresentava um resultado positivo. Só que esse dado não decidia o caso. Por que não? Porque os líderes governamentais reunidos, que eram aqueles que tomavam essas decisões, olhavam para além do ponto de vista econômico. Eles não só se sentiam responsáveis pelo Tesouro, mas também pela situação como um todo. Em suas análises *políticas* de custo/benefício, eles também consideravam outros tipos de riscos, talvez inquantificáveis, que, no entanto, eram reais. Qual seria a cascata de eventos que uma saída da Grécia desencadearia? Instabilidade nos Bálcãs, influência da Rússia sobre uma Atenas enfraquecida, tensão nas relações entre França e Alemanha, colapso do mercado interno ou até mesmo da União Europeia como tal... A Grécia ficava.

As crises trouxeram um segundo esclarecimento: a promessa de um início radicalmente novo se despedaçou e o sonho de uma política europeia pura acabou. Em tempos de Putin, Erdogan e Trump, a União Europeia não pode mais se dar ao luxo de ser um pastor inocente que confia em amor universal e justiça. Se quisermos salvaguardar nossa maneira de viver, então toda a Comunidade Europeia terá que pensar mais estrategicamente, e também precisará se portar como um *player* de peso.

Na autoimagem de Bruxelas, havia muito já existiam dois pensamentos básicos que se mesclavam. Será que a união da Europa era um projeto de paz ou um projeto de poder? Projeto de paz: eliminar as nações, abrir uma brecha na soberania do Estado para, na Europa e como Europa, dar o primeiro passo para estabelecer a paz no mundo. Projeto de poder: vincular as nações formando uma unidade, concentrar a habilidade dos Estados e, assim, servir melhor aos interesses comuns no mundo. As duas ideias têm um apelo próprio no público. No projeto de paz, a Europa é "o ato moral por excelência",[3] que exige vontade de reconciliação e idealismo. No projeto de poder, a Europa é um ato político que pede a redefinição de interesse próprio, forma e capacidade jurídica.

Eventos recentes têm aumentado a tensão intrínseca entre a Europa como um marco moral e a Europa como um *player* de poder político. Para limitar o fluxo de refugiados saídos da Síria em direção à Grécia, os líderes europeus, em março de 2016, fizeram um acordo ético e jurídico sobre a questão com a Turquia do presidente Erdogan, em nome de interesses políticos maiores. Para ajudar a encerrar a guerra entre a Ucrânia e a Rússia – a explosão de violência mais perigosa no continente desde as Guerras dos Bálcãs – a chanceler Merkel e o presidente Hollande, em fevereiro de 2015, negociaram um compromisso entre o presidente da Ucrânia, Poroshenko, e seu colega russo, Putin, priorizando a chance de paz e de poupar vidas humanas, além de estritamente em conformidade com a legislação internacional. É inevitável que nos próximos anos mais dilemas como esse impulsionarão a política na União. A jovem política de poder da Europa, como abnegação, encontra-se em processo de amadurecimento. É a escolha permanente entre respeitar nossos valores maiores e mais tradicionais e a garantia de nossa inviolabilidade, agora e no futuro.

Uma terceira verdade que as crises nos indicam: as regras legais da União não conseguem prever todas as novas situações imagináveis

---

[3] Julien Benda, *Discours à la Nation Européenne*. Paris, Gallimard, 1979 (orig. 1933), p. 124.

ou não imagináveis. Quase definitivamente não. Mas o que é, na verdade, uma crise? Algo acontece que anteriormente estava fora (ou não era considerado) do horizonte do imaginável. O que fazer se um país da Comunidade Europeia entra em falência, o que fazer se um ditador próximo massacra seu povo, o que fazer quando milhares de refugiados vêm bater a nossa porta? E o que fazer quando um participante do grupo, de repente, fecha as portas? Para tais mudanças inesperadas de situação, não há como prescrever receitas previamente. Tratados e regras fixas são historicamente vistos como os grandes méritos da União, no entanto oferecem base insuficiente para ações adequadas, rápidas e conjuntas quando surgem condições imprevistas e indesejadas. A Europa é mais do que um mercado, para o qual se podem acordar regras pacientemente, ela é uma União que também está envolvida com moeda, fronteiras e política externa, tornando-se inevitável, por isso, a ocorrência de tais situações.

As crises, portanto, exigem outra capacidade de ação, diferente da oferecida pelas estruturas tradicionais de Bruxelas. Não se trata de adaptação de *normas*, mas de *decisões*. Não raro, elas são tomadas fora dos tratados existentes, como aconteceu em maio de 2010, quando, no prazo de um final de semana, se decidiu pela instalação de paredes corta-fogo no valor de 500 bilhões de euros. Tais episódios levam a esfera interna de Bruxelas à consternação: existe O Tratado alfa e ômega, a base inalienável que serviu de fundação para a construção dos escritórios e da qual os moradores diligentes derivam sua missão. Por isso, esses episódios são especialmente instrutivos para entender as relações políticas na Europa. Justamente nos momentos em que as regras não oferecem resposta ou não têm a última palavra, torna-se evidente quem pode tomar a iniciativa, quem tem a autoridade para decidir e a habilidade de negociar. A Comissão, o Conselho Europeu, o Parlamento? França, Alemanha ou as duas juntas? E será que isso pode?

Sob a pressão de tais situações e acontecimentos, a União vai desenvolvendo uma nova forma. E está na hora de registrar isso por escrito. Depois de dez anos em que fomos superando uma crise depois da outra, em que comentaristas desorientados e especialistas em Bruxelas continuavam aplicando velhos programas inalterados a uma realidade em movimento, está na hora de rever a velha perspectiva europeia e de avaliar as forças inimagináveis da Nova Política da Europa. Os políticos que atuam no centro dos acontecimentos, à luz impiedosa da atualidade, certamente também necessitam de uma nova perspectiva, em minha experiência, como os cidadãos que aportaram em massa e, para sua surpresa, subitamente se viram novamente nos primeiros lugares das tribunas públicas europeias. Por esse motivo, este livro.

POLÍTICA DE REGRAS E POLÍTICA DE ACONTECIMENTOS

Em setembro de 2015, ministrei uma aula magistral a funcionários superiores da Comissão em Bruxelas. Pedi-lhes que comparassem o mercado interno de Jacques Delors de 1985 – para a maioria, uma história de sucesso dos tempos de estudo do recrutamento – com o grande desafio da Europa naquele outono, o fluxo de refugiados que entravam na União vindos ou não pela Turquia. Pareceu-me evidente que a Europa dos anos 1930 havia chegado a um mundo novo. No entanto, isso não era fácil de ser visto pela óptica de Bruxelas. A diferença entre pacientemente elaborar regras de mercado e agir nas fronteiras externas, entre o conflito de interesses previsível e choques repentinos, entre comentários na imprensa especializada e manchetes estridentes em toda a Europa – sem dúvida nenhuma, metade dos participantes não ficou impressionada. Eles tinham sua própria interpretação: distribuir a dor objetivamente, massagear as diferenças de necessidade, despolitizar.

Eu fiz uma provocação: será que realmente não havia nenhuma diferença entre a cota de pescado e a cota de asilo imposta por maioria para a realocação de 160 mil refugiados? Entre uma decisão que oferece um alcance econômico para empresas e uma que atinge os eleitores nacionais, considerando noções de solidariedade e identidade? Agora surgia a dúvida, um ou outro se entusiasmava com a nova perspectiva, mas dois participantes se mantiveram firmes: nenhuma diferença entre bacalhau e refugiados, a mesma técnica decisória – o plano de asilo resultou em fracasso.

Esse encontro anedótico me estimulou a avaliar a transformação da Europa de forma mais crítica. Este é o cerne: sob a pressão das crises recentes, a União mudou de um grupo apenas voltado para "política de regras" para um capaz de *também* promover "política de acontecimentos". Em parte, as formas e estruturas já estavam prontas, mas somente passando por crises é que descobrimos a potência da União. O resultado é uma enorme metamorfose, e necessária.

Esquematicamente, a "política de regras" trata de estabelecer leis e políticas, adequar regras e, também, distribuir a prosperidade pela organização equitativa de serviços públicos. Em Estados europeus modernos com bom funcionamento, refere-se ao exercício diário de governo, parlamento e serviço público. Os Países Baixos e a Bélgica são considerados países excelentes quando se trata de política de regras e a arte do equilíbrio: entre partidos de coalizão, entre políticas departamentais e grupos da sociedade e entre comunidades linguísticas. Embora as escolhas geralmente sejam altamente políticas ou se refiram a grandes interesses, elas costumam ser dissimuladas por trás de um procedimento técnico de cunho jurídico: a política de regras destina-se muito bem à pacificação, à despolitização. Há muito, a União Europeia está puramente voltada à política de regras, para construir um mercado e mantê-lo em equilíbrio; para isso, ela desenvolveu uma variante engenhosa. Trata-se de um mecanismo bem engendrado que produz consenso e suporte, mas que apenas funciona *dentro* de determinado esquema. A política de regras funciona graças à ficção de que a história está parada ou, ao menos, segue regras previsíveis. Um político terá sucesso na medida em que souber participar desse equilíbrio, tanto do ponto de vista temperamental quanto de conhecimento. O público aprecia honestidade, competência e confiança. A qualidade da tribuna popular é menos necessária.

Na "política de acontecimentos", ao contrário, o esforço é o de dominar acontecimentos imprevistos. Essa forma de intervenção política não acontece *dentro* de determinado âmbito, mas somente quando é posta à prova. O caso extremo é uma guerra ou uma catástrofe. Ou, então, pense na crise financeira de 2008, quando a economia não mais quis se ater a esquemas das agências de planejamento. Foram desenvolvidas políticas para prevenir acontecimentos inesperados. Não era possível recorrer a regras, leis ou um acordo de coligação e isso obrigou a improvisar, experimentar e, às vezes, experimentar duas vezes. Exceto situações totalmente *novas*, também as situações politicamente *sensíveis* dificilmente se encaixam em âmbitos jurídicos existentes; e igualmente as questões da política de acontecimentos. Essencial é a busca por apoio visível junto ao parlamento e ao público com uma história convincente sobre por que esta ou aquela decisão é necessária *agora*. O governo que analisa a situação corretamente e exibe iniciativa, coragem e determinação no momento certo conquista a autoridade.

Em outras palavras, duas formas de atuação política: a política de regras regula, a política de acontecimentos decide e age. Naturalmente, é necessário incluir nuances e tons de cinza, mas, para um entendimento claro, é útil analisar os fatos de forma precisa.

Para começar, vamos tomar dois exemplos europeus bem definidos de uma e da outra forma de atuação política. O jovem diplomata neerlandês e engenheiro de Delft E. P. Wellenstein mudou-se, em 1953, com a mulher e os filhos, para o recém-aberto escritório da comunidade mineradora em Luxemburgo: sua tarefa era levantar e gerenciar um mercado europeu para sucata.[4] Uma questão que exigia conversar pacientemente com fornecedores, clientes e outros interessados e, com especialistas, identificar problemas e encontrar soluções até chegar a um panorama aceitável para todos, em que fosse possível negociar a sucata entre todos os países participantes – e que depois disso ainda requeria supervisão. Política de regras *puro-sangue*. Um exemplo de política de acontecimentos europeia, contudo, mostrou o presidente francês Nicolas Sarkozy quando ele, no verão de 2008, depois de deflagrado o conflito entre a Rússia e a Geórgia, *num piscar de olhos* pegou o avião e "deu um pulo" em Moscou e Tbilisi – com uma bandeira francesa e uma europeia na bagagem – para negociar um cessar-fogo.[5] Essa foi uma questão de iniciativa, presunção e rapidez num assunto de guerra e paz; também era preciso vencer a batalha pela mídia para conquistar a opinião dos outros dirigentes e do público. Algumas semanas mais tarde, a União enviou uma missão de observação para a fronteira em disputa.

O que isso mostra: um esquema elaborado para promover a política de regras não se transforma sem mais nem menos em política de acontecimentos. A regulamentação do comércio de sucata precisa de outros talentos que o de controle das paixões caucasianas. No caso desses dois exemplos, a diferença é incontestável, mas nem sempre é tão nítida. E como fica com as formas intermediárias? Como vamos saber quando utilizar qual ferramenta?

As escolhas e dificuldades se evidenciam mais quando dividimos as características da fábrica de regras e as ações políticas em dois eixos. A pergunta é quão *nova* e *única* é uma tomada de decisão. O presente exemplo se encaixa nas regras e nos esquemas existentes ou é totalmente inesperado, contingente ou muito sensível? Uma pergunta fundamental para qualquer ordem política. A diferença

---

[4] E. P. Wellenstein, no discurso de agradecimento do prêmio Von der Gablentz, em 29 de novembro de 2007.

[5] Mais detalhes sobre esse episódio no cap. 2.

raramente é preto no branco; a política de regras enquadrada e a política de acontecimentos que absorverá as surpresas também se encontram em uma escala de cinzas.[6] Desse modo, a criação de um mercado de sucata exigia mais negociação do que se havia esperado; mas, considerando que a criação desse mercado emanou da ratificação por contrato da vontade de formar uma comunidade de mineração – e não simplesmente definida do nada –, podemos afirmar que ela ocorreu na esfera da política de regras. Já, ao contrário, a fundação da comunidade de mineração europeia (a iniciativa do ministro francês Schuman, a concordância imediata do chanceler alemão Adenauer), sem dúvida nenhuma, é considerada uma ação política; foi um ato de

---

[6] De forma similar, também as tarefas e forças do período final da Idade Média europeia são simplesmente classificadas em uma escala que vai de *jurisdictio* (por força da lei) para *gubernaculum* (comandar o timão); lançar mão de lei comum ou um conselho consultivo para a decisão rápida e isolada. Pocock descreve o espectro da seguinte forma: "Em uma ponta [*jurisdictio*] as decisões da experiência já foram feitas e o monarca apenas precisava dizer o que eram para treinar a memória para a exclusão de outros aspectos de prudência; sua própria experiência não deve contribuir para os costumes e ele não adotou nenhuma iniciativa própria. Nos vários estágios intermediários, como o desconhecimento e a velocidade requerida de resposta aumentaram concorrentemente, mais prudência era necessária mediante entradas no processo de formação dos costumes; o rei aconselhou-se junto a menos conselheiros e confiou mais em sua própria prudência, mas fez decisões cuja generalidade, permanência e força vinculativa como leis reduziram correspondentemente. Finalmente, foi atingido o ponto em que o desconhecimento era total, a resposta precisava ser instantânea e só uma das mãos podia estar no leme; o monarca tinha certeza absoluta no sentido de que essas decisões não eram vinculadas por costumes nem por conselho, mas simplesmente não o faziam porque não podiam, instantaneamente passaram a ser leis comuns de conduta. Somente repetição e mais experiência poderiam fazê-las". (J. G. A. Pocock, *The Machiavellian Moment. Florentine Political Thought and the Atlantic Republican Tradition*. Princeton, Princeton University Press, 1975, p. 26.) Bom, em nosso contexto, é o fato de que abrange a paleta de tarefas desse um rei, enquanto suas funções durante a história europeia moderna foram divididas em diversas figuras e suportes de autoridade política, administrativa e jurídica.

criação que interferiu profundamente na ordem europeia pós-guerra e que exigiu coragem e sensibilidade.

A outra pergunta é qual o tipo de *player* que pode fazer isso em nome das autoridades públicas: o serviço público ou o governo. Isso determina o tipo de autoridade inerente à decisão. Será tomada com base em acordos, procedimentos e *expertise* anteriores ou com base em apoio público de maioria parlamentar ou eleição? Também essa diferença não é estática, mas dinâmica, indo dos executores administrativos, adaptadores de regras e especialistas, por intermédio de *players* na interface entre técnica e política (como ministros especializados ou comissários da zona do euro), e chegando aos presidentes e primeiros-ministros na visão da publicidade. Também podemos falar de uma transição de *governança* para *governo*, de administração anônima em vários níveis para uma autoridade de governo claramente visível; ou, também, da esfera da *competência* jurídica ou administrativa para aquela da *responsabilidade* política – e a autoridade de assumir essa responsabilidade.

Agora, vamos estabelecer a extensão da novidade ou sensibilidade da situação em um eixo X, indo da política de regras (à esquerda) para a política de acontecimentos (à direita). Em seguida, vamos cruzá-lo com um eixo Y para os *players* e sua razão de autoridade, indo de serviço público (abaixo) até governo (acima), formando quatro quadrantes. Embaixo, à esquerda, no quadrante da política de regras e serviço público, estão o mercado de sucata e exemplos parecidos da fábrica de regras de Bruxelas, enquanto no alto, à direita, no quadrante da política de acontecimentos e governo, encontramos a Missão do Cáucaso e exemplos semelhantes de ações políticas. Se a Europa quiser se transformar de um esquema regulatório em um que também pode atuar, é necessário haver um movimento *diagonal*, pois a mudança deve vir acompanhada de outro tipo de autoridade. Apenas seguindo esse caminho, a União, partindo da apreciada fábrica de regras embaixo, à esquerda, chega ao quadrante superior à direita, da política de ações.

Até agora, há poucas surpresas, mas e os outros dois quadrantes, o que acontece ali? Neles também se encontram formas de atuação política menos bem-sucedidas. O quadrante superior esquerdo oferece espaço para a combinação de política de regras e governo, ou seja, atividades como regulamentação com supervisão que, no entanto, não necessitam de *expertise*, mandatos ou procedimentos, mas se baseiam em decisões políticas. Esse será o domínio da *intervenção política*, em que políticos revestidos de autoridade governamental cruzam os procedimentos neutros ou independentes. Já se sabe como os ministros das Finanças, em 2003, sob pressão da França e da Alemanha e indignação da Comissão, desconsideraram as normas orçamentárias do pacto de estabilidade e crescimento (sem mandato público para reescrever as regras). Em determinadas situações, a intervenção política pode ser útil. Quando, então, em março de 1996 na Grã-Bretanha, ocorreu o surto da vaca louca e o pânico se espalhou por todo o continente, um comitê de especialistas, em Bruxelas, decidiu instaurar uma proibição temporária de exportação da carne britânica. O governo londrino ficou furioso: a comprovação científica de vínculo com a saúde pública era fraca e não havia nenhuma razão para discriminar a carne britânica (como a Comissão reconheceu em maio). Mesmo assim, os outros Estados-membros mantiveram a proibição sob a pressão de consumidores preocupados. O primeiro-ministro Major interveio pessoalmente: na medida do possível, ele trancou a tomada de decisão até que seus colegas governantes, no Conselho Europeu em junho de 1996 – batizado de "Encontro da vaca louca" –, concedessem alguma forma de ressarcimento. Aparentemente, até mesmo a restauração de uma norma de segurança dos alimentos pode exigir a intervenção da autoridade política mais alta. A intervenção política também ocorre em casos de indignação pública por meio dos efeitos de um esforço regulatório cego; a imprensa consegue criar toda uma história e pressionar o político escolhido (e não os agentes públicos), podendo ser feita uma exceção. Quando essa intervenção é legítima, fala-se em "poder discricionário". Mas a politização dessa regulamentação também pode ser questionável ou ilegal. A corrupção e o nepotismo, portanto, também estão nesse quadrante.

Contra essa armadilha da intervenção política, a fábrica de regras de Bruxelas armou-se consideravelmente do ponto de vista procedural; ela se orgulha disso e, de modo geral, é melhor deixar como está. No entanto, reflexamente ela acaba desconsiderando o que é um vício para a política de regras (como pressa, força de vontade e visibilidade) e justamente uma virtude no controle dos acontecimentos. E, assim, ela tropeça numa outra armadilha, a do quadrante inferior direito. Aqui, os engenheiros da política de regras se movem para o domínio da política de acontecimentos, mas apenas armados com as ferramentas regulatórias. E, nessa situação, também ocorrem acidentes; do ponto de vista ético, talvez menos graves do que a corrupção, mas igualmente desastrosos do ponto de vista do efeito prático. Esse quadrante, imagem refletida da intervenção política, é o do *excesso de confiança administrativa*. Foi exatamente nesse domínio que ocorreram as crises europeias recentes e compreende a área que exige nossa atenção, essa é a armadilha com a qual precisamos nos preocupar. Pois, sim, conter um fluxo de refugiados exige muito mais do que apenas adotar as técnicas da cota de pescado. Porque a gestão de uma moeda comum exige mais capacidade de atuação política e persuasão pública do que a gestão invisível de um mercado de regras e procedimentos. E, sim, o estabelecimento de relações estreitas com a Ucrânia e outros vizinhos russos exige maior visão estratégica com Putin do que a adquirida com os esquemas econômicos da antiga política comercial em que simplesmente se escolhia o que se queria.

E existem mais exemplos como esses em que a Europa, por excesso de otimismo ou falta de consideração, foi trilhar o caminho da política de acontecimentos sem estar munida da caixa de ferramentas certa, sem noção de forças e contraforças. Depois de quase dez anos, a União não mais pode se apoiar na falta de consideração, e chegou a hora inevitável de olhar para si mesma e mostrar em quais momentos houve e poderá haver uma política da União bem-sucedida.

QUEM TOMA A PALAVRA?

Em um discurso numa universidade em Paris, o ministro das Finanças alemão Schäuble argumentou, há alguns anos, que a responsabilidade de declarar a política europeia de forma mais explícita não é apenas dos políticos: "*Cada um* deveria se perguntar como fala da Europa e quais efeitos essa declaração tem na formação de opinião sobre a Europa".[7] Para esse político veterano, é evidente que nosso uso da língua não só forma nosso pensamento, mas também estabelece as realidades políticas.

As palavras não são inocentes na política. A partir dessa convicção, iniciei meu livro *Europa em transição* (2009) com um mapa cartográfico de palavras e argumentações europeias. Mesmo palavras aparentemente descritivas como "integração", "construção", "unificação" e "cooperação" têm sonoridade e acepção próprias. Integração remete a um processo sem choque, quase químico, que termina em uma mistura total. Construção evoca um projeto construtivo em um lugar vazio. Unificação deixa em aberto se ocorre de forma espontânea ou à força. Cooperação enfatiza a manutenção da independência dos Estados(-membros). Cada termo percebe e forma outro mundo. A escolha do termo revela algo sobre a análise do tipo. Os cientistas sociais pensam em termos de processos e preferem "integração", enquanto os historiadores, histórias de complicações e optam

---

[7] Discurso do ministro das Finanças alemão Dr. Wolfgang Schäuble na Universidade Sorbonne de Paris, em 2 de novembro de 2010, em <www.bundesfinanzministerium.de>.

por "cooperação". Ao mesmo tempo, a escolha às vezes diz algo sobre a preferência política. Assim, não é nenhuma coincidência que o governo neerlandês, há anos apoiador da "integração europeia", após o embaraçoso referendo de 2005 passou a usar "cooperação europeia" em sua comunicação oficial.

Considerando que esses termos têm uma carga política que não suplanta nem mesmo o esforço mais consciencioso de neutralidade, apartidarismo e objetivismo, é apropriado procurar outras abordagens. Um método para fugir das conotações existentes é introduzir uma nova palavra no jogo ou reformular uma palavra existente (como *Europa em Transição* fez, por exemplo, com os conceitos "esfera" e "passagem"). Outro método consiste em pesquisar quem usa qual vocabulário e com quais motivos – método que não é incomum na história intelectual.[8] Com a palavra, Michel Foucault: "O discurso não é simplesmente aquilo que traduz os conflitos ou os sistemas de dominação, mas aquilo pelo que e para que lutamos, o poder que buscamos assimilar".[9]

A história da União Europeia é repleta de disputas por palavras, de lutas semânticas, algumas delas condensadas em acordos e textos legais. Para citar um exemplo, foi só em 1987 que o Parlamento Europeu pôde chamar a si mesmo, oficialmente, de "Parlamento", embora as primeiras tentativas de se afastar do modesto termo "Assembleia" já datassem de 1950. O presidente francês De Gaulle opôs-se com sucesso a essa autocoroação parlamentar; a primeira-ministra britânica Thatcher, que anos depois assumiu o bastão dele, foi obrigada a reconhecer sua derrota. Será que esses dois *políticos da realpolitik* (política do realismo) repentinamente ficaram obcecados por retórica

---

[8] Deve-se pensar na "semântica histórica" de O. Brunner, W. Conze e R. Koselleck; a chamada Cambridge School do pensamento político, representada por Q. Skinner e J. G. A. Pocock, do "turno linguístico" na filosofia idiomática norte-americana, com R. Rorty e outros.

[9] Michel Foucault, *L'Ordre du Discours*. Paris, Gallimard, 1971, p. 12.

irrelevante? Não, a reivindicação de poder começa com a palavra certa; não é uma coincidência que ambos, a Dama de Ferro e o General, tinham plena compreensão do fato. Agora, são outra vez palavras velhas e rugas que impedem o reconhecimento de que a União é *governada*, que se desenvolveram formas de Poder Executivo bem diante de nossos olhos; está na hora de alinhar os conceitos aos comportamentos. Esse também é o motivo deste livro.

No momento, parece que a União Europeia está com grande dificuldade visual e auditiva com a disputa pública de palavras em que acabou se emaranhando. Um protesto de eleitores testou seus fundamentos; o voto britânico a favor do Brexit levou a um momento de medo, questionando-se seriam capazes de sobreviver a novas votações. Os opositores da União, nacionalistas e populistas de toda sorte, estão com a palavra, enquanto seus próprios apoiadores se mantêm em silêncio ou não têm o tom certo para abafá-los. Os referendos europeus desde 2015 – sem considerar o da Grã-Bretanha, al"ém de novos prometidos e anunciados na Grécia, na Dinamarca, nos Países Baixos e na Hungria – sempre mostraram como o lado do "sim" pró-Europa perdia retoricamente contra o lado do "não". A União se deu conta tarde demais de que é melhor não se manter em silêncio quando uma palavra evoca uma resposta.

A política europeia perdeu a capacidade e a obviedade de, com histórias convincentes, ir ao encontro de seu público. A despolitização econômica e jurídica *à la* Jean Monnet fez com que os motivos básicos políticos e convicções desaparecessem de fato. Na crise da zona do euro, a impressão era de que o esquema teria que estar à beira do precipício para trazer a política subjacente à tona. (A chanceler alemã Angela Merkel fez isso em maio de 2010, com seu discurso no *Bundestag* [Parlamento alemão]: "O fim do euro é o fim da Europa".) Não se dá mais atenção aos motivos políticos, pois, hoje em dia, mal são *traduzidos*. Não existe uma linguagem adequada para isso. Os porta-vozes fecharam-se em sua concha. Com o andamento da integração, o direito de expressão passou para os economistas, os juristas e os idealistas da UE. Com seu jargão, acrônimos e autofelicitações, eles levaram até mesmo o público interessado ao desespero. A histórica linguagem da política de poder – com a exaltação de palavras como poder e interesse, identidade cultural, ambiente de influência, governo ou autoridade – foi declarada tabu em Bruxelas e se retraiu.

Nesse ínterim, novos porta-vozes ocuparam os lugares vazios, subiram às tribunas populares das arenas públicas – de Atenas e Londres até Haia, Paris, Bruxelas e Moscou – e eclodiu o debate. Mas, no momento em que o esforço está em alta, também começam a soar os votos contrários. Desde o choque do referendo britânico, também o público se deu conta do que está em jogo. Na Alemanha e em outros Estados europeus, bandeiras tremularam abertamente em lealdade à União. Os eleitores franceses com toda a sua convicção rejeitaram o candidato à presidência que queria sair do euro e explodir a União. Ao mesmo tempo, as lideranças políticas reconhecem que a insurgência dos eleitores não só provinha de retronacionalismo e xenofobia, mas também era um grito por proteção, um grito por política e visibilidade política. Por isso, para poder sobreviver, a União não deve apenas proteger sua capacidade de atuação e proteção, mas também precisa ganhar a disputa verbal. Pouco depois de Emmanuel Macron assumir a presidência da França, em maio de 2017, o presidente da cúpula, Donald Tusk, foi seu convidado no Eliseu. O polonês disse que ele, justamente como "patriota", estava convencido da necessidade de uma Europa "unida e soberana" e prosseguiu: "Palavras como segurança, proteção, dignidade e orgulho merecem voltar ao nosso dicionário político. Não existe nenhuma razão para deixar o monopólio dessas palavras a cargo de extremistas populistas. Cínicos, eles se aproveitam de medos e insegurança como uma forma de proteção que se apoia em preconceito, liderança autoritária e ódio organizado.

Nossa resposta precisa ser absolutamente clara e decisiva".[10] Uma resposta em atos e palavras.

A NOVA POLÍTICA

O retorno da política à Europa – disso é o que a política de acontecimentos precisa. E, sim, trata-se de uma nova política. O mundo está em crise, a Dama Fortuna bate à porta e quem é que a abre em Bruxelas? Um político de regras com uma proposta de projeto para uma trajetória de aprovações ou um opressor de acontecimentos que em nome de seus seguidores quer medir forças com a sua desafiante?

A Nova Política da Europa não trata da política de regras de Bruxelas. Ela é essencial, a máquina legisladora do mercado interno que funciona em tempo integral, o entrelaçamento de necessidades econômicas continua sendo um pacificador incomparável e criador de prosperidade, mas hoje em dia a maior parte da energia política já não se destina mais para lá. Contrariamente a 1957 ou 1987, a política de regras em 2017 já não é mais o lugar de desenvolvimento e renovação.

Por isso, *A Nova Política da Europa* trata, na verdade, da política de acontecimentos. Esta segue lado a lado com brigas e conflitos, com fracassos e tensões. Entretanto, sob a pressão de crises, lideranças são improvisadas, novos *players* políticos entram em campo, novas formas de poder governante se revelam. Também parece que a União dispõe de autoridade máxima que, em tempos de necessidade, superalimenta a determinação e mobiliza a capacidade de agir – mas até agora, quase somente nessas situações.

Este livro *também* trata de como essa busca por respostas a acontecimentos da União abre um espaço público tempestuoso.

---

[10] Observações do presidente Donald Tusk antes de seu encontro com o presidente francês Emmanuel Macron, em 17 de maio de 2017.

Prestamos atenção nas eleições dos vizinhos porque também se trata de nós mesmos. Toda a Europa que acompanhava as notícias em 2015 conhecia o ministro das Finanças grego e seu oponente alemão; no Twitter, discutia-se sobre os homens fortes da Hungria e da Polônia ou a face inexpressiva do presidente do Banco Central. Não importa o tema, se é o euro, a Grécia, a Ucrânia ou Schengen: o público está bem ciente de que governos e instituições diariamente tomam decisões sobre a associação europeia que não residem mais na economia ou em cunho técnico. A velha Europa de mercado com mania de controlar tudo ia de encontro à indiferença ou leve desdém, mas isso não impedia o progresso. A nova Europa da moeda, poder e fronteira libera forças a favor e contrárias da sociedade, expectativas mais altas e mais desconfiança. Nessa nova Europa, as decisões nem sempre são feitas com base em acordos ou *expertise*, mas representam mais uma resposta comum à necessidade do momento, nascida da colisão de componentes: justamente por isso, elas precisam de responsabilidade pública. E legibilidade.

PARTE I

AGIR

> Agir, em seu sentido mais geral, significa tomar uma iniciativa, começar (como indica a palavra grega *archein*, "iniciar", "liderar" e, eventualmente, "governar"), colocar algo em movimento (que é o significado original da palavra latina *agere*). Por serem o início, os recém-chegados e os iniciantes em virtude do nascimento, os homens tomaram a iniciativa e foram incitados a agir.
>
> *Hannah Arendt*[1]

> Como, por seu próprio ato, o inovador habita um contexto deslegitimado, em que não se pode confiar nas regras de *fortuna* e comportamento humano, ele é obrigado a ter uma visão de curto prazo e continuar a agir – e, nesse sentido, a inovar. Num sentido bem preciso, então, a ação é *virtù*; quando o mundo está desestabilizado e o inesperado é uma ameaça constante, agir – fazer coisas que não estão contidas nas estruturas de legitimidade – foi impor forma à *fortuna*.
>
> *J. G. A. Pocock*[2]

NAQUELA ÉPOCA

Não fazer nada não era uma opção. Guerras e catástrofes assolavam a Península Italiana. A invasão do rei francês em 1494 havia afetado o equilíbrio do poder entre os Estados italianos. Nicolau Maquiavel, um funcionário público florentino nos anos renascentistas de 1498-1512, escreveu sobre as "tremendas alterações que ocorrem a nossa volta entra dia e sai dia, as quais nunca havíamos imaginado".[3] Quando todo dia novas catástrofes atingem nosso país, é necessário manter o destino sob rédea curta. Para isso, Maquiavel, em O *Príncipe* e nos *Discursos*, com base em uma série de situações históricas

---

[1] Hannah Arendt, *The Human Condition*. Chicago e London, The University of Chicago, 1998 (orig. 1958), p. 177.

[2] J. G. A. Pocock, *The Machiavellian Moment. Florentine Political Thought and the Atlantic Republican Tradition*. Princeton, Princeton University Press, 1975, p. 178.

[3] Niccolò Machiavelli, *De Heerser*. Trad., intr. e esclarecimentos Frans van Dooren. Amsterdam, APG, 1990, cap. XXV.

e contemporâneas – absolutismo e república, guerra e paz, organização e legislação – analisou qual era a conduta política mais razoável. Como compreender a realidade histórica?

A pergunta em si já significava uma mudança intelectual, uma ruptura com o velho mundo: uma libertação da era política da escatologia. O cristianismo da Idade Média não dava nenhuma importância ao movimento terrestre entre pessoas e governantes. O que importava era o bem-estar espiritual junto ao Deus eterno. A história com seus acontecimentos acidentais era subordinada ao plano de redenção divino. De fato, o plano de Deus ocorreu, assim como a crucificação de seu filho *no* tempo mundano, mas Ele mesmo ficou de fora. Em outras palavras: "O tempo laico [...] era o teatro da redenção, mas não a sua dimensão".[4] Profetas que enxergavam a mão de Deus em catástrofes naturais ou calamidades políticas da época – como o saque de Roma de 410 – eram considerados hereges. Eventualmente, podia-se dizer que a Providência Divina extravasava acontecimentos catastróficos sobre a humanidade para testar sua fé. Mas quem não acreditasse nisso somente via o destino, a imprevisível Roda da Fortuna.

Compreender a verdade histórica começa com a revalorização do atuar. Em *O Príncipe* (1513), Maquiavel supõe "que a sorte está com metade de nossos assuntos em suas mãos e a outra metade, ou quase, é de nossa responsabilidade".[5] Em um quadro famoso, ele compara a sorte "com um desses rios selvagens que em sua fúria inundam áreas completas, arrancam árvores e derrubam prédios" e continua: "Mas o fato de os rios serem assim não significa que, em períodos de calmaria, não é possível adotar medidas de precaução, criando locais protegidos e diques, de modo que, quando a água passar por lá novamente, ela escorra através de um canal ou seja menos incontrolável e prejudicial". Por isso, a Fortuna, para Maquiavel, não é um teste divino

---

[4] Pocock, *Machiavellian Moment*, p. 7.

[5] Nicolau Maquiavel, *O Príncipe*, cap. XXV.

que precisamos tolerar, mas, muito mais, um parceiro no mundo dos acontecimentos, um *visitante*, cuja chegada vem acompanhada tanto de dificuldades quanto de oportunidades. A Roda da Fortuna começa a girar mais depressa, a corrente de acontecimentos incha.

À arte de lidar com circunstâncias diferentes Maquiavel chama de *virtù*, virtude. Para ele, não passa de um conceito político, a combinação de inteligência, presunção e determinação, despidas de conotações morais e teológicas. Ela gira para agir, tomar a iniciativa, antecipar, reagir à situação. Às vezes, é preciso esperar e "agir na hora certa", mas mais frequentemente, informa o florentino – vivendo em um mundo de guerras e violência, *condottieri* e profetas –, são necessáriosrapidez, coragem e determinação. Arriscado, mas a Dama Fortuna às vezes capitula diante da coragem inexorável. De qualquer forma, nunca se tem sossego. Mesmo leis boas, como tinham Esparta ou Roma, não oferecem garantia contra a decadência e exigem contínuas revisões. Todas as instituições humanas são subordinadas ao desgaste do tempo. Enquanto as monarquias se colocavam em ordem eterna, as repúblicas reconhecem – considerando a sorte de Roma – sua natureza finita. Elas sabem que a *virtù* é essencial para desafiar a força disruptiva da *fortuna*.

Não é simples. Aquele que age pisa em terreno desconhecido. Ele não pode se apoiar em costumes e tradição, mas inicia algo novo. É mais difícil para o "novo regente" conquistar uma população do que um sucessor. Ele precisa se preocupar muito mais com sua reputação, apresentar-se; as pessoas estarão mais atentas a ele. Só que o fato também tem lá sua vantagem num mundo de rupturas e renovação: "As pessoas são muito mais atraídas pelo presente do que pelo passado. E, quando encontram o que querem no presente, elas desfrutam disso sem continuar procurando".[6] Uma iniciativa pode ser bem--sucedida ou fracassar. A ação suscita tensão, ações contrárias; cada

---
[6] Nicolau Maquiavel, *O Príncipe*, cap. XXIV.

palavra pode ser seguida de uma resposta. A ação nesse tempo faz da política uma *representação*, que pode atrair ou entediar o público, ou pode fazer com que ele mesmo suba no palco.

Em seu brilhante estudo *The Machiavellian Moment* (O momento maquiavélico, 1975), J. G. A. Pocock localiza o surgimento do pensamento político moderno – em Maquiavel e seus contemporâneos como Guicciardini – no reconhecimento da natureza finita da *polis*, que, ao mesmo tempo, era emancipação política e libertação teológica de uma história da salvação. Pocock fala do momento "em que a república percebeu que ela estava cara a cara com sua temporariedade e natureza finita, e estava tentando se manter política e moralmente em uma corrente de acontecimentos irracionais que pareciam subverter e destruir todo o sistema social e político".[7] Quem sabe que é mortal deve olhar para si mesmo e se armar como uma unidade contingente na corrente do tempo. Uma experiência existencial.

Há dez anos a União Europeia está envolvida com um momento de conscientização histórico-política como esse. Um *momento maquiavélico*, no sentido de Pocock. Uma crise depois da outra, desde 2008, é o que está minando os fundamentos, sua autoimagem, sua existência. Conquanto ela como fábrica de regras tinha pouca experiência com agir, a situação não lhe deu escolha: era preciso agir. Várias vezes o Tratado dizia "não" ou "não pode", mas não fazer nada não era uma opção. Não fazer nada não era uma opção quando se via a ameaça de uma onda financeira decorrente da falência iminente de um europaís. Quando, depois do fluxo de centenas de milhares de fugitivos, havia mais milhões deles prontos para chegar. Ou quando, depois de uma primeira saída, também em outros lugares havia o risco de ruptura do dique. Nessas crises, a União tinha de se libertar do contexto sagrado de seu pensamento eterno e agir para sobreviver.

---

[7] Pocock, *Machiavellian Moment*, viii.

Uma grande missão: considerar a contingência e praticar a política de acontecimentos.

Essa metamorfose exige tempo; não é uma simples mudança feita num piscar de olhos, mas uma abertura gradual, uma remodelação aos trancos sob a pressão dos acontecimentos. Às vezes, despreparada: na crise da zona do euro (2010-2012), a União não dispunha de ferramentas adequadas. Ou seja, foi necessário improvisar, não sem sucesso, mas apenas depois de a sociedade olhar o fundo do precipício. ("O fim do euro é o fim da Europa", prometeu a chanceler alemã Merkel nesse primeiro momento de sobrevivência.) Em outras situações, a Europa tinha dificuldades com sua autoimagem: as crises geopolíticas em torno da Ucrânia (2014-2015) e os refugiados (2015-2016) colocavam a União, que tradicionalmente trata mais facilmente de valores universais do que das próprias necessidades, diante de escolhas trágicas: entre direito e paz, entre segurança e hospitalidade. Em regime de urgência, ela foi obrigada a traçar fronteiras, negar princípios, sujar as mãos. Ela não ousava declarar isso publicamente, mas agir era preciso.

Só depois do golpe duplo, Brexit e Trump, com que lidaram em 2016, vieram as declarações públicas. "Está na hora de tomar o destino da Europa em nossas próprias mãos", segundo Angela Merkel em maio de 2017, alguns dias depois que o presidente norte-americano puxou o tapete debaixo das garantias de segurança da Europa. Uma verdadeira declaração *maquiavélica*. A sua consciência germânico-europeia sabia que tinha o apoio da franco-europeia, do então recentemente empossado presidente em Paris Emmanuel Macron, que em nome da União pretendia participar da arena global. Provavelmente, a chanceler alemã também tirou essa conclusão dos dez anos de gerenciamento de crises: autoconfiança aumentada.

Nessa fraca transformação em *player* da *realpolitik* que assume o mundo turbulento pelo que ele é, a União Europeia precisa se emancipar de sua própria história da salvação. Para os ideólogos "de

Bruxelas" – ouvir no Parlamento e na Comissão e em seu entorno, mas também na Alemanha, na Bélgica e em Luxemburgo e, até recentemente, na Itália –, a sedução parece ser grande para, em cada nova crise, por mais penoso ou perigoso que possa ser, identificar o Compromisso de uma Europa unida.* Com isso, eles parecem profetas medievais, que somente podiam dar algum sentido a catástrofes ou complicações políticas como passos de Deus a caminho do Último Dia; também para os profetas de Bruxelas, a época laica é um permanente "teatro da redenção".

Por isso, a política de crise é dominada por conflito e emoção. A resistência contra agir ainda não havia sido contida e já se abria o próximo campo de confronto: será que essa ação realmente substituiria o Compromisso? O critério para a doutrina de Bruxelas é *quem* age: representantes das instituições centrais ou das capitais. No turbilhão na zona do euro, a crise dos refugiados seguida do choque do Brexit, as emoções cresceram, à frente e atrás dos escudos.

* Um exemplo: justamente no dia 24 de junho de 2016, a União levou um choque com o resultado do referendo britânico, quando advogaram o presidente do Parlamento Europeu, Martin Schulz, e o vice-chanceler alemão, Sigmar Gabriel, colegas de partido, em um documento conjunto: "Agora, temos que continuar trabalhando para que a Comissão Europeia futuramente seja transformada em um governo europeu verdadeiro, um governo controlado de maneira parlamentar pelo Parlamento Europeu e uma 2ª Câmara dos Estados-membros". (Sigmar Gabriel e Martin Schulz, "Fundação de uma nova Europa", em *Spiegel-Online*.)

Enquanto a União estava à beira do precipício, os salvadores eram muito competitivos entre si. Justamente em momentos de verdade, nenhum partido quer perder a vez. A ação de hoje conta como um adiantamento do futuro. Na confusão entre os *players* – às vezes entre o Parlamento e a Comissão de um lado e os chefes de governo e seus governos do outro – trata-se mais do que apenas uma querela burocrática entre departamentos, mais do que a briga por poder entre títeres. Nas entrelinhas desse embate visível, havia um conflito histórico-filosófico sobre o lugar da União naquela época: escatologia de Bruxelas ou contingência continental? Pureza doutrinária ou *realpolitik*? Daí as pesadas reprovações que vão se repetindo: traição do ideal, promessas rompidas, brincadeira com fogo, política de evidências irresponsável. Essa dimensão explica a confusão passional com que a União se transforma em *player* atuante.

Nicolau Maquiavel não teria estranhado isso. Numa época em que normas evangélicas de misericórdia, generosidade e honestidade forçaram cada líder político à hipocrisia para não que não fosse eliminado, o florentino exigiu uma moralidade própria para as ações políticas: aquela que coloca pessoas e Estados em condições de pegar a sorte em suas próprias mãos. Justamente o cristianismo, que encoraja as pessoas a esperarem por salvação após a morte e a se mostrarem "pacientes em vez de resolutas", "entregou o mundo a indivíduos vergonhosos", que "podem seguir seu caminho despreocupadamente".[8] Contrariamente a teólogos e padres, ele pediu espaço para o *vivere politico*, a vida pública livre. Para ser uma boa pessoa e um bom político, é preciso voltar no tempo, aceitar a contingência dos acontecimentos e assumir a responsabilidade pelo futuro em aberto. Isso exige visão de futuro, preparação, ação – e saber que sempre se pode ser surpreendido.

---

[8] Niccolò Machiavelli, *Discorsi. Gedachten over Staat en Politiek*. Trad., intr. e esclarecimentos Paul van Heck. Amsterdam, Ambo, 1997, II. 2.

Capítulo 1 | Improvisar. A crise da zona do euro

> Qual justificativa um orador pode invocar para ignorar tudo aquilo que poderia acontecer casualmente? E o que fazer quando é preciso responder ao adversário? Muitas vezes, somos iludidos por aquilo que havíamos esperado (...) e todo o caso subitamente toma outro rumo, e, igual a um timoneiro que precisa saber como mudar a rota assim que a tempestade começa, também o orador deve reagir imediatamente às inconstâncias do processo. (...) Não me interessa o fato de você dar preferência a não fazer nada em vez de improvisar, mas do que é possível fazer.
>
> *Marcus Fabius Quintilianus*[1]

SEM APOIO

Quando irrompeu a crise na zona do euro, *ninguém* sabia o que fazer. Considerando o coro de comentaristas que posteriormente afirmaram ter previsto tudo, não faz mal lembrar do fato. Mas ninguém tinha contado com o risco de uma crise pular de um europaís a outro, o grande acionador da inquietação financeira.

O que fazer quando, ao surgir uma situação de emergência, costumes, regras e acordos existentes não oferecem ajuda? É preciso improvisar. A palavra "improvisar" tem um lado negativo, o de agir de modo confuso e despreparado, mas, também, um positivo, o criativo, como o jazz ou a arena de debate, em que o melhor improvisador é o herói. Aquele que apresentar uma "refeição improvisada" a seus convidados – nem todos os ingredientes à disposição, muitos comensais – não ousará dizer de antemão como vai se sair. O exemplo esclarece que "improvisar" recebe sua justa conotação negativa no caso de ter existido a possibilidade de planejamento, quando houve negligência no preparo ou se ignorou a experiência. Entretanto, quando é preciso

---

[1] Quintilianus, *De Opleiding tot Redenaar.* Trad., intr. e notas Piet Gerbrandy. Groningen, Historische, 2001 (orig. 94), p. 550-51 (X.7 3-4).

fazer alguma coisa do nada, quando surge um desafio inesperado, improvisar não é nenhum motivo para indignação, mas, sim, uma qualidade especial.

Geralmente, a capacidade de improvisar é essencial para a decisão. Toda grande decisão na vida traz consigo um lado incerto: o que estudar, com quem compartilhar a vida, em quem confiar? É claro que é possível tentar se blindar contra as incertezas – preparando os assuntos, testando-os, calculando –, mas sempre fica uma brechinha por onde as consequências acidentais, reações inesperadas ou desenvolvimentos imprevistos podem passar. Ainda bem. A receptividade do futuro não é um fardo, não é um obstáculo, não, ela oferece espaço à liberdade do ser humano, ela traz o nosso melhor à tona. Se tudo estiver previamente definido, somos marionetes do destino.

O que nos atrai num músico que improvisa? O fato de que ele é capaz de tocar mais do que uma música de cabeça, que ele consegue criar algo novo na nossa presença, o público. Como já dizia o pianista de jazz Chick Corea: "O fato de um artista desfrutar da alegria da criação me faz sentir como se estivéssemos nisso juntos". A improvisação cria um vínculo entre os integrantes da banda e o público. É claro que a improvisação musical não é totalmente livre; nesse caso, seria uma coisa qualquer e não entenderíamos o que ouvimos. Improvisar é brincar com temas, voltar a um tom básico, deixar soar o eco de uma linha melódica anterior ou de outra. Justamente com a variação do que é conhecido, o desvio do padrão, a oferta de resistência, a inserção de um entreato inesperado, o atraso ou um aceleramento repentino ou a fácil acomodação de uma nota falsa, é onde o improvisador mostra sua maestria; o que me fascina é a criação de algo novo e o domínio do velho. E o político que age opera de forma similar, ao menos, segundo Maquiavel, no limite da necessidade e da liberdade, entre as restrições de uma situação atual e o espaço para poder dar forma à nossa sorte futura. Expressando em termos políticos, o que nos atrai na improvisação musical? Não seguir regras e padrões fixos cegamente nem anarquizar aleatoriamente, mas articular de modo a dar um aspecto de *autonomia*, de vontade formal e capacidade de estabelecer a lei para si mesmo e agir de modo independente agora – e fascinar o público.

Com base em sete decisões tomadas na tempestade da zona do euro, demonstro como os líderes políticos da Europa operam em situações de emergência sem nenhum apoio. Cada um desses episódios está sob o sinal ambíguo da improvisação. A situação era desconhecida. Não havia receitas prontas à disposição. A toda hora surgiam novas surpresas. Evidentemente, desde o começo havia pilotos que achavam que a solução era extremamente simples, "era só a zona do euro fazer isto ou aquilo". Mas nenhum especialista havia previsto o risco de contaminação financeira, o fator crucial. Ninguém jamais imaginara o nível de entrelaçamento financeiro dos Estados da zona do euro entre si e dos Estados e bancos. Os relatórios monetários a partir de 1970, incluído o famoso relatório Delors (1989), mencionavam a supervisão central do setor bancário não como parte de uma união monetária; a ideia foi posta na mesa nas negociações para a constituição em 1990-91, sendo considerada desnecessária e, por alguns, indesejável. A ideia de uma "união bancária", decisiva para a contenção da crise em 2012, somente surgiu no final de 2011. É importante entender isso na avaliação de uma opinião sobre a ação política na crise da zona do euro. É a diferença entre improvisar como arte ou por omissão.

Mais importante: não havia instrumentos para abordar uma crise na união monetária conjuntamente. Pior ainda, não existia nenhuma caixa de ferramentas. Em Maastricht (1992), havia sido definido oficialmente que a nova união monetária somente precisava de regras e que a ação conjunta deveria ser supérflua. A crise, nesse aspecto, obrigou a uma inversão no modo de pensar que muitos não gostaram. Mas não foi só isso. No caos do momento – e na falta de instrumentos comuns –, muitos *players* nacionais recorreram a velhas respostas simples, com base em necessidades financeiras próprias, experiências históricas ou conceitos sobre dívida ou inflação. Sem uma tônica básica compartilhada, se todos os membros da banda resolverem improvisar ao mesmo tempo por conta própria, estaremos diante de uma cacofonia.

A Alemanha, o *player* mais forte, ficou muito presa ao tratado de constituição e via com profunda preocupação os movimentos na união monetária. Na verdade, foi a França, nas históricas semanas da Queda do Muro (1989), *que* impôs a instituição de uma moeda europeia, mas a Alemanha, depois dessa grande concessão, pôde decidir *como* ela seria – caso contrário, não participaria. Bonn queria uma moeda com a estabilidade do marco alemão, ou seja, inflação baixa e sem responsabilidade financeira mútua. Por isso, era necessário que estivesse a uma distância segura da arbitrariedade política, amarrada dentro de um espartilho de regras que inspirasse confiança. Por isso, a entrega da política monetária a um Banco Central competente e independente; por isso, a incorporação da política orçamentária em regras rígidas; por isso, também a vedação do financiamento mútuo das dívidas. Tudo isso visava a evitar que os governos nacionais gastassem em excesso e, depois, revertessem as dívidas à União ou às economias mais fortes (o fenômeno do "risco moral"). Essa preferência da Alemanha e dos Países Baixos por uma moeda despolitizada e pela estabilidade de preços também se encaixava maravilhosamente no pensamento de Bruxelas. Relatórios apresentavam a moeda única como "solução" técnica para as taxas de câmbio flutuantes. Para os especialistas de Bruxelas, a moeda única não era um salto histórico e político inédito, mas uma etapa subsequente "lógica" na integração econômica bem-sucedida do mercado interno europeu, que, há alguns anos, também abrangia o livre movimento de capital. Um Relatório da Comissão de 1990 resumiu: "Um mercado, uma moeda". Assim nasceu o euro, sob os auspícios da velha política de regras. No limite entre estadismo visionário e otimismo administrativo, era preciso ver quem se adaptaria à política da zona do euro no futuro.

Os Estados-membros com outras interpretações, como a França, acabaram se rendendo à visão alemã em Maastricht, pois não tinham muita escolha e porque, na opinião deles, futuras alterações do tratado (e, antes disso, na prática diária) poderiam orientar as coisas no sentido desejado por eles. Não era segredo nenhum que Paris desejava um euro mais "político": mais flexibilidade orçamentária e poder de decisão discricionário, influência política no Banco Central e controle visível por meio de um "governo econômico" evidente, os chamados encontros dos líderes de governo. Paris também tinha interesse em uma expansão do orçamento europeu como ferramenta para a vontade política. As preferências francesas, em parte, vinham de uma tendência ao oportunismo político, de poder barganhar exceções a qualquer momento, exigindo uma contínua oposição da aversão e desconfiança dos alemães (dessa forma, mais da metade do caixa seria preenchida com o dinheiro alemão). Mas, por outra parte, elas emanavam da ciência de que em momentos de crise é necessário ser engenhoso, versátil e estar pronto para agir: um espartilho de regras pode ser muito apertado. Entretanto, depois de Maastricht, os franceses não conseguiram reabrir esse debate com base em razões relevantes: a Alemanha mantinha-o fechado a sete chaves e, considerando que o euro estava funcionando satisfatoriamente, reconsiderar a questão parecia ser supérfluo. As três alterações do Tratado da União depois de 1991 – a última foi assinada pelos líderes de governo em final de 2007, em Lisboa – ainda não ofereciam uma caixa de ferramentas para a união monetária.

Já então se delineava a provação que estava por vir. A crise dos bancos, que eclodiu no verão de 2007, constituiu o prelúdio da crise da zona do euro. Em termos de conteúdo, ela estava na origem da espiral negativa de bancos fracos e finanças públicas fracas, que criaria turbulência na união monetária. Em termos de forma, ela evidenciava a força das respostas nacionais simples em uma situação de emergência, certamente quando faltam foros e contextos para uma política de acontecimentos comum.

Para os Estados Unidos e a Europa, a crise dos bancos representou o choque econômico mais grave desde a Grande Depressão dos anos 1930. O caso do Lehman Brothers, em setembro de 2008, foi um ataque financeiro. O sistema vascular da economia ocidental ficou paralisado. Os Estados foram obrigados a salvar seus bancos com os fundos públicos e lançar mão de despesas extraordinárias para dar um "empurrãozinho" na economia. Enquanto o governo norte-americano rapidamente seguiu por esse caminho, os governos europeus reagiram de forma desordenada. Houve, sim, um impulso de gastos "coordenado" (muitos governos acharam ótimo poder gastar mais do que as regras da UE o permitiam) e também o Banco Central injetou bilhões de euros no sistema bancário. Mas esse esforço acabou frustrado por causa do resgate dos bancos em dificuldades. Os Estados-membros fortes sentiam-se responsáveis apenas pelos próprios poupadores. Uma inclinação natural, que, na verdade, não combinava com o mercado interno europeu de movimento de capital. Quem era o responsável no caso da falência de um banco além-fronteira? Não havia uma resposta clara a essa pergunta. Alguns bancos – como o belga-neerlandês ING – foram divididos em linhas nacionais. Um plano francês de outubro de 2008 para garantir o sistema bancário em conjunto bateu de frente com a resistência alemã. *Chacun sa merde*, "cada um com sua própria merda", é como o presidente francês resumiu a abordagem alemã depois de um debate fracassado.[2] (Os oradores da chanceler alemã acharam demais o fato de eles terem se referido a uma citação de Goethe, segundo a qual cada pessoa é responsável por varrer sua própria calçada.[3])

---

[2] Nicolas Sarkozy, em *Le Canard Enchaîné*. Citado em Jean Quatremer, "L'Allemagne est-elle Encore Européenne?", blogue *Libération Les Coulisses de Bruxelles*, 2 de fevereiro de 2009.

[3] J. W. Goethe, "Ein Jeder Kehre vor Seiner Tür, und Rein Ist Jedes Stadtquartier". Citado em Cerstin Gammelin e Raimund Löw, *Europas Strippenzieher. Wer in Brüssel Wirklich Regiert*. München e Wenen, Econ, 2014, p. 62.

A crise dos bancos foi uma experiência dura, mas muito instrutiva. Parece que o arrogante capitalismo *flash* mundial não era possível sem a ordem do Estado. No estado de emergência, a força política ficou novamente visível. Os Estados precisavam salvar os bancos, não por amor aos banqueiros, mas para proteger seus cidadãos de uma catástrofe econômica e social. Disso os políticos derivaram autoconfiança renovada. Mas a Europa teve mais uma lição na crise: a experiência de uma tensão entre o nível da iminência e o da resposta política. Do outro lado do mercado interno sem fronteiras dos serviços financeiros, havia um conjunto político integrado. Essa tensão não foi solucionada na crise dos bancos, mas (por enquanto) mantida sob controle graças a uma árdua coordenação.

Essa experiência levou a pensar sobre a moeda. Quando, em tempos de crise, já não era mais possível distribuir um *grande número* de bancos franceses, alemães, neerlandeses, belgas, austríacos, luxemburgueses, e por aí vai, nas linhas nacionais e era necessária uma capacidade de atuação conjunta, como ficava tudo isso em relação a *uma* moeda europeia? Será que ela também não pede capacidade de atuação? Com certeza, não dava para dividir o euro sem mais nem menos. Além disso, apesar de toda a insegurança, agora havia uma coisa que podia, sim, ser prevista: *jamais* existiria uma crise na união monetária, de qualquer natureza que fosse. Então, o modelo de Maastricht puramente de política de regras seria posto à prova. Então, definitivamente surgiria a pergunta sobre a relação entre moeda e poder governante, tão cuidadosamente separados por ocasião da instituição.

Quando, durante 2009, as finanças públicas gregas atingiram uma condição alarmante, chegou o momento de responder a essa pergunta mais de perto. Em um artigo de fim de ano sobre a crise econômica no *NRC Handelsblad*, escrevi: "Existem regras compartilhadas suficientes, mas são todas pisoteadas. Déficits do Tesouro desconhecidos ameaçam a estabilidade monetária. Surge a pergunta:

onde, no europaís, está a autoridade política? Quem, em tempos de necessidade, ousa agir fora das regras para enfrentar ameaças imprevistas da prosperidade? Ou o euro não passa de um navio de recreio sem capitão, somente para águas calmas?". O que me surpreendeu foi o fato de, anteriormente naquele mês, Angela Merkel, em um discurso partidário em Bonn, ter plantado a ideia de que a União deveria assumir uma parte da carga fiscal das altas dívidas dos Estados-membros em dificuldades e falar de uma "responsabilidade comum" do euro em caso de crise. Conclusão: "Ao proferir essas palavras, a chanceler alemã ultrapassou um limite. Quem começa a falar sobre responsabilidade reconhece que não basta apenas estabelecer regras fixas para o euro. (...) A responsabilidade é necessária em todas as situações em que as regras fixas não funcionam, em que se está despreparado".[4]

Essa análise foi datada de 29 de dezembro de 2009. Três dias depois, eu integraria a equipe do presidente fixo do Conselho Europeu. Assim, o artigo para o jornal também acabou sendo uma missão para mim mesmo. Temporariamente, eu deixaria a pena do autor descomprometido de lado, mas manter os olhos e ouvidos bem abertos – e eu sabia muito bem em que queria prestar atenção. Nos meses e anos que se seguiram, os acontecimentos se desenrolariam em toda a sua gravidade diante de meus olhos.

SETE DECISÕES

"Responsabilidade compartilhada" – 11 de fevereiro de 2010   Está nevando esta manhã. Os voos de alguns participantes estão atrasados. A imprensa descobre que o Conselho Europeu começará mais tarde. O que acaba sendo oportuno para o presidente.

---

[4] Luuk van Middelaar, "Het Sprookje is Voorbij, Red de Euro!", no *NRC Handelsblad*, 29 de dezembro de 2009.

Ele precisa de tempo para um problema premente. Há crise no ar; a Grécia está cambaleando à beira da bancarrota do Estado. Mas a neve não oferece um adiamento eterno. Quando o último governante estiver no prédio, Herman Van Rompuy terá de escolher entre dois papéis. Como anfitrião, é indelicado deixar mais de vinte líderes esperando, isso, sem dúvida nenhuma, na primeira reunião de cúpula de seu novo cargo. Mas, como presidente, é irresponsável interromper reuniões preparatórias e arriscar a ter desacordos indecisos nas discussões em plenário, um sinal desastroso para o mundo externo. Ele prefere a responsabilidade acima da cortesia.

Estamos na quinta-feira, dia 11 de fevereiro de 2010. O encontro, definido semanas antes, era para ser uma espécie de *brainstorm* informal entre os 27 líderes de governo sobre o crescimento estrutural e econômico da Europa. Mas os acontecimentos decidiram de modo diferente. A situação da Grécia demanda decisões urgentes. Por causa das espantosas revelações sobre a fraude estatística – perpetrada pelo governo que estava no poder desde as eleições parlamentares de outubro de 2009 – e do déficit orçamentário que gradualmente se aproxima dos 15%, os mercados de capital perdem a confiança na capacidade de o país honrar suas dívidas. Atenas está prestes a ser excluída dos mercados. Um momento dramático para a Grécia e seus cidadãos, com consequências imprevisíveis.

Entretanto, na verdade, não se trata apenas da Grécia. Especuladores começam a apostar bilhões em uma "crise de dívidas na zona do euro", informa o *Financial Times* nessa semana.[5] Durante a reunião de cúpula, os outros 26 líderes compreenderam que a falência da Grécia teria repercussões graves para a zona do euro e toda a União e, portanto, para seu próprio país. Eles descobrem que o tão aclamado

---

[5] Peter Garnham et al., "Traders Make $8bn Bet against Euro", no *Financial Times Alphaville*, 9 de fevereiro de 2010.

entrelaçamento econômico tem um lado negativo, sem enxergar imediatamente todas as suas implicações.

Nesta manhã de quinta feira, os líderes de governo precisam encontrar uma solução para a crise aguda. E eles não podem lançar mão das regras comuns, mas precisam arquitetar algo a partir do zero. O Tratado proíbe explicitamente que os Estados-membros assumam dívidas financeiras uns dos outros; esta cláusula *no-bailout*, ou seja, que impede empréstimos a países com problemas financeiros, é uma cláusula pétrea da união monetária, um fundamento da política de regras sem o qual a Alemanha e os Países Baixos, em 1991, não teriam entrado na aventura monetária. O obstáculo jurídico, para alguns imbuídos de relutância política, correspondia a salvar um país que desprezara todas as regras combinadas. Outros líderes consideravam uma vergonha para a Europa se a Grécia, um dos seus, tivesse que ir esmolar junto ao Fundo Monetário Internacional em Washington. Isso dá pouco espaço de manobra, enquanto o primeiro-ministro grego – que não é o responsável pelas confusões com que se deparou – na noite anterior, em um telefonema, havia deixado claro que ele precisava de um sinal de confiança para acalmar os mercados.

O presidente do Conselho Europeu, com sua equipe, mais que rapidamente elabora um novo rascunho de declaração a ser assinado por todos os líderes. Este levará a União a pisar em terreno desconhecido. Portanto, é preciso obter previamente um acordo com os *players*-chave. Naquela manhã, ele recebeu o primeiro-ministro grego, o presidente francês, a chanceler alemã e os membros principais da Comissão, do Conselho rotativo, do Banco Central e do Eurogrupo em composições variadas. A reunião crucial é aquela com os três primeiros: Giorgos Papandreou, Nicolas Sarkozy e Angela Merkel.

A declaração começa de forma ortodoxa: "Todos os membros da região do euro devem praticar uma política nacional saudável em linha com as regras acordadas". E, logo em seguida, vem o cerne da questão: "Eles têm uma responsabilidade compartilhada pela estabilidade econômica e financeira na região". Responsabilidade compartilhada, *este* é o princípio para o qual Van Rompuy espera conseguir a concordância de Merkel; no final de 2009, ela (e os outros) já falava a esse respeito, mas agora ele quer que a chanceler se comprometa com isso. E o significado concreto vem com a inferência final: "Os membros da zona do euro devem adotar medidas firmes e bem coordenadas, se for o caso, para garantir a estabilidade financeira de toda a zona do euro".[6] Sem dizer explicitamente que os outros Estados-membros deveriam emprestar recursos financeiros para Atenas, este texto beira a cláusula *no-bailout*; se a falência de um banco grego ameaçar a estabilidade da zona do euro, os Estados-membros deverão agir. Uma nuance importante: eles não hão de fazer isso em solidariedade à Grécia (a palavra solidariedade não aparece no texto), mas em prol da estabilidade da moeda, para muitos, um parâmetro alemão. O lema não é "ajudar a Grécia", e, sim, "salvar o euro" – uma escolha com grandes consequências estratégicas. Pois, a partir de agora, para poder ajudar a Grécia é necessário que o euro esteja em perigo.

A declaração foi elaborada cuidadosamente no modo "se". Em fevereiro de 2010, o assunto são princípios gerais, e não o desembolso imediato de recursos. Por causa de sensibilidades semânticas gregas, a escolha original de palavras "se necessário" foi substituída por "se for o caso". (Se isso não fosse adaptado imediatamente em uma nova versão, haveria uma minicrise entre os conselheiros à margem da reunião. O clima é muito tenso.) Na reunião, Papandreou repete várias vezes que ele não está pedindo dinheiro. Os outros mal dão atenção a essa argumentação que sai da boca de um primeiro-ministro à beira da falência. Mas Van Rompuy – como antigo primeiro-ministro de um governo belga de cinco partidos em permanente negociação, sempre afiado em saídas inesperadas – sugere que se acrescente uma

---

[6] Statement by the Heads of State or Government of the European Union, 11 de fevereiro de 2010. (Na tradução neerlandesa oficial, o crucial "se necessário" ficou de fora.)

frase. "O governo grego não pediu ajuda financeira." Essa frase extra, a última do texto, selou o acordo. Tanto o primeiro-ministro grego quanto a chanceler alemã agora se sentem mais confortáveis para celebrar o acordo, enquanto o presidente francês não vê a hora de falar com a imprensa. Finalmente, o Conselho Europeu pleno já pode iniciar os trabalhos. A reunião muda apenas alguns poucos detalhes. A maioria dos líderes de governo havia muito já tinha concordado que se respeitassem todas as sensibilidades.

Quando, naquela tarde, os aviões oficiais levantaram voo de Bruxelas, ainda havia muitas perguntas no ar. *Quem* haveria de fazer *o que* e *quando* para salvaguardar a estabilidade financeira? Os mercados tateavam no escuro. A declaração também não oferecia as respostas. O avanço de 11 de fevereiro estava no princípio da "responsabilidade compartilhada" para a estabilidade da zona do euro. Com essa expressão, os líderes reconheciam que a união monetária, que até então se pautava apenas por regras, também poderia demandar *ações políticas conjuntas*. Eles romperam o dogma da despolitização e da impotência organizada. Ali estava: somos os líderes da zona do euro, ainda não sabemos o que vamos fazer, mas, se a necessidade chegar, vamos todos juntos fazer alguma coisa. Era a expressão da consciência de um vínculo de solidariedade político, que não passou pela mente de ninguém na noite anterior à tempestade da zona do euro.

Com essa declaração final aparentemente inocente, porém histórica, a estabilidade na união monetária começou a mudar. Nessa frase, repousam todos os mecanismos de resgate posteriores. Mais política entrava no jogo. Não foi por acaso que se tratou de um excelente acordo – com uma expressão extraída do *Europa em Transição* – a "esfera intermediária" dos Estados-membros.[7]

---

[7] Luuk van Middelaar, *Europa em Transição – Como um Continente se Transformou em União*. São Paulo, É Realizações Editora, 2017, p. 45.

Definitivamente, as duas saídas naturais da crise estavam bloqueadas. De um lado, o caminho da "esfera interna" do tratado estava fechado por causa da cláusula *no-bailout* e do respeito alemão por ela; sem o mandato conferido pelo tratado, as instituições da UE não poderiam agir (e ainda havia as proibições que restringiam os Estados-membros do ponto de vista jurídico). De outro lado, o caminho da "esfera externa" diplomática dos Estados soberanos – como consubstanciado na área monetária pelo Fundo Monetário Internacional – era impossível de ser trilhado politicamente; o presidente francês e os presidentes da Comissão e do Eurogrupo consideravam que recorrer a Washington era degradante para a Europa, e o Banco Central Europeu e o ministro das Finanças alemão julgavam juridicamente questionável. Nenhum caminho interno, nenhum caminho externo.

Juristas pensam: se nenhum dos dois é viável, então nada é possível. Um engano. O que de fato pode: os Estados-membros, apesar de as regras do tratado quase estabelecerem o contrário, podem, juntos, assumir a responsabilidade política. A responsabilidade comum, num caso como esse, suplanta as regras – por isso, o mais indicado é que isso possa acontecer na esfera intermediária, fora do Tratado, pelo Conselho Europeu.

Responsabilidade política, no jargão da UE, não é um termo que aparece muito. Juristas e funcionários públicos falam e pensam em termos de "competência"; "Por que uma instituição age?", "Porque ela é autorizada a isso". Mas uma crise desconhecida exige um tanto de autoridade e de capacidade de atuação que vai além dos poderes limitados e requer responsabilidade política concentrada. Nesse âmbito, trata-se de ir ao encontro de uma situação com base em autoridade pessoal; não arbitrariamente, mas em *resposta* (a etimologia é importante) a uma circunstância, um problema, uma questão da realidade. Embora assumir responsabilidade certamente também traga consigo um elemento de moralidade – sobretudo, ele aparece quando está ausente! –, em última instância, trata-se de um ato livre: mais precisamente, ninguém pode ser obrigado a ele.[8] Assim, precisamos distinguir essa responsabilidade política criadora daquela da "responsabilidade como disciplina", um termo bastante usado em Bruxelas que está na esfera de se ater individualmente a regras autoimpostas; *Selbstverantwortung*, responsabilidade própria, como se diz em alemão.

Na União, o Conselho Europeu é o local por excelência para assumir a responsabilidade comum para a mobilização da autoridade política de caráter pessoal que a política de acontecimentos requer.

Em 11 de fevereiro de 2010, o Conselho Europeu agiu em seu papel de formador. Ou, de forma mais precisa: seus membros agiram dentro de sua função de "Chefes de Estado e Líderes de governo da União Europeia" (como se denominaram na declaração). O mesmo grupo, em resumo, não se reuniu como uma instituição formal do Conselho Europeu da União, mas como um círculo informal de líderes nacionais. Nessa oportunidade, deixaram a execução concreta para outros: atribuíram tarefas precisas, de um lado, ao governo grego (para reduzir o déficit) e, de outro, à Comissão, ao Banco Central e aos ministros das Finanças (para manterem uma supervisão) – e, por último, também a si mesmos como Estados-membros, caso fosse mesmo necessário intervir.

Em outras palavras, um avanço político, mas com uma comunicação que progride irregularmente. Depois do acordo de princípios, seis protagonistas saem dos gabinetes de Van Rompuy e se dirigem à reunião no plenário: os líderes da França, da Alemanha e da Grécia e os presidentes do Conselho Europeu, da Comissão e do Banco Central. No caminho, eles se deparam com jornalistas ávidos por notícias. Por

---

[8] Confira para esta temática o *Humboldt-rede* [Discurso Humboldt] proferido por Herman Van Rompuy dois anos mais tarde: "The Discovery of Co-responsibility: Europe in the Debt Crisis. Speech at the Humboldt University Berlin", 6 de fevereiro de 2012.

um instante, há confusão, quem toma a palavra? Merkel e Sarkozy fizeram gestos apontando para o "Herman" nervoso, o ponto central da reunião deles, para que ele anunciasse o fato de terem chegado a um acordo. O texto em si ainda não podia ser divulgado. Somente depois da concordância dos 27 líderes é que a responsabilidade compartilhada pode se tornar real e ter visibilidade.

A divulgação não acontece. De pé, na neve do Parque Leopoldo em Bruxelas – excepcionalmente, a reunião de cúpula se dá na biblioteca Solvay próximo dali –, os dois presidentes da UE, Van Rompuy e Barroso, estão diante de uma câmera comum improvisada. Nenhuma bandeira europeia, nenhum púlpito, nenhum microfone de pedestal, nada, só neve e vento. Um deles lê aos trancos uma folha de papel, o outro está ao lado em silêncio, inclinado, lendo junto para ver quanto tempo ainda falta. E, só para piorar, eles acham que se trata de uma gravação de vídeo. Na verdade, era uma transmissão ao vivo com uma sala de imprensa lotada em Bruxelas. E, para completar o quadro hilário que arranca gargalhadas de centenas de jornalistas, Van Rompuy teve que ler a declaração duas vezes, pois da primeira vez ele estava muito longe do microfone. Considerando tudo, os mercados e a mídia não se deram conta da abrangência do acordo de 11 de fevereiro: não houve nenhuma reação positiva.

Isso também é um terreno desconhecido. Uma união monetária estável exige não só *ações* políticas conjuntas, mas também *falas* politicamente convincentes. Certamente, o ato de dois senhores em um parque tem por base um mal-entendido logístico, mas, mesmo assim, acaba expondo alguma coisa. Não pode ter sido um acaso: justamente no momento em que a política de regras perde seu monopólio de Maastricht sobre a administração da união monetária, justamente quando os líderes pela primeira vez reconhecem conjuntamente que, para a estabilidade da moeda, também é necessário praticar a política de acontecimentos – justamente nesse momento surgem a importância da comunicação pública e a necessidade da persuasão.

"Toda a escala de meios disponíveis" – 7 a 10 de maio de 2010 No começo de maio de 2010, o euro é exposto a forças quase incontroláveis. Circula que o fantasma grego é como "o próximo Lehman". O que a onda de choque que atingiu os bancos comerciais no mundo todo no último trimestre de 2008 causou ainda está fresco na memória; políticos, banqueiros centrais tomadores de decisão nos dois lados do Oceano Atlântico não querem passar por isso uma segunda vez. Quando uma agência de classificação de risco, na quinta-feira, 6 de maio, estabelece que a crise fiscal da Grécia poderia contaminar Espanha, Portugal, Irlanda, Itália e Grã-Bretanha, aumenta a preocupação nos Estados Unidas e no resto do mundo. Um *flash crash*, uma queda relâmpago em Wall Street naquele mesmo dia, posteriormente atribuída a um problema técnico, gera pânico. Os banqueiros centrais europeus, reunidos em Lisboa, temem que sua fraca resposta à crise tenha contribuído e não sabem como está a situação. Os políticos falam de um "ataque especulativo mundial" ao euro.[9] Logo cedo, na sexta-feira, dia 7, o presidente Obama telefona para Merkel e Sarkozy: *salvem o euro*.

A pequena Grécia deixa de ser o problema. Depois que o primeiro-ministro Papandreou mais uma vez pediu ajuda em 23 de abril, em 2 de maio há um acordo de resgate de 110 bilhões de euros, que blinda o país dos mercados de capital até 2012. Problemático, contudo, é o fato de a operação ter demorado tanto. A abordagem europeia parece hesitante, atrapalhada e arriscada. É claro que estão improvisando, ainda não há ferramentas prontas; e é isso que realmente falta explicar. Mas por que tanta pressão? Isso não aconteceu somente porque Atenas ficou enrolando com o pedido de ajuda, mas, também, porque – conforme a declaração de 11 de fevereiro de 2010 – é

---

[9] Jean-Claude Juncker, citado em Carlo Bastasin, *Saving Europe. How National Politics Nearly Destroyed Europe*. Washington, Brookings Institution Press, 2012, p. 202.

preciso, primeiro, que a estabilidade da zona do euro esteja em perigo.[10] Só quando o incêndio ameaçava se espalhar é que ele poderia ser apagado. Para uma abordagem desse tipo, você, como salvador, não é aplaudido, ainda mais que a grande parte do público considera essa deficiência autoimposta incompreensível. (Será que a melhor maneira era realmente fazer com que o risco de incêndio também chegasse aos vizinhos?) Os investidores não confiam nessa forma de gerenciamento de crise. Também na Espanha e em Portugal as taxas de juros sobem drasticamente. Por isso, o primeiro ministro espanhol Zapatero quer reforçar sua determinação política ao nível mais alto. No final de abril, o presidente Van Rompuy anuncia uma reunião de cúpula para a zona do euro, "no mais tardar em 10 de maio", quando os líderes poderão abençoar o pacote de ajuda aos gregos e olhar para a frente.

Parece que é difícil estabelecer uma data. Angela Merkel prefere esperar até depois das eleições de domingo, 9 de maio, na Renânia do Norte-Vestfália, o maior estado da Alemanha. O seu partido, o CDU, está prestes a perder, o eleitorado alemão está irritado com o apoio à Grécia – "Que vendam o Partenon", é o ânimo no *Bild Zeitung* – e ela corre o risco de perder sua maioria de coalizão no Conselho Federal alemão. Nesta primeira semana de maio, porém, os problemas eram tantos que não dava mais para esperar até a segunda-feira, dia 10. No domingo, dia 9, em Moscou, ocorrerá a celebração dos 65 anos do final da Segunda Guerra Mundial. Ou seja, esse dia também fica de fora, porque um chanceler alemão não pode se ausentar desse evento. Finalmente, num jantar de trabalho se chega ao dia 7 de maio, sexta-feira. Essa tumultuada maratona de encontros ficou conhecida como o fim de semana de "um trilhão de dólares".

Logo na abertura na sexta à noite, o presidente do Banco Central Europeu, Jean-Claude Trichet, apresenta gráficos precisos aos

---

[10] Na reunião de cúpula de 25 de março de 2010, sob pressão de Merkel, houve uma ascensão da expressão *ultima ratio*.

dezesseis líderes europeus mostrando em que medida o pânico interbancário se pareceria com o que aconteceu depois do "Lehman" em setembro de 2008. Era preciso agir ou em breve o euro não existiria mais. Será que não podemos esperar alguns dias?, pergunta o presidente de Chipre. Não, é o que Merkel também diz agora, quando os mercados asiáticos abrirem na segunda cedo, a resposta precisa estar pronta. Isso dá a eles boas 48 horas.

Mas, fazer o quê? Não existe nenhuma caixa de ferramentas e a urgência é grande. A reunião também decorre tumultuada. Será que o Banco Central Europeu não pode intervir mediante a compra de títulos da dívida pública? Isso pressionará os juros e restabelecerá a confiança do mercado, alegaram os líderes da França, da Itália, da Espanha e de Portugal, um depois do outro. Para indignação de Sarkozy, o presidente do Banco Europeu Trichet (chamado furiosamente de *cidadão francês* por seu *Presidente da República*) não quer prometer nada: a confiabilidade do Banco se baseia na independência da pressão política. Merkel e outros apoiam Trichet; ela tem motivos para confiar que o Banco fará o que for necessário.

Só que os líderes políticos reconhecem que eles também terão que fazer todo o esforço possível para salvar o euro. Na declaração final, comprometem-se a usar "todos os meios disponíveis" – *the full range of means available*, uma linguagem incomumente forte.[11] Os planos são classificar segundo a legislação, agir individualmente e agir conjuntamente. Em primeiro lugar, *legislação*: os líderes querem uma melhor regulação de mercados financeiros e agências de classificação de risco e acelerar os trabalhos iniciados recentemente para enrijecer as regras de classificação e de controle econômico. Começa-se a compreender que os déficits orçamentários, como na Grécia, não são o único risco; a Irlanda está vulnerável por causa da bolha

---

[11] Statement by the Heads of State or Government of the Euro Area, 7 de maio de 2010, pt. 2.

financeira e a Espanha, por causa da bolha imobiliária, e as duas ainda apresentavam déficits e dívidas relativamente baixos em 2009. Um trabalho preventivo como esse é importante para o futuro, mas com legislação não é possível controlar nenhuma situação emergencial. Tal situação exige determinação. No campo do *agir individualmente*, em segundo lugar, os líderes declararam que "cada um de nós, independentemente da situação do seu país, (está) disposto a adotar as medidas necessárias" para reduzir o déficit orçamentário de acordo com as normas acordadas e com compromisso preciso. Boas intenções não contam para reconquistar a confiança. Estados-membros individuais sob pressão do mercado deverão promover uma clara redução do orçamento e reformas. Todo mundo está pensando principalmente na Espanha, inclusive o próprio primeiro-ministro José Luis Zapatero. Em terceiro lugar, e o mais urgente, *agir em conjunto*: é necessário ter um escudo de resgate robusto para espantar os especuladores. A Comissão tem um plano para um fundo de cerca de 60 bilhões de euros com base no orçamento da UE. É um começo, mas nada impressionante, considerando os valores que só Atenas demandou no começo deste mês. Os líderes pedem que a Comissão proponha rapidamente um "mecanismo de estabilização" para que os ministros das Finanças já possam decidir no domingo.[12]

Sábado e domingo, uma sucessão de reuniões, telefonemas e complicações teatrais. Nos gabinetes da Comissão, todos estão empenhados na elaboração de uma proposta. Juristas procuram ganchos no Tratado que possam comportar o fundo emergencial. Na Espanha, Zapatero se põe a trabalhar em seu orçamento. Sarkozy e Berlusconi cancelam sua presença na parada do 9 de maio em Moscou para, a partir de Paris e Roma, coordenarem a resposta à crise. Será que a "guerra dos mercados" de hoje se sobrepõe à celebração da guerra

---

[12] Statement by the Heads of State or Government of the Euro Area, 7 de maio de 2010, pt. 2.

contra os nazistas de ontem? Isso deixa Merkel em desvantagem, porque ela, sim, no sábado à noite viaja na direção da Praça Vermelha (onde pretende conversar sobre o euro com o presidente da China, que está apreensivo). O seu ministro terá que reconquistar terreno no domingo à tarde. Quando Schäuble chega em Bruxelas, ele acaba sendo hospitalizado por causa de uma reação alérgica. A chanceler alemã liga pelo celular para seu confidente De Maizière, ministro dos Assuntos Internos. De um tranquilo passeio dominical com sua mulher na floresta na Saxônia, ele segue em um avião oficial direto para Bruxelas: por volta das 8h30 entra no salão da reunião. Nesse meio-tempo, as urnas da eleição já foram fechadas na Renânia do Norte-Vestfália. Ainda há umas boas cinco horas até a abertura da bolsa em Tóquio.

A reunião está num impasse. Apenas o montante da reserva está definido. Sarkozy e Merkel haviam acertado isso no sábado à noite, por telefone. Além dos 60 bilhões cobertos pelo orçamento da UE (proposto pelo presidente da Comissão, Barroso), virão cerca de 440 bilhões de euros de outros países. O FMI (Fundo Monetário Internacional) contribuirá com 250 bilhões, promete o chefe do FMI Dominique Strauss-Kahn à ministra francesa Christine Lagarde. Somando todos os valores, é suficiente para um escudo de três anos para Espanha, Portugal e Irlanda juntos. Sarkozy estava satisfeito: a "Angela" finalmente estava pensando grande, isso surpreenderia os mercados! Mas Merkel ainda tinha três pontos: o fundo emergencial precisa ser temporário, conhecer o compromisso do FMI e decidir os resgates por unanimidade, de modo que o *Bundestag* tinha um veto. Justamente o contrário do que Paris queria e o que a Comissão colocou na mesa no domingo: um fundo emergencial permanente, puramente europeu decidido por maioria, de 500 bilhões de euros, que gerenciará tanto os 60 bilhões da sexta à noite quanto os 440 bilhões dos Estados-membros. E tem mais. Enquanto a Comissão propõe que o fundo emergencial deva estar contido no Tratado, Berlim considera que ele conflita com a cláusula *no-bailout*. Para varrer o plano da Comissão da mesa, os alemães criam obstáculos com sua corte constitucional em Karlsruhe; veladamente, conta o fato de que não querem confiar a gestão da reserva aos funcionários de Bruxelas. Agora, os próprios ministros tentarão resolver o quebra-cabeça. De Mazière não quer um fundo comum, mas empréstimos bilaterais entre os europaíses. Ainda à meia-noite, quando a reunião quase tinha chegado a um consenso, Merkel comunica a ele: "Continue firme com nosso plano, ainda temos duas horas".[13] No último momento, um funcionário neerlandês concebe um truque engenhoso, pelo qual os europaíses oferecem uma garantia proporcional para um veículo de investimento privado a ser criado em Luxemburgo e que pode captar 440 bilhões de euros no mercado. Os franceses e os italianos votam a favor e deixam a Alemanha para trás, minutos antes da abertura da bolsa japonesa.

Embora tenham sido os ministros que elaboraram o escudo de resgate, até o último minuto a operação é *assunto dos chefes*. Imediatamente após o acordo, às 2 da manhã, Sarkozy liga para Trichet. Como Merkel fez naquela noite em Berlim com De Maizière, também Zapatero, em Madri, entrou em contato com sua ministra no salão, Elena Salgado. A espanhola, havia muito despreocupada, foi acordada naquela sexta-feira e agora precisa tomar decisões sobre o maior corte na seguridade social desde os tempos de Franco; Salgado negocia com seus colegas em Bruxelas como somar medidas para reduzir o déficit em mais um ponto e meio. Depois disso, Zapatero não conseguiu mais dormir de tão nervoso, é o que ele conta ao *El País*: qual será a reação do índice Nikkei à decisão europeia?[14] Ele sabe que os cortes provavelmente significarão seu fim político, no entanto precisa poupar seu país da humilhação e não quer ter o fim do euro em sua consciência.

---

[13] Angela Merkel citada em Bastasin, *Saving Europe*, p. 213.
[14] Zapatero em *El País*, 25 de julho de 2010, "He pasado noches sin dormir".

Logo cedo naquela segunda-feira, 10 de maio, o Banco Central Europeu fez uma declaração: ele comprará títulos da dívida pública, não diretamente dos Estados, mas no mercado secundário. Com essas "medidas fora do padrão" (conforme o jargão), ele estava pisando em terreno desconhecido. Já na crise de 2008-09, o Banco havia adotado medidas emergenciais, mas, agora, ao fazer isso também na crise da dívida pública, ele estava se aventurando em um novo caminho. Assim, ele rompe um tabu do pensamento monetário alemão, em que a compra de títulos da dívida pública é considerada um passo fatal na direção da "impressão de dinheiro" para governos esbanjadores. (Por isso, o presidente do *Bundesbank* alemão, Axel Weber, vota contra a decisão de 10 de maio; o voto dele é vencido no Conselho Administrativo por seus colegas europeus presidentes de bancos centrais.) Em sua declaração, o Banco cita, de forma a acolher o compromisso de 7 de maio dos líderes de governo, que "adotará todas as medidas necessárias para alinhar seus objetivos orçamentários deste ano e dos anos vindouros com procedimentos relativos a déficit excessivo".[15] Posteriormente, parece ter havido um vazamento de que a decisão de compra da parte principal já tinha sido tomada na confusão do *flash crash* de quinta, 6 de maio, em Lisboa, mas Trichet manteve-se em silêncio na noite seguinte. As autoridades monetárias queriam manter a pressão sobre os líderes políticos para que elas mesmas não tivessem que pôr a mão na massa para debelar a crise.

O final de semana de 7-10 de maio de 2010 foi uma tarefa de envergadura formidável. O Conselho Europeu, em euroformação, atuou de forma quase inédita em seu papel de *controlador*. Em completo estado de emergência, ele mobilizou "todos os meios possíveis" na sexta-feira. Graças à sua dupla função (membros do Conselho Europeu e líderes de seu país), os líderes de governo conseguiram

---

[15] ECB *press release*, 10 de maio de 2010, "ECB Decides on Measures to Address Severe Tensions in Financial Markets".

que tanto as duas instituições da União, a Comissão e o Conselho de ministros das Finanças, quanto seus governos individuais trabalhassem no mesmo sentido. Somente o Banco Central independente não aceitou que lhe ditassem as regras, mas ele acabou acatando. A necessidade quebrou a lei.

Portanto, a União acordou na segunda, 10 de maio, com um Banco que aparentemente estava mais disposto a negociar o que pouco antes era considerado impossível. Também os europaíses haviam se dado contornos de um "fundo monetário europeu", posteriormente batizado de *Fundo Europeu de Estabilização Financeira*. Este último foi uma alternativa jurídica limitada, mas funcionou. Os mercados dessa vez estavam positivamente surpresos. A situação se estabilizou. Essa improvisação deu certo.

No entanto, ela não foi aplaudida por todos. Com essas decisões, a união monetária de Maastricht sofreu uma mudança incontestável. Os termos do tratado da constituição sofreriam mudanças. Os guardiões do templo estavam com dificuldades para digerir isso – quer dizer, dos *dois* templos. Em primeiro lugar, havia críticas pesadas provenientes da ortodoxia *monetária* da Alemanha e também dos Países Baixos. Considerava-se que o Banco estava ultrapassando sua incumbência e que um escudo de resgate violava a cláusula *no-bailout*, com todos os riscos de inflação dela decorrentes. O euro perdia seu brilho: parecia-se cada vez menos com o forte marco alemão e o forte florim de muitos. Os representantes institucionais mais importantes dessa crítica eram o *Bundesbank* alemão e a Corte Constitucional alemã; ela acabou levando assuntos jurídicos notórios para essa mesma Corte, que, com base no famoso julgamento de Maastricht (1993), até mesmo poderia fazer com que a Alemanha saísse da zona do euro. No cerne, estava a seguinte argumentação: se os critérios de Maastricht fossem simplesmente respeitados – ou se viessem a ser respeitados no futuro –, a renovação da união monetária seria supérflua. Apesar de todo o requinte jurídico, esse argumento acaba implicando que, enquanto ninguém brinca com fogo, ninguém com fogo será ferido. Argumenta-se em termos de "competência" numa situação que exige responsabilidade.

Em segundo lugar, veio a crítica da ortodoxia *institucional* em círculos de Bruxelas. Naquelas primeiras horas de 10 de maio, o fundo emergencial de 440 bilhões não podia ser considerado uma instituição formal baseada na convenção, considerando que os governos alemão, neerlandês e alguns outros da zona do euro queriam manter o controle sobre os bilhões em recursos fiscais nacionais que entrariam no fundo emergencial (e também pelo fato de os britânicos e outros governos que não são da zona do euro não desejarem participar). Disso resulta que a maioria da Comissão e do Parlamento Europeu, frustrando as expectativas deles, estava fora do jogo. Uma reserva essencial da união monetária criou forma em uma esfera fora do alcance deles. O alívio era grande por se ter evitado uma catástrofe e, por isso mesmo, tratava-se de uma "segunda-feira negra" para os verdadeiros crentes. Principalmente para o Parlamento Europeu, que, em nome da democracia e da transparência, se colocaria como porta-voz de uma solução atrofiada puramente de Bruxelas.

Essa crítica dupla precisa ser analisada dentro de um contexto. A resposta política à ameaça da moeda era uma mobilização de meios públicos, ou seja, recursos públicos provenientes de impostos. Mas quais pagadores de impostos arcariam com a conta? Ou, mais precisamente, quais pagadores de impostos em qual função? Esse era o motivo do conflito. Toda a mobilização de 7 de maio de 2010 mostrava claramente os limites do que cada um podia ou queria contribuir. Inicialmente, foram postos na mesa 60 bilhões com base no orçamento da UE. Bem, aí encontramos os pagadores de impostos em sua função de cidadãos da UE, representados pela Comissão e pelo Parlamento. Mas esse fundo de Bruxelas era muito pequeno para contar as forças opostas. Pressionados pela necessidade, os Estados-membros apelaram aos pagadores de impostos *nacionais em seu conjunto*.

O fundo emergencial de 440 bilhões era a soma de recursos públicos provenientes de impostos alemães, franceses, italianos, espanhóis, neerlandeses, belgas, austríacos, gregos, portugueses, finlandeses, irlandeses, eslovacos, eslovenos, luxemburgueses, cipriotas e malteses; os montantes eram de quase 120 bilhões para a Alemanha e até 0,4 bilhão para Malta. Tudo junto formava também o caixa europeu. Não um que havia sido construído na "esfera interna" de Bruxelas, mas sim um conjunto.

A questão duríssima, de onde a conta seria apresentada, também sempre expõe relações constitucionais e democráticas. (Isso os revolucionários norte-americanos entendiam bem, como testemunha seu *slogan* de 1776: *No taxation without representation* [nenhuma tributação sem representação].) Nesse contexto, é mais fácil compreender a crítica dupla do *Bundesbank* alemão e do Parlamento Europeu. O *Bundesbank* alemão, inequivocamente, fala em nome de pagadores de impostos *individuais* e *nacionais*. Ele traduz, na língua das regras existentes, uma desconfiança "nortista" frente às medidas emergenciais como um avanço "sulista" disfarçado no caixa. O Parlamento Europeu, ao contrário, levanta-se como o porta-voz dos pagadores de impostos "europeus". Mas tem uma desvantagem: o último é principalmente uma *promessa*. De um lado, não existem impostos diretos da UE (para desgosto do Parlamento) e, de outro, o orçamento da UE abrange não mais do que 1% da prosperidade europeia, enquanto a soma dos orçamentos nacionais envolve, aproximadamente, 45 a 50%. Resumindo: o *Bundesbank* fala em nome do público nacional do Norte, que não *quer* pagar a conta e o Parlamento em nome de um público europeu mais fracamente desenvolvido que não (ou ainda não) *consegue* pagá-la.

Nesse aparente impasse, surgiu uma saída. Quais representantes políticos falariam em nome dos pagadores de impostos reunidos que podem e precisam pagar? Quem teria condições de, "relutantemente", transformar a necessidade em uma escolha livre e desejada?

Isso significaria que os governos dos europaíses estariam contra seus cidadãos: o euro é de todos nós e, juntos, vamos salvar a moeda não apenas por interesse financeiro próprio, mas também como uma resposta conjunta aos acontecimentos. E foi isso que eles *fizeram*; o fundo emergencial foi uma improvisação bem-sucedida, uma negociação conjunta entre necessidade e liberdade. Entretanto, eles mal *falavam* a respeito. A comunicação com o público era deficiente.

Existiu uma exceção. Na quinta-feira, 13 de maio, na velha cidade imperial de Aken, Angela Merkel teve a oportunidade de fazer um discurso por ocasião da entrega do Prêmio Internacional de Carlos Magno ao primeiro-ministro polonês Donald Tusk. Talvez ela estivesse aliviada pelo fato de as eleições na Renânia do Norte-Vestfália já terem passado e a situação do euro ter sido acalmada, talvez a oportunidade oficial exigisse uma dimensão histórica. Em todo caso, era a primeira vez que, em meses, ela falava com perceptível entusiasmo: "Por que salvar a Grécia? Por que salvar o euro? Por que dias e noites sem fim de negociações duras e difíceis para conseguir um resultado comum? Porque nos demos conta de que, se o euro desabar, não é apenas uma moeda que vai desabar. Haverá muito mais desmoronamentos. Então a Europa terá fracassado, então toda a ideia de unificação europeia terá acabado".[16] Aqui ela encontrou o argumento da livre escolha, uma base mais profunda para fazer o que era necessário. Ela o repetiu alguns dias depois, em um debate sobre as medidas emergenciais no *Bundestag*: "O fim do euro é o fim da Europa".[17]

Uma frase pequena que passou a ser um mantra, o bote salva-vidas na tempestade. Ela invocava uma bússola mais forte e privava as regras da última palavra. A "Europa" superava O Tratado. Uma verdade raramente notada se esconde nessa descoberta: basicamente, na fundação os Estados se comprometeram não apenas ao direito

---

[16] Discurso de Angela Merkel no Prêmio Carlos Magno para Donald Tusk, 13 de maio de 2010, disponível em www.karlspreis.de.

[17] Angela Merkel, Declaração do governo no *Bundestag*, 19 de maio de 2010.

da União, mas também à existência da União em si. Em situações de emergência, uma ruptura com as regras pode, portanto, significar, sim, uma sólida fidelidade ao tratado.[18] Também por isso os oradores de uma ou de outra ortodoxia aqui responsabilizam os líderes políticos do conjunto, que não representam apenas o direito estabelecido, mas também o poder constituinte da Europa.

O fato de justamente a chanceler ter falado essa pequena frase introduziu o modo, nesse ínterim, de como o poder alemão passou a ser conhecido na Europa.

"Uma participação adequada do setor privado" – Deauville, 18 de outubro de 2010   Uma vista ampla, o sol outonal resplandecia acima do mar, dois líderes numa conversa animada: o quadro é irresistível. No final de uma tarde outonal, Nicolas Sarkozy e Angela Merkel passeiam pela praia em Deauville. Eles conversam sobre a situação do euro e reforçam um pacto. Um encontro com Medvedev, o colega russo deles, mostra que, de fato, existem motivos para estarem juntos no balneário normando. Mas Sarkozy também quer aproveitar totalmente o momento a dois com "Angela". Pensou assim e fez assim. Os funcionários do presidente ludibriam seus colegas berlinenses e, por volta das 5 horas, liberam arbitrariamente uma declaração franco-alemã sobre a zona do euro.

França e Alemanha têm um problema no trabalho em andamento para tornar a zona do euro resistente a crises. Na Declaração de Deauville, elas expressam suas pretensões. É verdade que Paris havia votado a favor de regras orçamentárias mais rígidas no pacto de estabilidade e crescimento – outro grupo de trabalho ministerial, com o presidente do Conselho Europeu no comando, esteve trabalhando nele –, mas gostaria de reduzir as sanções "automáticas". Quer

---

[18] Vestert Borger, *The Transformation of the Euro: Law, Contract, Solidarity*. Leiden, Universiteit Leiden, 2018. (Dissertação de Doutorado, especialmente cap. 2 e a conclusão.)

manter uma margem política e, portanto, um espaço de saída (não quer ficar em último lugar). A chanceler alemã, por seu lado, quer dar uma base sólida ao fundo emergencial *ad hoc* de maio de 2010, que alguns países simplesmente querem estender. Improvisar em uma crise é uma coisa, na opinião dela, mas um fundo emergencial permanente precisa ser ancorado juridicamente, de preferência na forma de uma alteração ao tratado. Num assunto como esse, ademais, é possível acordar que, se os pagadores de impostos forem manter um europaís de pé, os investidores privados ajudarão a pagar a conta. No acordo da praia, cada um concorda com o ponto de vista do outro.

A apresentação e o *timing* da declaração causam consternação. No mesmo 18 de outubro de 2010, há em Luxemburgo um grupo de trabalho de Van Rompuy, composto por 27 ministros das Finanças, o presidente do Banco, Trichet, e o presidente do Eurogrupo, Juncker, mais o comissário Rehn, trabalhando no acabamento de um relatório da zona do euro. Em março daquele ano, os líderes de governo haviam pedido a Van Rompuy que se planejasse uma união monetária mais robusta; os criadores tratavam os mesmos temas que Sarkozy e Merkel apresentaram. O relatório de Deauville cai nisso como uma bomba. Ele passa por procedimentos e despreza sensibilidades. O deslumbrante passeio na praia na Normandia reduz os presentes em Luxemburgo a meros figurantes. O presidente francês não se importa: seu objetivo é mostrar ao público que há dois países liderando a zona do euro, e não um.

O conteúdo piora a afronta. Em Luxemburgo, a indignação se volta para o lado "francês" do pacto de Deauville, o enfraquecimento da proposta de supervisão do orçamento. Ninguém se surpreendeu com a tentativa francesa, mas pasmem, sim, de que os alemães a aceitaram. Países Baixos, Finlândia, Suécia, a Comissão, o Banco Central: os defensores de uma disciplina orçamentária rígida se sentem traídos por Berlim. Na opinião deles, as regras que devem evitar uma próxima crise estão perdendo credibilidade. Eles estão tão atrapalhados com isso, e também a imprensa está tão focalizada, que praticamente ninguém dá atenção a onze palavrinhas abrangentes que também estão na declaração.

Somente Trichet, o presidente do Banco, entende imediatamente. Ele percebe o real perigo no lado "alemão" do pacto de Deauville. A ideia de investidores, a partir de 2013, precisarem ajudar a pagar os pacotes de resgate, como Merkel a todo custo quer determinar no novo fundo emergencial, para ele é muito perigosa. "Vocês estão devastando o euro", grita o presidente do Banco, aflito.[19] Mas os políticos não dão maior atenção a essa subcláusula sobre o fundo emergencial, pois estão assustados com a cláusula principal: Berlim quer alterar o Tratado! Os alarmes disparam entre os diplomatas. O Tratado de Lisboa, tão discutido e em vigor há menos de um ano, já alterado novamente – com o risco de referendos e outros estresses? É assim que a bomba de Deauville, depois de todas as complicações do orçamento, solta uma segunda cortina de fumaça, atrás da qual se esconde a determinação que faz Trichet estremecer. E, aliás, será que ele não está exagerando?

A reunião de cúpula de 28-29 de outubro de 2010 precisa tomar uma decisão. O presidente do Banco, diante dos líderes de governo, repete suas preocupações sobre o "envolvimento do setor privado". Mas ninguém mais presta atenção em Trichet. Desde 2008, ele alertou demais os líderes políticos sobre um armagedom financeiro. Merkel educadamente dá atenção a ele e, mais uma vez, explica seu ponto de vista. Sarkozy, ao contrário, perde as estribeiras. "Você está tentando convencer o mundo de que foi você que salvou o euro, mas nós, chefes de Estado e líderes de governo, tomamos as decisões vitais. Talvez você possa falar assim com banqueiros, mas nós temos

---

[19] Jean-Claude Trichet, citado em Bastasin, *Saving Europe*, p. 239. Para uma perspectiva neerlandesa de "Deauville", consulte o respectivo capítulo em Martin Visser, *De Eurocrisis. Onthullend Verslag van Politiek Falen*. Amsterdam, Business Contact, 2012.

que lidar com eleitores."²⁰ Desde Deauville, a chanceler alemã fez *lobby* junto a seus outros 25 colegas. Desta vez, eles estão dispostos a ajudá-la. Assim, o Conselho Europeu decide por uma "alteração limitada do Tratado" para um escudo de resgate permanente. Os trabalhos preparatórios considerarão o assunto, "entre outros, do papel do setor privado".²¹

Mas logo surgem as dúvidas sobre a capacidade de administrar isso e se é prudente. Depois de Deauville e do Conselho Europeu, há uma subida dos juros das dívidas públicas de economias do euro mais fracas. Os investidores entendem que eles, a partir de 2013, terão que ajudar a pagar uma falência estatal na zona do euro e adaptam imediatamente suas avaliações de risco. A Irlanda já luta há dois anos com a crise dos bancos, mas é justamente agora que ela sucumbe: ela vai em busca de apoio junto ao fundo emergencial e, em 27 de novembro de 2010, assina um *bailout* de 85 bilhões de euros. A sequência de acontecimentos não parece boa. Merkel volta atrás: o futuro fundo emergencial deverá agir "alinhado com as práticas do FMI" (o que significa que a participação privada somente ocorrerá após uma análise de sustentabilidade do endividamento) e, além disso, dívidas já contraídas não serão submetidas à participação privada, nem mesmo a partir de 2013. Esse compromisso, revelado pelos euroministros no domingo 28 – e previamente negociado por vídeo entre Van Rompuy, Merkel, Sarkozy, Barroso, Trichet e Juncker –, não acalma os mercados. Na segunda-feira, 29 de novembro, os juros na Espanha também sobem. O *Financial Times* fala do "*crash* de Merkel".²² Depois da Irlanda, é a vez de Portugal cambalear: em fevereiro de 2011, são eles que vão em busca de ajuda.

---

[20] Nicolas Sarkozy, citado em Jean Quatremer, "Oublier Deauville", no *Libération*, 6 de dezembro de 2011.

[21] Conclusões do Conselho Europeu, 28-29 de outubro de 2010, pt. 2.

[22] Neil Hume, "The Merkel Crash", no *Financial Times Alphaville*, 29 de novembro de 2010.

Apesar do bom trabalho de maio de 2010, a tempestade volta.

Deauville foi uma cena para ser esquecida rapidamente. As ações franco-alemãs foram abruptas e descuidadas. Na categoria "improvisação", o que se viu foi o método de *tentativa e erro*.

O lado francês do acordo resistiu até julho de 2011: na sombra da enésima reunião de cúpula para a crise, depois de longa insistência do Banco Central e do Parlamento Europeu, Sarkozy concordou secretamente com as "sanções automáticas" para aqueles que violassem o orçamento. Do lado alemão, já rapidamente enfraquecido com a contribuição privada proveniente do "alinhamento com as práticas do FMI", depois da reunião de cúpula de dezembro de 2011 restou ainda menos (embora o preâmbulo ainda contivesse uma referência ao acordo do fundo emergencial). Além do conteúdo, a apresentação de Deauville teve um efeito bumerangue. A romântica cena na praia reforçava a imagem de uma dupla franco-alemã que queria impor sua vontade aos demais, como o presidente pretendia. Mas, a partir de outubro de 2011, um apelido irônico para o casalzinho mostrou quem mandava – "Merkozy".

Entretanto, esse completo fracasso não significa que Merkel, em Deauville, não tivesse tocado num problema importante. Os líderes estavam numa circunstância complicada. Como os investidores estrangeiros não investiam mais na zona do euro, o crescimento econômico estagnou. Mas por que os pagadores de impostos em economias fortes precisavam cobrir o risco que, por exemplo, investidores norte-americanos contraíram na Grécia ou na Irlanda? Depois da crise dos bancos, era o setor financeiro que estava em má situação. Os políticos que queriam enfrentar os bancos eram populares, como o ministro das Finanças neerlandês De Jager. Não foi por acaso que a oposição social-democrata apoiou incondicionalmente a proposta, tanto na Alemanha quanto nos Países Baixos. Merkel queria melhorar o escudo de resgate, que se chocava com a visão alemã sobre os termos da união monetária, para seus eleitores. No lado dos devedores, que, como "cigarras", viviam do empréstimo, Merkel foi bem-sucedida no combate ao *risco moral* lançando mão da "condicionalidade". Para cada centavo que a Grécia recebia, o país precisava economizar e realizar reformas. Agora, com o "PSI" (envolvimento do setor privado) ela também queria combater o *risco moral* no lado dos credores junto aos fornecedores de crédito irresponsáveis. Mas esses "gafanhotos" mostraram ser opositores aguerridos.

"Uma solução singular" – 21 de julho de 2011   Num dia quente do verão de 2011, líderes da zona do euro se reúnem em um ambiente pessimista, no último andar do edifício do Conselho em Bruxelas. Pela primeira vez, desde maio de 2010, o medo de que a zona do euro fosse sucumbir predominou nessas semanas. Estamos no dia 21 de julho, o Dia Nacional da Bélgica, com direito à parada militar tradicional. Para surpresa dos presentes, logo no começo da reunião de cúpula, caças ensurdecedores passaram voando exatamente por cima da sala de reuniões.

Ali dentro, os pensamentos também eram de ataque e defesa. Os líderes europeus se sentem sitiados pelos mercados. *Si vis pacem para bellum* é o aviso da ciência militar: "Quem quer a paz precisa estar preparado para a guerra". Traduzido para a situação: é preciso aumentar o poder de fogo do fundo emergencial temporário. A Grécia também está precisando de ajuda novamente. Os líderes mais uma vez apelam à soma dos recursos de impostos nacionais.

A primeira-ministra eslovaca Iveta Radičová – seu país é mais pobre que a Grécia e, mesmo assim, precisa contribuir – está sob pressão muito forte. Ela está espremida entre seus colegas europeus na sala e seus parceiros de coalizão em Bratislava ao telefone. Ela toma uma decisão dramática e dá sua palavra pessoal de que a Eslováquia apoiará o poder de fogo reforçado para salvar o euro. Em troca, ela promete antecipar a eleição em seu país, ciente de que não teria chances de ganhar. Trata-se do maior sacrifício possível para um político.

Igual a Zapatero, que, em maio de 2010, com reformas manteve o mercado e os programas emergenciais longe à custa de sua reeleição, Radičová é o primeiro líder no lado dos credores que atrela sua sorte política ao destino político europeu definido em fevereiro de 2010. Com ela, há apenas dezessete líderes a bordo. Futuramente, o fundo emergencial temporário poderá realizar empréstimos temporários para a recapitalização de bancos em países "sem programas" (leiam-se Espanha e Itália) e, em determinadas situações, intervir no mercado secundário de títulos da dívida pública (uma função que o Banco Central continua preenchendo muito a contragosto).

Outro assunto que os líderes abordam em 21 de julho é a Grécia. A situação econômica no país degrada-se rapidamente. Até mesmo os otimistas reconhecem que o pacote de resgate de maio de 2010 não será suficiente para conduzir o país através da tempestade. A chance de falência aumenta cada vez mais e, consequentemente, o nervosismo em Frankfurt, Londres, Washington e Nova York. Os líderes de governo apresentam a perspectiva de um segundo pacote de ajuda a seu colega Papandreou, no valor de 109 bilhões de euros. Os investidores privados ajudarão a pagar. Este último é novo. É uma tentativa de debelar a inquietação surgida após "Deauville". A contribuição privada então acordada, na verdade, somente entraria em vigor em 2013 (como componente do fundo emergencial permanente) e não se aplicaria à dívida já existente. No entanto, o comportamento dos mercados em relação à Grécia era como se eles já tivessem que arcar com as perdas agora. Então, é melhor definir essa etapa agora. E ainda tem mais. Para estancar o risco de contaminação, os líderes bem que querem manter a dívida grega sustentável, mas alguns poucos se recusam a colocar outra vez a conta nas costas de seus pagadores de impostos. Não dá mais para prolongar. Assim, de imediato eles rompem o tabu do saneamento das dívidas de um europaís. Numa longa e intensa discussão com Merkel e Sarkozy em Berlim na noite anterior, Trichet, o presidente do Banco – que voou de Frankfurt especialmente para isso –, acentuou para ambos os líderes que a Grécia precisa ser um "caso especial e único". E é exatamente assim que isso aparece nas conclusões da reunião de cúpula no dia seguinte; e todos o repetem nas entrevistas coletivas.[23]

No entanto, os mercados continuam desconfiados. Afinal de contas, alguns meses antes, os governos também não tinham definido que a mesma regra se aplicaria a todas as ações de resgate a partir de 2013? E, aliás, quem é que não pode afirmar que *esta* solução também pode acabar sendo banalizada precocemente sob a pressão de seus eleitores? Mais uma vez, um anúncio dificulta o assunto; agora, os juros da dívida pública italiana e da espanhola sobem em poucas horas.

Política de pessoal via sorriso – 23 de outubro a 13 de novembro de 2011   Os líderes tinham que tentar outro caminho. Mas de quais meios eles ainda dispunham para conter os acontecimentos?

Desde julho de 2011, a atenção estava voltada para a Itália. A falência da terceira maior economia da zona do euro, com a quarta maior dívida pública do mundo, não dava para ser deixada de lado; seria o fim do euro. A Itália estava sofrendo com a perda de credibilidade. Ninguém mais acreditava nos compromissos da liderança política para adotar medidas em favor do crescimento econômico e da redução da dívida pública – nem os parceiros da zona do euro, nem os mercados, nem o próprio público. E quem perde a credibilidade perde a capacidade política de dar forma ao futuro, ou seja, o poder. O problema estava no nível superior. O primeiro-ministro Silvio Berlusconi, magnata da televisão e multimilionário envolvido em escândalos de corrupção e sexuais – até mesmo a imprensa séria estava abarrotada de notícias de "festinhas *bunga-bunga*" em suas

---

[23] Declaração dos chefes de Estado ou de governo da área do euro e das instituições da UE, 21 de julho de 2011, pt. 6.

vilas –, vivia em estado de negação. Ele perdeu seu sossego nesse verão e naquele outono.

Em 5 de agosto, o primeiro-ministro italiano recebe uma carta enviada de Frankfurt/Roma: "É necessária uma ação rápida das autoridades italianas para restaurar a confiança dos investidores". Assinada por Jean-Claude Trichet e Mario Draghi. O presidente atual e o futuro presidente do Banco Central Europeu (este último em sua função de presidente do banco italiano) lembram Berlusconi de sua promessa, feita em 21 de julho com outros líderes europeus, de garantir as obrigações da dívida italiana "convictamente" sob sua assinatura soberana.[24] Eles elaboram uma agenda de reformas detalhada que vai da liberalização do mercado de trabalho até a reforma da previdência. Essa intervenção sem precedentes na política econômica nacional suscitou a questão de com qual mandato o Banco está tratando. Afinal de contas, a carta é confidencial. Ela atua como uma "apólice de seguro" interna ao Banco para poder comprar a dívida pública italiana, que, no dia 7 de agosto, anunciam que farão.[25] Mas o texto acabou vazando algumas semanas depois no *Corriere della Sera*.[26] Para fazer com que as reformas fossem aprovadas na Câmara e no Senado, Berlusconi as enfraquece em alguns pontos. Parece que o *Cavaliere* está voltando atrás na promessa dada a Trichet e Dragh. Isso cria um ressentimento e coloca a credibilidade do Banco em perigo (o qual não poderá interromper a compra da dívida sem perda de prestígio, mas também não pode continuar como está). Será que, mais uma vez, serão apenas mais *palavras bonitas*? Agora que nem mesmo a pressão de Frankfurt faz algum efeito, seus parceiros encaram o líder oportunista italiano cada vez mais como um perigo para a união monetária como um todo. A paciência deles acabou.

---

[24] Declaração dos chefes de Estado ou de governo da área do euro e das instituições da UE, 21 de julho de 2011, pt. 7.

[25] Bastasin, *Saving Europe*, p. 302.

[26] *Corriere della Sera*, 29 de setembro de 2011.

Durante muito tempo, só se ouvem lenga-lengas e sussurros nos corredores em Bruxelas, Roma, Berlim, Paris e Frankfurt – até 23 de outubro de 2011. Durante uma entrevista coletiva depois de mais uma reunião do Conselho Europeu, um jornalista pergunta à chanceler alemã Merkel e ao presidente Sarkozy como eles avaliam as reformas do colega deles, Berlusconi. O sorriso que a dupla troca está gravado n'alma italiana. Os dois líderes, por trás de um púlpito próprio, olham para dentro de uma sala cheia de jornalistas. Ao ouvir o nome Berlusconi, Merkel sorri veladamente para si mesma e sem olhar para seu vizinho; ela reprime esse sorriso e se volta para Sarkozy, com uma expressão neutra. Este não pôde ver seu rápido sorriso, mas se vira com um sorriso sutil para Merkel, também dando a ela a permissão de sorrir "oficialmente". É o esgar do francês que abre as comportas – vamos parar de achar que somos loucos, a situação é grave.[27] Os jornalistas também riem; a revelação é contagiante.* Ninguém mais ouve as menções comuns que se seguem: a barreira foi rompida. Agora o público também vê: seus colegas não confiam em Berlusconi. O paradoxo: a impaciência das *belas palavras* encontra sua expressão mais mortal no esgar silencioso. Dez dias depois, no balneário francês de Cannes, começa o G20, com Sarkozy como anfitrião. O encontro das maiores economias do mundo termina no fundo de um poço para os políticos europeus. Os assuntos que dominaram as discussões não foram os temas planejados de regulamentação dos bancos, crescimento mundial e segurança alimentar, mas o que ia acontecer com a zona do euro. Em 3 de novembro, Sarkozy e Merkel colocam Berlusconi sob forte pressão para que ele aceite

---

* Em centenas de reportagens desta cena publicadas nos jornais, não há um só relato de que a imprensa também riu. Silêncio significativo da mídia que se nega a perceber seu próprio papel no teatro político.

---

[27] Daniel Schneidermann, "Berlusconi, le Cancre et ses Profs", site Arrêt sur Images, 26 de outubro de 2011.

um pacote de ajuda do FMI de 45 bilhões de euros em troca de reformas; embora o montante fosse considerado modesto, levando em conta a dívida pública de 1.900 bilhões de euros, a operação daria uma brecha aos especialistas do FMI em Roma nos procedimentos parlamentares. Para surpresa de alguns presentes, Obama, o presidente norte-americano, assume o controle em uma reunião fechada dos líderes da zona do euro no G20 (os chefes de governo da França, da Alemanha, da Itália e da Espanha e os dois presidentes da UE). Quando parece que o italiano pretende resistir à imposição franco-alemã, neste momento apoiado por Van Rompuy e Barroso, Obama muda o rumo da conversa. Especialistas norte-americanos e franceses engenhosos bolaram em Washington um plano para elevar o fundo emergencial europeu; com "direitos de saque", ou malabarismo financeiro, eles querem mediar o perigo. De repente, a pressão se volta para Merkel. Ela se recusa a concordar com esse plano: formalmente, é o *Bundesbank* que decide sobre essa forma de financiamento. Para perplexidade de Obama e Sarkozy, o presidente do banco, Weidmann, em Frankfurt, mostra-se irredutível ao telefone: a Alemanha fica com a estabilidade de preços e não tomará parte nessa solução apressada com planos precipitados. Os dois presidentes aumentam ainda mais a pressão sobre Merkel – ignorando a força de lei que o *Bundesbank* exerce na Alemanha – até que ela, desesperada, grita que as forças de ocupação depois de 1945 deveriam ter dado outra constituição a seu país (leia: com menos equilíbrio constitucional e mais Poder Executivo). Quando a chanceler alemã diz, aos trancos, "Eu não vou me suicidar", Obama percebe que foi longe demais. Na manhã seguinte, sexta-feira, 4 de novembro, a tempestade passou. Ninguém mais fala de direitos de saque; a Itália recebe um programa de monitoramento sem pacote de ajuda.[28] Com

---

[28] Reconstrução por Peter Spiegel, "Era o ponto em que a zona do euro poderia ter explodido", no *Financial Times*, 12 de maio de 2014.

bravura, Berlusconi discursa na entrevista coletiva de encerramento: "A Itália é rica, os aviões estão lotados, os restaurantes cheios".

O primeiro-ministro da Itália sai de Cannes abatido, mas vivo. Porém fim dele não tarda. Em alguns dias, a diferença dos juros entre os títulos estatais italianos e alemães de dez anos supera os 7%. Na terça-feira, dia 8 de novembro, Berlusconi promete renunciar para, assim, conseguir a maioria no parlamento para aprovar a "Lei da estabilidade". Em 12 de novembro, passada a votação, ele realmente entrega seu cargo – mais um primeiro-ministro que sai do governo devido à crise do euro. No dia seguinte, o presidente italiano Napolitano pede ao ex-comissário da zona do euro, Mario Monti, que monte um gabinete para enfrentar a crise. Os mercados e os parceiros europeus reagem de forma positiva; eles *confiam* em Monti.

Nesse ínterim, um drama semelhante teve lugar em Atenas. De volta a Atenas depois das reuniões de cúpula europeias de 23-26 de outubro, o primeiro-ministro Papandreou, em um pequeno grupo, decide fazer um referendo sobre os cortes de despesas que fazem parte da decisão de julho e que acabaram de tornar o pacote de ajuda definitivo. Com isso, ele também quer obter a adesão da oposição conservadora ao programa e forçar uma unidade nacional. A jogada dele acaba sendo um choque, tanto no próprio partido quanto para os colegas europeus. Nas longas horas de negociação na semana anterior, em momento algum ele havia mencionado isso.

Um Sarkozy furioso convoca Papandreou a Cannes. A primeira reação dos líderes da zona do euro: isso é extremamente perigoso; temos que tirar essa ideia de referendo da cabeça do George. Então, um conselheiro lembra o presidente francês que seu ilustre antecessor De Gaulle considerava a consulta pública um instrumento democrático. Sarkozy acaba se mostrando favorável a ela. No entanto, o grupo obriga Papandreou a ajustar a pergunta: não o pacote de austeridade, mas a adesão grega à zona do euro deve ser o objetivo do referendo.

Entretanto, algumas dúvidas permanecem. O presidente da Comissão, Barroso, que teme a turbulência de semanas de campanha do referendo, conversa com o líder da oposição conservadora grega, que está fora da sala, e, por ocasião de sua saída, sussurra para o ministro das Finanças de Papandreou, um antigo rival partidário, Venizelos: "Temos que acabar com esse referendo".[29] Este não se faz de rogado e, assim que chega a casa à noite, vindo de Cannes, apunhala seu primeiro-ministro pelas costas: ainda no aeroporto de Atenas, ele dá uma declaração de que a associação à zona do euro é importante demais para um referendo. Papandreou sai. Só que o traidor não conquista o poder. O presidente grego Papoulias, na sexta-feira, 11 de novembro, pede ao economista Lucas Papademos, ex-presidente do Banco Central grego e ex-membro da direção do Banco Central Europeu (BCE), que monte um governo de unidade nacional.

Esses dois episódios concomitantes deixaram um gosto amargo na boca da Europa. Embora os governos italiano e grego se assentem em maioria parlamentar, Bruxelas, Berlim e Paris deram um sinal de que queriam que a direção política fosse transferida a tecnocratas, a homens com credibilidade perante os mercados de capital. Desta vez, líderes políticos e mercados estavam juntos do lado oposto do eleitorado. Os italianos não tiveram novas eleições parlamentares (elas aconteceriam apenas em 2013); os gregos não tiveram um referendo sobre o pacote de ajuda (embora essa tivesse sido a escolha interna e acabou acontecendo em 2015). A tensão entre a democracia nacional e a permanência na união monetária tornou-se embaraçosamente visível.

A zona do euro estava no outono de 2011, com uma crise política dura: a substituição de governos fracos. Não pela urna de eleição, mas por meio de pressão política e financeira incompreensível para

---

[29] José Manuel Barroso, citado por Spiegel, *Financial Times*, 12 de maio de 2014.

o público. O sorriso de Merkel e Sarkozy nesse período se expandiu a momentos-chave insidiosos. Pois, nesse sorriso, era possível ver momentaneamente como o poder estava nessa crise de dívidas e quem tinha a opinião mais "crível"– e, portanto, era "digno de crédito". Na verdade, a dupla nessa cena desempenhava o papel das agências de classificação por eles desprezadas. Eles *rebaixaram* Berlusconi.

Em contraste com os seis outros episódios neste capítulo, essa política de pessoal não era o resultado de uma "decisão" formal. Não era uma ação conjunta. O caso de Berlusconi mais parecia um assassinato sem impressões digitais. E, obviamente, isso dá margem a teorias da conspiração – "quem fez isso com a Itália?". Quando, dois anos mais tarde, ficou evidente ter havido conversas sérias entre o presidente Napolitano e Monti já a partir do verão de 2011, novamente surgiram rumores.[30]

Em três outros países da zona do euro que estavam em crise, parece que os eleitores estavam até mesmo dispostos a substituir sua liderança política. Em 21 de novembro de 2011, dez dias depois da troca do poder em Atenas e Roma, a oposição na Espanha subiu ao poder. Nas eleições parlamentares regulares, os conservadores ganharam com maioria de 186 votos em 350 cédulas, deixando os governantes socialistas bem para trás – o primeiro-ministro Zapatero havia deixado o campo de batalha para um sucessor. Na Irlanda, que em novembro de 2010 pediu ajuda emergencial europeia, o partido que estava no governo foi derrotado nas eleições antecipadas de fevereiro de 2011 pela oposição de centro-direita. O mesmo cenário das eleições portuguesas de junho de 2011, em que o primeiro-ministro José Sócrates saiu de cena, dando lugar a Pedro Passos Coelho.

Essas trocas de poder graças aos movimentos da vontade popular são muito úteis, como sabia Maquiavel. Em seus *Discursos*, o

---

[30] Alan Friedman, "Monti's Secret Summer", no *Financial Times*, 10 de fevereiro de 2014.

florentino escreveu: "E por isso não existe nada que torne um Estado tão estável e equilibrado como a escolha de uma estrutura que permita uma reviravolta da opinião pública, que possa ser manifestada dentro de um âmbito legal".[31] Os eleitores nesses três europaíses penalizaram os governos que tiveram que pedir um pacote de ajuda degradante (Irlanda e Portugal) ou que dele escaparam por um triz (Espanha); eles depositaram sua confiança na oposição clássica, bem, ao menos por ora. A mecânica democrática ainda está funcionando. É verdade que ela estava começando a ranger e chiar. A troca de migalhas entre partidos médios, criticada como se fossem "todos do mesmo saco", abriu espaço para concorrentes populistas nos flancos – na Espanha e na Grécia, inicialmente de extrema esquerda.

Na Itália, a perda da confiança não era apenas deste ou daquele partido, mas de todo o conjunto de instituições e práticas políticas fracassadas, que frustram toda e qualquer alteração. Por isso que, em 2011, parte do público italiano, silenciosamente, considerava a dura intervenção europeia vinda de fora uma *verificação da realidade*, enquanto outra parte depositava sua confiança em um comediante fora do meio, sem papas na língua, Beppe Grillo. Na falta de nomes melhores, os eleitores recorrem a nomes externos para restaurar a confiança do discurso político italiano.

"Levando em conta a ausência de unanimidade" – 8-9 de dezembro de 2011   Quase dois anos depois da eclosão da crise grega, a situação ainda continua fora de controle. Vagueia-se de uma "hora da verdade" a outra. Enquanto em novembro de 2011 novos governos em Atenas, Roma e Madri arregaçam as mangas e fazem propostas para a Comissão em Bruxelas para regras orçamentárias ainda mais rígidas, cresce novamente a necessidade de uma abordagem sistemática da crise. A zona do euro precisa ser reformada. Mas

---

[31] Maquiavel, *Discursos*, I.7.

como? Desde o início, o foco sempre foi nos Estados e em seus orçamentos. Embora em novembro de 2011 já se sentisse que não é apenas a dívida pública que impulsiona a crise, em princípio ainda se trilha por esse caminho.

Em 2 de dezembro, Merkel fala no *Bundestag* que as instituições da UE precisam ganhar mais Poder Executivo para poderem penalizar "incondicionalmente" a ultrapassagem dos limites do déficit.[32] A seu lado, um dia antes Sarkozy recomenda a "recriação" da Europa como um "governo da zona do euro", composto pelos chefes de Estado e pelos líderes de governo. E diz isso sem mencionar a Comissão: "Uma Europa no piloto automático, que apenas ajusta as regras de concorrência e as regras comerciais, é uma Europa que não consegue combater crises".[33]

As duas abordagens – a Europa das regras e aquela da capacidade de ação – seguem juntas em uma carta franco-alemã, datada de 7 de setembro, a Van Rompuy. Nessa carta, a chanceler e o presidente, de um lado, pedem por regras e obrigações vinculativas mais fortes para os Estados-membros da zona do euro e, de outro, por reuniões de cúpula com os eurolíderes a cada seis meses (enquanto a crise durar, até mesmo mensalmente).[34] E eles preferem que aquilo que for acordado seja inserido no Tratado da União, e, se isso não for possível, em um tratado separado da zona do euro. Van Rompuy recebe a carta um dia antes da reunião de cúpula em que ele, a pedido dos colegas, apresentará um relatório interino sobre a zona do euro.

---

[32] Declaração da chanceler alemã Angela Merkel no Conselho Europeu em 9 de dezembro de 2011 em Bruxelas e diante do *Bundestag* alemão em 2 de dezembro em Berlim, em www.bundesregierung.de.

[33] Nicolas Sarkozy, "Discurso em Toulon", 1º de dezembro de 2010, em www.lefigaro.fr.

[34] Carta de Nicolas Sarkozy e Angela Merkel ao presidente do Conselho Europeu, 7 de dezembro de 2011.

A reunião de 8-9 de dezembro transcorreu de forma árida e imprevisível. Os chefes, em si, concordaram rapidamente com o conteúdo, com o *quê*; a zona do euro precisa de regras mais rígidas quanto a déficits. Mas, como é recorrente acontecer na União – estruturada em tratados, protocolos e regras –, é mais difícil decidir sobre a forma jurídica, o *como*. O primeiro-ministro David Cameron recusa aceitar uma alteração formal no tratado, ou melhor: ele somente aceita fazer isso se seus parceiros, em contrapartida, garantirem a posição do centro financeiro em Londres. Um Sarkozy firme: "David, nós não vamos te pagar para salvar o euro". Van Rompuy tenta com uma variação mais suave: não uma alteração total do tratado, mas ratificações parlamentares e toda a panóplia, porém explorando todo o gancho jurídico de um protocolo de tratado.[35] Trata-se de um método que Merkel desaprova por não ser suficientemente oficial para os mercados e o público – no dia anterior, o informante dela havia falado a respeito dos truques de Bruxelas –, mas que seria aceito pela maioria votante dos outros líderes de governo. Depois dessa oferta, no entanto, o britânico não abaixou seu preço e isso acabou decidindo o assunto. Às 4 horas da madrugada, o presidente conclui que, "considerando a ausência de unanimidade",[36] o conteúdo exige outra forma. Os dezessete europaíses decidem submeter seus acordos orçamentários a um tratado jurídico internacional, aberto para o outro. Dos dez europaíses, oito aceitam: a Grã-Bretanha fica de fora, assim como a República Tcheca, cujo primeiro-ministro essa noite não estava se sentindo bem;[37] a Hungria, que inicialmente disse não, ao raiar

---

[35] Protocolo n. 12 do Tratado da UE "sobre o procedimento relativo aos déficits excessivos".

[36] "Statement by the euro area Heads of State or Government", 9 de dezembro de 2011, sem número parágrafo final. (A tradução neerlandesa oficial é: "Uma vez que os Estados-membros da UE não conseguiram decidir com unanimidade".)

[37] Governo da República Tcheca. Os argumentos principais do primeiro-ministro Petr Nečas quanto ao não comprometimento da República Tcheca na

do dia,m acabou subindo a bordo. David Cameron, entretanto, sem *de fato* poder parar o que quer que fosse, foi recebido como um herói em seu país por causa do "veto".

Após encerrada a reunião, a confusão era grande tanto junto dos envolvidos quanto na mídia. Todos tinham a sensação de que algo importante havia acontecido, mas era um tanto vago. Segundo alguns, a União, graças a seu tratado orçamentário, tinha sido "reconstruída"; já, para outros, nada mais era do que fazer uma "fachada". Vamos levar esse papo arquitetônico a sério e, por um instante, comparar a Europa – que continua sendo uma mistura de construção e convencimento – com uma catedral gótica. Igual ao que a arquitetura gótica fez em sua época, a União se refugiou em métodos construtivos inovadores.[38]

Na noite de 8 para 9 de dezembro, a Grã-Bretanha fez uso da chantagem oferecida pelo princípio de unanimidade para obrigar seus parceiros europeus a procurarem sua *salvação* – uma solução rápida para um problema vital de credibilidade orçamentária – *fora dos tratados europeus*. É mais ou menos como se desta vez não fossem os crentes expulsando os comerciantes do templo, mas o contrário, os comerciantes desalojando os crentes. Assim, a Grã-Bretanha evitou que a União pudesse lançar mão do método construtivo habitual, ou seja, erigir capelinhas individuais dentro da catedral para Estados-membros mais devotos que juntos querem realizar mais trabalho beneficente (euro, Schengen e outras formas de cooperação). Como o veto britânico impedia o uso do Tratado da União, só restou aos europaíses e seus seguidores acomodar as suas decisões sobre disciplina orçamentária e política econômica em um tratado separado, fora dele.

---

ratificação do acordo fiscal, comunicado de imprensa, 6 de fevereiro de 2012, em www.vlada.cz/en.

[38] Argumento desenvolvido pela primeira vez em: Jacques Keller-Noëllet e Luuk van Middelaar, "Une Europe 'Gothique'? Comment Refonder l'Union", no *Le Monde*, 27 de dezembro de 2011.

Para continuar na metáfora arquitetônica: os chefes de estado e líderes de governo, impedidos de continuar seu trabalho no interior da catedral, resolveram fazer um "puxadinho" do lado de fora. Ou seja, da mesma forma que os mestres de obras góticos, fixados em seu desejo de erguer a nave da catedral cada vez mais alta, inventaram a *pilastra*: uma estrutura que não pertencia à edificação, mas que a tornava mais forte, mais leve e mais alta do que os pesados muros do estilo românico.

Quais são as condições que essa inovação arquitetônica importante precisa satisfazer? Duas. Para cumprir sua função, a pilastra, de um lado, precisa estar apoiada na parede da catedral, ou seja, precisa formar uma unidade com suas formas; de outro, por motivos de harmonia e coesão, deve ser construída com o mesmo material e no mesmo estilo que o prédio principal. Traduzindo isso no Tratado Orçamentário, negociado em algumas semanas e assinado em 2 de março de 2012 por 25 líderes de governo: ele deve ser considerado não uma ameaça à construção existente nem um elemento totalmente isolado, mas um prolongamento dos tratados existentes e em consonância com eles. Chama a atenção, portanto, que o Tratado Orçamentário (como anteriormente, os fundos emergenciais temporário e permanente) dá um papel à Corte Europeia e à Comissão e de que a intenção dos signatários é, mais para a frente, integrá-lo no prédio principal.

Tudo isso não havia sido esclarecido imediatamente depois daquela noite longa e difícil de negociações, de 8-9 de dezembro. A improvisação se estendeu até uma logística elementar. Ficou estabelecido que, no dia seguinte, os 25 países acertariam um novo tratado fora da União Europeia, mas *onde* se reuniriam? Será que poderia ser em um prédio oficial da União, como sugerido pelo secretário-geral do Conselho? Alguns dias depois, os britânicos, frustrados, ameaçaram ir à Corte de Justiça contra o uso das instalações da UE, até mesmo do uso dos prédios da UE, por uma instituição fora da UE (os custos!

o aluguel! o aquecimento! os intérpretes!). Até se darem conta de que era insensato. Para se salvarem, os europaíses não podiam usar o Tratado, mas, logo, poderiam usar uma sala de reuniões e, depois, também as instalações. Os britânicos foram vencidos.

"Romper o círculo vicioso" – 28-29 junho 2012   Em 13 de janeiro de 2012, a França perde a classificação *triple A*. Somente a Alemanha, a Holanda, a Finlândia e a Áustria mantêm o *status* de crédito. Mas até quando? A crise segue para o centro da zona do euro. A queda do governo grego, em fevereiro, põe em movimento uma nova série de acontecimentos de tirar o fôlego. Nesta primavera, preocupações com o setor bancário espanhol são preocupantes. Na Itália, a combinação de uma economia fraca com uma dívida pública elevada deixa os investidores inquietos, e os juros sobem.

Aos poucos, também os líderes de governo – inclusive em países credores – vão se dando conta de que a crise se aprofundará mais do que em apenas alguns países que não fizeram sua "lição de casa" e que, portanto, o Tratado Orçamentário não é suficiente. Decisivamente, também há um problema comum. A confiança na zona do euro, consequentemente, está perdida. Os dirigentes do Banco Central Europeu, nessa primavera, defendem uma visão de longo prazo. O argumento é pragmático. Todos os eurogovernos procuram investidores para a compra de títulos do Tesouro de dez anos. Os investidores querem saber, na medida do possível, como a zona do euro estará dentro de dez anos. Será que ela será mais do que um sistema monetário simplesmente estruturado em regras e taxas de câmbio fixas? Na incerteza do momento e sabendo que suas visões e necessidades se chocam, os líderes hesitam em responder a essa pergunta.

Para poder avançar, Van Rompuy os convida para um debate aberto. Algumas ideias controversas que circulavam em grupos de reflexão e em círculos acadêmicos – como eurobônus, uma nova supervisão bancária ou acordos vinculantes sobre reformas econômicas – ainda não haviam chegado à mesa de negociação dos líderes. Esta era, no final de maio de 2012, a primeira reunião de cúpula desde a eleição de François Hollande, o homem que venceu Nicolas Sarkozy. "Sem tabus", era o lema.[39] Portanto, o presidente do Conselho Europeu usa sua função específica – mediador entre os líderes de governo nacionais e instalações de Bruxelas – para fazer com que todos pensem fora dos quadros para, assim, aumentar a capacidade de improvisação conjunta.

Van Rompuy já tinha preparado conclusões em sua função de presidente, ou seja, não um texto formal que seria assinado por todos os 27 líderes. Certa passagem sugeria dar um mandato aos líderes da Comissão, do Banco Central Europeu, do Eurogrupo e do Conselho Europeu para a elaboração de um relatório sobre como acertar a arquitetura da zona do euro. Todo mundo concordou. Essa decisão proporcionou a abertura política necessária. Cinco semanas depois, alguns dias antes da reunião de cúpula de 28-29 de junho, o relatório solicitado estava pronto. Ele se refere a "uma *verdadeira* União Econômica e Monetária". A mensagem central era simples: uma política econômica nacional não pode ser determinada de forma totalmente independente se as consequências atingem toda a zona do euro. Os europeus precisavam tirar seu aprendizado da interdependência entre os Estados no campo da política bancária, da política orçamentária e da política econômica. Um itinerário de longo alcance.

Só que quem acaba dominando é a crise aguda das últimas semanas de junho, e não a perspectiva de longo prazo. No domingo, 17 de junho, a zona do euro respira aliviada quando as eleições do parlamento grego terminam em segundo turno com uma maioria de partidos querendo manter o euro. Só que isso não ajuda com as

---

[39] Herman Van Rompuy, 21 de maio de 2012, "Carta Convite para o Conselho Europeu Informal de 23 de maio de 2012".

preocupações com a Espanha e a Itália. Igual ao que aconteceu em Cannes um ano antes, o encontro do G20, desta vez nos dias 18-19 de junho em Los Cabos (México), acabou virando um palco de deliberações emergenciais europeias. O primeiro-ministro italiano Monti, de opinião que os mercados tratam seu país de forma não amistosa, quer que o Banco Central Europeu compre "automaticamente" a dívida pública quando os juros de um Estado-membro que respeita as regras estiverem acima de determinado patamar. Isso é inaceitável para o Banco e para o governo alemão; e, muito menos, o fato de Monti tentar puxar Obama para seu lado. O primeiro-ministro espanhol Mariano Rajoy tinha outro problema: o setor bancário espanhol estava à beira de uma implosão. Depois de hesitar muito – seu antecessor, Zapatero, em Cannes, havia recusado um pacote de ajuda[40] –, Rajoy pede ajuda para recapitalizar os bancos espanhóis.

Desde a queda do Lehman Brothers em 2008, formou-se um círculo vicioso entre os bancos em dificuldade e as finanças públicas fracas. Quando um banco falia, os pagadores de impostos eram chamados a pagar a conta e, portanto, a dívida pública do respectivo país aumentava. Quando, numa fase seguinte, os ativos de um governo para saldar essa dívida eram questionados, todo o setor bancário nacional acabava sofrendo as consequências. A Irlanda constituía um ótimo exemplo desse círculo vicioso de *ciclo fatal*, mas, nessa primavera de 2012, a Espanha é que está perigosamente a descoberto. Todo mundo concorda que é preciso romper essa dinâmica.

Depois do G20, há um debate político contínuo. Em 22 de junho, durante um encontro dos líderes da Alemanha, da França, da Espanha e da Itália em Roma, Merkel repete sua oposição ao plano de Monti para a compra incondicional da dívida pública. Mas está

---

[40] José Luis Zapatero, *El Dilema*, citado em Paul Taylor, "Merkel Tentou Empurrar a Espanha para o *Bailout* do FMI: ex PM", *Reuters*, 25 de novembro de 2013.

inclinada a ajudar Rajoy com seus bancos, mediante um equilíbrio entre solidariedade e responsabilidade financeira. Os quatro chegam a um acordo de que seus ministros das Finanças desenvolverão essa ideia no dia 26 de junho, em Paris. No encontro em Paris, no qual, além dos quatro grandes europaíses, havia funcionários de topo de Bruxelas, o ministro das Finanças alemão, Schäuble, diz que concorda com uma recapitalização direta dos bancos com fundos emergenciais europeus permanentes com a condição de uma supervisão europeia centralizada dos bancos. Os dois pontos são novos. Até então, o fundo emergencial somente faria empréstimos aos Estados; os bancos apenas seriam recapitalizados "indiretamente" (por meio de um Estado que movimentaria um empréstimo à custa do aumento da própria dívida). Também é singular o outro elemento, a supervisão central dos bancos: a Alemanha, no ponto alto da crise financeira em 2009, opusera-se fortemente a isso. Tudo indica que haverá um acordo.

Em 28 de junho, os líderes chegam à reunião de cúpula em Bruxelas com diversas prioridades. François Hollande mantém seu foco no anúncio das medidas de crescimento e de criação de empregos, uma de suas promessas de campanha aos eleitores franceses seis semanas antes. Mariano Rajoy e Mario Monti, preocupados com seus bancos e sua dívida pública, claramente já acertaram suas posições um com o outro. Angela Merkel e outros líderes "do Norte" querem evitar o surgimento de um *risco moral* pelo empréstimo de ajuda financeira sem contrapartida. Para alegria de uns duzentos jornalistas, o jantar de trabalho ocorre na quinta-feira à noite, com a semifinal da Eurocopa, Alemanha contra a Itália. (Se não for necessário na reunião, Mario Draghi assistirá à vitória da Itália com o pessoal da cozinha, graças aos dois gols do outro "superMario" – Balotelli.)

A noite é longa. A discussão acaba centralizando-se nos bancos. Quando, por volta da meia-noite, o rascunho está pronto e chega aos líderes, seus conselheiros já haviam se debruçado sobre ele por seis horas. A tensão cresce rapidamente. Nesse ínterim, todo mundo já concordou com o fato de o fundo de resgate poder injetar capital em bancos com dificuldades *logo que* houver uma supervisão central dos bancos, mas e como ficam as coisas nesse meio-tempo? Pode demorar anos até que um sistema desses esteja funcionando, e a Espanha tem um problema *agora*. O rascunho fala de uma "solução provisória", mas, para Merkel e seus aliados neerlandeses e finlandeses, ela não é viável; a ordem dos fatos precisa ser: primeiro, supervisão e, depois, o dinheiro, e não o contrário. Então, Mario Draghi diz que, se os líderes da zona do euro declararem que farão um trabalho sério com a supervisão dos bancos, os mercados de capital levarão isso imediatamente em conta. Merkel reage a isso e sugere que se dê um prazo bem apertado ao órgão legislativo: "antes do final de 2012", é preciso estar claro como a supervisão será feita – segundo um procedimento nos padrões da UE e extremamente rápido. Mais adiante, os líderes explicitarão que a supervisão deverá ser de responsabilidade do Banco Central, e não da Comissão ou de um novo órgão. Além disso, eles se comprometem absolutamente a romper o "círculo vicioso entre bancos e governos".[41]

Essas eram as palavras que os mercados estavam esperando. Em uma entrevista coletiva improvisada ao raiar do dia, Van Rompuy lê a declaração final para os jornalistas exaustos. Inesperadamente, a declaração também parará na própria casa. (O pessoal da equipe de mídia do Conselho tinha sido enviado para casa por volta das 3 horas porque não se contava mais que se chegasse a uma decisão.) Em 10 minutos, os mercados pegarão a mensagem.

Algumas horas depois naquela sexta-feira, justamente antes do início da última sessão de trabalho, Mario Draghi entra no escritório de Van Rompuy. Desde o momento de sua posse, ele está sob

---

[41] Declaração da cúpula da zona do euro, 29 de junho de 2012. O rascunho pedia que os legisladores analisassem o tema "como um assunto de interesse urgente".

forte pressão. Todo mundo quer que o banco dele atue com determinação, mas ele estava numa camisa de força muito apertada para que pudesse fazê-lo. Agora, ele olha aliviado. "Herman", disse ele, "você tem ideia do que vocês conseguiram fazer na noite passada? Esse é o *divisor de águas* de que falamos". A decisão dos líderes europeus, da supervisão europeia central dos bancos, cria a abertura necessária para que pudesse exercer uma função maior para vencer a crise com sua instituição.[42]

Em 6 de setembro, o Banco Central Europeu promete, a partir de Frankfurt, fornecer assistência "ilimitada, mas condicional" a países que estiverem sob pressão de mercados financeiros. O anúncio dessa intervenção, no final de julho por Draghi, em Londres ("E acredito que deve ser suficiente"), já era um tiro de advertência. Em 12 de setembro, a Corte Constitucional em Karlsruhe julga que o fundo emergencial permanente não está em conflito com a Constituição alemã. Naquela mesma noite, o partido antieuro dos nacional-populistas nos Países Baixos sofre um revés nas eleições parlamentares. A Irlanda se prepara com êxito para a entrada nos mercados. No começo do outono de 2012, muitos começam a considerar que o euro continuará existindo. Até mesmo o sempre prudente economista-filósofo Herman Van Rompuy, em 25 de outubro de 2012, sente-se suficientemente seguro para, pela primeira vez, afirmar diante de uma plateia de empresários em Londres: "A zona do euro venceu esta ameaça existencial".

O primeiro teste veio na primavera de 2013, quando, em Chipre, o sistema bancário – um pilar na economia da ilha – ameaçava cair. O Banco Central Europeu definiu um prazo estreito para as regras. Depois de um princípio caótico, veio uma ação de saneamento controlada e firme, determinada em 24 de março de 2013 em uma

---

[42] Herman Van Rompuy, *Europa in de Storm. Lessen en Uitdagingen*. Leuven, Prometheus/Bert Bakker, 2014, p. 22.

reunião de cúpula com o presidente cipriota, imposta pela direção da zona do euro. O país foi obrigado a fechar um grande banco, aceitar um programa emergencial e viu o livre movimento de capital restringido. Todavia, a crise de Chipre em nenhum momento gerou medo ou pânico financeiro fora da ilha. A zona do euro, como tal, não estava mais em perigo.

Mas depois disso aconteceu algo diferente: enquanto o medo da "contaminação financeira" tinha cedido, entrou em cena a "contaminação política".[43] Foi o que se viu em 2015, quando as fagulhas da crise reacenderam na Grécia, com a entrada no poder do esquerdista populista Syriza. Meses turbulentos de negociações sobre um terceiro *bailout* entre o governo de Tsipras e seus parceiros da zona do euro terminam com o referendo de 5 de julho de 2015 e a reunião de cúpula do euro uma semana mais tarde. Os acontecimentos influenciaram toda a Europa. No entanto, os mercados não viam mais nenhum risco financeiro para o restante da zona do euro. Já, ao contrário, as paixões políticas mostravam-se muito mais intensas do que em 2010-12. O drama ressoou até muito longe fora da Grécia, em um debate europeu sobre culpa e solidariedade, democracia e liderança (alemã). Isso teve seu efeito. Não foi a esperada reação dos mercados que dominou as tomadas de decisão e análises, mas a reação esperada dos eleitores nos outros europaíses. Assim, o conservador primeiro-ministro espanhol, Rajoy, temia que neste outono teria que encarar seus eleitores, que as concessões para Atenas desacreditariam sua própria história de que a Espanha precisava apertar o cinto e que faria crescer o partido irmão espanhol Podemos, de Syriza.

Pela enésima vez desde 2008, os líderes políticos se veem confrontados com uma tensão: eles precisam manter a confiança dos investidores sem perder a confiança de seus eleitores. Esse problema é

---

[43] Peter Spiegel, "Grécia: Donald Tusk Alerta sobre Contágio Político Extremista", no *Financial Times*, 16 de julho de 2015.

tão fortemente vinculado ao funcionamento dos Estados democráticos e prósperos da Europa que não desaparecerá.

RESPONSABILIDADE E SOLIDARIEDADE

A união monetária pode ter robustez institucional, no entanto nos anos vindouros a tempestade da zona do euro muito provavelmente emergirá em novas formas e a insegurança deverá ser enfrentada de outro modo. Nesse caso, um retrospecto das tentativas, erros e acertos dos anos de 2010-2012 será muito importante. Algumas coisas deram certo, outras não. Pensando na futura gestão de crises, queremos, portanto, saber: será que há um padrão? Será que é possível fazer uma distinção prévia racional entre improvisação com chance de sucesso e expectativa de um fiasco? O melhor ponto de partida é analisar por quê, no final das contas, acabou dando certo.

No acordo dos bancos de junho de 2012, que gerou o avanço final da união monetária, em primeiro lugar chama a atenção o fato de os líderes terem feito uma vinculação crível de uma decisão de curto prazo a uma perspectiva de longo prazo. Durante dois anos, eles negociaram "um passo depois do outro". Na bruma da crise, a abordagem em si não foi imprudente (mesmo que cada passo tenha sido criticado como "um dia de atraso e um dólar a menos"). Mas, depois de dois anos, era preciso mais. Os mercados e o público nem esperavam cenários futuros tão elaborados da zona do euro, mas, sim, autoconfiança, necessária para olhar adiante, mais a decisão firme de que se tinha em mente um futuro comum. Essa combinação de prazo curto e longo proporcionou o acordo dos bancos de 28-29 de junho. Os líderes deram o sinal verde para os trabalhos de uma "união de bancos" – um projeto de vários anos que Van Rompuy e seus consortes esboçaram no relatório da zona do euro de 26 de junho – e logo deram o primeiro passo concreto ao estabelecer um responsável pela supervisão de todos os bancos da zona do euro.* Com isso, eles iam, nas palavras de Hannah Arendt, "ao encontro do futuro como se ele fosse o passado", embora o domínio, no qual o poder atua, amplia-se miraculosamente.[44] Eles mostravam "vontade da forma", a primeira condição para uma improvisação bem-sucedida.

* O prazo de final de 2012 para a implementação prática do supervisor seria cumprido; também as etapas subsequentes anunciadas em junho de 2012 como um "mecanismo de resolução simples" para os bancos insolventes estavam evoluindo conforme planejado. Embora os países credores se opusessem ao financiamento comum do mecanismo de resolução e a cada vez tentavam criar entraves, a união dos bancos adquiriu tanta autoridade como recurso de resgate contra um ressurgimento da crise do euro que nenhum Estado-membro poderia arriscar seu fracasso total.

Faça um contraste disso com as improvisações mais fracas, as decisões de 2010 e 2011, sobre o compromisso privado dos investidores na retenção da dívida pública futura. Em Deauville (outubro de 2010), as coisas deram errado logo de cara porque dois *players* prematuramente falaram em nome de todo o grupo reduzindo os demais, em terminologia teatral, a um simples *coro*. Isso foi uma transgressão na moralidade de uma unidade e uma responsabilidade comum pedida pela política de acontecimentos da Europa – a segunda condição para a improvisação bem-sucedida. Mas o acordo de Deauville não satisfazia nem esta segunda condição e muito menos a primeira. Porque, mesmo quando a forma protocolar havia sido instaurada e o acordo Merkel-Sarkozy sacramentado por todos em uma reunião de cúpula dez dias depois, o problema do conteúdo persistia. A sugestão de que a dívida pública a partir de 2013 poderia ser reestruturada fez com que, depois da Grécia, também a Irlanda despencasse. "Enquanto a lógica era permitir que se pagassem os credores de ontem por sua imprudência e os de amanhã, tranquilizados, o efeito foi exatamente o contrário: o anúncio do acordo aumentou a tensão em

---

[44] Arendt, *Human Condition*, p. 245.

vez de moderá-la."⁴⁵ Um bom meio ano depois, na reunião de cúpula da zona do euro em julho de 2011, o grupo cometeu um erro similar. O tabu de uma remissão da dívida para a Grécia foi imediatamente violado sem que o acordo tivesse aliviado suficientemente a dívida do país para afastar novos desastres. Com o tempo, essa improvisação também falhou e não teve impacto no futuro. As decisões de outubro de 2010 e julho de 2011 mostravam, resumidamente, *divisão* (a primeira, original) e *impotência* (ambas praticamente ao mesmo tempo) – dois pecados no palco da improvisação que a decisão dos bancos soube evitar.

Até aqui, é verdade, há poucas surpresas, mas isso não é tudo. Além de um aspecto de "vontade da forma", uma unidade exibida ainda precisa satisfazer uma terceira condição para ser uma improvisação bem-sucedida: evitar o *arbítrio* oportunista ou, formulado positivamente, buscar um vínculo com valores e conceitos históricos com eco junto ao público. Em termos musicais, poderíamos falar dos *tons básicos*.

A decisão dos bancos de 2012 uniu solidariedade e responsabilidade ou, se preferir, destino e disciplina.* Os países "do Sul" insistiram na solidariedade de todos os membros com o conjunto, os "do Norte" estabeleciam as prioridades na responsabilidade de cada um para orçamentos e bancos saudáveis. E uma situação como essa, em muitos casos, leva a um impasse, um duplo "não". Mas na noite de 28-29 de junho de 2012, os líderes decidiram tratar dos dois assuntos ao mesmo tempo. Eles vincularam duas decisões políticas: supervisão dos bancos centralmente

* Essa "responsabilidade como disciplina" individual distingue-se da responsabilidade comum da declaração de fevereiro de 2010, em que se trata de assumir a responsabilidade, ser chamado a atuar em *resposta* a uma pergunta feita pela realidade.

---

⁴⁵ Jean Pisany-Ferry, *La Crise de l'Euro et Comment Nous en Sortir*. Paris, Pluriel, 2013, p. 138.

(em nome da responsabilidade) e a possibilidade de injeções de capital provenientes de fundos de resgate em bancos com dificuldades (em nome da solidariedade). Esse foi um "sim" duplo, mais responsabilidade e mais solidariedade.

Entre esses dois valores, havia toda uma interação contínua da crise na zona do euro. Por várias vezes, tentou-se encontrar o equilíbrio. A ajuda emergencial para a Grécia, a Irlanda e Portugal abrangeu créditos (solidariedade) em troca de reformas (responsabilidade). Dessa forma, também a reforma da zona do euro como um todo conheceu, desde maio de 2010, um equilíbrio entre os fundos emergenciais viciados (solidariedade) e as regras orçamentárias mais rígidas para os países da zona do euro (responsabilidade). Os dois acordos marcantes em que essas duas reformulações ocorreram, o tratado do mecanismo de estabilidade e o Tratado Orçamentário, foram batizados pelo guardião desses equilíbrios políticos como "Tratado da Solidariedade" e "Tratado da Responsabilidade".[46] Os dois tratados têm relações obrigatórias; assim, só quem assinou o Tratado Orçamentário tem direito a solicitar ajuda ao fundo emergencial. Nos parlamentos irlandês, italiano e alemão, essa reciprocidade se torna visível pela concomitante abordagem e votação parlamentares.[47] Já, ao contrário, a dialética é mal interpretada na França: os fundos emergenciais são acolhidos como uma correção óbvia do projeto original da união monetária, enquanto o Tratado Orçamentário, como uma obrigação para os alemães, deparava-se com uma forte resistência parlamentar.

---

[46] Herman Van Rompuy, "Discurso Durante a Cerimônia de Assinatura do Tratado de Estabilidade, Coordenação e Governança", 2 de março de 2012.

[47] O *Bundestag* alemão votou em 29 de junho de 2012 com dois terços da maioria e com os dois tratados mais as alterações do art. 136 TFUE; e a Câmara dos Deputados italiana fez o mesmo em 19 de julho de 2012. A Irlanda promoveu debates no parlamento sobre os dois tratados, mas apenas começou os trabalhos no Tratado Orçamentário depois do referendo positivo de 31 de maio de 2012; conforme pesquisa entre os eleitores, os irlandeses estavam bem cientes do vínculo político e jurídico com o Tratado ESM.

Também o programa de compra de títulos de Mario Draghi, de setembro de 2012, que para muitos observadores é um meio de domar a crise, é uma mistura milagrosa de solidariedade e responsabilidade. Com isso, o Banco Central Europeu dedicou-se a si mesmo, como os mercados queriam, na forma de "prestamista de última instância" para toda a zona do euro (solidariedade), mas com uma condicionalidade integrada para um Estado-membro que recorre ao programa (responsabilidade).

Justamente essa *associação simultânea* de solidariedade e responsabilidade torna o acordo do verão de 2012 – a decisão da união bancária do Conselho Europeu que inclui a decisão de aquisição de títulos pelo Banco – superior às improvisações anteriores. A improvisação que produziu os fundos emergenciais, inicialmente em sua forma limitada (maio de 2010) e, mais tarde, ancorada no Tratado da União, também foi bem-sucedida, mas não na mesma medida. Os fundos emergenciais promoveram alterações desejadas importantes, mas, apesar da condicionalidade integrada, para o público do Norte, baseava-se demais no primeiro princípio, enquanto o Tratado Orçamentário (dezembro de 2011) chegou tarde demais e apenas se apoiava no segundo. Esse desequilíbrio temporal acabou contribuindo para que a zona do euro permanecesse por tempo demais no caminho da dívida pública; ainda no outono de 2011, a Alemanha, no campo da disciplina orçamentária, quis recuperar o que antes havia dado em solidariedade. Somente no verão de 2012, com o equilíbrio certo, a improvisação foi bem-sucedida.

Por que os dois valores, solidariedade e responsabilidade, foram tão importantes? Por que tantos *players* políticos – Merkel, Sarkozy, Hollande, Van Rompuy, Barroso, Draghi e Monti – fizeram uso retórico deles inúmeras vezes? Em uma situação em que as regras existentes são insuficientes e agir tornar-se imperioso, um político precisa ter uma base para convencer sua audiência de suas decisões. A improvisação nunca é arbitrária. Na Europa, o público há muito é sensível a histórias que apelam a valores e virtudes de origem cristã, humanista, clássica, tradicional ou outras. Dessa amálgama de valores, os políticos improvisadores escavaram os tons básicos em cima dos quais desenvolveram os temas que poderiam ser variações das decisões práticas de forma mais precisa. Assim, suas decisões podiam escapar dos caprichos aleatórios e serem aceitas como uma escolha livre e responsável.

Nesse jogo, "responsabilidade" e "solidariedade" são os que têm a melhor ressonância: não apenas porque a cada uma é possível atrelar um interesse parcial e uma visão de futuro, mas também porque desenvolvem uma relação significativa entre elas. Solidariedade e responsabilidade estão num mesmo equilíbrio dinâmico que os pares "o todo e as partes" e "unidade e diversidade". A sua interação nos oferece, portanto, uma linguagem com a qual uma União de Estados-membros pode ser entendida como uma unidade móvel e com a qual é capaz de receber os acontecimentos que o futuro traz em equilíbrios sempre novos, já de forma improvisada.

Mas também aqui ainda havia necessidade de melhora. Para uma improvisação bem-sucedida, também os três elementos citados – a unidade do grupo atuante, a realização do desejo de dar forma ao futuro e o uso dos tons básicos – ainda não são suficientes. A melhor improvisação cria um vínculo com o público. Como já dizia o mestre do jazz Chick Corea: "O fato de um artista desfrutar da alegria da criação me faz sentir como se estivéssemos nisso juntos". É verdade que a representação "Salvem o euro" manteve o público europeu por bons dois anos muito motivado, mas teve lugar sobretudo à revelia do público. Muitos tinham a sensação de estarem olhando para uma sucessão malograda, enquanto a sequência como improvisação extraía justamente o melhor dos *players*.

Na crise do euro, os próprios líderes políticos estavam estarrecidos com a imagem a qual foram vinculados; inexperientes, operacionalizavam a política de acontecimentos que a situação exigia, às vezes contra sua vontade. Talvez por isso eles não notaram que estavam num palco novo, pois ainda não sabiam o que nós agora sabemos: que na união monetária, além de estarem representando para seu público doméstico, também o faziam para um público europeu totalmente novo, surgido justamente nesses e com esses acontecimentos. Talvez este tenha sido o momento certo para criar um vínculo com esse novo público, pois, afinal de contas, um novo público abrangente e plural aportou, e ele era envolvido e, sobretudo, exigia uma voz direta. Mas também o público precisava de tempo para se acostumar com esse novo papel não especificado, expressar alegria e vaias em reação às improvisações que deram mais ou menos certo no conjunto oferecido.

Capítulo 2 | Negociar. A crise da Ucrânia

> A conotação de coragem, que agora sentimos ser uma qualidade indispensável do herói, na verdade já está presente no desejo de agir e levantar a voz, para inserir a si mesmo no mundo e começar a sua história.
> *Hannah Arendt*[1]

O ÍMÃ E A FRONTEIRA

Com o fim da Guerra Fria, os cidadãos da Europa Ocidental despediram-se da história com um grande H. Como democracias prósperas, havíamos atingido o destino final histórico proclamado por Fukuyama. Agora, era esperar até que essa salvação se desse com o resto da humanidade – os cidadãos subjugados da Europa Oriental, os africanos pobres, os asiáticos e os árabes. Nossa tarefa era ajudá-los a se tornarem como nós, com ajuda para o desenvolvimento, tratados comerciais e a exportação de regras de mercado e valores democráticos. Esse passou a ser o cerne da política externa da União: ampliação da política de regras, uma política comercial expansiva sob a bandeira de nossos melhores valores – liberdade, igualdade e prosperidade. Propagação de boas intenções.

Sob esses auspícios, a Europa funcionava como um "ímã" para o mundo externo. Ela irradiava uma influência positiva à sua volta. O nosso modelo tinha "força de atração", pode-se dizer que era até mesmo "sensual", quem é que não queria ser como nós? – um pensamento lisonjeiro. Os politicólogos forneciam a teoria *soft power* adequada, a capacidade de colocar outros em movimento no sentido de seus valores, cultura ou reputação, diferentemente da *hard power*,

---

[1] Arendt, *Human Condition*, p. 176.

que se baseia nas relações de poder políticas ou na força militar.[2] Enquanto os Estados Unidos exercem forças suaves e duras no mundo todo, a União Europeia dispunha apenas da primeira. Na Bruxelas autoconsciente, não se considerava isso algo menor, mas uma visão de progresso e civilidade.

Essa autoimagem com base sólida tinha um mérito enorme: o ímã estabilizava o continente depois do choque de 1989. Em nenhum lugar na Europa Central e na Oriental, os levantes populares terminaram com um Cromwell, Robespierre ou Khomeini, mas formaram o mesmo tanto de passagens para a democracia. A perspectiva de adesão à União, oferecida em 1993, motivou transformações impressionantes. Em Varsóvia, Budapeste ou Bratislava: reescreveram-se constituições, introduziram-se regras de mercado, reconheceu-se o direito das minorias, resolveram-se litígios fronteiriços – tudo só para poder entrar. Como as forças reformadoras funcionavam para o seu lado, a União pôde determinar condições, estabelecer prazos e colocar o processo em andamento. Depois de quarenta anos de ditadura e economia planejada, os candidatos não acharam nem um pouco ruim que fossem disciplinados pela política de regras – muitas vezes por convencimento, às vezes apenas *pro forma*. O nome desse processo era "europeização". Dessa mesma forma, ocorre a estabilização da antiga Iugoslávia depois das guerras sangrentas dos Bálcãs. Nesse meio-tempo, a Eslovênia e a Croácia já são Estados-membros, a Sérvia está na sala de espera com três vizinhos e outros dois têm uma "vocação europeia". Até hoje, essa *força de atração* foi capaz de evitar o retorno dos Bálcãs a conflitos armados sem fim. Um resultado de formato.

Por muito tempo, a União Europeia esteve cega por seu sucesso magnético da expansão por atração. O que deu certo numa situação

---

[2] Joseph Nye, *Bound to Lead: The Changing Nature of American Power*. New York, Basic Books, 1990.

específica acabou se transformando em um remédio milagroso genérico. Em 2003, com os primeiros candidatos da Europa Central e da Oriental prontos para entrar, o Chefe da Comissão, Romano Prodi, sonhava com uma irradiação positiva mais ampla. Ele via um "círculo de amigos" que se estendia do Marrocos, no Sul, via Egito e o Cáucaso até a Ucrânia, no Leste.[3] Também nesses países era possível introduzir a esfera de mercado e de valores, favorecendo todas as partes. "Grande Europa" foi o adágio dessa estratégia espacial. Geopolítica com compasso: pegue um mapa mundial, coloque o ponto em Bruxelas e trace um amplo semicírculo – estes são seus amigos! Assim nasce a "política de vizinhança".[4] Quando Prodi colocou essa visão em Washington, um George W. Bush bem alerta disse: "Parece o Império Romano, Romano".[5] Um alerta assustador: parece que estranhos compreenderam imediatamente que o sonho ambicioso da União, de fato, tinha a pretensão de expandir o poder territorial.

O modelo do ímã tem apenas um segredo: influenciar o comportamento de países *que desejam algo de nós*. Fala-se de um "poder normativo". Você pode ir à festa de alguém se estiver com as unhas aparadas e prometer não beber além da conta. Quanto maiores as exigências, tanto mais forte precisa ser o *apelo*. Caso também seja necessário comprar sapatos caros para essa festa, é claro que você espera que seja uma noite inesquecível.

A União não percebeu – ou fez de conta que não percebeu – o quanto o funcionamento do ímã se baseava na promessa da *adesão à União*. Este é o prêmio principal. Segundo o Tratado, somente os

---

[3] Romano Prodi, "A Wider Europe. A Proximity Policy as the Key to Stability", discurso na Sixth ECSA-World Conference, 5-6 de dezembro de 2002.

[4] Comissão Europeia, "A Vizinhança Europeia Maior: um Novo Quadro para as Relações com os Países Vizinhos a Sul e Leste", COM (2003) 104, 11 de março de 2003.

[5] George W. Bush, citado em "História de uma Ideia", *The Economist*, 30 de dezembro de 2003.

"Estados europeus" são elegíveis para isso (sem determinar quais são),[6] de modo que, depois de todas as adesões desde 1989, resta somente uma dezena de membros potenciais, a maioria na periferia do continente. Para um desses casos limítrofes, a Turquia, ainda há a pergunta de se a União realmente quer cumprir o compromisso feito, ou se nesse meio-tempo ele não é *falso*; de seu lado, também parece que o presidente turco Erdogan está amadurecendo os espíritos em seu país para despedir-se da perspectiva europeia. Em todos os demais países, por exemplo, na África do Norte, a União não podia oferecer nenhuma adesão, somente prêmios de consolação, como acesso ao mercado para seus produtos ou vistos para seus cidadãos. Também é importante, mas não existencial. Para países que não são europeus, o "ímã" funciona, no máximo, como um "imãzinho".

A força de atração magnética da União, com todos os seus casos fronteiriços ambíguos, pode ser sentida até mesmo nos bastidores, como experimentei em maio de 2014 na pequena e pobre Moldávia. Como membro da equipe do presidente do Conselho Europeu, acompanhei-o em viagens a três países vizinhos a leste para conversas políticas sobre seu futuro entre a Europa e a Rússia. Em Kiev, recordamos os mortos em Maidan, em Tbilisi, vimos ao longe o Cáucaso coberto de neve e bebemos vinho local em Chisinau. O presidente da UE Van Rompuy, que chegou de avião à capital da Moldávia, foi recebido como o representante de uma potência, com um respeito que, em países do Leste Europeu, é dado apenas ao presidente norte-americano – a cidade para, parada militar, coro de alunos e uma audiência de mil integrantes num auditório.

Alguns dias antes, o ministro da Defesa russo, depois de uma visita à região pró-Rússia Trans-Nistrië (área oficialmente moldávia),

---

[6] Art. 49 TUE: "Todo Estado europeu que respeita os valores mencionados no artigo 2 e se compromete a promovê-los pode tentar ser um membro da União".

devido a sanções ocidentais foi proibido de acessar o espaço aéreo romeno no voo de retorno; na mesma hora, ele tuitou quase humoristicamente que, da próxima vez, viria com um "TU-160" ou, então, com um bombardeiro. Preocupações como essas não escaparam a reflexões práticas do anfitrião: será que Bruxelas poderia dar dinheiro extra evitando que os sindicatos dos professores, nas eleições vindouras, não migrassem para os comunistas pró-Rússia? Neste caso, a atratividade da Europa se mostra bem concreta.

Em meu papel de redator de discursos, testemunhei todo um campo de forças de expectativas existenciais em Chisinau. No grande discurso de encerramento da visita, a audiência no imenso Palácio da República, sem dúvida nenhuma, queria ouvir que a Moldávia poderia ser membro da União. Isso criava um ambiente perfeito para, com apenas algumas palavras bem escolhidas, promover uma grande comoção no salão fazendo o orador vivenciar um enorme triunfo; um desejo bem tangível e fácil de satisfazer. No texto do discurso, apresentei bastante material combustível quanto à europeidade da Moldávia – vínculos históricos, vizinhos, valores, liberdade e prosperidade –; por um instante, parecia que o ímã puxava o país para dentro, mas o anticlímax da fórmula do repertório de Bruxelas era tanto inevitável quanto decepcionante: "A União Europeia reconhece as aspirações europeias e a escolha europeia da Moldávia". A porta não se abriu, mas também não se fechou. Esse jogo de *difícil de conseguir* não arrancou o tipo de aplauso tradicional calculado para um ambiente soviético como esse.

Embora as ambiguidades das promessas de entrada na União devam ser esclarecidas com o tempo, permanece um segundo erro de cálculo do pensamento-ímã: a atratividade é passiva e pressupõe que não há capacidade de ação. O que fazer com os *players* externos insensíveis ao magnetismo? Como influenciar as potências ou os maliciosos? E o que acontece se o movimento causado gerar instabilidade ou colisões? Aí é necessário ter uma caixa de ferramentas de política externa com outros e mais instrumentos. Só que essa necessidade foi calada. Um conhecido teórico *soft-power* declarou em 2002, cínico: "O fator mais importante que determina a função internacional da UE não é o que ela faz ou diz, mas o que ela é".[7] A Europa não precisava *fazer* nada, bastava *ser*. Não, não como um *player* no meio da confusão; mas transcendendo as condições, de forma condescendente e grandiosa ao mesmo tempo, um modelo exemplar, um sinalizador.

Despreocupação estratégica de mãos dadas com a inércia geopolítica. O próprio ímã europeu até mesmo libera energias não previstas e, depois, as encara perplexo. Ele ajudou a gerar duas crises que recentemente puseram a União à prova, a crise da Ucrânia (2013-15) e a crise dos refugiados (2015-16). Não foi por acaso que, nas duas situações, o assunto girou em torno do controle de uma *fronteira*, a fronteira territorial do Leste e as fronteiras físicas do Sul e do Sudeste.

Enquanto a Europa se via como um ímã passivo e bem-intencionado na revolução de Maidan no inverno de 2014, o Kremlin enxergava um ator hipócrita que estava avançando rumo ao Leste além das suas fronteiras externas. Enquanto Bruxelas aplaudia a livre escolha dos ucranianos pelos valores europeus, Moscou identificava um golpe de Estado com interferência externa. Essas histórias incompatíveis levam a um impasse. Na crise dos refugiados, a União fez outro tipo de descoberta. Parece que ela não só exercia atratividade sobre Estados, mas também sobre pessoas. Podemos manter nossas portas fechadas para países vizinhos, mas parece que as pessoas simplesmente atravessavam as fronteiras a pé, milhares e milhares. Tudo "aconteceu" na União, que ficou impotente meses a fio. A atratividade europeia virou uma *atração fatal* – para vários envolvidos.

---

[7] Ian Manners, "Normative Power Europe: a Contradiction in Terms?", em *Journal of Common Market Studies* 40, 2002, p. 235-38, 252.

Depois de uma expansão espacial, o ímã e a fronteira são forças contrárias. O ímã põe em movimento, a fronteira manda parar. O ímã irradia, a fronteira marca. O ímã não distingue, a fronteira produz diferenças.

Pensar além da fronteira externa havia muito era um tabu. Onde a União parava? Não se podia falar a esse respeito. As instituições bruxelenses, depois de 1950, tinham encontrado sua vocação com a eliminação de fronteiras internas aliada a um ideal civilizatório e legislação de cunho prático. As fronteiras pareciam uma relíquia de um mundo passado de Estados soberanos. Mas, depois de 1989, o *slogan* "Europa sem fronteiras" já não combinava mais com a situação. A eliminação de fronteiras internas não era um prelúdio do desaparecimento das fronteiras externas. Ao contrário. No Tratado da União (1992), os Estados-membros determinaram que queriam, juntos, desempenhar uma função no cenário mundial para garantir seus "valores comuns e interesses fundamentais".[8] Já no desejo em si havia embutido um enfrentamento com outros *players*, a exploração de esferas de influência, inclusive fronteiras geográficas. Política de poder à moda antiga como a dos dias do concerto europeu das nações, com a qual a sociedade em sua nova função de União achava ter enfraquecido. Mas o idioma desse conceito não queria se fixar. Característica era a preocupação de Bruxelas nos primeiros anos 2000, de que cada marco oriental da União significaria "uma nova Cortina de Ferro", ou seja, uma reencarnação do mal. *Grande Europa*: era como se o problema de fronteira desaparecesse pelo avanço (espacial) da fronteira. Embora todo mundo entendesse que a expansão oriental não podia ir até o Japão, pensar sobre uma linha era proibido. O pensamento bruxelense se colocava fora do espaço e do tempo, acima de geografia e história.

Essa miopia geopolítica se torna um pouco menos espantosa ao analisar a divisão diplomática de competências entre a União e os

---

[8] Tratado da União (versão de Maastricht), artigo A, alínea 2.

Estados-membros. Exagerando, a União é responsável pelos *valores*: direitos humanos, democracia, ajuda para o desenvolvimento, prosperidade graças ao comércio, o *soft-power*; refere-se muito mais a negociar com base em princípios legais e humanitários, e a Comissão pode assumir a liderança (também financeiramente) e os países concordar relativamente rápido. Já os Estados-membros, ao contrário, assumem a responsabilidade dos *interesses estratégicos*: diplomacia clássica, escolhas geopolíticas, questões ligadas a fronteiras, guerra e paz, ou seja, o *hard power*. Eles davam, sim, competências à União – assim existe uma política de segurança e de relações externas comum –, mas eram restritas; além disso, o controle maior ficava por conta dos governos comuns, no Conselho Europeu e no Conselho, e geralmente cada um deles tinha poder de veto. Pressupõe-se que, de qualquer forma, os interesses nacionais são contraditórios e levam à desunião por causa de diferenças em localização geográfica, experiência histórica ou cultura política.

Essa divisão de trabalho proporcionou práticas e campos linguísticos separados, estruturas administrativas e diplomáticas separadas – *grosso modo*, coincidindo com a diferença entre a política de regras (de Bruxelas) e a política de acontecimentos (exercida individualmente). Valores comuns de um lado, interesses nacionais do outro: o que, portanto, parecia precisamente estar faltando era um fórum para determinar os *interesses estratégicos comuns* da União como um grupo de Estados-membros no mundo. As crises dos anos passados obrigaram a uma ruptura e revelaram que esse fórum potencialmente é, sim, adequado: o Conselho Europeu de líderes de governo. Este várias vezes assumiu a função de estrategista com autoridade, que – tanto no caso da Rússia quanto no da Turquia – interligou todos os interesses formando um *front* fechado. A ciência de ser um fórum como esse foi penetrando lentamente até as partes envolvidas, incluído o próprio Conselho Europeu.

O entendimento público sobre interesses comuns é delicado. Também o serviço diplomático europeu, instalado em 2009 para estabelecer uma ponta entre os meios de Bruxelas e as diplomacias nacionais, contribui pouco nesse contexto. Nem mesmo a articulação apropriada dos interesses numa autodefinição estratégica deu certo. Depois de um ano e meio de trabalho e consultas, a alta representante Federica Mogherini, em 2016, apresentou um documento de sessenta páginas em uma prosa bem-intencionada que evitou muitas questões delicadas.[9] Aplica-se a esse documento, sem nenhuma restrição, o que um diplomata respeitado escreveu sobre os exercícios estratégicos de Bruxelas: "Pela ausência de uma análise geopolítica significativa, eles não constituem estratégias verdadeiras; assim, nossa política de vizinhança oriental cuidadosamente evita a questão das relações com a Rússia, enquanto a dos vizinhos do Sul mal pensa em que tipo de diálogo se deve desenvolver com os *players* mais importantes da região (Egito, Argélia, Arábia Saudita). Apresentam-se processos (seguidos de acordos de associação), estabelecem-se princípios (diferenciação), melhoram-se instrumentos (planos de ação), porém, do ponto de vista político-estratégico, o conjunto parece pairar solto no espaço, sem nenhum equilíbrio de forças, contradições e linhas de fratura entre as nações".[10]

O que acarretam problemas de fronteira? Eles nos definem *como grupo* em relação ao mundo externo. Implacáveis, eles conscientizam o público europeu que não se trata apenas de partilhar valores, mas também interesses. Os problemas de fronteira dão a

---

[9] Federica Mogherini, *Shared Vision, Common Action: a Stronger Europe. A Global Strategy for the European Union's Foreign and Security Policy* [Visão Partilhada, Ação Comum: uma Europa mais Forte. Uma Estratégia Global para a Política de Estrangeiros e Segurança da União Europeia], 28 de junho de 2016.

[10] Pierre Vimont, "Les Intérêts Stratégiques de l'Union Européenne", no *Le Rapport Schuman sur l'Europe, l'État de l'Union 2016* (Paris) ou no *site Carnegie Europe* (20 de abril de 2016). Vimont foi o primeiro secretário-geral do serviço diplomático europeu, de 2010 a 2015.

sensação de que a União é um corpo político no espaço e no tempo. A fronteira consegue fazer isso de forma tão efetiva, porque ela tem dois lados: mesmo quando "nós", deste lado, a ignoramos ou declaramos como tabu, "eles", do outro lado, não precisam dar a menor importância a isso. Portanto, também são os outros que nos lembram de nossa identidade política europeia e responsabilidade. Não porque estejam segurando um espelho à nossa frente, mas porque quebram as vidraças – vidraças que ainda nem havíamos visto. A experiência ensina mais do que a teoria. Portanto, no conflito com a Rússia, *todos* os Estados-membros e públicos nacionais descobriram que a Ucrânia é um país vizinho de toda a União, e não apenas da Polônia, da Eslováquia e da Hungria. O conflito com Moscou, de fato, passa pelo lugar da Ucrânia na ordem continental, referente à pergunta de se o país algum dia fará parte da União – ou seja, sobre nossa fronteira externa e identidade. Uma descoberta similar ocorreu na crise dos refugiados. Requerentes de asilo sírios que chegaram a Lesbos ou à Lampedusa têm a sensação de pôr o pé não em solo grego ou italiano, mas *europeu* (a caminho da Alemanha ou da Suécia). Aquela massa ingente, além disso, transformava o movimento de pessoas inevitavelmente num problema partilhado, exigindo que a responsabilidade fosse assumida por todos.

Nos dois episódios, a União encontrou uma forma de ação inesperada para conseguir colocar a situação sob controle. As irregularidades e o excesso de confiança da velha fábrica de regras, até mesmo nessas situações de emergência, precisavam ser compensados com os meios e a autoridade da política de acontecimentos. Isso se dava acompanhado de rusgas, com relutâncias e complicações, mas também com duas descobertas dignas de nota. Assim como na crise da zona do euro, a ortodoxia monetária das *regras* teve que recuar para o bem maior de uma estabilidade financeira, uma união monetária intacta culminando na continuação da própria União, nos mesmos moldes um discurso em torno de um *valor* inviolável nos acontecimentos de fronteira foi obrigado a recuar duas vezes em prol do interesse maior de paz e segurança (o que, afinal de contas, também são valores).

Em primeiro lugar: para ajudar a encerrar a guerra entre a Ucrânia e a Rússia, a chanceler Merkel e o presidente Hollande, em fevereiro de 2015, negociaram um compromisso entre o presidente ucraniano Porosjenko e seu colega russo, Putin, dando preferência à chance de paz e a evitar a perda de vidas humanas acima do valor do direito estritamente internacional. Em segundo lugar: para limitar o fluxo de refugiados vindos da Síria em direção à Grécia, os líderes europeus, em março de 2016, fizeram um acordo ético e jurídico sobre essa questão com a Turquia do presidente Erdogan, em nome de interesses políticos maiores. Duas decisões fascinantes da política de acontecimentos, em que é reforçada a tensão entre a União como marco moral e *player* da política de poder. Ao mesmo tempo, era abnegação e amadurecimento. Nesses anos turbulentos, a Europa perdeu sua inocência geopolítica.

No entanto, não era totalmente sem precedente. Em 8 de agosto de 2008, eclodiu a guerra entre a Geórgia e a Rússia, e Nicolas Sarkozy ocupava a presidência de seis meses do Conselho Europeu. Em linha com a visão francesa na União, como uma alavanca para o poder diplomático e na função dos líderes políticos mais altos, ele utilizou a posição como um trampolim para a negociação europeia. No período de quatro dias, o presidente francês, acompanhado de seu ministro das Relações Exteriores, foi de avião a Moscou e a Tbilisi para negociar um cessar-fogo. Foram necessários alguns ajustes na negociação, mas ao menos evitou-se que o exército russo ocupasse a capital georgiana, que, segundo alguns, era o planejado. Como raramente dantes, a União interveio numa questão de guerra e paz sem ficar dividida ou estar um passo atrás. Além disso, a intermediação ocorreu sem os norte-americanos e, na verdade, contra eles.

Os georgianos eram financiados, orientados militarmente e incitados por Washington – nos últimos dias por Bush filho –, que os queria levar para dentro da Otan (Organização do Tratado do Atlântico Norte).

Pode-se objetar que Sarkozy somente foi levado a sério pelo Kremlin como francês, e não como europeu. De fato, a França tem um exército considerável e é membro permanente do Conselho de Segurança. O primeiro-ministro esloveno, que, meio ano antes fora o presidente do Conselho, não teria arrancado um cessar-fogo de Moscou. Mas, ao contrário, Sarkozy teria tido uma posição menos forte se ele falasse apenas como francês do que agora, que ele falava em "nome da Europa".

E como é que se mobilizava "em nome da Europa"? Anteriormente, em 11 de agosto, ele ligou para Angela Merkel em Berlim e para Gordon Brown em Londres; por meio de colaboradores, havia contato com líderes em Madri, Roma e Varsóvia.[11] Ao final, teve lugar um encontro de 27 ministros das Relações Exteriores; no começo de setembro, uma reunião de cúpula com os líderes de governo – para colocar os russos hesitantes sob pressão. Na visita seguinte a Moscou e a Tbilisi, o incansável presidente do Conselho Europeu estava acompanhado de um porta-voz das Relações Exteriores da UE, Solana, e do presidente da Comissão, Barroso. Agora, a iniciativa de Sarkozy estava revestida da autoridade de todos os governos no nível mais alto e também podia ser promovida por outros *players*. Para finalizar, a União lançou mão de sua caixa de ferramentas diplomática: ela enviou uma missão de observação para o cessar-fogo.

Assim como seus antecessores gostavam de dizer "a França" quando o que se queria dizer era "eu", depois de sua viagem a Moscou, Nicolas Sarkozy deu um passo superlativo. "A Europa

---

[11] Nicolas Sarkozy, 12 de agosto de 2008, entrevista coletiva em Moscou (www.elysee.fr, consultado em 16 de janeiro de 2009).

negociou, a Europa falou", ele repetia vitorioso nas entrevistas coletivas e nos discursos.¹² Segundo ele, o comportamento foi como *corpo político*. Com sua atuação cordata, Sarkozy expôs pela primeira vez a estrutura política para a política de acontecimentos na União; com improvisação, força de vontade e ousadia, ele revelou a presença de uma autoridade máxima e uma capacidade conjunta para agir. O público aplaudiu.

QUATRO EPISÓDIOS

Uma confrontação com o adversário mais importante no continente: caso de teste por excelência para a ação da política externa europeia. Depois que o Kremlin, em agosto de 2008, devido a uma provocação georgiana, deixou claro que não evitaria o uso da força, todo mundo podia ver a aproximação de um enfrentamento. Já em 2009 era possível escrever criticamente sobre a política externa europeia de então, que esta "era muito mais modesta do que – por exemplo – querer ou poder manter a Crimeia ucraniana fora das mãos russas com canhoneiras".¹³

Quatro episódios, quatro momentos-chave da crise ucraniana. Vemos como a União funciona como ímã ("Em Vilnius"), como ela assiste um país vizinho em transição democrática ("Em e ao redor de Maidan"), como ela reage a práticas de apropriação ("Depois da Crimeia") e, por fim – o mais difícil de todos – como ela negocia o controle de um conflito armado ("Merkel em Munique e em Minsk"). Quatro instantâneos da política de acontecimentos precoce, com uma questão fundamental: será que a Europa está desenvolvendo um

---

¹² Nicolas Sarkozy, 23 de setembro de 2008, discurso na Assembleia Geral das Nações Unidas; Sarkozy, 16 de dezembro de 2008, discurso no Parlamento Europeu (www.elysee.fr, consultado em 16 de janeiro de 2009).

¹³ Van Middelaar, *Europa em Transição*, p. 292.

entendimento de interesses independentes ou está estrategicamente encalacrada entre os Estados Unidos e a Rússia?

EM VILNIUS: ATRATIVIDADE DILACERANTE – 28-29 DE NOVEMBRO DE 2013   A pretendida festinha diplomática termina num fracasso. Em 28 de novembro de 2013, 28 líderes de governo da União mais os líderes de seis países vizinhos do Leste se reuniram em Vilnius. Três das seis fronteiras com um ou mais Estados-membros: Ucrânia, Bielorrússia e Moldávia. Os outros três estão nos limites do continente entre a Rússia e a Turquia: Geórgia, Armênia e Azerbaijão. Dos seis, a Ucrânia, maior que a França e com 45 milhões de habitantes, de longe é a mais importante.

As seis antigas repúblicas soviéticas estão entre dois polos. Desde 1991, elas buscam seu lugar entre a Rússia e as estruturas atlânticas da Europa. No polo ocidental, Washington, na primavera de 2008, mostra estar preparado para aceitar a entrada da Geórgia e da Ucrânia na Otan, mas Paris e Berlim se opõem – principalmente para evitar que a Rússia se sinta sitiada. Logo depois disso, a União Europeia, por iniciativa dos ministros das Relações Exteriores da Polônia e da Suécia, convida os seis vizinhos para uma "parceria oriental", um contexto para cooperação política e integração econômica que pode desembocar em um "Acordo de Associação".

Essa parceria claramente não é uma porta de entrada para a adesão. As opiniões públicas da Europa Ocidental ficaram "cansadas com a expansão" e, por isso, a União mantém seu maior ímã, a perspectiva de adesão. Mas líderes em Chisinau, Kiev e Tbilisi não gostaram muito disso; para alguns, a adesão à União é a prioridade número um. Um dilema para os diplomatas europeus: eles querem apoiar as forças pró-europeias nos países vizinhos, mas não podem fazer promessas contra seus próprios eleitores. O resultado é uma ambivalência semântica. Em 2008, o Conselho Europeu reconhece a Ucrânia como um "país europeu": ou seja, só falta uma etapa para o *status* tão desejado de "*Estado* europeu" para ter o direito formal de requerer a filiação; a diferença sutil não é sustentável. Ciente de que esses países querem entrar e sem poder prometer a abertura da porta, a União repete a fórmula jesuítica em uma declaração oficial: "Nós reconhecemos suas aspirações europeias"; em outras palavras: você poder querer. O comissário europeu responsável desconversa a diferença entre dentro e fora descrevendo a relação futura com os vizinhos do Leste, em 2010, como "99%" a mesma coisa que ser um membro.[14] A tentação de usar o ímã supera a necessidade de estabelecer um limite.

Paralelamente, Moscou, por sua vez, desenvolve um projeto alternativo. Em 2007, o presidente Putin lançou a ideia de um espaço econômico continental "de Lisboa até Vladivostok" – um sucessor da "Casa Europeia" de Gorbachev e um sucessor distante do "Do Oceano Atlântico aos Urais" de De Gaulle – mas não houve resposta a essa abertura. Em 2010, a Rússia, com a Bielorrússia e o Cazaquistão, lançou a união aduaneira eurasiática, um projeto de integração elaborado seguindo o modelo de Bruxelas. O Kremlin bem que gostaria que a Ucrânia entrasse nessa união. O ímã europeu ganha um concorrente.

Esse desenvolvimento acaba colocando o presidente ucraniano Víktor Yanukóvytch numa situação complicada. Inicialmente, ele se coloca como um comerciante que analisa qual dos dois proponentes lhe oferece o melhor preço. Os negociantes de Bruxelas, decididos a não se deixar enganar por essa técnica de barganha, subestimam a possibilidade existencial por trás do oportunismo de Yanukóvytch. A Ucrânia, literalmente um "país fronteiriço", não se pode dar o direito de escolher. Escolher entre "Bruxelas" e "Moscou" é um dilaceramento. Parte da população quer pertencer à modernidade europeia e parte quer ficar atrelada ao velho vínculo com a Rússia. A linha de

---

[14] Štefan Füle, discurso no Parlamento Europeu, 26 de outubro de 2010.

separação é um fosso cultural que coincide parcialmente com a diferença entre os cidadãos que falam ucraniano e os que falam russo. A escolha entre as duas ligações, portanto, é extremamente política para a Ucrânia. O Kremlin, que tem interesses estratégicos em jogo, entende isso melhor que Bruxelas.

A partir do verão de 2013, a tensão aumenta. Yanukóvytch, assim como uma ligeira maioria da população, tende a escolher a Europa; em agosto, ele anuncia que pretende assinar o Acordo de Associação na reunião de cúpula de novembro em Vilnius e repete isso em setembro aos dois presidentes da UE, Van Rompuy e Barroso, em Nova York. Nesse verão, Moscou se dá conta de que possivelmente venha a "perder" a Ucrânia e dá início a uma guerra comercial contra o país; o conselheiro econômico de Putin adverte contra a "etapa suicida" da assinatura.[15] A situação piora. Em Bruxelas, a preocupação está mais voltada para uma cena lateral: Kiev titubeia em satisfazer as últimas condições no campo de direitos humanos e justiça. Em muitos *benchmarks* burocráticos, procura-se uma solução para a prática, mas não na lei graças à qual Yulia Tymoshenko, líder da oposição que estava na prisão, pode ir para o exterior para tratamento médico. Enquanto a face da Revolução Laranja de 2004 estiver presa, os governos da Europa Ocidental não conseguem promover uma boa recepção doméstica para a Ucrânia. Nesse ínterim, a Armênia, militarmente dependente da Rússia, no começo de setembro escolhe a união alfandegária de Putin e desiste das aspirações europeias. Moscou pressionou Jerevan. Uma semana antes de "Vilnius", o primeiro-ministro ucraniano, Azarov – depois de um encontro com seu colega russo Medvedev –, anuncia que seu governo congelará o Acordo de

---

[15] Sergey Glazyev, em *Vedomosti*, 19 de agosto de 2013, citado em Anders Åslund, *Ukraine's Choice: European Association Agreement or Eurasian Union?* [Escolha da Ucrânia: Acordo de Associação Europeia ou União Eurasiana?], Peterson Institute for International Economics, Policy Brief, 13-22 de setembro de 2013.

Associação. Imediatamente, eclodem protestos na praça central de Kiev, a Maidan. Os manifestantes exigem a escolha pela Europa. Na quinta-feira, 28 de novembro de 2013, na chegada a Vilnius, o presidente Yanukóvytch diz que pretende assinar o acordo. Mas, a portas fechadas, parece que ele vê duas soluções possíveis. Uma delas é que a Europa pague milhões para compensar as perdas de exportação esperadas decorrentes das sanções russas. Isso não atrai muito o grupo. A outra solução é uma associação dupla, de forma que a Ucrânia passe a ser membro dos dois grupos, da União Europeia e da União Aduaneira Eurasiática. O lado de Bruxelas não concede isso a Yanukóvytch. Detalhe que chama a atenção: as regras da Organização Mundial do Comércio são fatores determinantes na argumentação; a inflexibilidade da política de regras no lugar do interesse estratégico.[16] A situação política precária exige mais do que somente adaptação administrativa e os líderes de governo reunidos têm a autoridade para fazer uma exceção ou, ao menos, analisar o caso. No entanto, eles não desviam da linha estabelecida. A União não decide a favor de Yanukóvytch, e Yanukóvytch não pode ir contra Moscou. No dia seguinte, o ucraniano sai cabisbaixo; seu sorriso está vazio, ele sabe que algo deu errado. Os presidentes de Bruxelas, tremendamente decepcionados, informam que a proposta continua válida. "Não podemos falhar neste encontro com a história", diz Van Rompuy. Seu colega Barroso explica por que ele rejeitou a ideia de uma conversa entre Europa, Ucrânia e Rússia: "Inaceitável. Um acordo

---

[16] Mais tarde, o principal diplomata europeu, Pierre Vimont, falou sobre a rejeição dos entendimentos trilaterais UE-Ucrânia-Rússia: "O que me chama a atenção é o fato de que, quando perguntamos se realmente é incompatível, como foi dito, descobrimos, em discussões com nossos especialistas, que talvez não seja exatamente assim e que podemos achar uma base comum. (...) O que me chama a atenção é que tivemos toda a nossa burocracia nos dizendo que não podemos fazer as coisas dessa forma". (Vimont, citado em Georgi Gotev, *EU shunned from US-Russia meeting on Ukraine* [UE rejeitada da reunião EUA-Rússia na Ucrânia], em *Euractiv.com*, 14 de março de 2014.)

comercial bilateral com um país soberano não precisa de um arranjo trilateral".[17] Excesso administrativo.

A reunião de cúpula em Vilnius pareceu um ponto decisivo e colocou um novo fluxo de acontecimentos em andamento. Mesmo sem conhecer a sequência, trata-se de um momento significativo. Um pouco antes do final, com todos os líderes juntos, o ímã europeu não conseguiu (ou, como diziam de modo consolador, ainda não conseguiu) atrair a Ucrânia para a sua esfera. A contraforça vinda de Moscou era muito forte. E o lado de Bruxelas não dispunha de palavras para parar ou desativar a contraforça. Tecnicamente, a este era incompreensível o que estava acontecendo. Assim, a Ucrânia, além de estar entre duas forças contrárias, estava presa entre duas histórias incompatíveis que seguem independentes.

O Kremlin estava jogando um jogo geopolítico com o lugar da Ucrânia na ordem continental, e enxergava a União com pretensão expansionista. Assim liam-se no Acordo de Associação não só as trezentas páginas de regras comerciais, mas também as doze páginas de cooperação política, incluído um obscuro parágrafo de defesa no qual em Bruxelas ninguém se dava conta do impacto geopolítico, ou não queria se dar conta. A União Europeia recusava-se a argumentar em termos de esferas de influência; isso era – como mais tarde o presidente Obama também diria – um conceito do século XIX, indigno do século XXI. Contra o antagonismo político, ela usava uma história de entrelaçamento econômico. O acordo comercial foi apresentado como vantajoso para todas as partes. De imediato, haveria de promover uma economia de 500 milhões de euros em taxas de importação para a Ucrânia e, no longo prazo, um crescimento de 6% ao ano, segundo Barroso no final da reunião de cúpula. Não

---

[17] José Manuel Barroso, entrevista coletiva, Vilnius, 29 de novembro de 2013. Disponível em https://tvnewsroom.consilium.europa.eu/event/eastern-partnership-summit-2013/press-conference-part-6-qa2106.

se trata de um jogo de *equilíbrio*, também disse o economista Van Rompuy: a prosperidade na Ucrânia também será bem-vinda para a vizinha Rússia. Esse princípio comercial vantajoso era inquestionável na lógica de Bruxelas; ele consiste na razão de ser da União. Quem pensa diferente ou age diferente está fora da ordem. Essa alienação conceitual parecia maravilhosa quando o presidente da Comissão, Barroso, a anuncia com firmeza (sem mencionar o nome do homem do Kremlin): "Este acordo destina-se *para*, e não *contra* alguma coisa. Ele é *por* democracia, estabilidade e prosperidade. Ele não é *contra* alguém, pois eu acredito que ninguém poderia ser contra democracia, estabilidade ou prosperidade".*[18] Essa era a ideologia do ímã de Bruxelas em sua forma mais despolitizada e moralista. Parecia incisivo. Bravata impotente.

Somente a Alemanha emitiu outro som. A chanceler Merkel, que várias vezes conversou sozinha com Yanukóvytch em Vilnius, disse no final da reunião de cúpula: "Temos que tentar sair dessa abordagem ou-ou, de ter um vínculo *ou* com a Rússia *ou* com a União Europeia".[19] Um compromisso era necessário. Só que o resultado das últimas 24 horas contradizia essa intenção.

* No comunicado publicado, está escrito "é", mas, no vídeo, Barroso diz claramente "*deveria ser*", uma escolha de palavras que mostra bem a diferença de perspectiva entre a União e a Rússia.

EM E AO REDOR DE MAIDAN: "FODA-SE A UE" – FEVEREIRO DE 2014 Durante o inverno, as demonstrações em Kiev, que começaram como "Euromaidan", mudaram para uma revolução ucraniana. Em

---

[18] José Manuel Barroso, entrevista coletiva Vilnius, 29 de novembro de 2013. Disponível em https://tvnewsroom.consilium.europa.eu/event/eastern-partnership-summit-2013/press-conference-part-478.

[19] "Comunicado de imprensa da chanceler alemã, Merkel, na reunião de cúpula da parceria oriental, 29 de novembro de 2013", por intermédio de www.bundeskanzlerin.de.

janeiro de 2014, há mortos em confrontos entre manifestantes e a polícia de choque. Em fevereiro, o país está à beira de uma guerra civil.

Os políticos europeus, depois de anos de crise na zona do euro e acostumados com outras reações de seus cidadãos, veem fascinados como os cidadãos comuns em Kiev agitam a bandeira europeia entusiasmados; os ministros das Relações Exteriores alemão, sueco e neerlandês e alguns parlamentares europeus fazem discursos em Maidan sobre valores, liberdade e democracia. A CNN também está lá. *Fazendo história*, um novo marco na marcha universal por liberdade.

Nos bastidores, os norte-americanos tentam formar um governo transitório; é o que o mundo descobre quando Moscou, em 6 de fevereiro, revela um telefonema interceptado entre a enviada do presidente Obama, Victoria Nuland, e o embaixador norte-americano em Kiev. Na gravação, pode-se ver rapidamente os membros de um novo governo em Kiev, bem como as Nações Unidas no papel de "parteira" do processo. Nuland prefere deixar os europeus de fora, considerando sua exclamação sincera "Foda-se a UE".

Sob efeito da revolução ucraniana, 28 ministros das Relações Exteriores, em 10 de fevereiro, em Bruxelas, e sob condução polonesa, vão mais longe do que nunca na oferta de perspectivas europeias para o país. Para dar esperança aos manifestantes, eles acenam com o último trunfo, uma promessa de adesão: eles declaram que o Acordo de Associação "não significa o objetivo final da cooperação entre UE e Ucrânia". Assim, eles estendem a ambivalência semântica ao máximo. Trata-se de uma improvisação no momento, mas descuidada: o texto muito carregado politicamente não é aprovado por seus chefes.[20]

Há uma escalada da situação em Kiev. Em 19 de fevereiro, franco-atiradores matam dezenas de manifestantes. Para evitar mais

---

[20] Conselho da União Europeia, "Conclusões do Conselho sobre a Ucrânia", 10 de fevereiro de 2014, pt. 5. O encontro dedicado à Ucrânia, um encontro extraordinário dos chefes de Estado da UE e de líderes de governo de 6 de março de 2014, não acolheu essa formulação.

derramamento de sangue, os europeus se oferecem como intermediários. Consultando seus colegas reunidos em Bruxelas, os ministros das Relações Exteriores alemão, francês e polonês partem para Maidan no dia 20. Após catorze horas, "as parteiras" negociam um acordo entre o presidente Yanukóvytch e a oposição. Um indicativo de quão tensa foi a negociação: o polonês Sikorski diz a um líder oposicionista: "Se vocês não apoiarem o acordo, será decretado estado de emergência e o exército irá pras ruas e vocês todos estarão mortos".[21] Também está presente um enviado russo; os norte-americanos ficam de fora.

Em Bruxelas, houve reclamações de que "a UE" deveria ter estado em Kiev (leia-se a chefe da política externa Ashton) no lugar de três ministros "nacionais". Comentários como esses desconhecem a natureza da União, que não é somente Bruxelas, mas também os Estados-membros juntos. Para os ucranianos, os russos e o resto do mundo, o trio Steinmeier, Fabius e Sikorski, evidentemente, falava "em nome da Europa". Tranquilização protocolar: eles foram assistidos não por três embaixadores nacionais, mas pelo embaixador da UE em Kiev, e assinaram o acordo na sexta bem cedo, como testemunhas "em nome da União Europeia", em pé de igualdade com aqueles "da Federação Russa". Isso foi uma improvisação europeia bem-sucedida, ao menos, na forma.

Do ponto de vista de conteúdo, no entanto, o acordo é frágil. Frágil demais, é o que parece algumas horas mais tarde. Os manifestantes – alguns já acampados ali há três meses no frio – exigem a saída imediata de Yanukóvytch. O parlamento ucraniano vota pela soltura de sua arquirrival Tymoshenko, uma humilhação. A pressão das ruas sossega. No começo da noite, o presidente foge do país. O ministro Fabius está na China para tratar de outro assunto, seus colegas Steinmeier e Sikorski, que ficaram para trás, não conseguem ou não querem ir contra a

---

[21] www.itv.com/news/update/2014-02-21/polish-minister-tells-protest-leader--youwill-all-be-dead/.

corrente da revolta. O Kremlin pensa o que lhe apetece e sua leitura suspeita confirma o expansionismo europeu hipócrita.

Depois da Crimeia: sanções – fevereiro a julho de 2014
Em 27 de fevereiro de 2014, os soldados russos invadem a Crimeia, onde há inquietações desde os acontecimentos em Maidan. Com essa invasão, inicia uma crise grave na ordem dos Estados europeus desde os tempos da Guerra Fria. A Europa precisa dar uma resposta sobre a violação da fronteira. Mas qual?

Guerra e paz no continente são uma coisa *dos chefes*. O presidente convoca uma reunião do Conselho Europeu para o dia 6 de março. Logo de início, o novo primeiro-ministro ucraniano Yanukóvytch – segundo as gravações de Nuland, o favorito dos norte-americanos –, como convidado, impressiona os 28 colegas da UE com seu discurso emocionalmente contido de um líder em tempos de guerra. A ajuda econômica e política da Ucrânia é apenas metade da resposta estratégica, penalizar a Rússia é a outra metade. Em plena reunião, alguns *blackberries* recebem a mensagem de que Putin organizará um referendo sobre a anexação da Crimeia à Federação Russa. A notícia endurece os pontos de vista; a reunião transcorre tempestuosamente.

Alguns países querem atingir o agressor duramente: Polônia, os Estados bálticos, Grã-Bretanha e Suécia. Outro grupo quer evitar confusão, proteger os interesses comerciais e não afetar sua recuperação econômica doméstica, *grosso modo*, os países do Sul e do Centro da Europa, os países do Sudeste Europeu e, também, Benelux. Entre eles, Alemanha e França. Todavia, todos reconhecem a necessidade de unidade. O compromisso aceito unanimemente é um regime de sanções em três etapas. A etapa um consiste em sanções diplomáticas, tornando-se efetiva imediatamente; assim, reuniões de cúpula com a Rússia são canceladas. A etapa dois, listas negras direcionadas, passa a valer se a Rússia não mudar de ideia "dentro de alguns dias"; ela inclui a proibição à entrada das pessoas envolvidas nas operações militares e o congelamento de seus bens financeiros. (Dez dias depois, foi publicada a primeira lista negra.) Etapa três, sanções econômicas, e se tornará efetiva se a Rússia continuar "desestabilizando" a Ucrânia. Esta é a penalização mais pesada. Tomar essa decisão é sempre mais difícil, pois aquele que quer atingir o outro com sanções comerciais também acaba sofrendo. Essa dor "ricocheteada" precisa ser bem distribuída – alguns países exportam armas (chama a atenção a venda de dois porta-aviões pela França para a Rússia), outros, serviços financeiros e outros, ainda, veículos ou produtos agrícolas. Por ora, os líderes preferem não mencionar setores específicos e pedem à Comissão por uma proposta ponderada.

Enquanto a Rússia em 21 de março anexa a Crimeia oficialmente e rebeldes pró-Rússia na Ucrânia oriental proclamam duas minirrepúblicas e registram uma conquista de território, o debate europeu se arrasta tratando de sanções econômicas. Meses a fio, entre os Estados-membros e neles internamente. Assim, na Alemanha se desencadeia uma violenta discussão pública entre *aqueles que entendem Putin* e os "linhas-duras".

Até 17 de julho de 2014. Depois da queda do avião civil MH17 sobre a Ucrânia oriental, o debate cessou instantaneamente. Também o mundo comercial alemão e o *lobby* neerlandês do gás entendem que a estabilidade geopolítica é uma condição para o comércio. Desta vez, nada de reunião de cúpula especial dos líderes de governo – é época de férias e os ânimos estão baixos –, mas o assunto é tratado por líderes por telefone e esclarecido no nível das embaixadas em Bruxelas. Em 29 de julho, os dois presidentes da UE, Van Rompuy e Barroso, informam que começam a valer sanções econômicas sem precedentes. O sinal previsto para os líderes russos: "A desestabilização da Ucrânia, ou de outro Estado da Europa Oriental, traz custos elevados para a economia".[22]

---

[22] "Declaração do presidente do Conselho Europeu Herman Van Rompuy e do presidente da Comissão Europeia em nome da União Europeia sobre as medidas restritivas adicionais contra a Rússia", 29 de julho de 2014.

Quando a situação fica verdadeiramente tensa na União, quando a unidade dos Estados-membros como grupo está em questão, a razão de ser política triunfa sobre os interesses puramente econômicos. Parece que foi isso que aconteceu no verão de 2012 na crise da zona do euro e parece que também agora, nesta situação de guerra e paz. Desde 2014, as pesadas sanções contra a Rússia são prorrogadas várias vezes, por unanimidade, sendo a última vez no final do verão de 2017. Apesar das grandes diferenças – entre italianos e britânicos, entre portugueses e lituanos, entre búlgaros e poloneses –, os 28 líderes reconhecem unanimemente a natureza fundamental da ameaça e o interesse estratégico de uma fronteira fechada.

Essa demonstração de força, no entanto, vem acompanhada de uma limitação. Introduzir sanções significa: fechar seu mercado a produtos, sua fronteira para indivíduos, ou melhor: inverter o funcionamento do ímã. Infligir dor por repulsão. Isso exige uma decisão grave, com um efeito de potência forte, mas não é *agir*. Como ferramenta política, as sanções são, portanto, limitadas. As sanções apenas visam, como aqueles com posições políticas implacáveis às vezes se esqueciam, a obter uma alteração de comportamento do oponente. Uma nova política precisa de uma caixa de ferramentas mais bem equipada: não apenas *atratividade* (ímã) ou *repulsão* (sanções), mas também falar e agir.

MERKEL EM MUNIQUE E MINSK: ARMAS OU DIPLOMACIA – FEVEREIRO DE 2015   Depois da invasão da Crimeia, os líderes em Washington, Londres, Paris, Bruxelas e Berlim conduziram um sem-número de telefonemas com o Kremlin. Ninguém, na verdade, tomou um avião. A União Europeia não assumiu imediatamente a função de intermediária entre Kiev e Moscou. Isso também era meio problemático, pois – diferentemente de 2008, quando Sarkozy representou a Europa – ela, de certo modo, fazia parte do conflito.

Apesar disso, três semanas depois da invasão da Crimeia, havia uma aeronave pronta no aeroporto militar fora de Bruxelas que levaria Van Rompuy, o sucessor de Sarkozy na presidência do Conselho Europeu, a Moscou para conversar com Putin. Era 18 de março de 2014, dois dias antes da reunião de cúpula regular de março; um bom momento para "olhar nos olhos da fera" e, na sequência, apresentar um relatório a todos os líderes de governo. Van Rompuy quis manter a missão em segredo, o que acabou não dando certo por inabilidade do lado russo. Os canais diplomáticos conseguiram espaço de manobra com isso, os poloneses estavam começando a ficar inquietos – apreensivos diante de concessões aos russos sem que soubessem – e, por medida de segurança, o presidente cancelou a missão. Pela postura do belga, o blefe francês não deu certo, justamente o *forte* de Sarkozy.

Agora, a bola parará com os líderes da França e da Alemanha. Nesta primavera, aumenta a tensão entre Moscou e Washington por movimentos militares intimidadores em terra, mar e ar dos russos e da Otan. Em 4 de junho, deveria ocorrer a reunião de cúpula anual do G8 na cidade russa Sochi, com Putin como anfitrião. Essa reunião, no entanto, foi boicotada por Obama e outros convidados. Aqueles que cancelaram a presença se reúnem como G7 no Justus Lipsius, em Bruxelas: a sensação é de volta ao passado, com "o ocidente" contra Moscou. Então, o presidente francês quebra essa dinâmica de guerra fria, e a história dá uma ajudinha. Em 6 de junho, é relembrado o desembarque dos aliados na Normandia e o presidente francês não considera adequado tirar o chefe de Estado russo da lista de convidados; ao contrário, ele enxerga uma oportunidade. Na praia, o anfitrião organiza um encontro entre Putin e o novo homem, Petro Poroshenko, há dez dias eleito o novo presidente da Ucrânia. Merkel ajuda a quebrar o gelo e mostra seu peso. Obama e Putin também se encontram pela primeira vez desde o início da crise. Todos expressam o desejo de parar rapidamente com o derramamento de sangue na Ucrânia oriental. Finalmente, apenas três meses mais tarde – depois da queda do MH17 – há um cessar-fogo.

Em janeiro de 2015, a luta recomeça. Os manifestantes pró-Rússia tomam o aeroporto de Donetsk e iniciam uma ofensiva em direção a Debaltseve, importante cidade estratégica. Aumenta o medo da eclosão de uma guerra. Em Washington, tanto no aparelho governamental quanto no Congresso, cresce o apelo de ajuda militar à Ucrânia. Republicanos e democratas influentes querem fornecer armas: ora, os ucranianos amantes da liberdade precisam de meios para se defender contra o *Sr. Putin*! Só que isso representaria uma escalada dramática. Kiev pede armas *high-tech* que não podem ser operadas sem a ajuda de consultores militares. E, antes que alguém perceba, as duas maiores potências nucleares do mundo, Estados Unidos e Rússia, estão em luta por meio de intermediários: uma *guerra via procuração* em solo europeu. Um pesadelo. Angela Merkel, com François Hollande, toma a iniciativa. Uma semana de fevereiro extraordinária a leva até Moscou, Kiev, Munique, Washington, Minsk e Bruxelas.

A sua atuação é memorável na conferência de segurança de Munique, no sábado, 7 de fevereiro. E, mal voltou de Moscou e Kiev, ela já está discursando diante de uma plateia crítica. Na primeira fileira, estão o vice-presidente norte-americano Joe Biden, o presidente ucraniano Poroshenko e o senador John McCain, o agitador *em pessoa*. A demanda de "apaziguamento" está no ar, a de acordos pusilânimes com oponentes perigosos, como aquele de Chamberlain, em 1938, com Hitler. Victoria "Foda-se a UE" Nuland, a conselheira de Obama para a Europa na Casa Branca, em um quarto de hotel, inculca o fato em uns vinte diplomatas e senadores norte-americanos; o ministro da Defesa alemão é tratado como o "ministro do derrotismo" e também se fala da "besteira de Moscou" dos europeus.[23]

No recinto do plenário, o discurso de Angela Merkel já é bom, a sessão de perguntas, magnífica. Por que negamos as armas que Putin

---

[23] *Spiegel Online*, 10 de fevereiro de 2015, "A Diplomata Norte-Americana Tumultuadora. Victoria Nuland".

já usa?, vem a pergunta indignada da plateia. Merkel: "Não consigo imaginar uma situação em que um exército ucraniano mais bem equipado impressione tanto Putin que ele vá pensar em uma derrota militar. Essa é a amarga realidade e precisamos tê-la em mente. Um apoio militar geraria mais vítimas, e não uma derrota russa". Isso quase já rompe o conceito de bom e mau. Merkel, então verdadeiramente pessoal, continua: "Quando eu tinha sete anos, vi o Muro sendo construído. Naquela época, ninguém achou que fosse uma grave violação ao direito internacional, que os militares ocidentais devessem intervir para proteger a nós, cidadãos da Alemanha Oriental e no Bloco Oriental, contra a ditadura e a falta de liberdade. Não culpo ninguém por isso. Era uma avaliação realista. Mas também carrego comigo a experiência de me segurar persistentemente à unidade alemã e o não esquecer acabou me colocando onde estou hoje, aqui. E tenho 100% de certeza de que nossos princípios devem vencer. Naquela época, ninguém sabia quando a Guerra Fria acabaria, mas ela acabou".[24] Um contraste de narrativa forte, ela confronta "Munique em 1938" com "o Muro em 1961"; agora, ela coloca a igualdade moral contra a paciência e uma bússola moral firme no tempo.

Dois dias mais tarde, na segunda-feira, a chanceler alemã está na Casa Branca. Obama informa que ele está sob forte pressão. É o único que ainda está entre aqueles de posição política implacável e os fornecedores de armas para Kiev. Se os europeus quiserem solucionar o conflito usando a diplomacia, isso terá que acontecer depois de amanhã, em Minsk. De seu lado, Merkel diz ao presidente que ele deve dar mais atenção a Putin.

Quarta-feira, 11 de fevereiro de 2015, todas as tensões se reúnem em Minsk. O presidente da Bielorrússia, Lukashenko, conhecido como o "último ditador da Europa", disponibilizou seu Palácio da

---

[24] "Discurso da chanceler alemã Angela Merkel na 51ª Conferência de Segurança em Munique", 7 de fevereiro de 2015, em www.bundesregierung.de; a sessão de perguntas pode ser vista e ouvida pelo youtube (em idioma estrangeiro).

Independência. No imenso salão nobre, Merkel, Hollande, Putin e Poroshenko conversaram a noite inteira sobre os termos do cessar-fogo. Um pouco mais adiante, os líderes rebeldes pró-Rússia negociavam com o enviado suíço da OSCE – Organização para a Segurança e a Cooperação na Europa (que entrou na negociação a pedido de Kiev e da qual tanto a Ucrânia quanto a Rússia são membros). Às 8 horas da manhã, depois de catorze horas de negociações, o enviado vem com más notícias: eles não querem assinar. Tudo isso para nada, a ameaça do confronto persiste. Agora, os quatro líderes conversam apenas entre si. Mais uma vez, conversar, conversar, conversar. Em seguida, Putin se retira para o escritório preparado para ele. Ele liga para os dois líderes rebeldes. Os outros não sabem o que está sendo dito. Duas horas mais tarde, os dois assinam. Às 11 horas, hora local, sem entrevista coletiva ("Temos esperança", eles resumem o resultado instável), Merkel e Hollande voam de Minsk para Bruxelas, onde à 1 da tarde entram na fila no plenário do Conselho Europeu.[25] Igual ao trio ministerial de Alemanha-França-Polônia um ano antes em Kiev, também essa dupla de chefes teuto-francesa marca sua presença na Europa. Por prudência, o presidente recém-empossado pede que o polonês Donald Tusk e o presidente ucraniano Poroshenko entreguem um relatório da noite minskiana aos colegas europeus.

A guerra não passou, mas, em todo caso, a escalada foi afastada, preservando a chance de paz.

O estadismo de Merkel em Minsk baseia-se em sua autoridade pessoal, na política alemã e europeia e no poder econômico (aglutinados nas sanções unânimes), numa avaliação fria de relações e paciência estratégica. Ela dá pouca atenção ao discurso implacável ocidental sobre o diabólico Putin ou a seu reflexo na propaganda moscovita e lê a

---

[25] Reconstrução em *Der Spiegel*, "Die längste Nacht", 8/2015 (14 de fevereiro), p. 22-28.

situação em termos de poder e impotência. A chanceler alemã enxerga que, nesta guerra civil ucraniana, o ocidente não tem vontade de vencer e a Rússia, de perder. Paz exige um compromisso; não apenas um cessar-fogo entre as partes em conflito, mas um compromisso subjacente de longo prazo entre a Europa e os Estados Unidos de um lado e a Rússia do outro, sobre uma arquitetura de segurança para o continente.

Para o bom entendedor, um compromisso desse tipo está incluído no acordo de Minsk. Os elementos visíveis foram a descentralização constitucional da Ucrânia e as eleições locais monitoradas em áreas separatistas.[26] Esses pontos apontam mais para elementos invisíveis e mais fundamentais que impregnaram todos os interlocutores, mas que, quando proferidos, haveriam de colidir com resistência junto aos *linhas-duras* de ambas as partes: em Kiev e Washington e em Donbass e Moscou. Para a Rússia, o cerne é o fato de a Ucrânia, no curto e no médio prazo, não poder ser um membro da Otan; em troca, Kiev haveria de recuperar a soberania territorial de Donbass e da região revoltosa da Ucrânia oriental (mas não a Crimeia), a não ser que uma emenda constitucional proporcione um tipo de veto ao acesso à Otan. Até o momento, faltam confiança aos dois lados e força política para dar início a essa troca. Enquanto o Rada, o parlamento ucraniano, em Kiev não determinar uma nova Constituição, Moscou não retirará as armas; enquanto as armas estiverem carregadas, não haverá maioria no Rada para uma nova Constituição. O limite foi puxado, o ímã elaborado: e agora?

ENTRE OS ESTADOS UNIDOS E A RÚSSIA

O conflito pela "terra fronteiriça" reviveu velhos fantasmas em Washington e em Moscou. A retórica da Guerra Fria ignorava forças

---

[26] "Pacote de medidas para a implementação dos acordos de Minsk", 12 de fevereiro de 2015, art. 11 e art. 12.

bélicas. Portanto, o conflito na Ucrânia se transforma num momento existencial perigoso. Para a União Europeia, esse também era o momento de sua conscientização geopolítica e de suas primeiras cuidadosas abordagens no rumo da independência política entre os Estados Unidos e a Federação Russa.

Igual ao que aconteceu com a Europa, que apenas pôde se manifestar como *player* no cenário internacional depois de 1989 quando já não estava mais dividida pela Cortina de Ferro, agora existe a ameaça de uma nova Guerra Fria querendo restringir sua capacidade de agir de modo indesejado ou involuntário. Para não ficar presa entre os Estados Unidos e a Rússia, entre protetor e vizinho, ela terá que desenvolver uma capacidade de distinguir e defender seus próprios interesses e seus próprios valores.

O atrito com os Estados Unidos não se limita mais ou apenas ao campo dos valores. *Valores partilhados* é o mantra da aliança transatlântica. A dupla de liberdade e democracia, três vezes posta à prova no século passado, em 1918, 1945 e 1989, três vezes vitoriosa, faz dos Estados Unidos e da Europa "o Ocidente". Embora "o final do Ocidente" seja previsto mais enfaticamente do que nunca desde a eleição de Donald Trump,[27] essa herança não desaparece sem mais nem menos. Nesse contexto, os Estados Unidos, por sua supremacia militar, sem dúvida nenhuma são o líder. Washington deixou isso claro sutilmente, mas de modo firme, quando o presidente Obama em 26 de março de 2014 fez um discurso em Bruxelas (sede da União Europeia e da Otan). Uma semana antes, no parlamento russo, em Moscou, o presidente Putin havia proferido um discurso inflamado em prol da anexação da Crimeia. No Palácio de Belas Artes de Bruxelas, Obama, com a mesma história bem contada, mas ajustada, sobre a marcha da liberdade e da democracia, replicou a luta do *certo* contra o *talvez*.

---

[27] Por exemplo, o antigo ministro das Relações Exteriores alemão Joschka Fischer, "Adeus ao Ocidente", em *Project Syndicate*, 5 de dezembro de 2016.

A decoração chama a atenção: o presidente norte-americano discursava num palco com quase quarenta bandeiras diferentes à sua volta. Levou um instante até que eu – e as duas mil pessoas na plateia – tivesse compreendido a lógica: tratava-se das bandeiras de todos os países da Otan, como era esperado, mais todas as dos Estados-membros da União Europeia. Geralmente, não se juntam os dois grupos desse jeito; assim, Canadá, Noruega e Turquia, cada um deles com bons motivos, são apenas membros de um dos grupos, e Suécia, Irlanda e Chipre, igualmente com bons motivos, somente do outro. Mas nas tensões da crise ucraniana, os norte-americanos deixaram esses desconfortos protocolares de lado em favor de uma *mise-en-scène* firme: o conjunto de bandeiras orgulhoso reforça a liderança norte-americana do "mundo livre". *En passant*, o "comandante-em-chefe" norte-americano cometeu uma constrição política simbólica de mestre da União Europeia. Mas quem é que se queixaria a esse respeito? Afinal de contas, todos partilhamos os mesmos valores.

Por isso, a questão principal na determinação e avaliação da política europeia ucraniana e russa é: será que, sem considerar os valores, os *interesses* políticos europeus coincidem com os dos norte-americanos? Nesse caso, a subordinação a Washington não consiste num problema; esta, há tempos, já é a visão dos britânicos, dos dinamarqueses, dos poloneses e dos bálticos. Ou será que existe uma diferença considerável entre como a Europa lida com um vizinho complicado e como os Estados Unidos lidam com uma potência além-mar, outrora seu maior inimigo? Se esse for o caso, então um pouco de autonomia estratégica vem a calhar, como os franceses e muitos alemães. Com Trump na Casa Branca, essas questões se tornam ainda mais urgentes por causa da imprevisibilidade dele, mas também por causa de suas lealdades em constante mutação.

No cerne da questão das escaramuças na fronteira oriental – em Donbass em 2014-15, como na Geórgia em 2008 –, também estava a emancipação política europeia dos Estados Unidos. Depois da invasão da Crimeia, a UE e os Estados Unidos agiram mais ou menos igual por um ano; as sanções contra a Rússia foram sempre coordenadas. Somente na questão das armas para Kiev surgiu um desacordo. A oposição teuto-francesa despertava frustração em Washington, bem como junto àqueles de política implacável em Varsóvia e em Londres. Aqui e ali se ouviam os comentários depreciativos de Robert Kagan dos dias da guerra do Iraque: "Os norte-americanos são de Marte, os europeus, de Vênus". (O antigo ideólogo de Bush filho pôde sussurrar isso em seu quarto para a enviada de Obama à Ucrânia; Kagan é o marido de Victoria Nuland.) Do lado europeu, Merkel produziu o mais convincente, uma contranarrativa com palavras em Munique e atos em Minsk. A hesitação da Europa com os fornecedores de armas para Kiev não era apenas uma questão de debilidade, impotência moral ou oportunismo econômico – embora fraquezas como essas ocorram e o Kremlin as explorará. Ela se origina da experiência de muitos sobre o que a política é capaz de fazer. Enquanto a corrente principal pós-guerra na política externa norte-americana enxerga diabos por todo lado e, preferencialmente, gostaria de erradicar imediatamente todo o mal do mundo, os europeus são conhecidos pela tragédia irrevogável de sua história. Conter o mal já é muita coisa na espera de tempos melhores. É verdade que você será tachado de covarde ou traidor, ou seja, exige coragem e determinação.

Na realidade, os Estados Unidos também têm uma escola de política externa realista, personificada por Kissinger/Nixon, por Bush pai e por Obama. Este último, ao contrário de seu antecessor Bush filho, não acreditava na exportabilidade dos valores ocidentais e, como "realista e internacionalista"[28] autodeclarado, na crise ucraniana segurava as rédeas das forças intervencionistas de Washington. Com a eleição de Donald Trump, o pensamento muda radicalmente (no

---

[28] Veja a defesa de Barack Obama sobre a herança de sua política externa em: Jeffrey Goldberg, "The Obama doctrine", em *The Atlantic*, abril de 2016.

melhor caso: pragmaticamente) para o *isolacionismo*. A diferença entre os interesses norte-americanos e os europeus deverá aumentar rapidamente sob a égide do novo presidente, mesmo que forças internas contrárias limitem seu espaço de manobra. Trump define os interesses norte-americanos de forma mais restrita e egoísta do que todos os seus antecessores desde 1945 e se orgulha disso; é a promessa feita a seus eleitores. Para os países europeus, nos próximos anos será ainda mais premente que consigam defender seus interesses e construir uma capacidade de ação. Considerando o novo presidente – contra o *establishment* da política externa em Washington e de seu próprio Partido Republicano no Senado –, principalmente em relação à Rússia de Putin no modelo de tratados comerciais, a Europa terá que, ao menos, desenvolver uma política continental própria. E não importa nem um pouco que Trump esteja cheio de problemas relacionados à sua eleição justamente por interferência russa.

Com Moscou, a União colide com outra forma de lidar da história. Os russos são mestres na política de acontecimentos oportunista e têm um sistema que combina com ela. Vladimir Putin não a inventou, mas a personifica. Depois de suas ações na Ucrânia e também na Síria – onde, em agosto de 2015, subitamente se intrometeu na luta e meio ano depois, também sem mais nem menos, se retraiu –, o amigo e o inimigo reconheceram que o homem no Kremlin estava um passo adiante de todo mundo. Confusos com essa mobilidade, os comentaristas ocidentais escreveram didaticamente que Putin mostrava-se mais um "tático" oportunista do que um "estrategista" visionário ou com "intenções incertas". Mas provavelmente o presidente russo não tinha um plano mestre. Não por incapacidade de imaginar algo assim, mas por considerar perda de tempo: afinal de contas, será diferente mesmo.

Essa postura russa já existia muito antes de Putin e não haverá de desaparecer com ele. Assim, um mínimo de memória diplomática sobre os russos é essencial para enfrentá-los bem armados no futuro. No centro da Guerra Fria, quando havia muito em jogo na compreensão das intenções russas, o melhor diplomata norte-americano em Moscou, George F. Kennan, observou o mesmo fenômeno. Em um memorando de 1952, ele escreveu a seus chefes em Washington que a mobilidade russa era mais do que apenas volatilidade, mas provinha de uma visão própria em história e política. "Acredito que eles [os russos] são muito mais conscientes do que nós do jogo de ação e reação existente na política externa, da maneira com que os acontecimentos se encaixam e se espelham, da quantidade de variáveis que determina como uma situação se desenvolverá durante anos; e de não se sentirem obrigados por isso a fazer uma previsão de modo firme ou definitivo, uma avaliação no presente sobre a probabilidade de uma guerra no futuro".[29] Essa forma de fazer política demanda uma liderança central forte sem responsabilização permanente, justamente para o que o Kremlin está preparado.

Em uma democracia, improvisar é mais complicado. Cada movimento exige argumentação, forças contrárias precisam ser vencidas – em parte, com palavras, em parte puxando e empurrando para trás dos bastidores –, é necessário convencer o público. Tudo isso custa tempo; além disso, os argumentos utilizados ganham vida própria, eles se consolidam. Quando, três meses mais tarde, passa a ser necessário fazer outra coisa – uma nova situação, um novo plano –, num instante você contradiz seu eu anterior e se torna um vira-casaca. Um líder no Kremlin tem menos problemas com isso: a forma russa de lidar com o acaso é mais simples, não é necessário fingir sinceridade e praticamente não se leva ninguém em consideração, desde que se obtenha resultado e se ganhe respeito na defesa dos interesses do país naquele momento. Para nós, ao contrário, é difícil lidar com a crua

---

[29] George F. Kennan, 8 de setembro de 1952, "The Soviet-Union and the Atlantic Pact". In: G. F. Kennan, *Memoirs, 1950-1963*. Boston, Little, Brown & Company, 1972, p. 329-55, 346.

casualidade servida pela realidade e, como público, queremos histórias que controlem o acaso, preferencialmente fundidas em categorias morais nas quais nossos políticos também precisam acreditar, os tons básicos do jogo.

Mesmo assim, uma boa política de improvisação não é condenada ao oportunismo. Também os líderes europeus que agem no momento podem permanecer fiéis a suas próprias convicções, eles também podem navegar com uma bússola. Isso exige determinação clara e articulação de objetivos estratégicos, que mudam e trocam com o tempo e estão continuamente em debate, não sem um reconhecimento sincero da pluralidade de nossos valores, que podem colidir uns com os outros. Estes determinam nossa força e individualidade. Se a história norte-americana clássica em seu cerne é um teatro de moralidade do *certo* contra o *talvez*, a russa, uma crônica do *talvez* contra o *talvez*, a história europeia nos ensinou a consciência trágica de que a política muitas vezes é o *certo* contra o *certo* – paz contra justiça, igualdade contra liberdade, segurança contra democracia. Nós, europeus, não jogamos para vencer, mas para a menor perda possível.

Foi numa outra crise geopolítica, não na fronteira europeia oriental, mas nas fronteiras do Sul e do Sudeste, não com homens verdes sombrios na Crimeia, mas com coletes salva-vidas laranja muito tangíveis nas praias gregas que um dilema tão trágico se apresentou em toda a sua visibilidade ao público europeu.

Capítulo 3 | Limitar. A crise dos refugiados

Além disso – porque alguns também falaram, a senhora foi enganada, invadida, surpreendida ou seja lá o que for –, existem situações nas quais é preciso tomar uma decisão. Eu não podia ficar esperando e refletindo por doze horas. As pessoas marcharam em direção à fronteira, e foi então que tomamos esta decisão.

Angela Merkel[1]

Para que serve a fronteira em última instância? Para fazer corpo.

Régis Debray[2]

CONVENCIMENTO E RESPONSABILIDADE

Um milhão e duzentos e cinquenta mil refugiados pediram asilo na União em 2015, o dobro do ano anterior.[3] Isso gerou imagens dramáticas – em botes no Mar Mediterrâneo, carrinhos de mão nas estradas dos Bálcãs, trens entupidos a caminho do rico Norte. O afluxo de pessoas parecia a verdadeira mudança de um povo, uma invasão, era como se fosse uma ocupação, e o público, perplexo e assustado, teve a impressão de que as autoridades perderam o controle. A Europa conseguiria agir, a Europa *podia* agir?

A necessidade de ação, na crise dos refugiados, revelava um caráter diferente do das crises anteriores. A crise ucraniana de 2014-15

---

[1] Angela Merkel, entrevista coletiva em Berlim, 15 de setembro de 2015, por ocasião da visita do chanceler austríaco Werner Faymann, em www.bundesregierung.de. (Nota: o texto literal erroneamente usou "você"; percebe-se isso devido à resposta que se segue de Merkel (ela usa "eu") e, portanto, deveria ter sido "senhora", e não "você".)
[2] Régis Debray, *Eloge de la Frontière*. Paris, Gallimard, 2010, p. 57.
[3] https://ec.europa.eu/eurostat/statisticsexplained/index.php?title=File:Asylum_applications_(nonEU)_in_the_EU28_Member_States_200515_(%C2%B9)_(thousands)_YB16.png&oldid=281305.pg

foi uma questão de guerra e paz; a União mal dispunha de meios ou competências para conseguir ter o conflito sob controle e, por esse motivo, a negociação através de Estados-membros em conjunto era evidentemente necessária. Além disso, os adorados meios "ímãs" da caixa de ferramentas da diplomacia de Bruxelas, cujo estandarte era o acordo de associação com Kiev, mal tinham sido desembalados. Por isso, então, ninguém contestou a primazia da política de acontecimentos. No terreno de asilo e migração, ao contrário, a União tem, sim, consideráveis competências e regulamentações; mas a incapacidade de administração tinha como origem o enfraquecimento do quadro regulatório sob os diversos interesses estratégicos e o impacto disruptivo da situação nas opiniões públicas. Por muito tempo, Bruxelas esteve cega diante do fosso existente entre o administrativamente possível e o que era exigido nessa situação política excepcional; o esforço que a autoridade política mais alta precisava exercer para a política de acontecimentos sofria oposição, até ativa, de algumas organizações, reforçando a impressão de perda de controle e impotência.

Também a diferença com a crise da zona do euro de 2010-12 ilustra isso. Para conduzir sua moeda mal equipada através da tempestade, os líderes precisavam criar ferramentas, com a arma apontada contra o peito, e aplicá-las imediatamente. Assim, eles realizavam a política de acontecimentos em dois níveis: de um lado, no nível *constitucional*, estabelecendo instituições com capacidade de atuação (os escudos de resgate incluindo-se sua ancoragem de acordo com o tratado) e a instalação de contextos regulatórios (tratado orçamentário, supervisão bancária); do outro lado, no nível da *ação*, mediante o uso de ferramentas no momento em que Estados-membros estivessem com problemas (pacotes de ajuda para Grécia, Irlanda e Portugal). O Conselho Europeu atuava então como formador e controlador. Essa relação entre contextos igualmente reajustados e ação efetiva salvou a moeda e fechou a ruptura entre Norte e Sul. Na crise dos refugiados, ao contrário, depois de uma fase de excesso administrativo teve lugar uma política de acontecimentos revestida de autoridade política (o acordo da Turquia de março de 2016). Também foram criadas ou reforçadas instituições com capacidade de atuação (as agências de controle das fronteiras e de asilo), no entanto, para estar preparado para uma nova crise, seguiu-se o contexto constitucional no mais alto nível para asilo e migração a ser reajustado com o apoio da opinião pública. E é por isso, também, que até hoje a irritação e a desconfiança continuam proliferando nesse contexto entre Norte, Sul e Leste.

Os três episódios da crise dos refugiados são centrais, cada um deles marcado por um tipo de comportamento da política externa. Vemos como a União decide salvar vidas ("No mar"), como ela tenta distribuir aqueles que procuram asilo entre os Estados-membros ("Cota") e como a União e os Estados-membros tornam possível administrar o fluxo de refugiados ("Represamento nos Bálcãs e acordo da Turquia"). Tateando, os europeus descobrem o que é compartilhar as fronteiras externas.

A ameaça comum é a tensão entre os princípios morais e as responsabilidades práticas entre "ética do convencimento" e "ética da responsabilidade". Com essa famosa diferença do *A Política como Vocação* (1919), Max Weber não pretendia de modo algum avaliar que a primeira forma seria idêntica com *ir*responsabilidade e a segunda, com falta de convicção. "Mas", ele escreveu, "quase não existe uma oposição mais profunda imaginável entre alguém que age segundo a máxima ética do convencimento que, formulada religiosamente, diz: 'Faça o que precisa ser feito e deixe as consequências por conta de Deus', e alguém que age segundo a máxima ético-responsável de que se deve responder às *consequências* (previsíveis) de sua ação".[4] Não é possível, segundo Weber, conciliar os dois; é preciso se manter atento aos dois pontos de vista, o resultado nunca é ideal.

---

[4] Max Weber, *Wetenschap als Beroep. Politiek als Beroep*. Amsterdam, Vantilt, 2012, p. 96.

Na crise dos refugiados, o papa Francisco personifica, como nenhum outro, uma ética de convencimento incondicional, a do Evangelho. O nome por ele adotado já é um programa: fiel a São Francisco de Assis, ele faz um apelo moral com palavras e gestos de humildade. Em um ritual de Páscoa em 2016, o papa lavou e beijou os pés de doze refugiados, três deles muçulmanos. Durante uma missa em Lampedusa em 2013, pouco depois de um naufrágio, ele usou uma cruz e um cálice feitos de tronco; antes disso, ele lançou ao mar uma coroa de crisântemos. Em seu sermão, os políticos não se saíram bem: "Pai, pedimos-te perdão por aqueles que com suas decisões em nível mundial criaram situações que conduziram a dramas como este".[5]

Tratava-se e trata-se de colocar os políticos europeus ao lado da ação ético-responsável.

TRÊS EPISÓDIOS

NO MAR: SALVAR VIDAS E PRENDER TRAFICANTES – 23 DE ABRIL DE 2015   No domingo à noite, 19 de abril de 2015, um navio com cerca de oitocentos refugiados virou já fora das águas líbias; somente trinta foram salvos. Foi a maior tragédia no Mar Mediterrâneo desde a Segunda Guerra Mundial. Na imprensa, falou-se de "O dia mais negro da Europa".[6]

Havia muito tempo, já, os governantes italianos contavam com o ditador líbio Gaddafi para conter os traficantes de seres humanos; com a queda dele, em 2011, surgiu um vácuo. A pedido de Roma, a União iniciou duas operações tímidas de guarda-costeira; vinte Estados-membros contribuíram na ação. Ela abrangia a "gestão das

---

[5] Papa Francisco, "Homilia Lampedusa", 8 de julho de 2013, disponível em https://w2.vatican.va/content/francesco/pt/homilies/2013/documents/papa-francesco_20130708_omelia-lampedusa.html.

[6] *The Independent*, 20 de abril de 2015.

fronteiras"; para operações de resgate, a agência de fronteira Frontex carecia de mandato. Os navios permaneciam em águas italianas e não dispunham de meios militares. Os italianos, frustrados com essa falta de eficácia, depois de mais um naufrágio perto de Lampedusa no final de 2013, resolveram criar eles mesmos uma missão, a *Mare Nostrum*. Ela também abrangia navios da Marinha, patrulhava a costa líbia mais de perto e resgatou 10 mil náufragos. Roma achou que a Itália estava fazendo o trabalho de toda a Europa e pediu ajuda a seus parceiros, ao menos auxílio financeiro. A União passou a ser mais pressionada para assumir a *Mare Nostrum*, mas a agência de fronteira não estava equipada para isso como o pediam as responsabilidades.[7]

Na relutância, havia um dilema moral. A operação de resgate italiana funcionava como um ímã, um "fator de atração". Desavergonhadamente, os traficantes de pessoas incorporaram a consciência europeia em seu modelo de negócio. Eles conduziam seus clientes até o mar e as equipes de resgate os levavam até seu destino final, os centros de acolhimento de refugiados no Norte. A *Mare Nostrum* protagonizou um drástico aumento do número de tentativas de travessia, conforme o diretor da Frontex: "Eu preferiria não chamá-la de um fator de atração, mas os traficantes exploraram nossa presença operacional diante da costa líbia enviando mais gente para o mar, cientes de que seriam resgatados rapidamente. Os traficantes, além disso, passaram a fornecer menos combustível aos barcos, menos alimento e menos água, expondo os migrantes a mais perigos".[8] O paradoxo: salvar vidas também podia custar mais vidas. Foi também por isso que os Estados-membros

---

[7] "A Frontex é uma agência pequena e não pode assumir a *Mare Nostrum* de imediato", segundo o eurocomissário Malmström, depois de um encontro informal de ministros do Interior em Milão, citado em Steve Scherer e Ilaria Polleschi, "A Itália Conversa com a UE para Dividir a Responsabilidade pela Migração via Mar", *Reuters*, 8 de julho de 2014.

[8] Diretor da Frontex, Gil Arias, no Parlamento Europeu, 4 de setembro de 2014, citado em Sergio Carrera e Leonard den Hertog, "Mar de Quem? O Estado de Direito Desafia no Campo do Controle da Fronteira Europeia no Mediterrâneo", *CEPS Papers in Liberty and Security* 79, janeiro de 2015.

do Norte da Europa se opuseram a uma *Mare Nostrum* europeia. As suas considerações políticas ("efeito de atração"), na verdade, podiam se ocultar numa linguagem jurídica (sem mandato). Somente a primeira-ministra Theresa May estava disposta a assumir a responsabilidade pelo argumento de dissuasão, o que a oposição doméstica achou "imoral".[9] Faltava convicção ao acordo dos 28 ministros: não havia nenhum substituto adequado para a *Mare Nostrum* depois que os italianos a cessaram. A missão *Triton* da União, que assumiu a partir de novembro de 2014, não era uma operação de salvamento e não chegava tão ao Sul. Ela pouco podia fazer nos casos de tragédias em águas líbias.

Depois da catástrofe de 19 de abril de 2015, todos os ministros das Relações Exteriores e ministros do Interior se reuniram no dia seguinte, a convite da alta representante da UE, Federica Mogherini, que meio ano antes ainda era ministra das Relações Exteriores de seu país. Por insistência do primeiro-ministro italiano Matteo Renzi, Donald Tusk convocou uma reunião de cúpula com os líderes de governo para o dia 23 de abril. Os dois italianos agarraram a oportunidade de finalmente transformar o problema nacional em um problema visivelmente europeu.

Os chefes confirmaram as decisões de seus ministros, mas de forma mais incisiva.[10] Os pontos principais eram salvar vidas e prender bandidos. Em primeiro lugar: os recursos financeiros da operação *Triton* foram triplicados, eles receberam mais navios e mais gente e passaram a ter autoridade para realizar missões de resgate em águas internacionais "sem limitações geográficas ou jurídicas".[11] Do ponto

---

[9] "Mortes de Migrantes Mediterrâneos: o Reino Unido Envia Cinco Colaboradores para Ajudar a UE", *The Guardian*, 20 de abril de 2015; o citado é de Yvette Cooper, do Partido Trabalhista.

[10] "Resultado da reunião do Conselho, Relações Externas e Relações Internas", 20 de abril de 2015; "Reunião extraordinária do Conselho Europeu, 23 de abril de 2015 – declaração".

[11] Donald Tusk, citado em Matthew Dalton e Valentine Pop, "Financiamento Triplo da UE para Patrulhas Marítimas na Crise Migratória", no *Wall Street Journal*, 23 de abril de 2015.

de vista jurídico, estava bem no limiar, mas, mesmo assim, essa missão europeia passou a ser um substituto à altura da missão italiana *Mare Nostrum*. Isso significou uma reviravolta política dos Estados-membros do Norte europeu, a da Grã-Bretanha a mais categórica. O frio argumento do "fator de atração" não era páreo para tanto sofrimento humano; a ética do convencimento soprou a ética da responsabilidade para longe.

Em segundo lugar: os líderes exigiram que Mogherini preparasse uma operação militar que deveria "identificar, capturar e destruir" os barcos dos traficantes.[12] Isso era um linguajar belicoso. Na verdade, deveria estar "em conformidade com a lei internacional", mas havia dúvidas se isso era possível. O governo líbio tratou logo de se manifestar: "Ele se oporia a toda e qualquer tentativa unilateral da UE de atacar locais a partir de onde os traficantes de pessoas operam".[13]

Salvar pessoas e perseguir traficantes eram novas formas de uma intervenção conjunta em resposta a um desastre desconhecido. Política de acontecimentos. Só que as decisões desses dias de abril não davam uma impressão equilibrada. Tratava-se de uma mistura contraditória de compaixão-por-sentimento-de-culpa, uma dureza fria em que parecia que as consequências esperadas da última deveriam compensar a primeira. A mensagem dupla da Europa aos fugitivos: nós vamos salvá-los, mas não queremos que possam ser salvos. E, para o público europeu, ela dividia-se internamente entre portas abertas e portas fechadas: nós somos bons, mas não loucos.

COTA: DIVIDIR OS ENTRANTES – 22 DE SETEMBRO DE 2015 Analiticamente, é possível conter um fluxo de migrantes descontrolado usando três tipos de meios. Em primeiro lugar, é possível tratar as

---

[12] "Reunião extraordinária do Conselho Europeu, 23 de abril de 2015 – declaração", pt. 3(c).

[13] Mohammad Al-Ghirani, ministro das Relações Exteriores do governo líbio do resgate nacional, citado no *The Guardian*, 24 de abril de 2015.

causas na *origem*. Isso pede uma política externa ativa, voltada para questões como combate à pobreza e resolução de conflitos em seu amplo perímetro. Em segundo lugar, pode-se criar um *represamento* contra o fluxo de pessoas entrantes. Essa é uma política de fronteira defensiva, no limite externo e interno, e exige a utilização de meios firmes. E, em terceiro, existe a opção de escolher a *irrigação*, para conduzir o fluxo entrante de modo a não causar danos ou mesmo gerar um sistema irrigatório útil. Trata-se de uma operação de política interna ambiciosa, que, por sua densidade, necessita de uma organização central forte (como os faraós já sabiam). Também é possível combinar essas três abordagens.

Chama a atenção que a ação europeia, depois dos naufrágios no Mar Mediterrâneo de abril de 2015, dedica-se sobretudo aos dois últimos meios, ou seja, "represamento" e "irrigação". A energia política voltou-se nesse sentido, o pensamento focalizou neles e, entre os dois, um intenso confronto. Comparativamente, a presença da política externa voltada para as "origens" da migração sai muito prejudicada. É claro que a melhora da situação em Sahel ou no Afeganistão não é uma questão de curto prazo e o sucesso não está restrito à ação própria. Tais medidas não resolvem uma crise migratória aguda. Frustrante foi a função secundária da Europa nas tensões diplomáticas para dar fim à maior fonte de fugitivos, a guerra civil síria. Significativo foi quem conduziu as negociações de paz em Viena (2015) e em Genebra (2016): John Kerry e Sergei Lavrov, ministros das Relações Exteriores dos Estados Unidos e da Rússia.

No verão de 2015, o fluxo principal de fugitivos mudou de lugar, abandonando a rota Líbia-Itália, dirigindo-se para o Mar Egeu entre a Turquia e a Grécia, alterando a dinâmica. Agora, a Grécia era o Estado da linha de frente número um; de janeiro até setembro, ela recebeu 213 mil pedidos de asilo. Curioso é o fato de que o segundo país não foi a Itália, mas a Hungria, sem fronteiras marítimas, com 143 mil pedidos.

Isso apontava para um sistema de asilo incontrolável e em colapso, mas, também, para o insucesso e a anarquia administrativos. Milhares de pessoas viajaram conscientemente das ilhas gregas, sem nenhum controle, para o Norte da Macedônia e da Sérvia, dois Estados não membros, e só na fronteira da Hungria são registrados em território da União. O fenômeno não era novo. Havia anos circulavam histórias que as autoridades gregas despachavam os migrantes à noite sem nenhum carimbo e que também a polícia italiana fazia vista grossa quando os refugiados pegavam um ônibus ou trem em direção à Áustria. Antes eram dezenas, talvez centenas; agora são milhares, dezenas de milhares e mais.

Esse comportamento "empurrador" foi consequência do acordo segundo o qual o Estado-membro da primeira entrada é que precisa dar o asilo. Essa regra de "Dublin" colocava uma carga injusta nos Estados-membros mais ao Sul e ao Sudeste com fronteiras vulneráveis, motivo pelo qual os Estados mais ricos e mais ao Norte e a Oeste toleravam a má conduta; eles estavam felizes por não estarem na linha de frente. Contudo, um sistema de asilo que precisa manter seu equilíbrio com base em práticas ilegais e hipocrisia não resiste a um choque. E o choque chegou. A primeira vítima do choque foi a própria integração europeia ou, no mínimo, uma joia da coroa simbólica e econômica: as fronteiras internas abertas. Quando milhares de migrantes vagueavam pela Europa, os governos nacionais, com base na ordem pública, desejariam fechar as fronteiras internas com todas as consequências decorrentes.*

A partir da perspectiva de Bruxelas, a resposta à situação de emergência falava por si só: o fluxo precisava ser honestamente acomodado e distribuído internamente;

---

* Uma pré-amostrinha ligeiramente esclarecedora foi um conflito franco-italiano sobre 26 mil tunisianos que chegaram à Itália depois da queda do ditador Ben Ali, em 2011. Os italianos deram a eles uma permissão de residência provisória acompanhada de um quase estímulo para seguirem viagem a outros países do Schengen; em resposta a isso, os franceses passaram a controlar vários trens na fronteira franco-italiana perto de Ventimiglia, o que acabou gerando um enorme conflito diplomático e artigos sobre "o fim de Schengen". Essa questão acabou fracassando.

irrigação. A crise pedia por solidariedade – internacional com os refugiados e europeia entre si. O bom senso e a lógica de integração apontavam para o mesmo lado. Em seu grande discurso parlamentar anual em Estrasburgo, em 9 de setembro de 2015, Jean-Claude Juncker expressou essa identificação da Europa com solidariedade num tom quase franciscano: "Europa: este é o padeiro em Cós que distribui o pão entre almas exaustas e esfomeadas. Europa: estes são os estudantes de Munique e Passau que levam roupas até a estação de trem na chegada de vagões cheios de refugiados".[14] O presidente da Comissão sabia que esse credo cairia bem no Parlamento que é eurocrente cria na zona do euro.

Para os governos, a questão era menos simples. Eles precisavam avaliar os argumentos de solidariedade em relação a outros princípios e preocupações. Fronteira e migração atingiam soberania e identidade nacionais, enquanto a transferência das competências de intromissão bruxelenses não era um tema popular. No caso de um incidente local com um requerente de asilo, em tempos de medo, é possível perder as eleições domésticas. Aceitar e distribuir mais refugiados são medidas intervencionistas que vão muito além das decisões diárias de mercado de Bruxelas. A ideia e a execução exigem fundamentação sólida. Só que a Comissão empregava um discurso ético de convencimento sem maiores preocupações, considerando que a necessidade de avaliar a solidariedade em relação a outros interesses representava menos valor a ela do que para o governo (trata-se, fundamentalmente, de um resultado lógico de seu fraco vínculo com o público). Governos, ao contrário, não podem agir somente com a ética do convencimento: seus eleitores também querem ética responsável.

Em função desse tipo de sensibilidades políticas e constitucionais, os líderes de governo disseram em abril – numa reunião de cúpula emergencial depois dos naufrágios no Mar Mediterrâneo – que não

---

[14] Jean-Claude Juncker, "Estado da União 2015. Momento de Honestidade, Unidade e Solidariedade: Discurso no Parlamento Europeu", 9 de setembro de 2015.

queriam uma cota de asilo "obrigatória", o que repetiram em junho. Esta última declaração acabou deixando Juncker furioso, pois, nesse ínterim, a Comissão dele propusera o realocamento central de 40 mil requerentes de asilo para aliviar os Estados da linha de frente. O protesto mais intenso contra essa medida emergencial veio da Europa Central e do Leste Europeu, mas em outros lugares também não houve aplausos. Era claro que o equilíbrio tinha grande influência nas reações. Enquanto países de chegada, como a Itália, e países de destino, como a Suécia e a Alemanha haveriam de ganhar com a redistribuição (para eles, solidariedade e interesses próprios tinham o mesmo peso), a maioria dos outros Estados-membros, incluídos os países de passagem, perderia. Em outras palavras, precisava-se de tempo para conseguir que todos subissem a bordo.

Mas, após o dramático verão de 2015 – depois de imagens de coletes de salvamento em praias e crianças prensadas contra cercas de fronteira –, Jean-Claude Juncker julgou que não havia mais esse tempo. A Europa tinha que agir *agora*. Nesse ínterim, já necessitamos de mais 120 mil lugares emergenciais imediatamente e, no longo prazo, um sistema de asilo mais calcado em solidariedade, ele falou no Parlamento. Ideias intervencionistas, embora o presidente tenha visto que "o humor está mudando".[15] Ao dizer isso, ele talvez tenha pensado nas demonstrações de hospitalidade do público europeu. Ao dizer isso, ele talvez também tenha pensado na comoção de milhões de pessoas causada pela imagem do menino sírio, Aylan Kurdi, que se afogara numa praia turca uma semana antes. Mas, de qualquer forma, ele pensava em Angela Merkel, a chanceler alemã.

Pois, de fato, também era o verão de Angela Merkel. Em 25 de agosto, um departamento do governo alemão tuitou que os refugiados sírios, com base nas regras de "Dublin", não poderiam mais ser devolvidos ao país de entrada; o apelo ressoou até os campos

---
[15] Juncker, "Estado da União 2015".

de refugiados na Turquia e na Jordânia. Em sua entrevista coletiva de verão em 31 de agosto, Merkel diz "Nós vamos conseguir"; no dia seguinte, sírios, albaneses e iraquianos na estação Budapeste gritam em coro "Alemanha, Alemanha" e "Merkel, Merkel". Quando os trens encalham, eles seguem a pé para a Alemanha, para Merkel, que na noite de 4 para 5 de setembro decide enviar trens para buscá-los, pois a Alemanha tem uma face humana. A chanceler alemã, ciente de que isso, por sua vez, também pode interferir na eleição, quer integrar o resto da Europa nessas decisões abruptas e históricas. Da mesma forma que os requerentes de asilo na Alemanha, de Berlim são distribuídos nos estados, isso também deveria ser possível na União Europeia a partir de Bruxelas, distribuindo-os nos Estados-membros. Enquanto Merkel, em junho, ainda apelava por paz na Comissão, em setembro não dava para esperar mais. O público alemão precisa saber que não adianta ser apenas a favor.

Mas como vencer a resistência dos opositores às cotas? O bloqueio do Leste Europeu é cessado, é o que parece no conselho ministerial de 14 de setembro. Frustrado, o ministro alemão, apoiado por seu colega francês, ameaça os europeus do Leste com cortes em subsídios. Essa exibição gritante de força indica que faltam meios políticos para poder mudar a opinião dos que são contrários (diferentemente do que ocorreu na crise da zona do euro, quando a pressão dupla dos mercados e os bolsos dos alemães acabaram trazendo todos os líderes para o mesmo lado). Merkel, sentindo-se incomodada com esse impasse, aplica pressão institucional. Ela telefona para o primeiro-ministro luxemburguês Xavier Bettel, cujo país no momento está com a presidência rotativa do Conselho, e pergunta se o ministro da Justiça dele *ainda* consegue organizar rapidamente um conselho de migração.[16] A chanceler alemã prefere tirar a discussão das cotas do caminho antes da reunião de cúpula extraordinária de 23 de setembro, também solicitada por ela.

---

[16] Peter Ludlow, *Eurocomentário*, Avaliação preliminar 2015/8, 23 de setembro de 2015, "A crise dos refugiados".

O que os chefes não deixam fazer pode, sim, ser feito nessa decisão emergencial sobre distribuição no nível ministerial: votar. É verdade que seria extremamente incomum para um assunto tão espinhoso. Geralmente, a espada da maioria presta seus serviços para mover a minoria à aquiescência, ao preço de uma exceção ou período de transição para, assim, ainda conseguir um acordo unânime. Mas o ministro luxemburguês Jean Asselborn, que preside o Conselho, acha que as "instituições da comunidade" também devem ser capazes de tomar decisões graves sem os líderes de governo; ele está totalmente do lado da linha bruxelense do presidente da Comissão Juncker, seu compatriota. Quando no conselho ministerial extraordinário de 22 de setembro parece que a Polônia decepcionará seus aliados do Leste Europeu e mudará para o grupo dos presidentes, o caminho fica livre. Inesperadamente, Asselborn muda para uma votação. Uma ampla maioria é a favor; República Tcheca, Eslováquia, Hungria e Romênia são contra; a Finlândia se abstém. No final, reinam alívio e amargura. "A Europa assumiu sua responsabilidade", diz François Hollande em nome de muitos.[17] Mas os vencidos falam de uma atmosfera "terrível". Segundo o primeiro-ministro Fico, enquanto ele estiver no poder "não serão introduzidas cotas no território eslovaco". Sobretudo o fato de serem obrigados a adaptar sua sociedade num sentido multicultural por conta de Bruxelas tem um preço muito alto para os opositores.

Em 9 de outubro, os primeiros dezenove eritreus partem de Roma para a Suécia. No aeroporto de Ciampino, houve uma despedida festiva do eurocomissário da migração Avramopoulos, do presidente luxemburguês do Conselho Asselborn e do ministro do Interior italiano Alfano, ou seja, um respectivo comunicado da Comissão: "Foi um momento simbólico importante que marcou o começo de uma abordagem europeia nova no tratamento dos pedidos de asilo".[18]

---

[17] François Hollande, entrevista para a emissora de TV *France 2*, 22 de setembro de 2015, em www.francetvinfo.fr.
[18] Comissão Europeia, "Comunicado da Comissão ao Parlamento Europeu, ao Conselho Europeu e ao Conselho. Abordagem da Crise dos Refugiados:

A decisão revolucionária sobre a cota de asilo obrigatória acabou sendo um fiasco. Dos 160 mil requerentes de asilo que deveriam ser redistribuídos, três meses depois da decisão apenas algumas centenas deles haviam sido redistribuídos e, passado um ano, somente 5% e, um ano e meio depois, um pouco mais de 10%.[19] É claro que isso não era devido somente aos eslovacos e romenos indisciplinados. A decisão formal de 22 de setembro de 2015 não teve nenhum acompanhamento material ou, quando muito, algum extremamente lento. A Europa queria mostrar capacidade de ação, mas acabava expondo a si mesma.

O que foi que deu errado? No cerne, o seguinte: a máquina bruxelense, encorajado por Berlim e facilitado por Luxemburgo, tentou implantar um *acontecimento* intenso desconhecido com as antigas receitas da política de *regras*. Foi excesso de confiança. Mas a Comissão e seus aliados não tinham como ver esse engano de antemão. No lugar disso, sabe-se que o fracasso fica por conta da "implementação" deficiente dos Estados-membros. Se eles ao menos fizessem o que havia sido combinado! Certo é certo![20] Tais reações são muito convenientes. Nem sempre é possível dominar a realidade. Nesse caso, a política de regras interna foi vítima da arrogância; arrogância ao triplo.

Em primeiro lugar, excesso de confiança *tecnocrática*. A Comissão confiava, como era seu costume, em sua panaceia da

---

Continuação da Aplicação das Medidas Prioritárias da Agenda de Migração Europeia", COM (2015) 510 de 14 de outubro de 2015.

[19] De 22 de setembro de 2015 a 6 de dezembro de 2016, segundo a Comissão, houve 8.162 reassentamentos de requerentes de asilo: 6.212 da Grécia e 1.950 da Itália; depois de um início hesitante, os números subiram para até cerca de 1.400 por mês, com o que o reassentamento dos planejados 160 mil levaria cerca de dez anos (fonte: Comissão Europeia, "Realocação e Reassentamento: Estado do Jogo", 6 de dezembro de 2016). Números de 31 de maio de 2017 por meio da Folha Informativa da Organização Internacional da Migração, "As atividades da IOM para o Esquema de Realocação na UE" (em eea.iom.int).

[20] Jean-Claude Juncker em sua conferência de Ano-Novo, em 15 de janeiro de 2016.

despolitização, mas acabou tendo que lidar com emoções políticas crescentes desconhecidas – que acabaram colidindo com cidadania, identidade, soberania e até mesmo com a religião. ("Não temos mesquitas", disse o governo eslovaco expressando sua indignação.) Ainda assim, Bruxelas distribuiu o fardo dos requerentes de asilo como se fossem cotas de peixe ou de emissão de CO_2. Vamos dizer que havia 135 requerentes de asilo provenientes da Somália que precisavam ser distribuídos. Para fazer o cálculo da distribuição, de cada Estado-membro obtinham-se o número de habitantes, a prosperidade, a taxa de desemprego e as tensões recentes provenientes da absorção. O resultado obtido era algo como: 2,4 somalis para Portugal. Um resultado neutro e objetivo. Ignorava-se que os protestos mais veementes não eram relativos a números "desonestos", mas ao princípio de uma distribuição central, não a uma má adaptação, mas à falta de uma base política.*

Em segundo lugar: excesso de confiança *prática*. Distribuir os requerentes de asilo no papel é uma coisa, mas como fazer para levá-los ao lugar que lhes foi destinado? A simples realocação de dezenove eritreus exigiu preparativos intensos "das autoridades italianas e suecas, da Frontex e de outras agências da UE, de ONG locais e de enviados especiais da Comissão Europeia", por isso um comunicado à imprensa bruxelense sem se esquecer da "comunicação com a comunidade migratória eritreia" para tirar a desconfiança. Depois disso, ainda havia mais 159.981 refugiados na fila. Nesse momento, saltou aos olhos o fato de que a maioria dos

* Característico é o fato de que os funcionários da Comissão partiam cegamente do princípio de que a Hungria participaria do mecanismo emergencial com 120 mil lugares de acolhida, considerando que 54 mil deles destinavam-se à transferência de requerentes de asilo da Hungria para outros Estados-membros (o restante era para os provenientes da Itália e da Grécia). No conselho ministerial de 14 de setembro de 2015, descobriu-se que Budapeste não tinha interesse nisso e preferia se ater aos princípios existentes do sistema Dublin e aceitava os problemas decorrentes. Ninguém tinha consultado a Hungria a respeito previamente; parece que ninguém tinha imaginado essa resistência.

Estados da linha de frente nunca tinha implementado os centros de recepção nem os procedimentos de registro exigidos; a Grécia teve que estruturar tudo isso praticamente do zero. Caos na fronteira; cama, banho e comida para os entrantes; pessoal, instalações, procedimentos, avaliação e seleção – a escala de problemas práticos era bizarra e desconhecida.

E, em terceiro, excesso de confiança *institucional*. A Comissão Juncker deu início a uma disputa por prestígio e poder com o Conselho Europeu na crise de migração.

Para provar seu teor político, ela queria deixar o domador ajustado da crise, o fórum dos líderes de governo, fora da questão. Tratava-se do "método comunitário" contra o "método da União". No entanto, com isso a Comissão privava os meios a si mesma e também à União, impedindo que compensassem as duas outras fraquezas, a limitação tecnocrática do campo de visão e a inépcia prática. Pois qual é a melhor forma de superar a forte resistência em vários Estados-membros mais efetivamente do que com uma reunião de cúpula em que todos os governos se comprometessem à total transparência no mais alto nível? E como se mobiliza melhor a capacidade de ação necessária das administrações nacionais do que deixar os chefes reunidos assumirem a liderança?

O veículo da política de acontecimentos foi propositalmente ignorado e negado. A *autoridade* do Conselho Europeu foi ignorada. O presidente da Comissão, Juncker, escreveu no final de agosto de 2015: "Já realizamos muitas reuniões de cúpula de líderes de governo (...), mas do que precisamos, agora, é que todos os Estados-membros da UE aceitem e executem as medidas europeias".[21] De seu lado, Jean Asselborn dá um pulo à notícia de que Merkel e seu colega austríaco exigem uma reunião de cúpula extraordinária: "Nós

---

[21] Jean-Claude Juncker, "Na Minha Europa Também Bate um Coração", artigo de opinião no *NRC Handelsblad*, 27 de agosto de 2015.

não estamos na União Africana".²² O luxemburguês queria que os ministros especializados fizessem seu trabalho seguindo o *script* do método comunitário; reuniões de líderes de governo em que se aplica a unanimidade ele evidentemente considera tão primitivo quanto um encontro de chefes africanos. A votação exigida por Asselborn de 22 de setembro pode ser considerada uma conquista institucional da velha política de Bruxelas, mas seu custo foi alto. Na decisão de cotas por maioria ministerial, faltava a ligação política que mesmo uma versão enfraquecida poderia ter conseguido em um nível de chefia. O grupo luxemburguês havia exagerado.

O assunto dos refugiados podia ser novo, no entanto uma decisão válida administrativamente, porém sem força política, não era. Numa outra ocasião, Sarkozy mais uma vez havia estendido a linha, deixando claro do que se tratava essencialmente. Em 2008, a União negociou uma baixa emissão de gases com efeito estufa e também, então, a maior resistência estava no Leste Europeu; os acordos representavam um grande impacto econômico nas regiões dependentes de linhito. Também, então, a Comissão, o Parlamento e alguns Estados-membros mais ambiciosos (nesse caso, "mais verdes") queriam acabar com a resistência votando contra os obstrucionistas. Todavia, a presidência do Conselho, naquela época com a rotatividade ainda em nível ministerial e de chefia, estava em mãos francesas e considerava imprudente realizar uma votação por maioria e, na reunião de cúpula de dezembro de 2008, conseguiu um acordo por consenso. Uma semana mais tarde, Nicolas Sarkozy refutou as críticas vindas do Parlamento, ou seja: "Aceitei o princípio da unanimidade por um motivo simples: a escolha do ambiente que a Europa faz não pode ser uma escolha à qual vamos nos sujeitar, mas uma pela qual vamos assumir a responsabilidade. Imaginem só a fraqueza de um acordo por maioria

---

²² Entrevista Jean Asselborn, "Nós Não Estamos na União Africana", *Süddeutsche Zeitung,* 15 de setembro de 2015, em www.sueddeutsche.de.

sendo que uma parte dos países não teria votado com o pacto! Qual teria sido a credibilidade de um pacote de energia e de clima aprovado por maioria, quando todos sabem que a unanimidade oferece a garantia de nossas obrigações políticas serem cumpridas?".[23]

Sete anos depois do discurso de Sarkozy, ficou claro o que seu aviso abrangia. Depois da votação da cota de 22 de setembro de 2015, os dois membros vencidos foram imediatamente para a Corte; o novo governo polonês eleito em outubro juntou-se a eles mais tarde. O premiê húngaro Viktor Orbán, em outubro de 2016, armou-se com um referendo para que sua população decidisse o que ele poderia ou não ter feito se tivesse sido corresponsabilizado pessoalmente.

Represamento nos Bálcãs e Acordo da Turquia: ir contra a corrente e represar – 23 de setembro de 2015, 18 de março de 2016 Segundo a decisão da cota, que era a responsável pela "irrigação", a atenção se voltou para o "represamento". A distribuição não podia ser a única resposta ao fluxo que não parava de crescer; alguns Estados-membros já argumentavam havia mais tempo que um represamento firme tornaria a irrigação supérflua. Alguns poucos líderes de governo acharam que Merkel estava agindo de forma irresponsável, subestimando a força convidativa de suas palavras e transferindo as consequências a outros. O húngaro Orbán foi o único que disse isso publicamente. Mas ele era uma *persona non grata*, pois, em seu país, estava lidando com um vespeiro.

Na reunião de cúpula de 23 de setembro de 2015, Donald Tusk relembrou seus colegas de alguns fatos: existem 8 milhões de sírios expulsos de suas casas internamente e mais 4 milhões em países vizinhos, ou seja, um potencial de milhões de refugiados apenas da Síria "sem falar do Afeganistão, da Eritreia e de outros lugares", muitos

---

[23] Nicolas Sarkozy, "Declaração diante do Parlamento Europeu sobre o Resultado da Presidência Francesa do Conselho da União Europeia", Estrasburgo, 16 de dezembro de 2008.

decididos a virem para a Europa. Conclusão: "A maior onda de refugiados e migrantes ainda estava por vir. Por isso, precisamos corrigir nossa estratégia de 'portas e braços abertos'. Neste momento, precisamos primeiro nos voltar para a proteção adequada de nossas fronteiras externas e o apoio aos refugiados em nossos países vizinhos".[24] Essa mensagem marcou uma nova fase na crise. Controle das fronteiras externas passou a ser a palavra de ordem, mas como?

O ponto fraco, outra vez, é a Grécia. Em outubro de 2015, 200 mil migrantes atravessam o Mar Egeu a partir da costa da Turquia, um recorde absoluto. Isso provoca um caos nas Ilhas Gregas, no porto de Piraeus e nas estradas que vão para o Norte. A ajuda turca é indispensável para represar o fluxo de refugiados.

A terceirização do controle das fronteiras pode dar certo. Assim como as autoridades italianas anos a fio trabalharam em conjunto com Gaddafi para parar os traficantes de pessoas, as autoridades espanholas, desde 2006, estabeleceram uma boa relação de trabalho com o Marrocos, o Senegal e a Mauritânia e seus serviços policiais e aduaneiros. Depois disso, um número bem menor de migrantes ousou realizar a travessia para as Ilhas Canárias ou para o Sul da Espanha; também a deportação de migrantes que chegavam à Espanha era bem mais flexível. Por que esses países estavam colaborando? Trata-se de uma questão de serviço e pagamento, dar e receber, ameaça e promessa. Nada por nada; *quid pro quo*. Contratos comerciais ou permissões de visto são as contraprestações óbvias que a União pode oferecer. Mas nem tudo acontece dentro da legalidade. É um segredo público que o Estado espanhol suja as mãos nas ações de migração; eles subornam agentes aduaneiros no Marrocos, colaboram com serviços secretos ou até mesmo negociam o fornecimento de armas. Recatados, as instituições bruxelenses e outros Estados-membros se

---

[24] "Observações do presidente Donald Tusk depois da reunião informal dos chefes de Estado ou de governo", 23 de setembro de 2015.

mantêm de fora, sob o lema: "Se vocês resolvem o problema, não precisamos saber como".

Veja, essa é a dificuldade de um acordo com a Turquia, e porque ele leva à total perda da inocência geopolítica da Europa. Quem podia negociar e com qual empenho, quem podia sujar as mãos e quem se sentia responsável? Uma negociação bilateral entre Grécia e Turquia nos moldes da existente entre Itália-Líbia ou Espanha-Marrocos era inútil na situação atual (sem nem levar em conta o conflito por causa de Chipre). Atenas estava política e financeiramente enfraquecida. Além disso, os refugiados não queriam ir para a Grécia, mas subir até a "Europa", até a Alemanha. Por sua vez, uma negociação *teuto*-turca sobre o controle da fronteira *greco*-turca seria estranha, mesmo se considerada uma fronteira "Schengen"-turca. Mas parece que é justamente isso que ia acontecer; entre outubro de 2015 e maio de 2016, Angela Merkel viajou ao menos cinco vezes até Ancara, onde encontrou o presidente Erdogan, que a fez sentir seu poder. Mas a Alemanha não podia falar em nome da União; os acordos precisavam seguir as regras europeias. No *quid pro quo* além do *quo* do controle das fronteiras, também havia o *quid* da contraprestação, uma questão conjunta da União: além do apoio financeiro (cujo custo, se necessário, Berlim poderia ter arcado sozinha), Ancara pediu liberação mais rápida dos vistos para turistas e homens de negócios turcos e reabertura do acesso às negociações. Assim, a Comissão negociou uma aceitação do plano de ação UE-Turquia – Frans Timmermans, mão direita de Juncker, recebeu suas informações informalmente de Berlim. Em 29 de novembro de 2015, o Conselho Europeu pleno deu a palavra final, na presença do primeiro-ministro turco Ahmed Davutoglu. Portanto, Ancara negociou com a União como um todo, via Berlim e Bruxelas.

Mas a diferença de forças é evidente. Pois a União, como União, não está equipada para encarar negociações duras de igual para igual; ela não é um Estado, não tem serviços secretos com informações valiosas, não tem porões sombrios de onde se pode pagar suborno. Vizinhos autoritários do calibre de Putin gostam de ridicularizar essa fraqueza. Também o presidente Erdogan, numa conversa com Tusk e Juncker algumas semanas antes do acordo de novembro, deixou-se levar quando a proposta não lhe agradou: "Podemos abrir as estradas de acesso à Grécia e à Bulgária *a qualquer momento*, e fornecer ônibus para o transporte dos refugiados". Tusk: "É difícil lidar com 28 Estados-membros, mas nós queremos realmente fazer um acordo com vocês". Erdogan, retórico: "Pois é, o que vocês vão fazer com os refugiados sem um acordo? Atirar neles?". (Segundo o relatório vazado da conversa, Tusk disse que a Europa poderia se tornar menos atraente para os refugiados, mas que essa não é a solução desejada pela União.)[25]

Quando as imagens de mulheres e crianças sírias na neve dos Bálcãs se tornaram dramáticas, quando a Turquia manifestamente não podia ou não queria cumprir o acordo de novembro, considerando que no frio mês de dezembro ainda havia 100 mil pessoas atravessando o Mar Egeu, quando, depois do 1 milhão de refugiados de 2015, as estimativas para o novo ano subiram para 2 milhões – então, bateu o pânico. Em 4 de janeiro de 2016, até mesmo a Suécia, a "amiga dos refugiados", passou a fazer controle nas fronteiras na famosa ponte fronteiriça com a Dinamarca, aceito pelo público local. O euro, o mercado interno, Schengen, tudo desaparecerá se a crise dos refugiados não for controlada, segundo Juncker num discurso de Ano-Novo.[26]

A questão central neste inverno é: vamos salvar Schengen com ou sem a Grécia? Plano A, com o A de Angela, significa: com. O plano A

---

[25] Notas da delegação da UE sobre a conversa entre Tusk, Juncker e Erdogan depois de encerrado o G20 em Antalya, 16 de novembro de 2015, vazadas pelo site grego euro2day.gr em fevereiro de 2016.

[26] Juncker, entrevista coletiva de Ano-Novo, 15 de janeiro de 2016.

continuará no caminho enveredado com a Turquia, mas melhorado. Mais efetivo: todos os traficantes na fronteira turco-grega precisam ser parados e o alto custo dessa prestação vale a pena. E também mais misericordioso: podemos desencorajar os fugitivos sírios a arriscarem suas vidas no mar sem negar nossa hospitalidade mandando de volta aqueles que chegam à Grécia, mas aceitar aqueles que requerem asilo diretamente dos campos turcos. Só assim a Europa permanece fiel a si mesma. (Atrás de portas fechadas, o A de Angela quer dizer: "Não segurei os gregos na zona do euro para, agora, expulsá-los de Schengen".) Plano B, com B de represamento nos Bálcãs, significa: não, não precisamos manter um Estado com fronteiras desprotegidas custe o que custar no Schengen e nos recusamos a ser alvo de chantagem pela gestão de fronteira de Erdogan. Também podemos restaurar o controle da fronteira fechando a rota ocidental dos Bálcãs via Macedônia, Sérvia e Hungria ou Eslovênia e Áustria; em outras palavras, fechar a Grécia no lado Norte, na fronteira macedônica.

Nos caóticos meses de inverno de 2016, essas duas abordagens funcionam lado a lado, às vezes, uma contra a outra, até elas se reforçarem mutuamente. O plano B tem seu ponto de referência na carta notável que Jean-Claude Juncker envia ao primeiro-ministro esloveno Miro Cerrar em 25 de janeiro. O presidente da Comissão, que um pouco antes ainda resmungava sobre os controles de fronteira, disse secamente que os Estados-membros e os não Estados-membros (como a Macedônia) podem fechar suas fronteiras para migrantes que apenas querem seguir viagem (para a Alemanha) ou migrantes econômicos que não têm a menor chance a uma permissão de residência.[27] Em outras palavras: fechar a Grécia é juridicamente permitido. A carta ainda vai mais longe. Considerando a extremidade sul do represamento dos Bálcãs, Juncker escreve: embora a Macedônia, que

---
[27] A carta confidencial acabou vazando, entre outros, no Independent.mk, uma página de notícias macedônica.

não é um Estado-membro da *União*, não possa ajudar com os controles da fronteira – ou seja, a Frontex permanece –, *Estados-membros* individuais podem, sim, oferecer ajuda ao país. Em outras palavras: fechar a Grécia pode ser um assunto de presença europeia *de fato* fora do Tratado, mas, mesmo assim, de Estados-membros juntos. Quatro países do centro do Leste Europeu se agarram a essa carta como se ela fosse uma abertura para um "plano B para o caso de a Grécia e a Turquia não conseguirem manter suas fronteiras fechadas".[28] Operacionalmente, o movimento de fechamento das fronteiras ocorre de Norte a Sul; diplomatas falavam de um "efeito em cascata inverso", a reversão das ondas de refugiados. A Comissão apoia a operação, não com postos de fronteira, mas com socorro; a ameaça apocalíptica de uma catástrofe humanitária nos Bálcãs devido ao sonho de pessoas diante de uma fronteira fechada não é digna da União. Atenas também recebe 300 milhões de euros a título de apoio extra; no campo Idemeni na fronteira greco-macedônica, a situação é precária. Para a ocasião, é a primeira vez que se utiliza socorro *externo dentro* do território da União. A abordagem, apesar da oposição de Merkel, que fala em derrotismo, é abençoada pelo Conselho Europeu em 18-19 de fevereiro. Nem mesmo três semanas depois, mais uma vez para a insatisfação dela, mas com apoio de François Hollande e os outros, os 28 líderes de governo declaram: "A rota ocidental dos Bálcãs está fechada".[29] Pronto, existe um represamento.

Nesse ínterim, Merkel e seu governo trabalham impassivelmente no plano A que transforma a Turquia no guarda de fronteira da

---

[28] Entrevista coletiva do primeiro-ministro tcheco Bohuslav Sobotka e do primeiro-ministro eslovaco Robert Fico, em 26 de janeiro de 2016, ao anunciar a reunião de cúpula do "Visegrád-4" em 15 de fevereiro de 2016.

[29] Conclusões do Conselho Europeu de 7 de março de 2016. O rascunho de 6 de março ainda não o expressava com poucas palavras. Vide a reconstrução em: Peter Ludlow, "February and March 2016: Migration Policy, the British Question and Economic Policy", *European Council Briefing Note* 2016/1-3, p. 44-47.

Europa, mantém a Grécia no Schengen e a política de migração alemã "acima do ilimitado". Ela sabe que somente com uma política responsável nas fronteiras externas será capaz de manter de pé sua história de convencimento ética de uma cultura de boas-vindas em sua casa. Por sugestão da ministra da Defesa alemã Ursula von der Leyen, a Otan inicia, em fevereiro, uma operação de patrulha no Mar Egeu. A maioria dos seus colegas europeus não acredita na *caminhada solitária*. Ela recebe apoio de Alexis Tsipras, que encontra um aliado inesperado em seu inimigo da saga de meados do verão do ano anterior em relação ao euro, e do primeiro-ministro neerlandês Mark Rutte, cujo país está na presidência rotativa de seis meses depois de Luxemburgo. Um grupo de funcionários de Berlim, Haia e da Comissão negocia um novo acordo com Ancara por semanas.

Em 6 de março, vem a brecha. Numa conversa de Merkel com Rutte na embaixada turca em Bruxelas, na noite anterior à reunião de cúpula da UE da Turquia, o primeiro-ministro Davutoglu faz uma oferta surpreendente: a Turquia está disposta a receber de volta *todos* os requerentes de asilo que chegam à Grécia desde que a União, em contrapartida, reassente refugiados sírios diretamente dos campos turcos na relação de um para um. De início, alemães e neerlandeses desconfiam da oferta e fazem perguntas críticas, mas a oferta é séria. Os dois líderes de governo conversam com Tusk na manhã seguinte, que adequa sua estratégia. Não é uma opção recusar essa proposta, mas também não é possível concordar imediatamente devido a todas as exigências turcas. Os líderes autorizam Tusk a iniciar uma negociação final com Ancara. Em 17-18 de março, mais uma vez numa dupla de Conselho Europeu e reunião de cúpula UE-Turquia – após dez anos de frustração de um pedido para adesão à União Europeia, em três meses a Turquia estará na tão desejada "foto de família" –, o acordo é fechado.

Nas semanas seguintes, os números do fluxo de entrada caem vertiginosamente: de 73 mil em janeiro e 61 mil em fevereiro para 36 mil em março e 13 mil em abril.[30] Um suspiro de alívio de todos os lados: finalmente, a capacidade de ação apareceu, finalmente algo deu certo e talvez, um dia, possa ser repetido. Entretanto, na mídia eclode uma discussão política: a quem se deve o sucesso, ao plano B ou ao plano A? A verdade é: aos dois. Os valores semanais desmembrados apontam dois pontos de inflexão para baixo no gráfico, o primeiro, quando o represamento dos Bálcãs está instalado (por volta de 19 de fevereiro), e o segundo, depois do acordo com a Turquia (um pouco depois de 18 de março). Talvez o primeiro represamento tenha sido uma condição para o segundo. Somente quando a Europa definiu que ela mesma queria parar o afluxo, com o desprezo de Erdogan contradizendo, a Ancara fez a proposta decisiva e as coisas aconteceram. Falando cinicamente: se as mãos turcas ficassem muito sujas, o país também ganharia menos com isso. Sem *quo* não há *quid*. Um jornalista atento do *Financial Times* escreveu acertadamente: "Em termos diplomáticos, o acordo com a Turquia foi um dos primeiros exemplos de *realpolitik* verdadeira praticada pela UE".[31]

Mas, por esse motivo, logo depois do acordo acabou surgindo um rumor. Será que os acordos para fazer com que os refugiados retornassem eram internacionalmente legais? Será que a Europa não estava traindo seus ideais com um acordo sórdido com o autocrata Erdogan? Será que, secretamente, Ancara estava devolvendo refugiados para a Síria? Será que estávamos obrigando os refugiados a seguirem pela perigosa rota Líbia-Itália, resultando em novos casos de mortalidade no mar? Perguntas embaraçosas. Organizações de direitos humanos e também o órgão de refugiados das Nações Unidas – acostumados a uma linha direta com Bruxelas – estavam desconcertados.

---

[30] Números da Agência para os Refugiados das Nações Unidas (UNHCR): data.unhcr.org/mediterranean/regional.php (consultado em 18 de setembro de 2016).

[31] Alex Barker, "Instruções de Bruxelas: Encalhado na Itália", no *Financial Times*, 5 de abril de 2016.

Ficou por conta de Donald Tusk mostrar ao público as escolhas políticas trágicas que a Europa teve que enfrentar. Ao apresentar um relatório sobre os dois acordos no Parlamento Europeu, há tempos um amplificador da indignação moral, o polonês disse: "O acordo com a Turquia e o fechamento da rota ocidental dos Bálcãs despertam questões de natureza ética, e também de ordem jurídica, no caso da Turquia. (...) Em certa medida, também partilho as dúvidas de vocês, mas, se perdermos o controle da política de migração na Europa, estaremos fadados a catástrofes políticas: o colapso de Schengen, a perda do controle de nossas fronteiras externas com todos os riscos decorrentes; caos político na UE culminando na vitória do populismo e do extremismo".[32]

FRONTEIRAS EXTERNAS E INTERNAS

Depois de alguns meses de caos, a União já improvisadamente conseguiu certo controle sobre o afluxo desconhecido de refugiados de 2015-16. Uma reiteração com a mesma abrangência não se dará imediatamente. Apesar disso, todos os partidos sabem que a Europa precisa estar preparada para novas crises migratórias, não importando a razão, seja por uma guerra no Oriente Médio, pobreza e crescimento populacional na África, seja tensões entre a Rússia e seus vizinhos ocidentais. Numa próxima situação de emergência, será que utilizaremos toda a ação conjunta de forma mais convincente? É preciso considerar se a tendência *realpolitik* da União há de perseverar.

Sob pressão dos acontecimentos, os políticos e os tomadores de decisão política encheram rapidamente a caixa de ferramentas na

---

[32] "Relatório do presidente Donald Tusk ao Parlamento Europeu na reunião do Conselho Europeu de março", 13 de abril de 2016.

área de gestão de fronteira e asilo com novos instrumentos. Portanto, na próxima vez os instrumentos já estarão prontos. Além disso, o público descobriu que a fronteira externa europeia (também) é uma fronteira conjunta, por exemplo, a fronteira dos Países Baixos, da Bélgica e da Alemanha ao Sul também é formada pelo Mar Mediterrâneo. Só que esses conhecimentos ainda não foram suficientemente condensados em equilíbrios políticos e jurídicos estáveis para enfrentar tranquilamente um novo embate.

Cada uma das três maneiras que a União adaptou para dominar um fluxo de migrantes descontrolado – na *origem* da partida, com um *represamento* na fronteira, com "*irrigação*" no próprio terreno – tem suas tensões e inseguranças.

Quanto ao trabalho na *origem*, houve um aumento indiscutível da tensão. Desde uma reunião de cúpula da migração realizada com líderes africanos e europeus no final de 2015 em Malta, a União trabalha com acordos de migração amplos com países de origem da África sob a direção da alta representante Mogherini. Eles abrangem apoio para oportunidades de trabalho, ajuda aos serviços de segurança e presença contra traficantes; a contraprestação é a repatriação mais rápida de requerentes de asilo que esgotaram todos os procedimentos. Os diplomatas da UE que negociam esses acordos, muitas vezes oriundos do departamento de ajuda a países em desenvolvimento de Bruxelas e que se desenvolveram com o ímã e a filantropia em mente, ainda precisam se acostumar com o pensamento do *quid pro quo* e de que as instruções, às vezes, agem de forma contrária. Tradicionalmente, eles gostam de colher gratidão de seus países de destino parceiros e não ficam expostos ao humor dos eleitores em casa. Por isso é que os líderes de governo mantêm a pressão e não deixam a África apenas a seus ministros das Relações Exteriores. Foi Matteo Renzi quem, até sua renúncia como primeiro-ministro italiano no final de 2016, manteve o foco de sua ex-ministra das Relações Exteriores Federica Mogherini.

Também chamou a atenção a visita de três dias que a chanceler alemã Merkel, em outubro de 2016, fez aos países de origem Mali, Níger e Etiópia, que também foi um sinal para seu público doméstico de que o futuro africano atingirá a Alemanha. Mais tarde naquele ano, os primeiros-ministros do Benelux, Rutte, Michel e Bettel, juntos como um trio, foram para a Tunísia – uma inovação diplomática. Só que tudo isso é um trabalho de longo prazo. Demografia, clima, extremismo islâmico e corrupção: tudo aponta para o fato de que a pressão migratória da África ainda durará uma, duas ou mais gerações.

Nessa tensão existente na África, destaca-se de forma extremamente forte a baixa participação europeia nas tentativas de paz na Síria, a maior fonte de refugiados. Também depois da queda de Alepo, no final de 2016, os europeus estavam à margem dos acontecimentos. Apesar de "nós" estarmos formalmente em guerra, a Europa tecnicamente mal exerceu influência na Síria e nos arredores.

Tão mais importante é o trabalho no *represamento*, objeto da tendência da *realpolitik* da primavera de 2016. O efeito do represamento turco é indiscutível. Nos oitos meses anteriores ao acordo com Ancara, cerca de 85 mil migrantes irregulares chegaram à Grécia e, nos oito meses depois do acordo, 23 mil.[33] A insegurança refere-se à sustentabilidade dos acordos. Será que o ímã parou de funcionar? A dúvida sobre a vontade do presidente Erdogan de cumprir o acordo aumenta depois da malograda reunião de cúpula na Turquia no verão de 2016 e de seu golpe por um referendo na primavera de 2017. Os governos europeus têm dificuldades com a promessa de liberação de vistos e as etapas no processo de adesão – uma mina de ouro eleitoral para os adversários populistas domésticos. Se o represamento turco enfraquecer, a União terá de assumir a gestão de fronteira ela mesma nesse flanco, surgindo uma pressão no represamento dos

---

[33] Comissão Europeia, "Folha informativa" não publicada, dezembro de 2016.

Bálcãs. Prevendo uma situação dessa, outros Estados-membros, em setembro de 2016, abençoaram o apoio à Bulgária para o controle da fronteira. Também foi incrivelmente rápido o armamento da insignificante Frontex, formando uma guarda-costeira e postos de fronteira europeias para auxiliar os Estados-membros nas tarefas de vigilância, acolhimento e repatriação e que dispõe de material próprio mais um conjunto de 1.500 homens de prontidão. Essa decisão também é um indicativo de que crescia a disponibilidade de assumir a responsabilidade por toda a fronteira externa, ao menos, defensivamente.

O flanco Sul permanece outra preocupação. Depois de fechar a rota via Mar Egeu, a rota mediterrânea central da Líbia, da Tunísia ou do Egito para a Itália voltou novamente à cena. O número de afogados em 2016 nesse trajeto foi maior do que no catastrófico ano de 2015. Três quartos dela é de africanos ocidentais em busca de uma vida melhor, com pouca chance de pedido de asilo.[34] Havia algum tempo, já, esse fluxo de migrantes estava na sombra do fluxo de refugiados sírios, mas simplesmente continuava e continua presente. A missão antitráfico em águas líbias, lançada pela União depois das tragédias marítimas de abril de 2015, salvou a vida de milhares de migrantes. Ao mesmo tempo, colidiu com o mesmo dilema de antes; no caso italiano *Mare Nostrum*: a presença de navios da Marinha perto da costa funcionava como um ímã. Sabendo que há resgate pronto, traficantes inescrupulosos colocam seus clientes em barcos cada vez mais precários. Organizações humanitárias, para quem cada morto é um a mais, usam navios próprios. Assim, barcos morais e barcos do poder público cruzavam o Mar Mediterrâneo[35] – uma imagem da

---

[34] Conselho da União Europeia, "Folha informativa", novembro de 2016. Os dez principais países de origem de "migrantes irregulares" que chegaram à Itália no período de 2014-16 são Nigéria, Eritreia, Guiné, Costa do Marfim, Gâmbia, Senegal, Mali, Sudão, Bangladesh e Somália.

[35] Duncan Robinson, "Força Costeira da UE Acusa Entidades de Caridade de Cooperação com Traficantes", no *Financial Times*, 14 de dezembro de 2016.

tensão não solucionada entre a ética de convencimento e a ética da responsabilidade.

O acordo da Turquia ofereceu uma saída importante por meio do controle de fronteira aliado à hospitalidade. Se a União quiser um represamento firme em sua fronteira Sul, precisará fazer mais acordos separados similares a esse com a Tunísia e o Egito; a Líbia é um caso à parte devido à falta de autoridade central; a instabilidade política de todos esses países e a tendência migratória das pessoas são uma bomba-relógio política.

Enquanto os trabalhos na origem e no represamento lutam com resultados incertos, a *"irrigação"*, o terceiro meio para controlar o fluxo de refugiados, sofre sob tensões internas. O conflito de setembro de 2015 sobre a cota obrigatória de requerentes de asilo ainda não havia sido solucionado até meados de 2017. Continuava o desentendimento entre Polônia, Hungria, Eslováquia e República Tcheca. Esses quatro países precisavam ser encarados como um todo para a questão dos migrantes, com cada Estado-membro assumindo parte do trabalho necessário se e como pudesse. Assim, eles poderiam compensar a recusa em fornecer asilo com outras funções. Outono de 2016 – a Eslováquia está na presidência rotativa –, os quatro moldam para essa abordagem o conceito "solidariedade flexível", uma provocação semântica que depois é ajustada para "solidariedade efetiva". Os outros Estados-membros não rejeitam de todo esse pensamento. Mas como avaliar a contribuição de cada um de forma honesta e proporcional? Será que era possível equiparar a acolhida de cem requerentes de asilo com a disponibilidade de dez postos de fronteira? Era possível expressar algo assim em dinheiro, como a Comissão também estava considerando? No final, essa discussão empacou: não era possível quantificar as tensões.[36]

---

[36] Presidência eslovaca. "Solidariedade e Responsabilidade no Sistema de Asilo Europeu Comum: Relatório de Progressão da Presidência Eslovaca", 1º de dezembro de 2016: "Com base em consultas, a presidência questiona a

Existe um consenso sobre o cerne do problema. O sistema de asilo vigente ("Dublin") não foi calculado com base em choques e precisa ser adaptado. Assim como aconteceu na crise da zona do euro, as tentativas se dão para encontrar um equilíbrio em termos de responsabilidade e solidariedade.[37] A responsabilidade continua sendo avaliada em fluxos entrantes baixos ou normais: nesse caso, cada um deve cuidar do controle da fronteira externa e dos respectivos registro e acolhida para asilo. A solidariedade entra em jogo quando o afluxo de repente aumenta incontrolavelmente e é necessário adotar uma ação coletiva; nesse caso, os outros Estados-membros, bilateralmente ou mediante agências da UE, devem ajudar os Estados da linha de frente com o controle da fronteira, o registro e a acolhida, ou seja, um mecanismo de crise, no estilo do mecanismo de estabilidade da zona do euro. No entanto, a negociação dos parâmetros é difícil: a partir de qual "nível" se necessita de uma resposta coletiva e quem define isso? Será que todos poderão ser obrigados a participar do acolhimento para asilo? Será que é possível estabelecer uma diferença significativa entre os picos "comuns", que podem ser acomodados conforme regras fixas, e as "verdadeiras" situações de excepcionalidade, que exigem autoridade política do Conselho Europeu?

Por isso, será necessário que a União reforce sua capacidade de improvisação. Assim como na crise da zona do euro, em que uma improvisação bem-sucedida era composta por três elementos: apresentação do grupo como unidade, forma de agir bem escolhida e atuação visível em condições de dar forma ao futuro, um apelo equilibrado

---

produtividade de qualquer tentativa de estabelecer uma maneira considerada justa e quantitativamente equivalente entre as várias linhas de ação necessárias para enfrentar a crise".

[37] Assim como também determina o Tratado: "A política da União referida neste capítulo e sua execução [política em termos de controle das fronteiras, asilo e imigração, LvM] baseiam-se nos princípios de solidariedade e distribuição justa da responsabilidade entre os Estados-membros, inclusive financeiramente". (Art. 80 TFUE [Tratado sobre o Funcionamento da UE].)

aos tons básicos que encontram ressonância junto ao público europeu. Ou, dizendo o contrário, a improvisação bem-sucedida evita a desunião, a impotência e o arbítrio. Somente então é que o público poderá valorizar tal presença política e comportar-se de acordo. Até o momento, isso ainda não deu muito certo. Mas é preciso que seja possível, ainda que difícil. Política de fronteira é política de identidade.

A crise dos refugiados mostrou claramente à opinião pública que a fronteira greco-turca e a europeia-turca são fronteiras externas. Por quê, então, é tão difícil traduzir esse conceito de uma responsabilidade conjunta para a fronteira externa em compromisso político e estruturas adequadas?

Um motivo importante é que os *fardos* das fronteiras externas conjuntas não estão atrelados aos *desejos* das fronteiras internas removidas. O cuidado com a fronteira externa é um trabalho extremamente ingrato, enquanto o preço da negligência é muito baixo. Daí o comportamento irresponsável, primeiro da Grécia e da Itália no Sul (que anos a fio deixaram um sem-número de refugiados atravessar as fronteiras), ao mesmo tempo da Alemanha e de outros países do Norte (bem cientes de que as regras de "Dublin" colocavam o fardo no Sul) e, mais tarde, dos húngaros e de seus aliados no Leste (que não querem acolher no lugar dos outros). Para corrigir o problema, os três campos precisam melhorar sua vida mais ou menos ao mesmo tempo, mas o preço por não participar também precisa ser aumentado.

Por isso, a União deveria trabalhar no sentido de um sistema que vincule o controle de toda a fronteira externa comum de forma política e jurídica em prol do benefício das fronteiras internas abertas. A opinião pública entenderá tal vínculo. Traduzido em termos políticos, isso significa um equilíbrio visível entre "Dublin" e "Schengen". É verdade que não se trata de uma empreitada jurídica simples, considerando que os dois regimes quanto a Estados-membros não se encaixam, mas politicamente e para o público trata-se de um vínculo evidente. A título de ilustração nesse contexto, existe uma disposição no regulamento que criou a Guarda-Costeira e de Fronteira Europeia em setembro de 2016. Será que esse organismo, no caso de um Estado-membro negligenciar sua fronteira colocando, assim, todo o conjunto em perigo, também pode intervir no território do Estado-membro afetado? Trata-se de uma questão decisiva para a natureza constitucional da União. Quem, numa situação emergencial, tem o poder para dividir o todo dos constituintes? (Na famosa formulação de Carl Schmitt, "Soberano é quem toma uma decisão sobre o estado de exceção".)[38] Como esperado, a Comissão e o Parlamento defendem a perseverança para "Bruxelas" em situação de emergência, no entanto isso é inaceitável para os Estados-membros com uma fronteira frágil. Os poloneses não querem ver agentes aduaneiros alemães na fronteira polaco-russa contra sua vontade e os espanhóis não querem os franceses (parece que não só Hitler, mas também Napoleão continua fresco na memória deles). O produto é uma demonstração do exercício do equilíbrio, com o resultado de que, se o Estado-membro no prazo de trinta dias não cooperar num plano de emergência elaborado pela agência por autoridade do Conselho, a Comissão poderá iniciar o processo de exclusão do país de Schengen.[39] Em outras palavras, a União não pode ir contra a vontade de, digamos, Atenas, e controlar a fronteira grega, no entanto, em última instância, ela pode excluir o país da livre circulação. Essa solução está certa quanto a sequência, relações e custo. Ela precisa ter condições de fechar um furo na fronteira.

Evidentemente, é necessário incluir uma cláusula de emergência similar nos acordos sobre asilo. Segundo o argumento, colocar

---

[38] Carl Schmitt, *Politische Theologie*. Berlin, Duncker & Humblot, 1922, primeira frase.

[39] "Regulamentação (EU) 2016/1624 do Parlamento Europeu e do Conselho de 14 de setembro de 2016 sobre a Guarda-costeira e a Guarda de fronteira europeias", art. 28.

Schengen em risco não só ocorre por negligência de suas fronteiras externas, mas também no caso de não se ter o sistema de asilo em ordem ou ao não cooperar em um esforço conjunto em caso de um elevado afluxo de refugiados. Da mesma forma que o requisito essencial quanto à guarda-costeira obriga a responsabilização dos Estados da linha de frente Grécia e Itália, este acordo – e provavelmente somente este –, também obrigará Hungria, Polônia e Eslováquia a fazerem uma escolha clara. Não haverá fronteiras internas abertas se não houver cuidado comum com *todos* os aspectos da fronteira externa comum: segurança e hospitalidade.

Só assim permanece viável a tensão entre as exigências que surgem da proteção imposta pela posição geográfica da Europa e a atratividade magnética da prosperidade, liberdade e tolerância da Europa. Ou como justamente o político liberal *pragmático* Donald Tusk disse em 6 de maio de 2016 por ocasião da entrega do Prêmio Carlos Magno ao papa Francisco, num tom adequado para a ocasião: "Por que nos orgulhamos da Europa? Por que ela merece nosso compromissom e por que precisamos protegê-la e defendê-la? Porque aqui ainda impera o espírito do amor e da liberdade".[40]

Resumidamente, na Europa não é possível ter ética testemunhal sem política de responsabilidade.

---

[40] "Discurso do presidente Donald Tusk na cerimônia de premiação do Prêmio Internacional Carlos Magno ao papa Francisco", Roma, 6 de maio de 2016.

Capítulo 4 | Levantar. A crise do Atlântico

> A república não era eterna porque não refletia por simples correspondência a ordem eterna da natureza (...). A única coisa que se sabia claramente sobre repúblicas é que elas terminavam com o tempo, enquanto um universo teocêntrico perpetuamente afirmava a monarquia (...). Nem ao menos era certo que a república fosse a consequência de um princípio.
>
> J. G. A. Pocock[1]

> A soberania não se baseia em princípios abstratos. O povo francês não se libertou da monarquia absoluta em 1789 quando declarou que "o início da soberania está primeiro na nação". A verdadeira emancipação ocorreu em 1792, quando os cidadãos em toda a França se rebelaram para defender a Revolução contra reis estrangeiros. Um povo é soberano quando faz suas próprias escolhas. Chegou a hora de os europeus serem soberanos.
>
> *Emmanuel Macron*[2]

"ATÉ QUE A MORTE NOS SEPARE"

A introdução do direito ao divórcio não é inocente. A Igreja Católica não autorizava o divórcio, ela apenas podia (e pode) decidir sobre a "anulação" de um casamento. Na França, a primeira lei do divórcio foi criada nos movimentos que se seguiram à Revolução de 1789. Com a revolucionária lei do casamento de 20 de setembro de 1792, votada no dia da última sessão, a Convenção Nacional tirou a vida de casado de sob as asas da Igreja. A ordem social recebeu uma base secular; a legislação do *divórcio* desfez a convicção do "não separe o homem" o que Deus uniu no sacramento do matrimônio (Mateus 19:6). Contemporâneos chocados enxergavam um movimento: como a igualdade democrática no domínio público destronou o rei

---

[1] Pocock, *Machiavellian Moment*, p. 53-54.

[2] Emmanuel Macron, "A Europa Segura Seu Destino em Suas Próprias Mãos", no *Financial Times*, 24 de janeiro de 2017.

absoluto, da mesma forma removia o pai de família de seu pedestal no ambiente privado.

Uma coincidência curiosa é que no mesmo dia 20 de setembro de 1792, 200 quilômetros mais a leste, travava-se a batalha de Valmy. O ponto de inversão na Revolução. Depois de algumas derrotas, essa era a primeira vitória das tropas revolucionárias francesas sobre as forças invasoras prussianas e austríacas. Fortalecida pela vitória, a Convenção, eleita pouco antes por sufrágio universal e reunida pela primeira vez em 21 de setembro, aboliu imediatamente a monarquia. Assim, nesse dia de final de verão – concorrência de eventos da lista hegeliana da história – a lei do divórcio e "Valmy" do Velho Regime constituem uma vitória dupla: direitos civis e militares, interna e externamente. Como se os soldados-cidadãos franceses extraíssem forças do medo de perder as liberdades recentemente conquistadas, e os legisladores franceses quisessem impregnar as tropas com sua nova soberania conquistada. Em um *momento maquiaveliano, a Nação* pega o destino em suas próprias mãos.

A adesão à Comunidade Econômica Europeia iniciou em 1957 por tempo indeterminado, ou seja, para toda a eternidade. Com a cerimônia de assinatura no Capitólio em Roma, os seis Estados fundadores marcaram uma linha separando o passado: eles iniciavam um novo período. Para celebrar esse rito de passagem, no dia 25 de março soaram todos os sinos da *Cidade Eterna*. Determinar o infinito não é extraordinário. O tratado do carvão e do aço assinado pelos mesmos seis Estados seis anos antes em Paris mal durou cinquenta anos. A duração indefinida era uma descoberta do ministro belga Paul-Henri Spaak, presidente das negociações do tratado. Os juristas reclamaram, mas Spaak não arredou pé.[3] O vínculo com a Comunidade precisava ser irreversível e indissolúvel, como se fosse um casamento.

---

[3] Jean-François Deniau, *L'Europe Interdite*. Paris, Seuil, 1977, 74n1; o autor integrava a delegação francesa das negociações do tratado.

Algo desse *espírito comunitário* passou a ser novamente perceptível na consternação dos verdadeiros crentes quando quase meio século mais tarde se começou a falar de uma disposição de saída. Os países do centro do Leste Europeu, na porta de entrada, agarram-se à segurança simbólica de que essa União não é uma prisão-de-muitos-povos, como a União Soviética, e que existia uma porta de saída. Para os representantes dos seis Estados fundadores, essa proposta era como se o céu viesse abaixo. Será que então não havia uma *sociedade afetuosa* na Europa, é o que se perguntavam desesperados, será que a União era o "saguão de uma estação" onde era possível entrar e sair a bel-prazer? Será que assim não se oferecia um anteparo para um objetivo aberto? Ao contrário, disseram os presidentes, tal disposição não será utilizada levianamente.[4] Finalmente, a disposição foi parar no Tratado de Lisboa de 2007. "Um Estado-membro pode (...) decidir por retirar-se da União", é a abertura do famoso artigo 50 seguido do procedimento de separação.[5]

Ninguém se deu conta das forças políticas que essa disposição haveria de libertar agora, pela primeira vez, na Grã-Bretanha. Já naquela época, o significado simbólico dessa disposição de finalização para a União não poderia ter sido subestimado. A introdução do direito de separação forma uma ruptura existencial com o pensamento de eternidade de Bruxelas. A União precisava firmar novas bases para sua existência; ela não podia mais contar somente com o "sim" dito "diante do altar", mas precisava ganhar dia a dia o apoio de populações tão imprevisíveis. A chance de uma separação transformava a União num movimento mais efêmero e mais democrático.

Com a experiência de sua própria transitoriedade e mortalidade é como J. G. A. Pocock analisava o *momento maquiaveliano* para repúblicas democráticas, o desejo político *pode* brotar e se manifestar como um *player* soberano na época. Algo dessa natureza parece

---

[4] Convenção Europeia, sessão de 25 de abril de 2003, verbatim (oradores Haenel, De Vries, Meyer; opinião contrária: Stuart).

[5] Art. 50, alínea 1 do Tratado da UE.

ocorrer no conjunto europeu depois do soco no queixo do referendo britânico de junho de 2016; a separação desregula sua amada autoimagem por tanto tempo apreciada, por um instante, teme-se por sua sobrevivência. Esse conhecimento tornou-se ainda mais claro depois de um segundo "direto no queixo" que veio cinco meses mais tarde dado pelos eleitores norte-americanos e seu novo presidente, quando, da experiência da própria fragilidade, surge uma nova determinação. Uma autodeterminação no tempo e, portanto, também no espaço.

Em cinco sequências, mostrarei como a União se ergue e se reestrutura depois de sofrer os dois golpes – meio grogue, mas sem ilusões de casamento eterno e imutabilidade. A sensação de crise depois do Brexit-e-Trump distingue-se das experiências anteriores em torno de euro, Ucrânia e refugiados, já começando pelo fato de carregar consigo a lembrança desses dias difíceis. O conceito maquiaveliano de finitude do vínculo político aprofunda-se, torna-se existencial e mais importante: ele é expressado pela primeira vez publicamente pela boca de Merkel: "Nós, europeus, precisamos pegar nosso destino em nossas próprias mãos" (maio de 2017). O fato de esse conceito de finitude ser sentido de outra forma na esfera interna de Bruxelas e na esfera intermediária dos Estados-membros, ou seja, também considerando outras conclusões estratégicas, é óbvio. "Mas é preciso enxergar para entender."

CINCO SEQUÊNCIAS

Depois do choque-Brexit: "Sobrevivemos" – 24 a 29 de junho de 2016   O resultado do referendo britânico é responsável por um choque enorme na sexta-feira cedo, dia 24 de junho. Muitos governantes europeus deitaram-se por volta de meia-noite da quinta-feira com a expectativa de que as urnas se sairiam bem. Nada a estranhar: em Londres, o primeiro-ministro David Cameron, ainda antes do fechamento das urnas, recebeu a notícia da vitória dos institutos de sondagem; o champanhe para as comemorações aliviadas já estava pronto. A perplexidade é enorme ao raiar do dia. A maioria do eleitorado britânico quer sair da União. Uma possibilidade abstrata, de uma hora para outra, transforma-se subitamente num fato político.

Enquanto naquela manhã os acontecimentos e os balanços em Londres deram a volta ao mundo, os holofotes também se voltaram para o restante da União. Por meses, os líderes europeus, a pedido da Downing Street 10, ficaram apenas esperando, vigiando e acendendo velas. Agora, de repente, não só o futuro da Grã-Bretanha estava em jogo, mas também o da Europa. Aumenta a consciência de que o "Brexit" também implica insegurança e perigo para o lado continental do Canal. Dizer adeus à segunda maior economia da Europa, uma potência militar e diplomática, força motriz do mercado interno, 12% da população. Haverá uma mudança no equilíbrio das forças internas da União, a Alemanha será nitidamente ainda maior. Os populistas se sentem fortalecidos, da França aos Países Baixos e a Áustria; podem seguir-se mais saídas levando ao colapso da União. E, depois, a autoimagem mutilada. A saída dos britânicos não significa apenas uma perda. Trata-se de uma amputação, a despedida de um país por muitos considerado um bastião político, histórico e cultural – de Shakespeare ao Parlamento, aos Beatles –, um elemento indivisível que pertence à "Europa".

Nas primeiras reações de Bruxelas, é possível sentir consternação e indignação. Por volta das 7 horas da manhã, o presidente do Parlamento Martin Schulz telefona para Juncker, o presidente da Comissão: "Jean-Claude, isso vai acabar mal".[6] Os dois querem que os "desertores"[7] (*parafraseando* Juncker) iniciem o processo de separação

---

[6] Martin Schulz, 24 de junho de 2017, citado em Klaus Brinkbäumer et al., "Mortal para a Europa. Martin Schulz e Jean-Claude Juncker sobre Brexit, UE e Amizade", *Der Spiegel* 28, 2016 (9 de julho).

[7] Jean-Pierre Stroobants et al., "Brexit: 'Os desertores não serão acolhidos de braços abertos', adverte Juncker", *Le Monde*, 20 de maio de 2016. Nessa mesma entrevista, Juncker havia alertado que "o Reino Unido terá de aceitar ser considerado um Estado estranho, que não receberá tratamento preferencial".

imediatamente, para mitigar a incerteza. Em Haia, o primeiro-ministro Mark Rutte, cujo país está com o turno atual da presidência rotativa do Conselho, foi de carro até Bruxelas para uma discussão rápida sobre a saída. "Nada de histeria, por favor", diz o presidente do Conselho Europeu Donald Tusk pouco depois das 9 à imprensa, "não existe nenhum vácuo jurídico". Além disso, "Aquilo que não nos destrói nos fortalece".[8] (Ele quis citar o pai dele, mas, na verdade, trata-se de Friedrich Nietzsche.) A frase do polonês atinge o cerne: a prioridade da União é mostrar determinação; a saída não é um golpe mortal.

Por volta do meio-dia, o quarteto Tusk, Schulz, Rutte e Juncker vem com uma declaração objetiva em nome das instituições: a União lamenta, entretanto respeita a decisão dos eleitores britânicos; esta é uma situação desconhecida, mas estamos unidos em nossa resposta. Os quatro insistem claramente sobre os objetivos para a separação: será seguido o procedimento de retirada conforme o artigo 50; não haverá nenhuma renegociação da regulamentação britânica especial acertada com Cameron em fevereiro. Esperamos que o Reino Unido continue sendo um parceiro próximo; qualquer acordo fechado com o Estado--membro retirante como "terceiro Estado-membro" deverá representar os interesses de ambas as partes e ser igualitário em seus direitos e deveres.[9] E mais – a pedido de Schulz e Juncker –, deve ser iniciado o mais rápido possível. (Nessa mesma noite, na TV alemã, Schulz chama de "vergonhoso" o fato de Cameron querer esperar até outubro deixando "todo um continente refém", enquanto Juncker, em outra emissora, diz com a vaidade ferida: "Eu preferiria receber a carta imediatamente".)[10]

---

[8] "Statement by President Tusk on the outcome of the UK referendum", 24 de junho de 2016 Parte I, p. 115-52 (em tvnewsroom.consilium.europa.eu).

[9] "Declaração conjunta de Martin Schulz, presidente do Parlamento Europeu, Donald Tusk, presidente do Conselho Europeu, Mark Rutte, titular da presidência rotativa do Conselho da UE, e Jean-Claude Juncker, presidente da Comissão Europeia, sobre o resultado do referendo do Reino Unido", 24 de junho de 2016 (EUCO381/16) (12h57).

[10] Martin Schulz em *tagesthemen*, 24 de junho de 2016, e Jean-Claude Juncker no *ARD Brennpunkt*, 24 de junho de 2016, ambos em www.tagesschau.de.

A chanceler Angela Merkel, em Berlim, é quem amaina os ânimos. Em sua declaração de sexta-feira, por volta do meio-dia, ela fala de uma "fissura para a Europa", uma situação que exige "calma e ponderação" e "consciência histórica", portanto sem conclusões precipitadas.[11] Por trás de seu cuidado, também reside falta de preparação. Até 23 de junho, uma quase proibição sobre a saída dos britânicos ficou parada na chancelaria federal: ela *poderia* não ocorrer. Em Paris, o presidente François Hollande exige firmeza: "Hoje o destino bate à porta", ele diz sem medo do clichê, pois a União precisa dar "um salto para a frente". Holande anuncia que logo discutirá iniciativas concretas com Merkel.[12]

Nessa mesma sexta-feira, os 28 secretários de Estado e os ministros das Relações Europeias tinham sua reunião mensal. Devido à situação dramática, excepcionalmente os ministros das Relações Exteriores francês, alemão e italiano, Ayrault, Steinmeier e Gentilone, também estiveram presentes. A desilusão impera. Durante o almoço fechado, o britânico Liddington fala de um "gosto amargo" e outros, de um "dia de luto". Também aqui o consenso é o mesmo, de que Londres deve fornecer clareza rapidamente. Em suas decisões por escrito, os ministros na verdade deixam o assunto para seus chefes: a reunião de cúpula de alguns dias depois terá que expandir a linha.[13] Apesar disso, no dia seguinte, seis ministros se reúnem em um castelinho em Berlim, diante dos olhos do mundo todo, a convite de Steinmeier. Os ministros das Relações Exteriores dos seis fundadores – Alemanha, França, Itália e do Benelux – sentem uma responsabilidade especial pela Europa nesse

---

[11] "Declaração à imprensa da chanceler alemã Merkel sobre o resultado do referendo sobre a saída da Grã-Bretanha da União Europeia em 24 de junho de 2016", em www.bundesregierung.de.

[12] "Declaração do Brexit do presidente da República Francesa, François Hollande (24 de junho de 2016)."

[13] Conselho da União Europeia, "Resultados da reunião do Conselho: Assuntos gerais", 24 de junho de 2016, p. 4.

momento histórico.[14] A reunião deles, na verdade, acaba criando um clima desagradável junto aos excluídos, principalmente Espanha e Portugal. A chanceler alemã também se sente incomodada: nada de criar novas linhas de fratura; a unidade de 27 segue adiante.

É muito cedo para traçar uma linha dura com punição, como desejam os presidentes bruxelenses. Em muitas capitais, ainda resta a esperança – como muitos no próprio país – de que os britânicos voltem atrás, quem sabe, façam um segundo referendo ou eleições. E não só com tendência à dureza. O Brexit não atinge todos os Estados-membros de forma igual política e economicamente. Os irlandeses lamentam seu vizinho, os neerlandeses e escandinavos, o aliado liberal e atlântico, os franceses, um contrapeso aos alemães, enquanto em círculos belgas e bruxelenses há a sensação de desembaraço de um bloco da perna europeia e, em Berlim, nem todos estão em luto. Com tantos interesses estratégicos diferentes, é preciso garantir a unidade com os 27 e não subestimar o desafio e a urgência.

O artigo 50 estipula que aquele que sai está fora após no máximo dois anos de negociação, com ou sem acordo (exceto se o prazo for prolongado por unanimidade).[15] A tática dilatória dos britânicos é o que os Vinte e Sete temem. Algumas horas depois do resultado, David Cameron entrega sua renúncia. Depois do referendo, ele não tem mais autoridade para iniciar o procedimento de separação: somente um novo primeiro-ministro tem condições de arcar com a responsabilidade para a política incerta e as consequências econômicas do Brexit. Mas a sucessão leva

---

[14] "Declaração conjunta dos ministros das Relações Exteriores belga, alemão, francês, italiano, luxemburguês e neerlandês em 25 de junho de 2016." No dia seguinte, domingo, 26 de junho de 2016, Frank-Walter Steinmeier e Jean-Marc Ayrault, os ministros das Relações Exteriores da Alemanha e da França, juntos, publicam um relatório de nove páginas intitulado "Uma Europa forte em um mundo de incertezas", no qual eles propõem, entre outros, um pacto de segurança.

[15] Art. 50, alínea 3, do Tratado da UE.

meses. Para evitar que os britânicos usem esse tempo intermediário para conversas de sondagem que subvertam sua frente, os Vinte e Sete acertam uma linha única no domingo, 26 de junho – no nível de "guia" dos líderes de governo e embaixadores da UE –, *No negotiation without notification*, "Nenhuma negociação sem notificação". O *slogan* tem o efeito de uma barreira, atrás da qual há *um bloco* de guarda.

Depois do fim de semana, a palavra está com os líderes de governo. Todos eles telefonam entre si. O presidente da reunião de cúpula, Tusk, logo cedo na segunda-feira vai a Paris e, à tarde, a Berlim. À luz das câmeras nessa noite, Angela Merkel recebe François Hollande e o italiano Matteo Renzi. No Conselho Europeu da quinta-feira, 28 de junho, David Cameron informa seus colegas europeus. Eles quase não têm mais nada a tratar com ele. As conclusões por escrito – voltadas para migração, economia e política externa – constam na página final com um lacônico: "O primeiro-ministro britânico informou o Conselho Europeu sobre o resultado do referendo realizado no Reino Unido".[16] Entretanto, o britânico recebe uma mensagem para levar a seu sucessor: seus compatriotas não precisam contar com os benefícios da adesão sem as responsabilidades. No demais, é apenas lamentar diplomaticamente. É uma pena, diz Cameron à imprensa britânica no final, que as pessoas não puderam ouvir em suas casas: o primeiro-ministro da Estônia contou como a Marinha Real outrora garantiu a independência de seu país. O primeiro-ministro da República Tcheca, sobre quantos refugiados tchecos encontraram seu lar na Grã-Bretanha em 1968. O presidente francês, de como ele mais tarde nessa semana junto com Cameron recordará os soldados que morreram lutando por liberdade e democracia no rio Somme. O *Primeiro-Ministro* Irlandês, de como os dois países vizinhos, apesar das guerras desde o século XI, hoje são tão bons parceiros.[17] Por um

---

[16] "Conclusões do Conselho Europeu", 28 de junho de 2016, pt. 23.

[17] David Cameron, "Entrevista coletiva depois da sessão do Conselho Europeu", 28 de junho de 2016, em www.gov.uk/government.

momento, os portões de Bruxelas se abrem, por um instante, surgem pedaços da história da Europa – aqueles usados na campanha utilitária do Ficar do primeiro-ministro e que foram ignorados –, por um instante, a base histórico-política da União desafiava. Mas era muito tarde, emoção por cortesia.

O importante é a reunião de cúpula informal do dia seguinte. Os líderes de governo dos Vinte e Sete mais os presidentes da UE, Tusk e Juncker, discutem o choque, sem o britânico.* Entre quatro paredes, o estado de ânimo segundo um dos presentes variou "entre pânico e bravura". A declaração pública é técnica e ponderada. Nesse meio--tempo, já se percebeu que o próprio governo britânico determinará o momento da carta de separação; não faz sentido exigir uma carta frustrada. Os líderes reforçam os objetivos sobre o procedimento e os princípios da negociação que o quarteto Tusk-Juncker-Schulz--Rutte processou no fim de semana. Eles também reforçaram um ponto importante, enfatizado por Tusk depois do final: "Hoje, os líderes deixaram bem claro que o acesso ao mercado interno exige a aceitação de todas as quatro liberdades, incluindo o trânsito livre de pessoas. Não haverá um mercado interno *à la carte*".[18] A paciência com a *seleção discriminatória* britânica acabou: se todos só assinarem pelos benefícios, a União não existe mais. Olhando para si mesmos, eles decidem por reflexão política sobre seu futuro a partir do outono.

---

* Detalhe protocolar: é verdade que o artigo 50 do TUE determina que o Conselho Europeu e o Conselho também podem ser reunir *formalmente* sem o representante do Estado-membro retirante, no entanto só se aplica depois da entrega oficial do pedido de separação (que, finalmente, ocorreu no dia 29 de março de 2017). Antes disso, apenas reuniões informais. Sinal de improvisação: a declaração é publicada em papel branco sem o logotipo da União nem o cabeçalho.

---

[18] "Declarações do presidente Donald Tusk após a reunião informal de 27 chefes de Estado ou de governo da UE", 29 de junho de 2016; "Reunião informal com os 27 – Bruxelas, 29 de junho de 2016 – Declaração", pt. 4.

Cinco dias depois do pânico do referendo, a União já se recuperou. A coordenação dos trabalhos em relação aos britânicos será baseada em tópicos principais: princípios, procedimento e linhas de autoridade da separação. Um sucesso inesperado, sinal de instinto de sobrevivência.

O perigo une. A União corria o risco de se dissolver. O clima de ameaça e medo mais o ressentimento e a raiva contra o causador explicam como todos rapidamente concordaram com os *princípios* a serem aplicados para a negociação da separação e quão firmes serão em relação a Londres. "Os líderes estão absolutamente decididos a permanecerem unidos, prosseguindo os trabalhos com os 27 juntos" é o que se ouve depois de sua deliberação.[19] A unidade em primeiro lugar.

O Tratado oferece o suporte necessário para o *procedimento*. O artigo 50 oferece o contexto para uma "retirada organizada" de um Estado-membro, diferentemente de uma ruptura desorganizada que se concretiza fora do direito da União. Somente assim é possível evitar o caos econômico e jurídico. A cláusula de retirada ainda não foi usada até o momento, o que deixa muitos pontos em aberto, motivo pelo qual há um grande cuidado com as palavras.

Também as *relações internas de autoridade* logo ficaram claras. Nas primeiras horas depois do referendo, houve um desentendimento típico de Bruxelas. Quem negociaria com os britânicos em nome dos 27? A Comissão, cujo chefe de gabinete de Juncker já estava se preparando, ou o Conselho Europeu, que na sexta-feira, 24 de junho, às pressas, formou uma força-tarefa? Se já não bastasse o ciúme entre as instituições, também havia a colisão evidente de visões sobre o futuro da União – exatamente como elas ocorrem em momentos de verdade. Em alguns dias, o Conselho Europeu assume o controle. O conjunto de líderes de governo, do qual o presidente da Comissão é membro,

---
[19] "Observações de Donald Tusk", 29 de junho de 2016.

estabelece as linhas; nelas, as outras instituições realizam sua função. O Brexit é *assunto de chefe*.

A determinação frente aos britânicos contrasta com a insegurança sobre o próprio futuro. Sobreviver, ótimo, mas para fazer o quê? Por causa dessa dúvida, os Vinte e Sete parecem desorientados e impotentes. É compreensível a hesitação em analisar as consequências do Brexit. Quando um político reconhece um problema, também se espera que ele ofereça uma solução. E esta, ninguém tem. Nos primeiros dias, há apenas declarações de intenção, temas sugeridos casualmente sobre vigilância das fronteiras, defesa, desemprego dos jovens. A ampliação da *política* em vez de uma nova *política*. Não convincente.

O resultado do referendo é contrário ao axioma da velha política europeia. Desde os dias do carvão-e-do-aço de Schuman e Adenauer, vale o entrelaçamento dos interesses econômicos como garantia para a paz e a prosperidade; a interdependência econômica por si só levaria a uma população agradecida. Não, os eleitores britânicos desmentem esse axioma com 52% contra 48%: preferimos controlar a imigração e as nossas próprias leis (graças à saída) do que o crescimento econômico (graças ao mercado interno).[20] Ninguém imaginou essa preferência na lógica da fundação; essa possibilidade exige um ajuste da doutrina, uma nova política.

Contudo, mais um motivo principal de Bruxelas vai por água abaixo: a segurança de que o movimento da Europa segue sempre num mesmo sentido, conforme uma lógica obrigatória de *alastramento* – mais países, mais terrenos políticos, um "vínculo cada vez mais coeso". Essa irreversibilidade parece cada vez mais ilusória. De repente, a União Europeia se dá conta de sua fragilidade histórica. Não é agradecida que ela recebe essa conscientização dos britânicos.

---

[20] Em seguida, ocorreu um debate a esse respeito; consulte Harold Clarke et al., *Brexit: Why Britain Voted to Leave the European Union*. Cambridge, Cambridge University Press, 2017.

Mesmo assim, trata-se de um momento existencial. Um corpo político que experimenta a própria mortalidade obrigatoriamente se liberta conceitualmente de uma ordem eterna, ou daquela que Deus lhe deu como em velhos tempos, ou com respaldo em princípios racionais e teorias econômicas como a criação da Comunidade Europeia. Quem sabe que é mortal precisa pensar e se armar como uma unidade aleatória no fluxo do tempo. Trata-se de uma nova conscientização do *momento maquiaveliano* da Europa, o instante – ou seja, mais uma vez Pocock – "em que a república percebe que estava diante de sua temporalidade e natureza finita, e ela tenta se manter política e moralmente num fluxo de acontecimentos irracionais que pareciam desestabilizar e destruir todo o sistema social e político".[21] Resumindo, o momento para tomar o destino em suas próprias mãos.

Bem diferente da complacência caótica aplicada na fase inicial do Brexit.

"Problema deles" – 23 de janeiro de 2013 a 19 de fevereiro de 2016   Encontrar uma data já parecia simplesmente complicado, o que dizer, então, sobre decidir o que dizer. O discurso anunciado sobre a Europa, que na imaginação pública evoluiu até "O Discurso", já havia sido adiado várias vezes quando a Downing Street 10 descobriu que a data escolhida coincidia com o aniversário de cinquenta anos do Tratado de Amizade entre Alemanha e França, na terça-feira dia 22 de janeiro de 2013 – um assunto quase sagrado para os dois países. Perturbar as comemorações seria uma afronta diplomática, considerou o primeiro-ministro britânico. Antecipar o discurso em um dia significaria mais uma batalha perdida pela disputa de atenção devido à posse do presidente norte-americano, que justamente nessa semana havia informado que cortar o vínculo com Bruxelas teria seu preço em Washington. Ele escolheu o dia 19 de janeiro como uma

---
[21] Pocock, *Machiavellian Moment*, viii.

data aparentemente segura e um local nos Países Baixos (ele preferiu a capital Amsterdã à sede do governo Haia, de modo que seu bom amigo, o primeiro-ministro Rutte, poderia ausentar-se de modo cortês). No entanto, por causa de uma crise de reféns no Norte da África, o britânico foi obrigado a adiar mais uma vez, quatro dias para a frente; analisando melhor a situação, um salão cheio de uma agência de notícias norte-americana em Londres também serviria. Antes mesmo que o primeiro-ministro se pronunciasse, o público britânico acabou descobrindo um fato: encontrar uma nova relação com o restante da Europa não se daria como nos tempos de Churchill e Montgomery.

Econômicas e reticentes, assim foram as primeiras reações europeias ao discurso de David Cameron em 23 de janeiro de 2013, em que ele prometia aos eleitores britânicos um referendo sobre a adesão. É claro que o local do Reino Unido na Europa afeta questões básicas, hesitações centenárias e movimentos geopolíticos que variam entre engajamento e isolamento, entre oceano, ilha e continente. Nesse sentido, nas palavras do orador, o *destino* do país estava em jogo. Mas o que se via em Bruxelas, Berlim, Paris ou Roma era sobretudo um líder de partido que – *partido acima do país* –, eurocético, comandava o timão de seu partido e lançava um pedaço de carne "aos leões" para salvar sua própria situação política. Nenhum estadismo, somente puro oportunismo irresponsável. Assim, poucos parceiros de Cameron levaram a proposta para a reformulação europeia – uma União mais competitiva, mais flexível e mais democrática – a sério.[22] Apenas se ouvia o desejo britânico tendo direito a mais exceções. Sem "Europa *à la carte*", replicou o ministro das

---

[22] Um conselheiro de Cameron cita como exceções os líderes que enxergavam, sim, uma chance de reforma mais ampla na renegociação final, no inverno de 2015-16: "O primeiro-ministro dinamarquês Rasmussen, o húngaro Viktor Orbán e (menos entusiasmado) o primeiro-ministro neerlandês Mark Rutte". (Daniel Korski, "Por Que Perdemos o Voto do Brexit", no *Politico.eu*, 20 de outubro de 2016.)

Relações Exteriores francês Fabius imediatamente, "sem política de *abordagem seletiva*", concordou seu colega alemão Westerwelle. A chanceler alemã Merkel, mais cuidadosa, considerava possível um "compromisso justo". O risco de uma saída britânica parecia bem distante em janeiro de 2013; Cameron primeiro precisava vencer as eleições de 2015, e estabeleceu o prazo do referendo até no máximo final de 2017, algo como cinco anos mais tarde. Só que a chance de uma saída gerou um impacto imediato, segundo o presidente Van Rompuy falando para uma plateia em Londres algumas semanas mais tarde. "Como convencer uma sala cheia de pessoas se você está com a mão na maçaneta da porta? Como encorajar um amigo a mudar se seus olhos estão procurando o casaco?"[23]

David Cameron descobriu rapidamente quão pouco espaço de manobra europeu lhe era concedido. Perto das eleições europeias de maio de 2014, ele tentou de toda forma bloquear a nomeação de Jean-Claude Juncker para a presidência da Comissão, mas falhou visivelmente. A Downing Street considerava a nomeação do luxemburguês um "erro": o velho primeiro-ministro de quase sessenta anos – afastado após um escândalo de espionagem e por supostamente beber muito e assinar acordos pouco transparentes – não era o homem certo para o cargo.[24] Por muito tempo, Cameron torceu para que Angela Merkel apoiasse sua contracampanha. Naquele outono, a chanceler alemã lhe havia dito várias vezes privadamente que não se sentia atraída pela nomeação automática desejada pelo Parlamento Europeu do primeiro da lista pan-europeia (para os cristãos-democratas, Juncker não era lá o *candidato por excelência*); assim como Cameron, ela queria que os próprios líderes

---

[23] Herman Van Rompuy, "A Grã-Bretanha na Europa. Canalizando as Mudanças Juntos". Discurso na conferência anual da Policy Network, 28 de fevereiro de 2013. A frase citada tocou num ponto fraco e foi uma das poucas citações de Van Rompuy que chegou à TV britânica.

[24] Korski, "Por Que Nós Perdemos".

no Conselho Europeu apresentassem alguém ao Parlamento. Sobre os primeiros da lista, na campanha das eleições de maio de 2014, surgiu uma dinâmica que Merkel havia subestimado; quando seus próprios cristão-democratas se tornaram os maiores e o público alemão apoiava Juncker, ela não pôde mais evitá-lo. Cameron sentiu-se traído. Mas o britânico foi reembolsado na mesma moeda: assim como aconteceu com ele, de brigas partidárias internas repercutirem na União, também seus colegas estavam envolvidos com forças domésticas que ultrapassavam as fronteiras. A satisfação de uma opinião pública oposicionista não é monopólio britânico.

Numa última manobra logo antes da reunião de cúpula de junho de 2014 que concederia a nomeação de Juncker, Cameron tirou uma carta diplomática da manga. Depois de perder o apoio alemão, discretamente ele foi em busca de ajuda junto à França. Para isso, confiou no "Compromisso de Luxemburgo", a regra não escrita de que um governo para o qual um interesse nacional "vital" está em jogo não será derrotada na votação no Conselho. Embora nem todos os Estados-membros reconheçam esse direito de veto, existe um grupo de Estados-membros que se apoia em casos como este e conta com uma minoria de bloqueio cujos membros mais importantes são França, Grã-Bretanha e Espanha.[25] Para a Downing Street 10, a nomeação se apoiava nesse remédio cavalar: com Juncker como o homem forte em Bruxelas, a Grã-Bretanha iria diretamente para a saída com todas as suas consequências.[26] Mas essa não foi a visão do presidente francês. "Aqui se trata da indicação de um presidente da Comissão Europeia, e não da escolha que determina o futuro de um

---

[25] Thomas Beukers, *Lei, Prática e Convenção na Constituição da União Europeia*, tese de doutorado na Universidade de Amsterdã, 2011.

[26] Veja, por exemplo, o site *MailOnline*, 27 de junho de 2016: "Conhaque no café da manhã, um sogro nazista e queda por escândalo de espionagem: Como Jean-Claude Juncker odiou os britânicos desde os tempos de Thatcher e agora está nos empurrando adiante imediatamente para a porta do Brexit".

país", segundo François Hollande.[27] O francês respeitava o princípio do veto de emergência, mas não foi a favor do britânico neste caso. Uma recusa reveladora. Enquanto Cameron em sua perspectiva lutava por um assunto de vida ou morte, seus colegas tratavam a questão como um incidente pessoal. Era um problema *dele*, e não um perigo que também poderia atingi-los. A sua fragilidade histórica permanecia no campo abstrato.

As eleições britânicas do parlamento de maio de 2015 aceleraram o fluxo. Contra todas as expectativas, os Conservadores de Cameron conseguiram uma maioria na Câmara dos Comuns. Um mandato forte. Na primeira reunião de cúpula depois de eleito – a cabeça de seus colegas europeus estava mais voltada para a crescente crise grega da zona do euro e o fluxo de refugiados cada vez maior vindo da Síria –, Cameron expressou seus desejos: reforma e renegociação. Ele decidiu que não esperaria até 2017 com seu referendo: um ano de eleições tanto na França (na primavera) quanto na Alemanha (no outono) não era muito adequado para uma campanha diplomática. Assim, a escolha recaiu em 2016 e era preciso agir rapidamente com um "acordo para a Grã-Bretanha".

O cerne das negociações girava em torno da manutenção do controle (Cameron) *versus* a manutenção do espaço de manobra (o restante). O britânico queria garantir que seu país não seria sugado ainda mais na integração europeia. Os Vinte e Sete queriam manter a unidade da União e poder se desenvolver sem obstrução britânica. Isso acabou levando a uma disputa por exceções, desacelerações e mecanismos de controle resolvida na reunião de cúpula

---

[27] "Entrevista do Presidente da República à Ypres", quinta-feira, 26 de junho de 2014, discurso em vie-publique.fr/notices/147001529.html. Essa declaração foi pouco notada, mas aparece em: JHR/TB [Jan-Herman Reestman/Thomas Beukers], "Not Dead Yet. Revisiting the 'Luxembourg Veto' and Its Foundations. Editorial", *European Constitutional Law Review* 13, 2017, p. 1-12.

de 18-19 de fevereiro de 2016. Chegou-se a uma comparação em três frentes, traduzida em prosa diplomática recheada de garantias recíprocas.[28] A primeira frente era a "governança econômica", em outras palavras, a libra *versus* o euro. O governo britânico queria salvaguardar a posição de Londres como centro financeiro mundial e mantê-lo fora do alcance de futuros eurorresgates financeiros, enquanto os Estados-membros do euro queriam justamente reforçar sua união monetária sem o entrave dos britânicos. Nesse embate, um empate, a maior pressão contrária a Londres vinha de Paris, sempre irritada com o fato de que a cidade da libra – ao lado de Frankfurt – também era a capital do euro.

No quesito "soberania", de Westminister *versus* Bruxelas e Estrasburgo, Cameron também não tinha motivos para reclamar. A Grã-Bretanha, como os líderes definiram claramente, não tem nenhuma obrigação com as demais integrações políticas; portanto, as referências à *ever closer union*, a "união cada vez mais estreita" do preâmbulo do tratado de fundação, não se aplicam mais ao país. Ao mesmo tempo, os outros Estados-membros deverão poder continuar nesse processo, motivo pelo qual essas três palavrinhas simbólicas – por insistência da Alemanha e da Bélgica – também não são removidas. Como força contrária à centralização administrativa, Cameron recebeu um "cartão vermelho" dos parlamentos nacionais: se 55% das representações populares da União mostrar que a legislação proposta deve ser considerada assunto para um nível gerencial inferior, o Conselho deverá interromper a discussão. A Comissão e o Parlamento não gostaram muito disso, mas os governos nacionais acharam ótimo.

---

[28] "Conselho Europeu, Conclusões, 18-19 de fevereiro de 2016, Anexo I: Decisão dos chefes de Estado e líderes de governo, reunidos no âmbito do Conselho Europeu, sobre uma nova regulamentação para o Reino Unido dentro da União Europeia." Esta decisão, que apenas entraria em vigor no caso de um resultado positivo do referendo, abrange, além das três seções mencionadas, uma quarta seção não controversal sobre competitividade.

A terceira frente, a dos "benefícios sociais e trânsito livre", dos pagadores de impostos britânicos *versus* trabalhadores do Leste Europeu, foi o golpe mais duro que Cameron perdeu. Por ocasião de seu discurso do referendo, ninguém mencionou a migração; dois anos depois – após a abertura do mercado de trabalho para os romenos e búlgaros e as campanhas antirrefugiados dos tabloides e do UKIP [do Partido de Independência do Reino Unido] –, o assunto dominou as páginas de notícias. Cameron não conseguiu convencer seus parceiros de que precisava fortemente de resultado para não perder o referendo. Eles se seguraram no mercado interno como bloco de quatro liberdades: bens, capitais, serviços e pessoas. Os países do Centro e do Leste Europeu defenderam ferozmente o direito de seus cidadãos poderem procurar trabalho em toda a União sem que fossem discriminados. O interesse próprio era um idioma que Londres também entendia. Mas a Downing Street ignorou que, para a elite política na Alemanha (um país com recordações vivas da Cortina de Ferro), o livre trânsito de pessoas é mais do que um bem econômico: é um valor que a União cria como um espaço civilizatório, uma liberdade que une os cidadãos do Leste e do Oeste, do Norte e do Sul.

O campo de batalha diplomático desembocou num procedimento "freio de emergência": uma vez que a chegada de trabalhadores da UE leva a "dificuldades graves e possivelmente persistentes em seu mercado de trabalho" ou "exerce uma pressão excessiva no bom funcionamento de seus serviços públicos", um Estado-membro poderia suspender a elaboração de direitos a benefícios sociais por quatro anos; o acordo continha o reconhecimento de que a Grã-Bretanha já estava nessa situação e que certamente nela continuaria por mais sete anos. Em outras palavras, sutil. E muito complicada para explicar em casa.

O campo britânico ignorava que a verdadeira luta entre líderes nesse mesmo Conselho Europeu de 18-19 de fevereiro de 2016 tratava de algo totalmente diferente: o represamento do fluxo de refugiados pelos Bálcãs.²⁹ Em comparação ao caos humanitário e ao final iminente de Schengen, as preocupações de Cameron pareciam uma espécie de luxo. A chanceler alemã Merkel, desde sua improvisação de verão de uma abertura da fronteira em conflito com sua própria sobrevivência política, não estava inclinada a permitir uma exceção ao britânico egoísta com base no princípio de trânsito livre de pessoas que ela tentava salvar para a Europa como um todo.

De seu lado, alguns Estados-membros subestimam o fato de que há mais em jogo do que apenas o acesso ao mercado e o trânsito de pessoas, que a saída da Grã-Bretanha da União Europeia enfraqueceria a União, séria e estrategicamente. O governo polonês, por exemplo, obcecado pelos direitos dos cidadãos poloneses na Grã-Bretanha, parecia não pesar o impacto do Brexit por causa de sua outra grande preocupação: o poder de Putin e a política ucraniana russa, na qual poderia perder em Londres e na frente da União. Sem dúvida, Comissão e Parlamento (este último em todos os países sob as novas exceções britânicas) não se ocupariam com essas questões geopolíticas. Essa subvalorização da fragilidade estratégica e o foco em liberdades fundamentais combinam com o pensamento de eternidade bruxelense. Obviamente, a experiência de transitoriedade precisa primeiro diminuir antes que possa apresentar um efeito catártico.

Dias depois do acordo de fevereiro, a Downing Street divulgou a data do referendo, dia 23 de junho. Como único convidado estrangeiro, pediu-se ao presidente Obama que fizesse valer sua autoridade na campanha. Em abril, o norte-americano, ocupado com seu último ano, dera a Londres o que o time do "Ficar" queria ouvir: depois do Brexit, os britânicos teriam que "entrar no final da fila" de Washington para obter um acordo comercial bilateral.³⁰

---

²⁹ Em sua longa análise, o conselheiro de Cameron, Daniel Korski ("Por Que Nós Perdemos"), não o cita.

³⁰ Citado em *The Guardian*, "Barack Obama: o Brexit Colocaria o RU 'no Final da Fila' para Acordos Comerciais", 22 de abril de 2016.

Aguardando a carta – 30 de junho de 2016 a 25 de março de 2017 "Tudo aquilo que não nos destrói nos fortalece", disse o homem da reunião de cúpula Tusk na manhã depois da dramática noite do referendo britânico. A coletividade europeia estava diante de duas tarefas: organizar a separação e evitar que o exemplo fosse seguido. A primeira, ela conseguiu resolver mais facilmente do que a segunda – é grande o contraste entre a unidade efetiva frente a Londres, o que já se indicava claramente na reunião de cúpula de 29 de junho de 2016 e nas declarações de sondagem sobre o próprio futuro pós-Brexit.*

Os Vinte e Sete haviam se preparado resolutamente atrás da barreira de "Nenhuma negociação sem notificação". Enquanto não recebessem a carta de separação de Londres, eles não precisavam agir. Para surpresa deles – cada uma das capitais conhecia por experiência própria a arte britânica de dividir partidos –, essa frente se manteve firme, mesmo quando a espera foi muito mais longa do que o esperado. O perdedor Cameron passou o problema de difícil solução ao seu sucessor; a nova senhora, Theresa May, assumiu sua posição de primeira-ministra em meados de julho, depois de uma disputa shakespeareana pela liderança entre os Conservadores, e pediu tempo até o congresso do partido em Birmingham em outubro; em seu discurso de outono, ela anunciou que enviaria a carta apenas no final de março de 2017 – nove meses depois do referendo.

Para tranquilizar os impacientes eleitores da Saída e os tabloides desconfiados, May repetiu o mantra "Brexit significa Brexit". Sim e não. Uma saída é, a outra não é, e isso

* Um Henry Kissinger rigoroso disse em meados de julho de 2016: "Três semanas depois do Brexit e nenhum dos estadistas europeus até agora articulou uma visão do futuro da Europa. Eles são o continente que construiu o mundo internacional. E ninguém se levantou com a visão de Churchill. Eles estão tratando de assuntos táticos enquanto estão abrindo mão da essência pelo que lutaram e que representaram durante a história". ("World Chaos and World Order: conversations with Henry Kissinger", verbatim online pertencente à entrevista por Jeffrey Goldberg publicada na revista *The Atlantic*, dezembro de 2016.)

também o público britânico sabia. Mas Londres precisava de tempo para determinar a melhor posição. Segundo alguns, já tinha perdido seu espaço de manobra. O governo estava preso entre as promessas do Brexit – sem trânsito livre de pessoas, sem controle da Corte de Luxemburgo – e a frente fechada da União. A Europa já estava cansada da mania dos britânicos de "quererem tudo". Acabou-se o tempo do meio dentro, meio fora. Donald Tusk trabalhava rapidamente em outubro, com a filosofia do "querer tudo" e colocou sem rodeios e inflexível: "A única alternativa para um Brexit duro é não ter um Brexit".[31] Os advogados da separação já podiam afiar suas facas.

A União não ficou perdendo tempo enquanto esperava. Os procedimentos e princípios da separação foram elaborados a partir do verão e já em junho definiram-se as características principais. O artigo 50, embora resumido e não testado, dava autoconfiança aos Vinte e Sete. Enquanto, na Grã-Bretanha, público e políticos debatiam apaixonados meses a fio sobre as primeiras duas frases (Quem enviará a carta? O governo pode fazer isso sem a concordância parlamentar?), a União já estava ocupada com a terceira. Que é: "À luz das diretrizes do Conselho Europeu depois de negociações com esse Estado, a União fecha um acordo sobre as condições de sua retirada, *em que deverá ser considerado o contexto das futuras relações deste Estado com a União*".[32] Na ambiguidade da frase, os juristas bruxelenses leram: primeiro liquidar a separação, inclusive a fatura por causa das obrigações residuais do retirante, e, depois, acordo sobre a relação futura. Em Londres, a interpretação foi outra e se prefere realizar as duas conversações paralelamente. E, assim, surgiu uma discussão sobre a sequência.

Não se necessita de muita improvisação para a organização interna – quem decide, quem negocia, quem faz o acordo. O Tratado provê uma interação sutil entre instituições; e é aqui que queremos

---

[31] "Discurso do presidente Donald Tusk na conferência no Centro de Política Europeia", 13 de outubro de 2016.
[32] Art. 50 do Tratado da UE, alínea 2 (curs. LvM).

nos ater cuidadosamente.* No final de julho de 2016, o presidente Juncker nomeia Michel Barnier, o ex-eurocomissário e ex-ministro das Relações Exteriores da França, ao cargo planejado de negociador principal da União. Evidentemente, há tensões institucionais. Quando a Comissão desvia demais para o lado dos Estados-membros – analisando criticamente as capitais e a influência do chefe de gabinete alemão linha-dura de Juncker –, há contrapressão dos líderes de governo. Na reunião de cúpula de dezembro de 2016, eles declaram que o Conselho Europeu "acompanhará este assunto por todo o tempo" – uma novidade para uma instituição que, no papel, se reúne quatro vezes por ano – e ajustará as diretrizes onde for necessário.³³ Apesar disso, a medida do detalhe organizacional revela que fora do radar ocorreram batalhas burocráticas,³⁴ mas está bem claro que a liderança política cabe aos chefes reunidos. As suas diretrizes estão prontas como resposta da União ao pedido de separação de Theresa May, quando este chegar.³⁵

* Depois da frase citada, que permite que o Conselho Europeu de líderes de governo estabeleça as "diretrizes" para a regulamentação da saída, segue o artigo 50: "Este acordo é negociado conforme o artigo 218, alínea 3 do Tratado referente à atuação da União Europeia. O acordo é assinado pelo Conselho em nome da União, que decide com base na maioria qualificada de votos, conforme a aprovação do Parlamento Europeu". O citado artigo 218 indica a Comissão como negociadora e o Conselho de ministros como seu mandatário.

---

³³ "Declaração após a reunião informal dos chefes de Estado e líderes de governo dos 27 Estados-membros e dos presidentes do Conselho Europeu e da Comissão Europeia", 15 de dezembro de 2016.

³⁴ Veja a precisão ímpar na declaração dessa mesma reunião de cúpula de dezembro de 2016: "Visando à transparência e à criação de confiança, a equipe de negociadores da União está disposta a receber um representante da presidência rotativa do Conselho em seu grupo. Os representantes do presidente do Conselho Europeu deverão acompanhar todas as fases de negociação e delas participar em função de apoio, junto com os representantes da Comissão Europeia".

³⁵ Um analista jurídico britânico citou o preparativo do lado da União como "metódico, firme e consistente; as observações indicadas também

Mais complicada é a autorreflexão que o Brexit exige dos Vinte e Sete. Como restaurar a confiança dos próprios cidadãos na União? Qual deveria ser o objetivo, agora que ela sentia tão intensamente sua fragilidade histórica e seu pensamento de eternidade estava sendo posto à prova? Perguntas como essas foram deixadas para depois do golpe do referendo, após uma série de reuniões de cúpula que seriam realizadas em setembro em Bratislava até uma reunião de cúpula comemorativa em Roma, em 25 de março de 2017, por ocasião do sexagésimo aniversário da União. Mas o que dizer sem cair nas mesmas "belas palavras"?

A fase de negação passou depois do verão. Quem, então, ainda considerava o ceticismo britânico um fenômeno local cometia um "erro fatal".[36] Não é mais possível ignorar; a União tem um problema existencial. Ao mesmo tempo, percebe-se que iniciativas objetivas para restaurar a confiança têm pouca chance de dar certo *antes* das eleições na França e na Alemanha em 2017. Sem uma legitimidade eleitoral renovada, Berlim e Paris não poderão arrastar os outros consigo e ninguém seguirá adiante. Portanto, fica claro que um debate sobre o futuro, por ora, será insatisfatório. Apesar disso, esta fase revela muito sobre a determinação da União ferida.

Três assuntos chamam a atenção. Primeiro: a Alemanha está claramente assumindo a liderança enquanto as relações de poder continentais estão se deslocando. Segundo: a partir de Bruxelas começa a surgir um princípio de resposta substancial – a União precisa aprender a proteger. Terceiro: a necessidade de manter o grupo unido vem entremeada com o desejo de mobilidade.

Angela Merkel puxa a iniciativa para si. Desintegração é uma ameaça econômica e política para a Alemanha. Numa semana de agosto, a chanceler alemã se encontra com não menos que quinze

---

corresponderam às ações deles". David Allen Green, "Brexit por Cronograma. A Evolução da Posição da UE", *Financial Times*, 25 de abril de 2017.

[36] Donald Tusk, "Carta de Bratislava", 13 de setembro de 2016, pt. II.

colegas líderes de governo. Ela assume um papel coordenador, inventariza todas as posições, não nos bastidores – como ela várias vezes fez na crise da zona do euro –, mas à luz de todos. Na segunda-feira, 22 de agosto, com François Hollande ela visita Matteo Renzi numa pequena ilha diante da costa italiana. Em várias primeiras páginas, está o porta-aviões de onde o trio foi para a terra: imagens como estas deixaram o anfitrião italiano muito feliz. Depois de anos de frustração com o trio de poder Paris-Londres-Berlim, ao qual nunca pôde aceder apesar de os números populacionais serem comparáveis, com o Brexit, a Itália subitamente passa a ser o terceiro maior Estado-membro: "os novos Três Grandes". Mas a chanceler alemã também dirige outros grupos menores. Em Varsóvia, ela se encontra com os primeiros-ministros da Polônia, da Hungria, da República Tcheca e da Eslováquia – o quarteto Visegrád. Um dia depois, os Bálcãs vão até Berlim, com Bulgária, Croácia, Eslovênia e, também, Áustria, enquanto os Países Baixos têm o prazer de jantar com Dinamarca, Suécia e Finlândia – de repente, o país do Reno e do Mosa faz parte do grupo da Escandinávia? Apesar da indignação da Bélgica e de Luxemburgo, que veem seu querido Benelux desmembrado, o primeiro-ministro Rutte não recusou o convite. Ao dirigir todos esses grupos, a Alemanha se posiciona onde Merkel politicamente mais se sente em casa: centralmente, e não no meio.

Os presidentes bruxelenses Tusk e Juncker, que com toda essa habilidade diplomática ficaram em segundo plano, aproveitam o verão para formular uma resposta substancial ao voto do Brexit. Cada um deles sobe no respectivo palco em meados de setembro, na reunião de cúpula de Bratislava (16 de setembro) e na reunião anual "Estado da União" em Estrasburgo (dois dias antes). Embora o corpo de imprensa bruxelense enxergue rivalidade, chama a atenção o fato de que ambos expõem a mesma mudança de curso – a Europa precisa proteger. Numa carta-convite firme para Bratislava,

Tusk escreve a seus colegas: "As pessoas esperam que seus líderes protejam o espaço em que vivem e lhes garantam sua segurança. Se a sensação de que estamos afrouxando a responsabilidade aumentar, eles vão procurar por alternativas e vão encontrá-las". Em outras palavras, a oposição dos eleitores britânicos pode se recuperar em outro lugar. Conclusão: "Precisamos restaurar o equilíbrio entre a necessidade de liberdade e de segurança, entre a necessidade de abertura e de proteção".[37] Considerando que a União ficou maior, com a abertura de fronteiras, a oferta de oportunidades e a criação de espaço, isso é uma inversão substancial forte. O polonês pensa primeiro – um tema que aparentemente já era muito importante para ele na época da crise dos refugiados – na proteção das fronteiras externas, referência simbólica e prática por excelência. Mas também o presidente da Comissão, em seu discurso estrasburguês, utiliza termos como "proteger", "defender", "reforçar" e "garantir nossa maneira de viver".[38] Ele fala também de imigração, terrorismo e globalização; de mais postos de fronteira e intensificação dos controles nas fronteiras externas, sem esquecer a "dimensão social" da Europa, contrapeso ao trânsito livre. Enquanto ele defendia um ano antes passionalmente a missão evangélica da Europa na crise dos refugiados, agora se mostrava mais discreto, atendo-se ao *script*; o momento não é de messianismo bruxelense. Também a crítica de Juncker ao *dumping* chinês do aço mostra sensibilidade com as preocupações dos eleitores sobre mercados abertos. Dessa forma, os dois presidentes dão uma tarefa importante a suas instituições e capitais para a nova União: um melhor equilíbrio entre abertura e proteção traduzido em decisões concretas. (O resultado direto da reunião de cúpula de Bratislava decepciona: não mais do que

---

[37] Tusk, "Carta de Bratislava", pt. II.
[38] Jean-Claude Juncker, "Estado da União 2016. Rumo a uma Europa Melhor – uma Europa Que Protege, Empodera e Defende", 14 de setembro de 2016.

duzentos postos de fronteira europeus para os búlgaros para ajudar na fronteira turca.[39])

Terceiro movimento digno de nota durante os meses de inverno aguardando a carta britânica: um chamado por "flexibilidade" testa a unidade do grupo. Sim, os Vinte e Sete precisam manter uma frente fechada, mas, além disso – é como se ouviu em várias capitais do Leste Europeu –, precisam mostrar movimento e vitalidade e expor resultados aos cidadãos. Se nem todos os países quiserem participar de iniciativas, mesmo assim é preciso que uma vanguarda possa "seguir adiante". O fenômeno é antigo, a terminologia há anos já foi compreendida por acadêmicos e *thinktanks* ("grupos de líderes", "duas velocidades", "núcleo duro da Europa", "integração diferenciada"), mas um desejo crucial de romper a estagnação proporciona um novo impulso. A resistência também está presente. A Polônia e outros países do Centro e do Leste Europeu também ficam nervosos com as ideias que implicam a adesão de a e b, motivo pelo qual Berlim há algum tempo se mantinha reservada. Mas, no começo de 2017, a chanceler alemã solta o freio de mão, como o Benelux.[40] Em um encontro em Versalhes um pouco antes de Roma, os líderes de França, Alemanha, Itália e Espanha falam claramente em favor de "uma Europa de várias velocidades" – grupos de líderes que querem seguir adiante precisam ser capazes de fazer isso; a Comissão também sugere esse cenário em um livro branco sobre o futuro da Europa.[41] Entretanto, permanece a questão desse debate sobre o *como*, conduzido passionalmente, sem compensação para o dissenso sobre a questão principal: *o quê*?

---

[39] "Roteiro de Bratislava", 16 de setembro de 2016, pt. II (c).

[40] Entrevista coletiva de Angela Merkel na reunião de cúpula informal em Malta, 4 de fevereiro de 2017; Relatório de Benelux, 3 de fevereiro de 2017, em premier.fgov.be.

[41] "Declaração de M. François Hollande, Presidente da República, sobre os problemas e prioridades da construção europeia, em Versalhes, 6 de março de 2017"; Comissão Europeia, "Livro Branco sobre o Futuro da Europa", COM (2017) de 1º de março de 2017.

Sábado, 25 de março de 2017, é o dia da reunião comemorativa em Roma. Theresa May ficou em casa, a carta ainda não enviada. Como esperado, no salão onde outrora fora assinado o Tratado de Roma, ouvem-se discursos mais ou menos felizes, aqui ou acolá rola uma lágrima e os líderes assinam uma declaração pouco substancial.[42] Mas há uma grande satisfação no ar: num momento difícil, os Vinte e Sete mostram união e a determinação de irem juntos ao encontro do futuro. Um momento mais difícil, além disso, do que se poderia imaginar seis meses antes.

DEPOIS DE TRUMP – 8 DE NOVEMBRO DE 2016 A 28 DE MAIO DE 2017 Dois homens num elevador dourado, um com o polegar para cima e o outro com um sorriso. A foto aparece em todos os jornais e é um pesadelo para muitos. É o dia 12 de novembro de 2016, Nova York. À esquerda, está Donald J. Trump, eleito presidente dos Estados Unidos três dias antes; à direita, Nigel Farage, ex-líder do UKIP (Partido de Independência do Reino Unido) e comandante da disputa do Brexit. O ano político de 2016, com seu ataque eleitoral duplo à ordem dos liberais pós-guerra, gravado numa imagem. Não foram somente analistas que apontaram o paralelismo, mas também um Trump entusiasmado tinha seu próprio séquito, no dia antes da eleição, seu triunfo apresentado como um glorioso *Brexit plus plus plus* ("Vocês sabem o que quero dizer").[43] O que torna tudo isso

---

[42] O maior obstáculo diplomático já está sendo solucionado: "Vamos nos apresentar juntos, com velocidades e intensidades diferentes conforme necessário e vamos seguir no mesmo sentido como no passado e em conformidade com os Tratados e com a possibilidade de outros aderirem ao nosso grupo mais tarde. Nossa União é completa e indivisível". ("Declaração dos líderes dos 27 Estados-membros, do Conselho Europeu, do Parlamento Europeu e da Comissão Europeia: A Declaração de Roma", 25 de março de 2017.)

[43] Donald J. Trump, 7 de novembro de 2016 (discurso de campanha em Raleigh, Carolina do Norte), citado em George Fuller, "Trump: o Voto dos EUA Será Brexit-plus-plus-plus", em *Telegraph.co.uk*, 7 de novembro de 2016.

mais grave para os políticos e diplomatas em Berlim, Paris e também em Londres: Farage é o primeiro político europeu que visita o eleito. Palhaço xenófobo ou não, obviamente ele dispõe daquele bem cobiçado: *acesso* ao novo poder. Até onde sabemos, o próprio britânico difunde a foto via Twitter.*

Com Trump, de repente, o Brexit parece muito mais ameaçador. Até então, o restante da Europa podia considerar os britânicos vítimas apóstatas lamentáveis de uma heresia; talvez eles voltassem atrás conscientizando-se do erro cometido assim que o adeus ao maior bloco comercial do mundo começasse a doer economicamente – isso seria inevitável. Trump perturba essa imagem. A perspectiva histórica mundial ameaça desintegrar-se. Subitamente, os brexitianos têm o homem mais poderoso do mundo como seu melhor amigo, um aliado na Casa Branca. O sorriso dele diz: quem é que agora está do lado vencedor da história, quem é tão "inteligente"?

A esperança de que "até que não é tão grave assim", de que o novo homem, como presidente, falará uma língua diferente daquela da campanha parece vã: continua sendo *America First*. Meados de janeiro de 2017, alguns dias antes da posse, Trump conversa detalhadamente com o *Bild Zeitung* e o *The Times*. (O cérebro do Brexit e ex-ministro da Justiça, Michael Gove – que desapareceu do palco depois de perder a disputa por liderança para Theresa May –, desfruta de seu papel de jornalista e informante.) Há muito tempo, já, Trump considera que sobra muito pouco para seu país da ordem internacional que este construiu com poderio militar e econômico desde a Segunda Guerra Mundial. Nos comentários em jornais, ele ataca a unificação europeia – prioridade estratégica em Washington desde

* Comentário na imprensa britânica: "Geralmente, os fotógrafos registram a história; este a está fazendo, para Farage trata-se do uso bem-sucedido como uma identificação e um instrumento de poder, como um chefe bárbaro que retornà a sua vila Thanet com a tábua do imperador romano que o nomeia governante dos bretões". (Jonathan Jones, "O poder profano desta foto dos parceiros Farage-e-Trump", *The Guardian*, 23 de novembro de 2016.)

Truman e Eisenhower. Ele denomina a saída britânica de "inteligente", espera um grande sucesso desse passo e diz: "Se me perguntarem, outros também sairão".[44] Uma estratégia taxativa de enfraquecimento. Completamente voltada para Berlim. Trump chama a União, "em essência, de um veículo da Alemanha" ("por isso, achei brilhante a saída do Reino Unido"), resmunga sobre o excedente comercial alemão e diz que a política de fronteiras abertas da chanceler alemã é um "erro catastrófico".[45] Quando lhe perguntam em quem ele confia mais, Merkel ou Putin, ele responde: "Começo dizendo que confio em ambos, mas veremos quanto tempo isso vai durar, talvez, não muito".[46] Portanto, ainda não há um início de distinção entre um aliado democrático e um ex-inimigo da Guerra Fria.

Nesse mesmo 16 de janeiro, Angela Merkel reage a essa entrevista com duas frases pequenas, então pouco notadas: "Sou de opinião que nós, europeus, estamos com nosso destino em nossas próprias mãos. Vou me empenhar para que os 27 Estados-membros continuem trabalhando em conjunto intensivamente e, sobretudo, voltados para o futuro".[47] Em linha com suas palavras e fatos desde o verão do Brexit, a unidade europeia permanece sendo sua bússola estratégica, mas no inverno de Trump ela liga esse esforço com novas palavras surpreendentemente sonoras saídas da boca alemã: nosso destino, como europeus, nas próprias mãos. Essa mesma Merkel, em 9 de novembro do ano anterior, fez uma felicitação a Trump elogiada por comentaristas liberais no mundo todo, transformando a cooperação

---

[44] Site do *The Times*, "Transcrição Completa da Entrevista de Donald Trump com Michael Gove e Kai Diekman, Antigo Editor-chefe da Revista Alemã *Bild*".

[45] Site do *Times*, "Transcrição Completa".

[46] Site do *Times*, "Transcrição Completa".

[47] Angela Merkel, entrevista coletiva, 16 de janeiro de 2017, citada em Almut Möller et al., "Votos Alemães: Dilemas Europeus nas Eleições Federais", em *Carta de Política do Conselho Europeu de Relações Exteriores (ECFR)* (30 de maio de 2017), nota 4.

teuto-americana condicional em relação a valores partilhados de democracia, liberdade e não discriminação. Atenuando, a chanceler alemã, então, ainda acrescentar: "A parceria com os Estados Unidos é e continuará sendo um fundamento da política externa alemã". Ela começa a ter suas dúvidas quanto à última parte. Trump está realmente decidido a se afastar da Europa. O discurso de posse nacionalista irrefreado de 20 de janeiro confirma essa suspeita.

Qual é a resposta europeia? O primeiro golpe público é direcionado para a frente nacional-populista. No dia depois da investidura em Washington, em Koblenz, junto com Marine Le Pen estão Frauke Petry, Geert Wilders e Matteo Salvini, os representantes do nacionalismo internacional, pela primeira vez num palco, cheios de autoconfiança. Silêncio em Bruxelas. Antes, naquela semana, o presidente da Comissão, Juncker, com uma piadinha, tentou demover a Casa Branca de promover o Brexit: "Nós também não apoiamos a separação de Ohio".[48] Uma observação ligeiramente fora de contexto, considerando que subentende uma relação entre iguais – não atire em mim que eu não atiro em você. É aí que está a dificuldade. Simetria está bem longe daqui. A segurança da Europa depende dos Estados Unidos, do *US Army* e do escudo dessa potência contra armas nucleares. E Trump também sabe disso. Por isso, ameaçar ironicamente é tão patético quanto vassalar promessas inúteis, enquanto não estiver corroborado com poder próprio, com a capacidade de "pegar o destino em suas próprias mãos".

---

[48] Jean-Claude Juncker, discurso em Trier, 18 de janeiro de 2017, citado em Alastair Macdonald, "Mãos Fora da UE, Trump; Não Apoiamos a Secessão de Ohio: Juncker", em *Reuters*, 18 de janeiro de 2017. Dois meses depois, Juncker repete o ponto alto no congresso EVP realmente como uma ameaça (será que como um gracejo?), dizendo: se Trump continuar promovendo o Brexit entre outros Estados-membros, "então eu vou promover a independência de Ohio e a saída do Texas". (Citado em Krishnadev Calamur, "Um Funcionário da UE Desconta em Trump", *site* do *The Atlantic*, 30 de março de 2017.)

O termo clássico para a capacidade de o próprio Estado agir, no rastro do teorizado por Maquiavel desde Bodin, Hobbes e Locke, é "soberania". Baseados nisso, os Estados europeus depois da Guerra dos Trinta Anos (1618-1648) deram forma a suas relações diplomáticas e, ao expandir, ao mundo internacional. Ao mesmo tempo, é essa fundamentação que eles abandonam, depois de três séculos e duas guerras mundiais devastadoras (1914-1945), para construir uma nova ordem baseada em tratados e valores universais: uma Europa "pós-soberana". O fato de essa nova ordem ser determinada e protegida pela soberania *norte-americana*, eles preferem não enxergar. Mas, agora que essa proteção sob Trump perde a naturalidade, esse não enxergar não é só hipócrita: passa a ser irresponsável.

"A soberania europeia" também é o tema de um grande discurso do jovem candidato a presidente francês pró-Europa, sem um pingo de constrangimento, Emmanuel Macron, em 10 de janeiro na Universidade de Humboldt em Berlim. O orador constata que o velho mercado Europa, "construído sob proteção norte-americana", não oferece uma resposta a terrorismo e guerras, a tempestades financeiras, a fluxos de migrantes; portanto, ele considera que há necessidade de reforma. De onde surgiu o *leitmotiv* "soberania"? "Porque soberania é a capacidade de agir e isso significa, concretamente, que nós mesmos temos que nos proteger e defender nossos valores. Porque não posso aceitar a ideia de deixar a 'soberania' para a extrema direita ou a extrema esquerda, com todas as suas mentiras."[49] Também o presidente das reuniões de cúpula Donald Tusk escolhe esse vocabulário algumas semanas mais tarde numa carta urgente endereçada aos 27 líderes de governo, um convite para um encontro em Malta, em seu caminho para Roma. O que ninguém sabe é como o polonês

---

[49] Emmanuel Macron, "Discurso em Humboldt", Berlim, 10 de janeiro de 2017; pontos principais no mesmo texto, *Financial Times*, 24 de janeiro de 2017. Macron usa "soberania" no lugar do clássico francês *l'Europe de la puissance*, "a Europa do poder".

liberal – igual à alemã (oriental) Merkel, sempre uma atlantista segura – alinha as "declarações preocupantes" da nova administração norte-americana com as ameaças vindas da Rússia, da China e do Oriente Médio. Ele escreve: "É preciso estar bem claro que a desintegração da União Europeia não levará à restauração de uma soberania mítica e completa de seus Estados-membros, mas apenas à dependência real e de fato de grandes potências: os Estados Unidos, a Rússia, a China. Somente juntos podemos ser totalmente independentes".[50]

As duas vozes animam os europeus a analisar sua situação histórica: sob o escudo de proteção norte-americano, os Estados europeus construíram uma união de comércio, direitos e valores, um verdadeiro tesouro, mas, para que essa União proteja a si mesma no mundo do ano Trump – que também é de Putin, Xi, Erdogan e Assad –, eles precisam (também) organizar sua capacidade de ação.

Na floresta geopolítica, o poder econômico é um trunfo enorme, é o que se aprende com as brigas em torno da Casa Branca que ocorrem entre a Londres do Brexit e a União. A primeira-ministra britânica Theresa May é a primeira visitante estrangeira que, em 28 de janeiro, vai encontrar Trump após sua posse. Um golpe diplomático. Dez dias antes, num grande discurso sobre o Brexit, ela esboçou sua visão sobre a "Grã-Bretanha global" e *en passant* falou para seu público doméstico e os parceiros europeus: "Nenhum acordo é melhor do que um mau acordo".[51] Em outras palavras: eu posso abandonar a mesa. Mas, nesse caso, a Grã-Bretanha perde seu maior escoamento de produtos e fica à beira de um caos econômico; sem nenhuma alternativa,

---

[50] "Carta do presidente Donald Tusk aos 27 chefes de Estado ou chefes de governo sobre o futuro da UE antes da reunião de cúpula de Malta", 31 de janeiro de 2017.

[51] Theresa May, discurso na Lancaster House ("Os Objetivos de Negociação do Governo para a Saída da UE"), 17 de janeiro de 2017, em www.gov.uk/government.

a ameaça é inacreditável. Assim, ela necessita apenas de uma coisa da Casa Branca: o compromisso de um acordo comercial rápido entre os Estados Unidos e a Grã-Bretanha. Caso contrário, a assustadora frase de Obama de abril de 2016 ("no final da fila") pairará como uma maldição sobre o futuro do Brexit. Para que Trump, responsável pelo acordo, dê um voto favorável, Theresa May está disposta a estender o tapete vermelho para ele; a primeira-ministra oferece ao presidente, extremamente impopular entre os britânicos, uma visita de Estado, incluindo uma partida de golfe no campo real de Balmoral. A ofensiva diplomática dá certo. Durante um passeio, bem na mira de uma câmera, ele pega a mão dela flertadoramente; May irradia felicidade.

Dois meses depois, em 17 de março, Angela Merkel visita a Casa Branca. Mais uma vez, há um momento memorável em público em torno de um aperto de mão que o anfitrião, apesar da insistência dos fotógrafos, recusa irritado. (Um convidado menor se sentiria humilhado, mas com um sorriso soberano sobre algo tão insignificante, a chanceler transforma a imprensa presente e o público no mundo todo em seus aliados.) Essa visita também trata sobre o comércio. As negociações sobre o acordo comercial ambicioso entre Europa e Estados Unidos, o TTIP, estão paradas por causa de resistências conhecidas publicamente de ambos os lados. Várias vezes, Trump tenta seduzir a chanceler alemã a assinar um acordo bilateral entre os Estados Unidos e a Alemanha. Mas isso não dá certo. Depois, ficou-se sabendo como foi. "Trump perguntou dez vezes a Merkel se ele poderia assinar um acordo comercial com a Alemanha. Toda vez, Merkel respondeu: 'Você não pode fechar um acordo comercial com a Alemanha, somente com a UE'. Depois da undécima recusa, Trump finalmente entendeu e disse: 'Ah, então vamos fazer um acordo com a Europa'", citado por um político alemão de alto escalão no *The Times*.[52]

---

[52] James Dean e Bruno Waterfield, "Trump Coloca a UE na Frente dos Britânicos na Fila Comercial. Merkel traz a Vitória do Brexit para Bruxelas", no *The Times*, 22 de abril de 2017.

Nesse ínterim, também os eleitores europeus querem uma resposta ao Brexit-e-Trump. A onda nacional-populista vinda de além do Oceano Atlântico e rolando pelo canal rebenta de encontro à terra firme. Já num primeiro teste em dezembro de 2016, na repetição do segundo turno das eleições para presidente da Áustria, o candidato verde pró-Europa Van der Bellen derrota seu adversário da direita-nacionalista Höfer, que defendia um "*Öxit*". Ele venceu com uma diferença maior do que a obtida no duelo anulado *antes* de Trump. No dia 15 de março, toda a Europa acompanha as eleições nos Países Baixos e vê como o nacional-populista PPV de Geert Wilders não consegue um resultado histórico, o partido de centro-direita se torna o maior e os liberais e verdes pró-Europa vencem com grande margem. Mas as urnas em que a União realmente estava de olho eram as da eleição presidencial francesa, com o duelo final entre o centrista pró-Europa Emmanuel Macron e a líder da extrema-direita Marine Le Pen da Frente Nacional. Uma frente antifascista de esquerda e direita mais sua confusa pretensão de sair do euro a quebram; Macron ganha com dois terços dos votos. Nesse dia 7 de maio, as bandeiras francesa e europeia tremulam ao redor de seu palco vencedor parisiense: o novo homem pisa nele sob o som da *Ode à Alegria* de Beethoven, a canção popular da União; depois de seu discurso, ouve-se a *Marselhesa*. Mensagem: a França permanece sendo a França e está de volta à Europa. Depois da França, nenhum suspiro de alívio é maior do que na Alemanha.

Assim, dez meses depois do Brexit, graças ao fantasma-Trump, o perigo agudo de um Öxit, Nexit ou Frexit foi exconjurado. Os eleitores mantêm a União intacta, os líderes não concorrem entre si. Mas o presidente norte-americano não alimenta o fogo do Brexit em nenhum momento, ele expõe uma fragilidade muito mais profunda. Mais ameaçadora do que sua subversão da *União* Europeia (também aqui não se pode subestimar os potenciais de *saída*) é a hipoteca que

Trump coloca na segurança do *continente* europeu, como assegurado pela Otan. Em sua campanha, ele chamou a aliança transatlântica de "ultrapassada"; há décadas, os pagadores de impostos norte-americanos contribuem muito mais que os outros, e os parceiros aliados na Europa (e na Ásia) devem pagar mais. Será que os Estados Unidos, liderados por seu 45º presidente, ainda garantem a segurança de seus aliados europeus? A dúvida reina da Estônia até Portugal.

O momento trumpiano da verdade chega no final de maio de 2017, quando o presidente norte-americano faz a primeira visita à Europa: depois de uma parada em Roma para uma audiência com o papa, ele participa de uma reunião de cúpula da Otan em Bruxelas e uma do G7 na Sicília. Nesta última reunião, os quatro europeus, o canadense e o japonês, para frustração deles, não conseguem convencer o norte-americano a dar seu apoio para o acordo mundial do clima de Paris – seis contra um. Igualmente decisivo é o encontro da Otan ocorrido no dia anterior. Durante um discurso público na nova sede em Bruxelas, o presidente dos Estados Unidos desdenha de sua plateia – Merkel, Macron, May, Rutte, Michel, Trudeau, Erdogan e mais vinte outros presidentes e primeiros-ministros – ao condenar seus baixos gastos com defesa. Até aí, isso ainda era aceitável, pois, do ponto de vista de conteúdo, para a maioria não era injusto. Inquietante é a franca negação de Trump em apoiar a solidariedade da Otan apesar da intensa pressão dos coligados. O presidente, segundo um comentarista, "parece querer mudar a doutrina d'Artagnan da Otan – 'um por todos e todos por um' – num tipo de proteção ao estilo da máfia: 'Belas terras vocês têm aqui; eu odiaria se algo de mal acontecesse a elas'".[53]

Ela já tinha tolerado muita coisa, mas agora foi longe demais – e algo acontece. Angela Merkel expressa o que pensa no domingo 28 de maio, numa cervejaria bávara. "Os tempos em que podíamos

---

[53] Paul Taylor, "O Raio de Merkel Está Dando Impulso à Defesa Europeia", em *Politico.eu*, 30 de maio de 2017.

depender totalmente de outros estão, de certa forma, no fim. Foi isso que descobri nos últimos dias. E por isso só posso dizer a todos: nós, europeus, precisamos realmente assumir as rédeas de nosso destino."[54] A resposta direta foi 1 minuto de aplausos de 2.500 filiados ao CSU (União Social-Cristã). Durante dias, essa pequena frase foi assunto em Washington, Moscou, Londres e Paris. As declarações são mais do que apenas retórica eleitoral doméstica (embora seja conveniente para a chanceler alemã pegar o manto europeu do adversário do SPD (Partido Social-Democrata da Alemanha) Martin Schulz, que no começo de 2017 trocou o Parlamento estrasburguês pela arena política de Berlim). A expressão retórica "o destino da Europa" de Merkel está mais ativa do que quando ela a introduziu pela primeira vez em janeiro: então, era uma questão de "*ter* o destino em suas próprias mãos" e, agora, ela quer "*pegar* o destino nas *próprias* mãos". Em outras palavras, nós mesmos devemos agir. Não ficar esperando. Também por isso o pensamento só foi compreendido agora e persiste no ambiente público. Está em jogo a emancipação política e geopolítica europeia dos Estados Unidos, com todas as respectivas consequências; um levantamento geopolítico da Europa em primeiro lugar e *igualmente* da Alemanha.

Isso exige uma mudança mental ingente da Alemanha. Desde seu surgimento em 1949, a República da Alemanha se submeteu à hegemonia norte-americana: agradecida pela segurança e desfrutando da chance do desenvolvimento da Europa a uma potência econômica. Agora que Trump, frio e pretensioso, puxa o tapete debaixo desse arranjo duplo, Merkel tira suas conclusões: precisamos poder cuidar de nós mesmos. Não é de espantar que sua "fala na cervejaria" atinge um ponto nevrálgico em Washington. A emancipação de um lado representa a perda de poder do outro. Richard Haass, decano do

---

[54] Angela Merkel, discurso da eleição em Trudering, 28 de maio de 2017; para ver e ouvir no YouTube.

establishment da política externa norte-americana, e o seu oposto, o delator da NSA Edward Snowden, falam de um "divisor de águas"; os dois homens leem os acontecimentos mundiais através da lente do poder norte-americano. O final da *Pax Americana* parece estar próximo.

Curioso é o quanto Merkel faz lembrar um presidente francês no Trudering bávaro. "Pegar o destino nas próprias mãos" é a retórica-padrão em Paris, expressão da vontade de agir, quase um sinônimo de liberdade política. Depois disso, as palavras soaram mais francesas ainda: "É claro que queremos manter o vínculo de amizade com os Estados Unidos e a Grã-Bretanha; boa vizinhança com a Rússia, mas como Europa nós mesmos precisamos lutar por nosso futuro". Estados Unidos com os britânicos de um lado, Rússia do outro lado: algo assim seus antecessores Konrad Adenauer ou Helmut Kohl teriam sido incapazes de falar. Contudo, é totalmente compatível com o pensamento europeu do presidente De Gaulle (que transformou a França numa potência nuclear independente e, em 1963, considerava os britânicos por demais pró-norte-americanos, deixando-os fora da Comunidade Europeia) e o presidente Mitterrand (que, em 1991, com a Alemanha, entrou no euro, deixando a Grã-Bretanha para trás). Esses políticos franceses queriam transformar a Europa num polo independente em um mundo multipolar, não no colo de Washington, mas um poder entre os poderes. O novo homem Emmanuel Macron coloca"--se ostensivamente nessa tradição. Ele usa a simbologia do primeiro cumprimento de Trump de 25 de maio, olhando bem nos olhos do norte-americano, o aperto de mão forte que deixa as articulações da mão brancas e a mandíbula contraída: dois alfas entre si.* Por ocasião da recepção do presidente

* Por segurança, o próprio Macron comenta o ato: "Meu aperto de mão com ele não é inocente, não é o alfa e o ômega de uma política, mas um momento de verdade. [...] É preciso mostrar que não serão feitas pequenas concessões, nem mesmo simbólicas. [...] Donald Trump, o presidente turco, ou o presidente russo estão dentro de uma lógica de relação de forças, o que não me perturba. [...] Não deixo passar nada, e assim nos fazemos respeitar". (Macron, entrevista no *Journal du Dimanche*, 27 de maio de 2017.)

russo Putin quatro dias depois em Versalhes, Macron joga com a carta dos valores europeus e liberdade de imprensa. Merkel faz o que seus antecessores desde Adenauer talvez quisessem fazer, mas não podiam: ela se junta a esse exemplo de autoconfiança.

A França devastada entendeu em 1945 que somente por meio de alavancagem europeia poderia reconquistar sua capacidade de ação como *player* soberano na cena mundial. Para a Alemanha, que depois da vergonha nazista se negava ambição de política externa e capacidade militar e que podia permanecer sob o guarda-chuva norte-americano, agora chegou o momento vital. Por Trump, o país assustado acordou de um coma geopolítico. Este é o divisor de águas – um *momento maquiaveliano* em Berlim.

União e continente – 29 de março a 19 de junho de 2017
Nesse ínterim, na quarta-feira 29 de março de 2017, a primeira-ministra Theresa May escreveu a tão esperada carta de separação, início do procedimento do artigo 50.[55] O presidente do Conselho Europeu, Tusk, a recebe um pouco depois da meia-noite, entregue em mãos pelo representante britânico permanente junto à União. (As câmeras de televisão não foram permitidas nesse *momento supremo*.) Seis páginas em que o governo calmamente expõe seu compromisso de negociação. "Nós saímos da União Europeia, mas não saímos da Europa", é a abertura de May, "queremos continuar sendo parceiros confiáveis e aliados de nossos amigos no continente".

Na diferença entre União e continente – uma vez até mesmo é o "*nosso* continente" – essa intenção simpática, além disso, dá a impressão de jogada tática.

Foram três vezes que May escreveu que ela busca uma "cooperação econômica e de segurança" para o futuro e, por isso, quer

---

[55] Fax em: www.gov.uk/government/uploads/system/uploads/attachment_data/file/604079/Prime_Ministers_letter_to_European_Council_President_Donald_Tusk.pdf.

negociar os termos de separação (principalmente econômicos) e a relação futura (também aspectos de segurança) paralelamente, ou seja, não um depois do outro, como Bruxelas deseja. Com a saída, a Grã-Bretanha perde acesso a seu mercado mais importante, ou seja, na área econômica, a parte central da negociação, a União tem uma posição forte. Já no aspecto da segurança, o Estado britânico tem muito a oferecer aos Vinte e Sete, sugere May: o Exército, a diplomacia e os serviços políticos e de investigação de que Londres dispõe, muito melhores do que os dos outros Estados-membros, exceto a França. Em tempos de ISIS e Trump, essa capacidade de ação do Estado é um trunfo extra, como diz May delicadamente: "Neste momento, a segurança da Europa está mais frágil do que nunca desde o fim da Guerra Fria". Isso mais parece uma ameaça velada quando ela escreve: "Portanto, se não tivermos sucesso em chegar a um acordo [sobre o mercado], nossa disposição para um trabalho conjunto na luta contra a criminalidade e o terrorismo certamente não se fortalecerá". O fato de o lado britânico ter sido atingido por vários ataques terroristas como o resto "do continente" e várias vezes ter usado os serviços de informação dos colegas europeus não foi mencionado. Marcante, mas menos inesperada, é a atenção britânica dada à relação especial com a Irlanda devido aos processos de paz na Irlanda do Norte, mas também porque a Irlanda é o "único Estado-membro da UE que tem uma fronteira terrestre com o Reino Unido".

Dois dias depois, sexta-feira de 31 de março, o Conselho publica o projeto de resposta do lado da União, com as "diretrizes" a serem definidas pelos líderes de governo para a negociação.[56] Primeiro, retirar-se e, só depois, falar sobre o futuro. O adágio continua. A principal preocupação em Bruxelas: minimizar a ruptura decorrente da saída, limitar as inseguranças econômicas para cidadãos e empresas.

---

[56] Conselho da União Europeia, "Projeto das diretrizes dando seguimento à notificação do Reino Unido sob o Artigo 50 do Tratado da UE".

Sobre o futuro – qual acesso ao mercado interno, qual relação estratégica –, ainda não se quer falar a respeito.[57] No Conselho Europeu de 29 de abril, os líderes de governo carimbam as diretrizes em alguns minutos; segundo o veterano em reuniões de cúpula Juncker, essa foi a menor reunião até hoje.

Chama a atenção o grande apoio entre os Vinte e Sete aos desejos de capitais individuais, com Dublin e Madri em primeiro lugar. A União indica sua disposição em encontrar soluções "flexíveis e amigáveis" para a Irlanda, embora ninguém saiba até agora como evitar uma fronteira técnica "dura" entre britânicos e irlandeses.[58] Ainda mais curioso é o apoio à Espanha. Nessa questão, Madri soltou casualmente uma frase incendiária que posiciona Gibraltar como um ponto quase novo na agenda política: "A partir do momento que o Reino Unido tiver se retirado da União, não se aplicará nenhum acordo entre a UE e o Reino Unido em relação a Gibraltar sem que antes tenha havido um acordo a esse respeito entre o Reino da Espanha e o Reino Unido". Em dois dias, isso gerou uma retórica bélica sem precedentes e uma ânsia pelo heroísmo das Malvinas em Londres. "Há 35 anos, outra primeira-ministra [Margaret Thatcher] enviou uma força-tarefa que cruzou metade do planeta para lutar pela liberdade de um pequeno grupo de britânicos contra outro país de língua espanhola", conforme Michael Howard em 2 de abril, ex-líder dos Conservadores: "Tenho certeza de que a primeira-ministra atual tem a mesma determinação". Uma escalada retórica impensada só por causa de um veto espanhol interno aos aspectos de Gibraltar, nem mesmo sobre a separação em si, mas do ponto de vista de um futuro acordo

---

[57] Além de algumas frases preliminares, ele mal vai além do tema comercial: "A UE está disposta a iniciar parcerias em outros terrenos que não o comercial, a saber, no combate ao terrorismo e à criminalidade internacional, bem como na segurança, defesa e política externa". (Reunião extraordinária do Conselho Europeu (Artigo 50), 29 de abril de 2017, "Diretrizes", pt. 22.)

[58] Reunião extraordinária do Conselho Europeu, "Diretrizes", pt. 11.

de comércio entre os britânicos e os europeus.[59] É verdade que May tenta transformar esse linguajar bélico nacionalista de seu antecessor em brincadeira, mas seu secretário de Imprensa se recusa a condenar Howard, e o gabinete britânico também não o contradiz. O fato de a Espanha conseguir facilmente o acordo de todos os parceiros para esse parêntese estratégico capcioso mostra o desejo da União de manter uma frente fechada, e mais do que nunca. O incidente confirma o cenário temido pela Irlanda e pela Irlanda do Norte: a adesão à União também funciona como um vínculo; o brusco desembaraço de inúmeros fios tecidos em quarenta anos entre autoridades e cidadãos pode reabrir feridas históricas. "Gibraltar" lembra que a unificação europeia não perdeu o motivo fundamental de sua instituição, que é a paz *entre* os países europeus.

Poucos dias depois que a União respondeu à carta que ela enviou, Theresa May definiu – indo contra suas promessas e intuição – novas eleições para 8 de junho. Tinham que ser eleições do Brexit. Segundo as pesquisas, ela venceria a disputa e um parlamento mais firme reforçaria sua autoridade para a negociação. *Uma aposta segura.* Mas a primeira-ministra falhou deploravelmente na campanha; ela girou, tropeçou e fugiu do debate público. Dois ataques terroristas logo antes das eleições, em Manchester e Londres, chocaram o público britânico; a onda de acontecimentos não subiu May como primeira--ministra-da-nação-em-choque, mas a arrasou como a ex-ministra

---

[59] Quanto ao acordo de uma relação futura, ao menos, se se tratar como esperado de "acordo misto" que exige ratificações nacionais, a Espanha, de todo modo, teria um veto. Provavelmente, a Espanha quer usar o veto informal em casos de emergência, o "Compromisso de Luxemburgo" – usado por Madri em 1999 numa outra questão envolvendo Gibraltar que se referia a uma diretriz aeroportuária –, em novo formato, para a situação depois da retirada dos britânicos, em que o "Grupo de Luxemburgo", composto por países que se apoiam mutuamente com base em princípios, não dispõe mais de uma minoria bloqueadora.

que havia economizado na polícia. O resultado no dia das eleições: os Conservadores perderam a maioria e May, a autoridade pessoal. Mesmo assim, ela marchou adiante, a "mulher *walking dead*" trouxe a bordo um partido nacionalista da Irlanda do Norte e conseguiu entrar no verão sem ter sido apunhalada pelas costas por seus rivais partidários. Parece que também os brexitianos estavam reconsiderando a permanência na Downing Street 10.

Assim, em 19 de junho de 2017 – quase um ano depois do referendo – teve início a primeira rodada de negociações entre a Londres-Brexit e a União. Nos dois lados, imperavam ressentimento, mau humor e falta de interesse.* O governo britânico estava enfraquecido: com uma primeira-ministra incapaz de dominar seu governo, ficara difícil estabelecer uma posição. Em Londres, os *linhas-duras* viram sua chance: não fazer concessões e simplesmente levantar da mesa de negociações; "Venham buscar seu dinheiro!".

No lado bruxelense, não faltavam os *linhas-duras*, que iam empilhando exigências uma atrás da outra. Enquanto a Comissão estimava que a fatura da saída seria em torno de 60 bilhões de euros, algumas semanas mais tarde esse valor já tinha subido para 100 bilhões, porque os poloneses e os franceses queriam que o retirante pagasse a contribuição do período orçamentário completo (que encerra em 2020).[60] Mas por que os negociadores principais estavam deixando isso acontecer? Da mesma forma, implicava a proposta de cidadania com que a União entrou na negociação de que os cidadãos (atuais) da UE na

* Algo disso acabou na imprensa depois do jantar fracassado entre May e Juncker em Londres, no final de abril; por meio da comitiva do homem da Comissão, um relatório detalhado foi parar na imprensa alemã (Thomas Gutschker, "O Jantar Desastroso do Brexit", no *Frankfurter Allgemeine Zeitung*, 1º de maio de 2017) e dali como o "jantar desastroso" na britânica. Só a imprensa se refastelou.

---

[60] Análise detalhada em: Alex Barker, "Detalhamento do FT, a Conta de 100 Bilhões de Euros do Brexit", no *Financial Times*, 3 de maio de 2017.

Grã-Bretanha futuramente teriam mais direitos do que os cidadãos britânicos – uma exigência evidentemente irrazoável. A unidade dos Vinte e Sete não é tão firme como deixava transparecer: ela podia ser obtida porque cada Estado-membro nas conversações prévias internas via honradas suas próprias exigências. As perguntas difíceis eram ignoradas gerando provocações no lado britânico. O público do lado britânico e o do lado europeu não estavam preparados para dar ou receber numa negociação. A unidade da União somente será realmente testada *quando* as negociações iniciarem de fato. Trata-se de uma situação arriscada, pois a rota de colisão ideológica contra o Reino Unido é, ao mesmo tempo, a via de menor resistência entre os 27.

O aparato bruxelense trata o Brexit como uma *saída das instituições*, e não como *do grupo de Estados-membros do continente*. Se está encalacrado entre duas lógicas de separação, primeiro resolva esse problema. Por isso, é preciso enfatizar as obrigações financeiras e os direitos dos cidadãos – o equivalente do direito internacional à divisão dos bens e à regulamentação da alimentação e das visitas. De fato, é necessário. Mas, e depois? Depois da separação, é claro que esse ex não desaparece naturalmente. Ele continua sendo o vizinho. A Grã-Bretanha e a União partilham uma divisória – a fronteira. Elas podem dificultar a vida uma da outra, com sujeira e barulho, e, por sua vez, partilham a necessidade de um entorno com um ambiente seguro e próspero – o continente europeu. A recusa de Bruxelas em falar sobre a relação futura enquanto não houver um "progresso satisfatório" quanto às questões do dinheiro e dos direitos dos cidadãos é a reação vingativa do cônjuge abandonado. Todo mundo compreende que a simples separação considerando as tecnicalidades e o gigantesco trabalho é que necessita de muito tempo; por que o lado britânico deveria ceder nessa frente (financeira) sem saber qual a relação gerada no futuro? Essa abordagem da Comissão já era esperada, pois foi ela que deu o primeiro passo, mas até agora, decepcionantemente, houve poucas iniciativas para evitar o impasse.

Pensar sobre a relação futura não é apenas um interesse britânico. Todos os Estados-membros ficam em melhor situação com a continuação dos intercâmbios econômicos e a cooperação política com o Reino Unido – e com estabilidade e rapidez *no* Reino Unido (*sem garantia*). Também os 27 Estados-membros precisam pensar sobre a Europa como um todo, as relações continentais entre britânicos, franceses, alemães e poloneses, o lugar estratégico da Europa no mundo. A União com suas instituições é uma peça essencial no jogo de xadrez, mas não é a única.*

Um diplomata europeu com autoridade escreveu pouco antes do aniversário do primeiro ano do referendo: "A falta de uma visão de longo prazo, ao não solucionar um problema num estágio precoce, continuará prejudicando todo o processo do Brexit".[61] Isso exige a força política para elevar-se acima do ressentimento e dos interesses parciais nacionais de Bruxelas e colocar à frente o verdadeiro "interesse dos filhos", como União. Será que a União está em condições de manter sua unidade e determinar seus interesses estratégicos – inclusive acolher novos acontecimentos imprevisíveis? No verão de 2017, a conclusão da Crise do Atlântico é tão inesperada quanto o foi seu começo.

* Fora dos quilômetros quadrados de Bruxelas, parece evidente aos *players*. Quando Theresa May em 13 de junho de 2017 foi se encontrar com Emmanuel Macron no Eliseu em Paris, ocorreu de as suas declarações à imprensa serem bastante completas e voltadas aos assuntos franco-britânicos: a briga internacional pelo clima (Trump tinha acabado de sair, May ainda fazia parte), a Otan, os serviços de segurança, as operações militares, o turismo, o comércio, os milhares de franceses em Londres e os britânicos na França – e apenas para finalizar: *aliás*, nós ainda temos uma negociação a tratar em Bruxelas. ("Declaração conjunta de Emmanuel Macron e Theresa May, primeira-ministra do Reino Unido", em www. elysee.fr.)

---

[61] Pierre Vimont, "Trazendo o Brexit de Volta à Realidade", no *Carnegie Europe*, 15 de junho de 2017.

PEGAR O DESTINO NAS PRÓPRIAS MÃOS

Apesar de tudo, é visível que a União Europeia na dupla provação de Brexit e Trump opera de forma mais convincente e mais unida do que em épocas de crises anteriores, nas confrontações espinhosas com os mercados financeiros, com Putin, com os fluxos de refugiados. Por que justamente neste momento há uma determinação ausente nas crises anteriores? Os precipícios anteriores certamente não eram menos profundos – a turbulência em que o euro quase afundou, primavera de 2010 ou outono de 2011; a ameaçadora *guerra via procuração* no Leste da Ucrânia, inverno de 2015; ou os refugiados da neve macedônica, inverno de 2016. Várias vezes, não era apenas o assunto que estava em questão, mas a sobrevivência da União Europeia como tal é que estava em jogo.

Portanto, por que justamente agora foi expresso o desejo de "pegar o destino nas próprias mãos"? Por que agora se aprofunda a conscientização de que a capacidade de ação – que a União soube mobilizar bem em situações anteriores quando estava sob a pressão de acontecimentos – não apenas é essencial quando se está de costas para a parede, quando não há mais outro jeito, mas é uma condição para a sobrevivência independente? Que agir não é algo para se temer, mas um sinal de autoconsciência?

A resposta curta: Alemanha. Somente o ataque eleitoral duplo de 2016 à ordem internacional acordou a Alemanha, revelou a fragilidade geopolítica do país. Mas que diferença em relação à gestão de crises anterior! Na crise da zona do euro, Berlim estava vivenciando seu forte *triple-A* e precisava salvar os irmãos mais fracos. Na crise da Ucrânia, longe de casa, a chanceler alemã Merkel era diplomata-chefe continental e apaziguadora. Na crise dos refugiados, o país na verdade estava sozinho com sua política de fronteiras abertas, mas, sim, no papel de samaritano misericordioso. Provações, portanto, sem dúvida nenhuma, mas a Alemanha não enxergava nisso uma violação à sua autoimagem, mas, sim, seu fortalecimento. Já o ataque Brexit-e-Trump à ordem econômica e geopolítica do pós-guerra é sem precedentes; nessa ordem se apoiava a estrutura da Alemanha unida de depois de 1989 e a essa ordem o país agradecia sua prosperidade, influência e segurança. Depois da "fala na cervejaria" de Merkel, a *The Economist* observou que os dois fenômenos frequentemente soam em uníssono da boca da elite política alemã: "Brexit-e-Trump" – "*contudo injustamente*", patético, segundo a revista britânica.[62]

Essa experiência de fragilidade, justamente num momento de relativa força, dá à Alemanha a liderança política para anunciar a autoconfiança: "Pegar o destino nas próprias mãos". Mas por que "nós europeus", e não "nós alemães"? Porque o vínculo europeu, justamente na era Trump, continua sendo de vital importância: mesmo setenta anos após Auschwitz, um governo alemão só consegue convencer seus cidadãos de que a geopolítica é inevitável e não é má sob as asas da União. Já os europeus agirem, isso pode. Revelador é como a formação do pensamento sobre um futuro franco-teuto-europeu cresceu depois de "Macron", primavera de 2017, em círculos berlinenses: por que não uma reforma da zona do euro nos moldes franceses em troca do direito alemão de se esconder sob o guarda-chuva nuclear francês? O simples fato de tais pensamentos ilógicos surgirem marca o momento. Enquanto o Leste alemão precisou dos Estados Unidos durante toda a Guerra Fria (quando a União Soviética tinha a Alemanha Oriental em seu poder) para sua segurança e reunificação futura e a França para o contexto europeu da redenção-de-pecados, os dois aspectos estão conceitualmente juntos pela primeira vez. Assim, agora é a Alemanha que projeta sua determinação política na União e foi Merkel quem sempre organizou uma frente.

---

[62] J. C., "O que está formando na Alemanha? Como entender os comentários de Angela Merkel sobre os Estados Unidos e o Reino Unido", blogue no *Economist.com*, 28 de maio de 2017.

Para a França e os outros Estados-membros da União, é importante saber que essa nova determinação política se traduz em anseio por soberania europeia – e não como nacionalismo alemão. Contudo, vem acompanhada de uma tarefa, também para os Países Baixos: não se esconder, mas se comportar como um coeuropeu. Participação ativa e sobretudo aberta com ações europeias conjuntas, em casa e no mundo; e totalmente ciente de (querer) ser um *player* mundial partilhado, de tornar realidade as pretensões políticas dentro e com a União. E participar como eleitores, observadores e comentaristas com a opinião pública europeia que vai se organizando nos acontecimentos e à qual é preciso dar forma com palavras.

Pegar o destino nas próprias mãos, ou melhor, fazer política, levantar-se por seus valores e interesses, romper a esfera de passividade ofegante e despolitização pseudonecessária – e assim criar espaço para a contradição democrática.

PARTE II

FAIXAS TEMPORAIS, LINHAS DE FRATURA

> "Faixas temporais" referem-se, como seu modelo geológico, a vários planos temporais de diferentes durações e origens distintas que, ainda assim, existem e são efetivos concomitantemente. Também a concomitância do inconcomitante, um dos fenômenos históricos mais reveladores, com "faixas temporais" é trazida a um conceito comum. O que não ocorre tudo ao mesmo tempo, o que emerge tanto diacrônica quanto sincronicamente de contextos de vida totalmente heterogêneos. Todos os conflitos, compromissos e formação de consenso podem remeter teórico-temporalmente a tensões e linhas de fratura – não dá para escapar das metáforas espaciais – contidas nas diversas faixas temporais e que por elas podem ser desencadeadas.
>
> *Reinhart Koselleck*[1]

> Foi uma experiência, um avanço tateante no desconhecido, cujos resultados de longo prazo em grande parte escaparam às intenções dos agentes, ao menos na ordem política. [...] Ela engendrou um "objeto não identificado" [...], cujo caráter enigmático é hoje o problema europeu. A verdade é que os europeus não sabem o que foi que construíram.
>
> *Marcel Gauchet*[2]

A IRONIA DA HISTÓRIA

Por que tudo parece tão confuso em todas essas crises? Por que é tão rara a escolha da rota mais rápida? Por que tantos *players* e instituições trabalham uns contra os outros e cada um deles com uma história própria?

Em tempos de necessidade, a resposta simples é uma verdadeira tentação, em inúmeras versões. Desde a supressão de Estados-membros ("Porque a Europa precisa se transformar numa república") até

---

[1] Reinhart Koselleck, *Zeitschichten. Studien zur Historik*. Frankfurt, Suhrkamp, 2000, p. 9-10.

[2] Marcel Gauchet, *Le Nouveau Monde. L'Avènement de la Démocratie*, dl. 4. Paris, Gallimard, 2017, p. 262.

a saída da União ("Adeus, Europa").³ Desde a extinção do Parlamento Europeu até todo o poder ao Parlamento. De preferência, amanhã mesmo um exército e um FBI europeus, até fechamento de fronteiras e parar com tudo.

Quem quer mudanças, e existe uma razão para isso, precisa saber em qual campo histórico e político nos encontramos. Quem negligência relações existentes por desejo de simplicidade está enganado e causa danos sem oferecer uma perspectiva.

Com toda essa aceleração atual e excitante, é importante também ficar atento às lentidões: a herança do passado, o jogo secular entre Estados e povos, a *longa duração* de identidades. Uma visão histórica enxerga na União, falando grosseiramente, o conjunto de respostas individuais e conjuntas dos Estados a perguntas que o tempo sempre repete. Ironicamente, uma visão como essa capta o egoísmo da agitação bruxelense; ela se volta aos movimentos lentos, às relações antigas, às grandes forças do continente. Depois, aparecem a desobediência e a desordem da União não em consequência da estupidez política ou da miopia burocrática (embora elas às vezes dificultem muito mais), mas como repercussão da história rica e dilacerante da Europa – de todas as colisões de Estados e povos entre o Oceano Atlântico e os Urais, que irrevogavelmente precisam manter relações entre si e com o mundo. Uma constatação consoladora.

Duas causas de desordem são até mesmo simpáticas para a visão histórica. A primeira é – com um termo de Hannah Arendt – *pluralidade*. A União é uma pluralidade de vários Estados, cada um trazendo seus próprios interesses, valores e experiências à mesa de negociação. Considerando que ninguém é o chefe na Europa, ou pelo menos, não há um chefe, as decisões sempre acabam tendo a forma

---

³ Ulrike Guérot, *Warum Europa eine Republik Werden Muss! Eine Politische Utopie*. Bonn, Dietz, 2016; David Charter, *Au Revoir, Europe. What if Britain Left the UK*. London, Biteback, 2012.

de comparação, intercâmbio, compromisso. Portanto, a escolha não é entre um "compromisso mau e desorganizado" e uma "decisão boa e lógica" – pois, quem é que determinaria isso? – mas, sim, entre chegar ou não a um acordo. Quando a união monetária europeia foi criada, em 1991, a escolha não foi entre um euro míope e um perfeito (como se gostava de dizer posteriormente), mas entre esse euro e nada.[4] A necessidade de conseguir o acordo é mais forte do que o chamamento por unicidade.

Uma segunda causa inevitável da desordem é a *marca do tempo*, que, como é do conhecimento de todos, somente segue num sentido; cientistas sociais falam, com menos ironia, de uma "dependência do caminho". Uma escolha feita viverá sua própria vida, vai emaranhar-se com outros interesses e parece que também, em novas circunstâncias, mal poderá ser alterada. Pense no interesse da política agrícola da União Europeia, difícil de reformar por causa do *lobby* dos agricultores; na Corte, que, uma vez instalada, pode julgar contra Estados fundadores; ou nos costumes arraigados, pontos cegos e tabus pretensiosos que a sociedade carrega consigo. Por essas razões, não é possível obter um quadro claro sem mais nem menos. De fato, quem rejeita pluralidade e compromisso ignora a vida política livre, e quem ignora o tempo e a dependência do caminho rejeita a história.

Nas crises enervantes que a União atravessa há uma década – desde a quebra da moeda, guerra nos vizinhos orientais, marchas de refugiados nos Bálcãs, britânicos fechando a porta –, nesse fluxo histórico que surpreendentemente mantém um sem-número de pessoas atentas às notícias, que elevam sua voz ou vão para as ruas, nesse burburinho desconhecido, acontece uma transfiguração silenciosa, talvez lenta, mas que não pode ser ignorada. A União está se transformando de um

---

[4] Um ponto mencionado frequentemente pelo ex-banqueiro-central neerlandês André Szász, por exemplo, em "Een Duits Dilemma: de Euro van Geloofwaardigheids naar Vertrouwenscrisis". *Internationale Spectator*, Den Haag, vol. 66, n. 3, 2012, p. 137-40: 137.

sistema equipado para exercer a política de regras num que também está em condições e preparado para a política de acontecimentos.

Para poder entender essa metamorfose, precisamos voltar ao cerne da questão. Quando se trata de pluralidade, a União é o resultado de um compromisso franco-germânico, filho de um casamento por conveniência entre dois vizinhos. Em termos de marco temporal, a União é um produto de 1945 e um de 1989. É por isso que, em todos os impulsos orientadores e todos os episódios que deixam consequências, concentramo-nos primeiro nestes dois pares: dois vizinhos e dois momentos de fundação. Esses pares não produziram dois, mas *três* projetos construtivos para a Europa.

Capítulo 5 | Dois vizinhos, três planos construtivos, duas fundações

> O que foi que nossos legisladores ganharam com o registro de cem mil casos e acontecimentos especiais e com o vínculo de um mesmo tanto de leis a eles? Esse número não tem nenhuma relação com a infinita variedade das idas e vindas do ser humano. Mesmo que imaginássemos dez vezes mais leis, ainda assim jamais se equiparariam ao número de casos reais. E, mesmo acrescentando mais cem vezes a esse número, ainda assim entre esses milhares de casos selecionados e registrados não encontraremos dois que coincidam e se alinhem tão precisamente a um incidente de modo a não restar circunstâncias diferentes que demandem julgamento e ajuste diferentes.
> *Michel de Montaigne*[1]

> Faça justiça, ainda que o mundo pereça.
> *Martinho Lutero*[2]

INCOMPREENSÃO FRANCO-GERMÂNICA

Se os franceses e alemães se entendessem perfeitamente, então não seriam mais franceses e alemães. De seus esforços pós-guerra para superar o mal-estar da vizinhança forçada é que surgiu o projeto político "Europa". A União sempre produzirá compromissos "mancos" e adicionará instituições "ilegíveis" enquanto seus dois protagonistas permanecerem fiéis a si mesmos. A incompreensão mútua atinge o cerne da questão da sensibilidade política dos dois povos, como se pode ver pela forma como lidam com algumas categorias fundamentais.

---
[1] Michel de Montaigne, "Over de ervaring". In: *Op Dood of Leven. Essays*, trad. Hans van Pinxteren. Amsterdam, Athenaeum, 1995, p. 73-159: 74-75. Michel de Montaigne, "De l'Expérience". In: *Les Essais*, Claude Pinganaud (ed.). Paris, Arléa, 1992 (orig. 1580), p. 814-52: 815.

[2] Martin Luther, *Werke*, Weimar 1910, dl. 41 (discurso de 10 de maio de 1535), p. 138.

Vamos começar pela regra. Na Alemanha, existe uma regra para justiça, ordem e honestidade, a qual é usada para reprimir a violência; a ordem do Estado, no pensamento alemão, é admissível somente como *estado de direito*, é a condição para a liberdade. Já na França, ao contrário, o centro de gravidade semântico da palavra "regra" muda ligeiramente, de proteção para restrição, e pronto: a regra aponta para coerção e submissão. É verdade que também na França uma regra mantém o arbítrio dentro de limites, mas ele vai principalmente contra a liberdade. Considerando que a política europeia está voltada tradicionalmente à produção de regras, a colisão das duas posições gera uma desconfiança grave, sistemática e quase diária entre Paris e Berlim.

Segundo um conselheiro presidencial em 2007, "nas regras europeias reside a maior força de oposição com que um político francês é confrontado".[3] Como, então, se comportar, por exemplo, no caso de uma regra orçamentária ratificada formalmente? Quando se trata de regras, Paris tende a defendê-las com mais flexibilidade, tanto para outros quanto para si mesma. A violação geralmente é responsabilizada com a invocação de "circunstâncias excepcionais". Quando esse processo se repete frequentemente, aumenta a questão de se também existem circunstâncias "normais" para um ministro francês. Berlim, que já observa tal comportamento há quarenta anos, considera-o irresponsável, oportunista e atestado de má-fé. Os alemães simplesmente pensam numa adaptação justa da mesma regra orçamentária para todos e são criticados como rígidos e bitolados, quando não se trata de obsessões históricas, pois eles se recusam a considerar esta ou aquela situação específica. Durante a crise grega em torno do euro, ainda veio a acusação de sede de poder e mais uma *ditadura* disciplinar. Dois povos frente à lei: um muito voltado ao *espírito* e o outro, à *letra*.

Não é de espantar, portanto, que a guerra de palavras franco-germânica sobre a norma orçamentária europeia muitas vezes se

---

[3] Henri Guaino, entrevista ao *Le Monde*, 21 de julho de 2007.

dê com a intensidade de uma "guerra santa".[4] A comparação com a Reforma, feita pelo ministro da Economia francês Emmanuel Macron logo após sua posse, nem é tão estranha assim. Flexibilidade nos assuntos orçamentários em 2017, conceito de pecado em 1517 – o esforço é o mesmo: como se portar perante a lei? O protestante jura pela palavra e a autoridade autônoma do Livro, mesmo que ele tenha que condenar o acusado ao inferno. O católico confere à Igreja uma competência discricionária e reserva a possibilidade de perdão. Essa incompreensão estrutural mútua alimentou ambos os lados desde o século XVI, para acreditar firmemente que estão certos e exigir superioridade moral – com um conflito religioso sangrento que, numa série de guerras civis, destroçou famílias, cidades e países. Do lado dos protestantes, ouvia-se "Foram com esses hipócritas. A verdade vem primeiro", enquanto no lado dos católicos dizia-se "Fora com esses fanáticos. O amor vem primeiro!". Não é difícil reconhecer as duas posições nas argumentações em torno de disciplina e solidariedade nas discussões atuais sobre o orçamento que, somando tudo, são relativamente inocentes. Entretanto, seria um enorme passo adiante se as duas partes um dia reconhecessem que o outro não é "louco" nem "mau" e admitissem que há a contraposição de dois pontos de vista mais ou menos coerentes, cada um com suas lacunas.

A contrapartida da regra é o acontecimento. Nesse conceito, as conotações positivas e negativas são justamente inversas. Na França, um acontecimento, mesmo um dramático, sempre permanece sendo um sinal de vida, de renovação e um chamado para agir. Para um líder francês – o presidente da república em primeiro lugar –, uma crise também sempre engloba a possibilidade de mostrar ao povo o que ele vale. A imprensa, então, transforma isso num momento coletivo, uma nova página no "romance da nação". Já na Alemanha, ao contrário,

---

[4] "Macron: Sem 'guerra de religião' econômica", no *Le Figaro*, 29 de janeiro de 2015.

um acontecimento desvirtua a ordem. Ele elude a norma, desestabiliza e traz risco. A classe política alemã tem dificuldades para lidar com isso. Uma crise gera pânico e é percebida como absurda. Ela é repelida com reviravoltas bruscas como a saída da energia nuclear em 2011 depois do *tsunami* no Japão, ou o ziguezague entre amor ao próximo e fechar-as-fronteiras durante a inundação de refugiados do verão de 2015. A opinião pública alemã dá valor às autoridades que atenuam o choque, regulam. Daí a confiança que depositam na *mamãe* Merkel e sua preferência por trabalhar "um passo depois do outro".

Agora, com esse diálogo de surdos sobre regra e acontecimento, está a incompreensão de ambos os lados, França e Alemanha, quanto à organização do poder. A política de acontecimentos é uma política de agir que pede encarnação e personificação. A política de regras, ao contrário, está voltada ao enquadramento e exige supervisão jurídica, equilíbrios, compromissos.

O sistema político francês, portanto, precisa produzir *atores* e, em todo caso, um Operador, o presidente da república. O país é comandado verticalmente, quase de maneira piramidal. O presidente determina a linha, o governo executa, a administração segue: trata-se de um bastião fechado. E o público, depois de eleger um presidente, exige um sentido, espera um curso, uma regência, para depois aplaudir ou ir contra. Na Alemanha, o poder está dividido, mais marcadamente desde 1945 do que antes disso. A Constituição da República da Alemanha foi elaborada pelas forças ocidentais em 1949 para diminuir excessos do Poder Executivo. O fato de agir não estar em primeiro lugar no sistema alemão não significa que ele não é aceito – o país precisa ser dirigido –, mas, sim, que dá preferência a um jogo de poder e contrapoder. O nível Executivo recebeu contrapoderes consideráveis contra si mesmo, a saber, um Parlamento que em grande medida foi escolhido com uma representação proporcional, uma Corte Constitucional confiável e um Banco Central muito independente.

Tudo isso pode estar nos manuais, mas levar isso em consideração no nível político máximo é outra história. Depois de uma visita do chanceler alemão Adenauer a Colombey-les-Deux-Églises, o presidente De Gaulle falou em confiança a um conselheiro: "Pobre homem... Na idade dele ainda precisa se preocupar com coalizões!". Um encontro entre um chefe de Estado francês e um governante alemão é repleto de ambivalências. As suas falas não têm o mesmo *status*. Eles nunca poderão se engajar da mesma maneira. Eles "não estão representando na mesma peça". Tanto mais notável é o fato de eles, de tempos em tempos, terem conseguido, e novamente nos anos recentes de crise política, tomar decisões que influenciaram profundamente a evolução da história europeia.[5]

Assim, vemos dois grandes povos vizinhos incapazes de se compreender estruturalmente e obrigados a uma rivalidade mútua pela história e pela geografia. Depois de 1945, eles encontraram uma resposta para esse problema existencial: Europa. Mas, com essa resposta, eles não querem dizer a mesma coisa. As razões não são as mesmas e cada um elabora sua resposta, preferencialmente seguindo um plano construtivo próprio. Além disso, a evolução da história favorecerá ora um, ora outro. E assim sempre se retorna à questão inicial – como fazer política com dois vizinhos que não se compreendem.

Depois de 1945, a França está em busca de duas coisas na Europa: uma solução para o "problema alemão" e um renascimento de si mesma. O papel da França como potência mundial está concluído e, por isso, ela tenta usar a Europa como uma alavanca. Ninguém conseguiu formular isso tão sem rodeios quanto De Gaulle: "Europa, para o que ela serve? A Europa deve assegurar que nem os norte-americanos nem os russos possam nos dominar. Nós seis juntos deveríamos conseguir

---

[5] Para uma análise histórica detalhada da incompreensão franco-germânica, consulte Luuk van Middelaar, "France-Allemagne: une Incompréhension Permanente". *Le Débat* 187, Paris, nov.-dez. 2015, p. 4-20.

fazer isso tão bem quanto cada uma dessas duas superpotências. E, se a França conseguir ser a primeira dos Seis, o que está dentro de nosso alcance, ela terá em mãos a alavanca de Arquimedes. Daí ela será capaz de guiar os demais".[6]

A Alemanha, em 1945, é um pária entre as nações: ocupada, dividida e há anos marcada por um sentimento de culpa imensurável. Depois de 1949 e a chegada de Konrad Adenauer, ela passou a usar a Europa para sua reabilitação política e moral: como um caminho para poder voltar ao círculo das nações livres e, ao mesmo tempo, como um projeto para um mundo melhor. Do ponto de vista geopolítico, Bonn precisava não só de Washington, mas também de Paris. Somente os Estados Unidos poderiam de fato oferecer o apoio de que precisava contra a Rússia, que tinha a Alemanha Oriental em suas mãos. Mas somente da França poderia receber um contexto de "Europa" para poder se libertar do peso de seu passado.

Desse ponto de partida assimétrico, surge o movimento básico da dupla franco-germânica, um movimento triplo: iniciativa francesa, resposta alemã, abertura para o restante da Europa. A iniciativa partiu da França, que depois da guerra pôde estender a mão. Robert Schuman e, um decênio depois, Charles de Gaulle sentiram perfeitamente que o perdão tinha que partir deles. O corajoso gesto francês, uma união de força moral e *razão de Estado*, é uma expressão da necessidade vital para estabelecer uma nova forma à relação com o vizinho. Depois de três guerras contra o inimigo do outro lado do Reno em três gerações e de uma longa *entente* pós-napoleônica com os britânicos, a França escolhe a Alemanha como parceira. Trata-se de uma escolha difícil entre Londres e Bonn que se torna inevitável. Os primeiros esforços pós-guerra no campo da organização europeia foram iniciativas franco-britânicas (como o Conselho da Europa em 1949),

---

[6] Charles De Gaulle, 22 de agosto de 1962, em: Alain Peyrefitte, *C'était de Gaulle, Tome I*. Paris, Fayard, 1994, p. 158-59.

mas elas acabaram estagnando. A argumentação em Paris, partilhada por Washington: para manter o poder alemão sob controle, é necessário ter uma estrutura de repressão europeia que vai além do que os ingleses querem ou podem. Daí o princípio de "supranacionalidade", imaginado por Jean Monnet, que levará franceses e britânicos a caminhos distintos. Em Londres, não se conseguia aceitar nem imaginar o fato de se submeter a uma autoridade partilhada, externa.

Já os alemães, ao contrário, em maio de 1950, concordaram imediatamente com o plano de Schuman para uma organização mineradora supranacional. O chanceler alemão Adenauer entendeu na mesma hora que se tratava de uma oportunidade única e confiou a seus conselheiros: "Esta é nossa brecha".[7] Pela primeira vez desde os tempos do nazismo, a Alemanha seria um membro em pé de igualdade numa organização internacional. Em outras palavras: um retorno ao círculo das nações livres, uma ancoragem em uma aliança ocidental e um passo decisivo na direção da autodeterminação econômica. À luz dos objetivos vitais, partilhar a soberania sobre carvão e aço era um interesse menor.

Iniciativa francesa, resposta alemã, mas por quê, então, depois desses dois passos segue-se um terceiro, a aproximação com o restante da Europa? A pergunta foi realmente feita. Sobre o preparativo da Declaração de Schuman, Jean Monnet conta em seu *Mémoires*: "Talvez por um momento eu tenha pensado que a primeira etapa para a federação europeia fosse a união desses dois países [França e Alemanha], somente dos dois, e que os outros haveriam de aderir mais tarde. Mas, no final, acabei escrevendo à mão na versão original, à noite, uma pequena nota de que a Alta Autoridade estaria 'aberta para a participação de outros países europeus'".[8] São palavras notáveis. Aparentemente, mesmo naquele momento o gesto franco-alemão não podia prescindir do contexto europeu.

---

[7] Konrad Adenauer, 9 de maio de 1950, em: Tony Judt, *Postwar. A History of Europe Since 1945*. London, Penguin, 2005, p. 157.

[8] Jean Monnet, *Mémoires*. Paris, Fayard, 1976, p. 350.

E, mesmo assim, a decisão era necessária. Apenas o adjetivo "europeu" poderia fornecer a legitimidade histórico-cultural exigida pelo projeto. Somente com a indicação de "Europa" a opinião pública francesa haveria de concordar em partilhar algo da própria vida com o antigo inimigo alemão. Somente como "europeus" os alemães poderiam se libertar diplomática e moralmente de seu passado.

Mas essa decisão também teria consequências importantes para o funcionamento e a projeção da aliança. Assim que os primeiros países aceitassem o convite – Itália, Bélgica, Países Baixos e Luxemburgo aceitariam o convite de Schumann –, a Europa política não estaria mais limitada a França e Alemanha. Outros países e outros governos também palpitarão, tentarão colocar seus homens nas instituições e perseguir suas vantagens. Isso dificulta as coisas. Faz com que Paris e Bonn nessa nova Europa mandem menos em casa. É claro que existem vantagens: o mercado comum aumenta e o grupo passa a ter mais peso internacionalmente. Além disso, os países menores podem desempenhar uma função "facilitadora". A permanente incompreensão dentro da dupla franco-germânica sempre exige intermediários para manter a relação "lubrificada". Essa é uma arte ingrata (uma vez concluída a missão, o intermediário é sempre dispensado com um agradecimento), um papel geralmente assumido por belgas e luxemburgueses.

Uma consequência estratégica abrangente é a contínua reorganização geopolítica: a "expansão" que até hoje determina a relação entre os Estados europeus. Entrar na Comunidade e depois na União é um objetivo importante para quase todos os países do continente. Depois dos seis fundadores, outros 22 países deram o passo, do Reino Unido, da Dinamarca e da Irlanda em 1973 até a Croácia em 2013, e ainda há alguns na sala de espera. A cada vez, muda mais do que somente o número de membros do grupo: também a relação espacial da Europa quanto ao espaço geopolítico se move. A França tentou frear a expansão o máximo possível; sob a direção de De Gaulle, os britânicos ficaram três anos à porta esperando e, quando a Cortina de

Ferro veio abaixo, hesitou-se em permitir a entrada da Polônia e de outros Estados ex-comunistas.

O caso da Queda do Muro de Berlim, em 9 de novembro de 1989, representa o ponto de inversão na relação pós-guerra franco-germânica. Um ano depois, numa reunião de cúpula em Estrasburgo, concretizou-se o acordo histórico: uma moeda europeia dos alemães e da Alemanha reunificada e dos franceses. Já muito antes da Queda do Muro, a França queria introduzir a moeda única, para poder reduzir o peso do marco alemão em relação à própria moeda, o franco; os planos já estavam prontos. Não se tratou de uma introdução repentina para ancorar a Alemanha reunificada na Europa, como às vezes é sugerido. Mas só agora o chanceler alemão se compromete com o princípio e com uma data para as negociações. Os acontecimentos históricos colocam o assunto numa perspectiva nova e vinculante. O presidente Mitterrand, um pouco antes, aproveita o momento para exercer pressão no chanceler alemão Kohl, que está aberto *à la* Adenauer para um grande gesto europeu, sacrificando o marco alemão. Nunca saberemos se o euro sem a Queda do Muro alguma vez teria se tornado real, mas, certamente, não tão rápido. O acordo não foi um *quid pro quo* explícito; e, se o fosse, teria sido velado. Apesar disso, o vínculo entre unificação e moeda era evidente para todos os envolvidos. Também Kohl reconhece isso em suas memórias: "Meus esforços para separar a união monetária europeia e a questão alemã inicialmente não tiveram muito sucesso. Mas, no final, conseguimos chegar a um compromisso".[9]

Depois da reunificação alemã (1990) e da expansão europeia pós-Muro (a partir de 1995), os motivos originais dos dois vizinhos para "fazer a Europa" estavam um tanto esgotados.

Numa união com 15, depois 25 e mais, para a França, o renascimento via Europa deixou de ser crível. O grupo ficou muito grande

---
[9] Helmut Kohl, *Erinnerungen, 1982-1990*. München, Droemer, 2005, p. 1011.

para um país conseguir arrastar todos consigo; a alavanca não funciona mais. O fato de o centro de gravidade ter se deslocado para o Leste reforça a sensação de desconforto ("Mas que países são esses?"). E, depois, ainda tem aquele outro motivo principal que não pode mais ser mencionado em voz alta: manter a Alemanha sob controle. Desde 1990, depois que o vencido reunificado dispunha novamente de sua completa soberania, a França perde seu *status* de vencedor de 1945, o qual soube usar tão brilhantemente em 1950 com a europeização do carvão alemão e, em 1989, com a europeização da moeda alemã. O país, às vezes, acaba lançando mão de mecanismos defensivos, como na crise da zona do euro de 2012 com a formação de bloco com a Espanha e a Itália, quando o "Sul" estava contra o "Norte", a saber, a Alemanha e seus satélites – isso funcionou uma vez, mas é uma estratégia muito arriscada. Na lógica do equilíbrio, teria sido melhor se Paris tivesse feito de tudo para manter a Grã-Bretanha a bordo. Jogar o jogo com "três grandes" é uma garantia muito melhor de equilíbrio e segurança, mesmo se os britânicos ficassem fora dos grandes projetos de moeda e fronteira – mas a escolha britânica de sair põe um fim nesse triângulo. Também é por isso que a França tem dúvidas sobre a liderança europeia. A dúvida talvez só possa ser eliminada se o país reencontrar sua missão histórica como *player* com impulso e iniciativa, pensando em prol da União, e não somente em si mesma – uma tarefa da qual o novo presidente Emmanuel Macron parece estar imbuído.

Com a reunificação, a Alemanha também conquistou sua absolvição política. Moralmente, a lembrança de Auschwitz continua viva. Cartunistas estrangeiros ou opositores avessos ainda se aproveitam disso setenta e cinco anos depois, como o governo grego de Tsipras em 2015 ou o líder do Brexit, Boris Johnson. Embora a opinião pública alemã e mesmo a classe política berlinense nem sempre simpatizem igualmente com isso, cada chanceler alemão se vê contaminado por esse perigo – foco natural dessa desconfiança –; desde Adenauer, passando por Brandt, Schmidt e Kohl, até Merkel, os líderes alemães (ocidentais) tentam extrair energia europeia disso. Mas a Alemanha, desde a crise da zona do euro, e pela primeira vez depois da Primeira Guerra Mundial, passou a ser o Estado mais potente do continente. O equilíbrio com a França há muito já tinha sido perturbado, mas até recentemente o vizinho sabia compensar sua desvantagem econômica com iniciativas e ambições de política externa. A fórmula era: a França usa a Europa como alavanca para ocultar sua fraqueza, a Alemanha como manto para cobrir sua força. Uma situação em que ela somente tinha o manto alemão não é sustentável a longo prazo para as opiniões públicas. Isso não se refere somente à Grécia, à Espanha ou à Itália: na eleição presidencial francesa de 2017, dois candidatos traduziam com êxito esse sentimento antigermânico virulento, a nacional-populista Marine Le Pen e o anticapitalista de esquerda Jean-Luc Mélenchon (juntos representavam quatro de dez eleitores no primeiro turno).

Na União Europeia, o maior desafio da Alemanha é que agora ela terá que seguir adiante com a política de acontecimentos não obstante sua tendência normativa histórica. A trágica ironia é que nos últimos sessenta anos sempre foi Paris que queria que o conjunto europeu crescesse até *player* e previu sua capacidade de ação, mas no *momento supremo* não estava presente. Agora, Berlim precisa introduzir líderes no jogo que "não continuem mantendo a cuidadosamente cultivada postura de aguardar e resistir que souberam demonstrar",[10] mas, ao mesmo tempo, estejam dispostos a alçar determinação, improvisação e perseverança a uma forma de arte. Também devido ao fardo do passado, trata-se de uma tarefa quase impossível, motivo pelo qual o interesse alemão maior ainda esteja no estágio de organização do equilíbrio, poder e contrapoder europeus.

Sem um conceito claro da dinâmica de poder institucional, não é possível avaliar bem a potência de uma nova política. Por isso, precisamos fazer uma releitura de algumas "faixas temporais".

---

[10] Herfried Münkler, *Macht in der Mitte. Die Neuen Aufgaben Deutschlands in Europa*. Hamburg, Körber, 2015, p. 184-85.

TRÊS PLANOS CONSTRUTIVOS

O conjunto construtivo europeu que foi alcançado – sem dúvida nenhuma com o impulso duplo francês e alemão – em seis décadas em Bruxelas, Luxemburgo, Estrasburgo e Frankfurt está ilegível. Não há um plano construtivo. Mas, do mesmo modo que numa igreja barroca às vezes é possível encontrar vestígios de arcos góticos ou se deparar com uma planta baixa romana, pode-se ver diferentes estilos na arquitetura da União. De forma extremamente simplificada, podemos afirmar que praticamente desde o início foram usados três planos construtivos institucionais, cada um deles produzindo suas próprias faixas e componentes. Notável é o fato de que todos os três continuam ativos, ou melhor, traduzindo na igreja barroca: na União os períodos arquitetônicos não se substituem, mas pode-se dizer que mestres de obras barroco, gótico e romano trabalham obstinadamente lado a lado e indistintamente no mesmo prédio.

O plano construtivo original, que dominou por muito tempo, é a *despolitização pelo direito*. Depois da guerra, o direito constitui o cimento para fazer algo novo e para unir os povos que estavam divididos por (quase) tudo, que não tinham idioma, história nem cultura em comum. Assim, a planta construtiva arquitetônica da Europa é indiscutivelmente fornecida pela política de regras jurídica. Do ponto de vista concreto, os Estados participantes, conforme o Tratado, restringem a liberdade uns dos outros a determinado número de terrenos, consomem parte de seus meios de ação em instituições comunitárias e instalam uma supervisão jurídica neutra. A *Comissão Europeia* é incumbida por essas instituições de fazer sugestões, realizar determinadas tarefas executivas e atuar como "guardiã dos tratados". Ela está na origem do sucesso ao mercado comum desde os anos de 1960 e posteriormente ao mercado interno de "1992". A partir de Luxemburgo, a *Corte de Justiça* zela pelo Tratado, que logo é honrado como texto santo. Esse espaço jurídico europeu também parece um espaço de negociação que visa aos interesses econômicos dos países. Já antes de a regra conseguir fazer seu trabalho de despolitização, ele de fato precisa ser firmado, um passo político dado pelo *Conselho*; o fórum que reúne os governos em nível ministerial cresce até o centro de decisões.

A abordagem despolitizadora agrada a todos os Estados fundadores. A Alemanha se sente bem devido à sua cultura política normatizada. Os países pequenos, muito entusiasmados, enxergam nela uma proteção contra o direito do mais forte. É interessante notar que a França, apesar de sua falta de instintos de política de regras, apresenta a ideia pela boca de Schuman a seus parceiros e, em seguida, adapta-se a ela, também sob De Gaulle, que aprecia o interesse econômico francês junto ao mercado. A regra serve como um terreno de reuniões neutro. Florescem aparatos administrativos em Bruxelas e nas capitais numa abordagem tecnocrática. Companhia de compromissos e entrelaçamento de interesses funcionam melhor longe da visão pública. Nas palavras de um negociador nacional anônimo: "Para que as tomadas de decisão europeias fluam sem problemas, mantenha os políticos longe".[11] Assim, a Europa da despolitização recebe uma série de portinhas dos fundos e pequenos corredores de ligação, mas nenhuma janela externa visível.

Mesmo assim, desde os anos de 1960, dois outros planos construtivos tentam "trazer política" à estrutura despolitizada. O primeiro dos dois rivais procura apoio junto à instância parlamentar, que então ainda tinha competências limitadas, para reforçar os elementos supranacionais da construção. O segundo deles busca apoio junto aos líderes de governo nacionais que durante a construção foram cuidadosamente mantidos de fora, para unir os Estados-membros no nível político mais alto. A Alemanha, a Itália e os países do Benelux elegem

---

[11] Representante permanente anônimo na União Europeia, citado em: Lionel Barber, "Os Homens que Comandam a Europa", no *Financial Times*, 11 de março de 1995.

a estratégia parlamentar, enquanto a França – e somente a França – desde De Gaulle prefere as reuniões de cúpula periódicas. Visões de futuro contrárias que sempre e de imediato têm seu impacto no avanço da estrutura. Um campo considera os espaços de mercado despolitizados o primeiro passo no sentido de uma federação europeia. O outro considera que a técnica normativa bruxelense somente se adapta ao mercado e que a cooperação em domínios que atingem o cerne da soberania precisa ganhar outra forma; Paris até mesmo ameaça com a construção de uma nova catedral. A desconfiança ideológica entre as duas escolas causa uma longa "estagnação das obras".

Em dezembro de 1974, o presidente Valéry Giscard d'Estaing registra um sucesso institucional importante. Por meio da medida normativa de reuniões de cúpula exigida pela França, ele força a construção do *Conselho Europeu*; a nova instituição é erigida como um anexo à construção já existente e mantida formalmente fora do Tratado. Para o equilíbrio estrutural, alemães, belgas e italianos conseguem as eleições diretas tão desejadas para o *Parlamento Europeu*. Até então, ele era preenchido por parlamentares nacionais e, agora, em uníssono, recebe o respaldo dos próprios eleitores. Graças a essa dupla ruptura, a estrutura permanece íntegra e, agora, passa a ter janelas externas. O acordo insere ao mesmo tempo duas brechas no mundo administrativo acordado de Bruxelas, traçando duas linhas diretas entre um fórum político e uma esfera pública. Num único movimento, dois grupos políticos são vinculados ao projeto: os líderes de governo nacionais (que geralmente estão em contato mais próximo com os eleitores do que os ministros técnicos) e os parlamentares europeus (um grupo que não existia dessa forma anteriormente e que agora vai querer provar sua utilidade). Como acontece frequentemente na Europa, quando dois desejos contrários se chocam, encontra-se uma maneira de realizar os dois. Um compromisso similar repete-se nos tratados de Maastricht (1992) e Lisboa (2007). A cada vez – e ninguém mais estranhará isso –, a Alemanha pede mais competências ao Parlamento, a instituição na qual ela pode dominar graças a seu peso demográfico e à capacidade financeira de seus partidos políticos, e a França destaca o interesse do Conselho Europeu, a autoridade política máxima da União e do fórum em que os presidentes consecutivos do país podem brilhar.

O resultado desses três planos construtivos – despolitização, parlamentarização e introdução de líderes de governo nacionais – ainda não é uma construção sólida. Isso pode ser visto muito bem nas funções que se considera que a Comissão deve preencher nos três. Resumindo grosseiramente: no modelo de despolitização, a instituição traz propostas em nome do interesse comum, durante as negociações desempenha a função de "mediador honesto" e os supervisiona quanto ao cumprimento das regras. Segundo a politização parlamentar, ela teria que ser alterada gradualmente num tipo de governo europeu, de acordo com uma coalizão de maioria em Estrasburgo; no plano de politização dos líderes de governo, é-lhe atribuída a função de um secretariado comum aos serviços do Conselho Europeu. Sem dúvida nenhuma, essas três determinações não podem ser seguidas concomitantemente.

Por isso, existem os atritos que o atual presidente da Comissão, Juncker, causa com seu desejo de liderar uma "Comissão política". Como o primeiro da lista no nível da União (ou o *candidato principal*) do partido conservador, ele agradece sua posição ao resultado das eleições europeias de 2014: com base nisso, o Parlamento força sua nomeação, contra o desejo dos líderes de governo. Mesmo no espírito de modelo construtivo parlamentar, nos primeiros anos a Comissão se apoiou em uma maioria estrasburguesa, uma *Grande Coalizão* segundo o modelo alemão; isso vinha acompanhado de uma notável coordenação entre Juncker mais seu braço direito Timmermans com o presidente do Parlamento Schulz e os presidentes das frações cristã-democrática e social-democrática.

Além dessa estreita relação de trabalho com o Parlamento, é preciso destacar três aspectos da abordagem política de Juncker. Em primeiro lugar, uma comunicação voltada mais para conteúdo político do que para procedimentos, uma etapa acolhida de modo geral positivamente. Em segundo lugar, a autoconsciência acompanhada de propostas que colidia com uma resistência enorme nas capitais; a cota obrigatória para requerentes de asilo de 2015 consiste num exemplo perfeito. Em terceiro lugar, a disposição de por vezes fazer uma interpretação muito flexível das regras; "porque é a França", era como Juncker declarava sua tolerância frente ao déficit orçamentário francês. Essa última decisão colidiu com a irritação previsível em Berlim, onde – por exemplo, logo depois de Juncker realizar manobras cuidadosas a favor de Atenas e a eurossaga dos gregos do verão de 2015 – algumas vozes se erguem para retirar da Comissão as tarefas de supervisão econômica e levá-las para uma agência separada.[12] Já anteriormente, na tempestade financeira, os líderes de governo atribuíram a supervisão dos bancos ao Banco Central, e não à Comissão. Tudo indica que na corrente de crises e acontecimentos haverá um aumento nas tensões entre ambições políticas da Comissão e seu papel como guardiã do mecanismo normativo.

Entre os três planos construtivos, Juncker, resoluto, escolhe pela politização parlamentar, à custa tanto de tensões com os governos nacionais quanto da perda de neutralidade da instituição. Essa estratégia é mais popular do que lastreada em autoridade própria fundamentada e parece fadada a uma vida não muito longa, mesmo tendo o apoio da Alemanha. A União pode ser o produto de três planos construtivos de *faixas de tempo* distintas, sem alterar o fato de que chegará o momento em que também será possível ler incorretamente o conjunto construtivo resultante.

Finalizando: a divisão tripartite é só uma questão de costume para quem cresceu com a noção de que a briga institucional ocorre

---

[12] Werner Mussler, "Schäuble Quer Tirar o Poder da Comissão da UE", no *Frankfurter Allgemeine Zeitung*, 29 de julho de 2015.

entre *duas* estratégias construtivas, a saber, "supranacionalismo" e "intergovernamentalismo". No final das contas: o poder vai para instituições europeias ou para as capitais nacionais? Este é o critério no qual a doutrina de Bruxelas – seguida por inúmeros juristas e politicólogos – há décadas se baseia em cada "puxadinho" da catedral. Em todo caso, essa perspectiva nunca concordou com as relações. Logo depois da Segunda Guerra Mundial, surgiram ideias de unidade europeia a partir de *três* linhas de pensamento, identificadas como *funcionalismo* (despolitização), *federalismo* (parlamentarização) e *confederalismo* (aporte autêntico de líderes de governo), cada uma delas com uma instituição favorita própria e defensores acadêmicos próprios.[13] A dicotomia supranacional *versus* intergovernamental é enganosa. O "supranacionalismo" compreende dois planos construtivos: a parlamentarização e a despolitização, ou melhor, uma (futura) federação europeia vinculada à fábrica de regras tecnocrática. O "intergovernamentalismo", na verdade, também compreende dois planos construtivos: a inclusão de líderes de governo e (mais uma vez) despolitização – bem visível nesse meio-tempo como o circo de cúpulas, em que líderes arrastam para dentro as câmeras e as opiniões públicas, mas não sem a regulamentação da fábrica de regras tecnocrática, em que também há o envolvimento de ministros técnicos nacionais e funcionários administrativos. Por isso, a tricotomia arquitetônica proporciona

---

[13] Essa abordagem tripla continua incomparável entre os contemporâneos: Altiero Spinelli, *The Eurocrats. Conflict and Crisis in the European Community*. Baltimore, Johns Hopkins University Press, 1966, p. 1-25; veja também Luuk van Middelaar, *Europa em Transição. Como um Continente se Transformou em União*. São Paulo, É Realizações Editora, 2017, p. 27-42 ("Três discursos europeus"). Em seu livro *Which European Union? Europe After the Euro Crisis*, Cambridge, Cambridge University Press, 2015, Sergio Fabbrini está no rastro de uma tricotomia similar (embora ele crie confusão ao falar em "três uniões", quando, na verdade, se trata de três visões contraditórias sobre e dentro de uma União).

uma legibilidade muito melhor da forma de uma disputa contínua dentro da catedral europeia.

Só que comentaristas e analistas ficam entrincheirados no pensamento "supranacional" *versus* "intergovernamental", também porque ambos os conceitos passaram a ter uma carga ideológica. O pensamento sobre a Europa carrega os rastros de promessas e tabus do tempo da fundação; a herança da guerra também continua funcionando na linguagem.

DEPOIS DA GUERRA: PROMESSA E TABU

Até hoje, a despolitização é o segredo da fábrica de regras bruxelense. Para entender esse sucesso, muita atenção é dedicada tradicionalmente à estrutura institucional única, e com razão. Mas a guerra política acontece com palavras. Frequentemente, ignora-se que a máquina despolitizadora bruxelense também realiza seu trabalho atenuador nesse terreno asfixiando paixões nacionais. Entre suas funções centrais, estão a influência do discurso e o trabalho missionário. Linguagem e mentalidade dos anos da fundação deixaram um legado que atrapalha o autoconhecimento da Europa.

A Europa política, além de fato histórico e jurídico, sempre foi uma *promessa*, a promessa de uma nova era e guerra-nunca-mais. Daí que a jovem Comunidade extraiu sua maior força retórica.

Os fundadores encontraram a chave para essa nova era numa ideia central – no axioma de Monnet, de que o entrelaçamento de interesses torna uma guerra materialmente impossível – acompanhada da respectiva receita institucional, o "método comunitário". O direito haveria de substituir a política de poder. Esse convencimento deu ânimo e energia para, em 1950, a partir do nada construir algo desconhecido, que acabou estagnando com o tempo numa ortodoxia que não tolerava nenhum desvio ou alternativa. No *slogan* indomável de Paul-Henri Spaak, a alma belga do projeto: "A Europa será supranacional ou ela não será".[14]

O método vinha acompanhado de um tom. O horizonte das disputas no salão de reuniões era a paz mundial. O trabalho concreto num mercado de carvão e aço deveria assegurar uma ruptura com a diplomacia e a política de poder de antes de 1945. O empenho era grande. Daí essa combinação bruxelense curiosa e típica de tecnocracia e coerção moral. Imagine que em 1953, na jovem sociedade mineradora, houvesse uma briga entre Paris e Bonn sobre uma discriminação da indústria do aço francesa na alemã ocidental; então, os administradores "europeus" diriam, sérios: "Trata-se de uma perspectiva obsoleta, trabalhar em conjunto é o lema, minério e escória devem ser oferecidos sob as mesmas condições em toda a nossa Comunidade; como especialistas, propomos esses critérios objetivos, com os seguintes prazos". Dentro ou fora do salão de reuniões, esses "europeus" acrescentariam insistentemente: "Notem que pequenos desentendimentos acabam em conflitos armados, um compromisso é essencial...". A razão técnica, como perfeito equalizador, seguia de mãos dadas com uma promessa solene.

A Promessa ligava-se a dois dos três planos construtivos institucionais (e rejeitava o terceiro). Para alguns, a chave estava na nova era, no efeito criador que partia do mercado despolitizado. O presidente da Comissão, Walter Hallstein, declarou em 1962 que a própria economia poderia substituir a política: "O mundo atual faz com que seja necessária uma nova determinação do que queremos dizer com palavras como 'política' e 'economia', e rever, sim, até mesmo abolir, a linha de separação semântica entre ambas". Outros, ao contrário, ligavam a Promessa a um futuro federal. Sobretudo as expectativas sobre a eleição direta do Parlamento Europeu prometida no tratado

---

[14] Paul-Henri Spaak, janeiro de 1962, citado em: Anthony Teasdale, "The Fouchet Plan. De Gaulle's Intergovernmental Design for Europe". *LEQS Paper* 117, London, LSE, out. 2016, p. 1.

da fundação foram muito altas por anos a fio. Depois da decepcionante *verificação da realidade* dessas eleições, desde 1979, a energia da Promessa deslocou-se para novos planos. Assim, a esperança mais recente foi depositada no *candidato principal* de toda a Europa para despertar o interesse dos eleitores.

Outra consequência da promessa de uma nova era: uma invocação permanente do futuro. Vivia-se como o verdadeiro "a crédito". Só assim era possível manter a tensão entre início humilde e grande objetivo. Gostava-se de falar do "projeto europeu", um empreendimento prospectivo. Os fundadores transmitiam seu projeto com uma Promessa Dupla. Uma é estender-se geograficamente, conseguir mais Estados como membros, quem sabe, até mesmo juntos com o continente como um todo ("expansão"). A outra promessa é a de prover setores políticos já em uso, mineração, agricultura e política comercial, com novas regras e ampliá-los a terrenos adjacentes ("comunitarização"). A invocação permanente de um futuro revela-se inversamente numa tendência bruxelense de traduzir cada "não" em "*ainda* não". Assim, certas competências "ainda não" foram transferidas, é o que se ouve; o Parlamento "ainda não" conseguiu o apoio dos eleitores; a Polônia "ainda não" é membro da zona do euro – nada é o que realmente é, só o *podem ser* conta. Além disso, considera-se que o movimento siga em uma direção, para mais competências, mais membros, "mais Europa". Daí a total perplexidade de Bruxelas depois do referendo britânico: os eleitores britânicos haviam feito algo inimaginável. Eles interferiram diretamente no caixa do presente e não esperaram pelo planejado futuro-ainda-não.

Mas como rimar o impulso de movimento aparentemente inquestionável com a segurança e a previsibilidade do Tratado? Originalmente, é o fato de que o tratado da fundação, desde o início, contém um convite à sua própria revisão. Consequentemente, uma renovação institucional ou de conteúdo, no direito internacional muitas vezes uma ruptura da ordem, também pode ser encarada como uma confirmação de seu espírito, mesmo quando ela foge ao desejo das partes que assinaram o tratado. Quem recusa mudança precisa, então, se justificar. Assim, os britânicos descobriram desde 1973 que eles não haviam se juntado apenas a um mercado, mas a um grupo com regras e funções em contínua evolução: uma *"união cada vez mais estreita"*. É nessas famosas palavras que a necessidade de movimento europeu – impulsionada por uma prática jurídica de interpretação teleológica e fundamentada em objetivos prospectivos no preâmbulo e nas determinações iniciais do Tratado – encontra sua expressão aos olhos da opinião pública.[15] O vínculo íntimo entre movimento e ordem, entre projeto e tratado perfunde a mentalidade da esfera interna bruxelense. Vive-se entre tarefa e direito.

Às vezes, a crença na Europa recebia características de uma necessidade utópica. Nela pode-se ler resquícios das guerras mundiais. Destruição e espera por salvação, o mais profundo desespero e a máxima esperança estão muito próximos. Na imaginação do ser humano, uma guerra destruidora pode parecer o apocalipse, como anúncio de um fim dos tempos e prenúncio de algo melhor – o reinado de Cristo na terra ou a reconciliação da humanidade consigo mesma. Durante a desgraça de 1914-18, aconteceu algo do gênero com a panaceia comunista na Rússia devastada por fome, guerra e miséria. Depois da destruição de 1939-45, também a "Europa" atuou como uma tela de projeção da expectativa de salvação messiânica, como um vestíbulo

---

[15] Por isso que, na (caducada pelo resultado negativo do referendo britânico) decisão de chefes de Estado e líderes de governo de uma "Nova regulamentação para o Reino Unido dentro da União Europeia" de 18-19 de fevereiro de 2016, seção C, para tranquilizar os britânicos, consta: "As referências, nos Tratados e em seus preâmbulos, ao processo de criação de um vínculo mais sólido entre os povos da Europa não oferecem base legal para uma ampliação de qualquer determinação dos Tratados ou de legislação secundária da União Europeia. Muito menos podem ser utilizadas para justificar uma interpretação ampla das competências da União ou de competências de suas instituições, como determinado nos Tratados".

para a paz mundial. Alguns homens do grupo social de Jean Monnet, como Georges Berthoin, Jean-Jacques Rabier ou Max Kohnstamm, viveram até idades avançadas seguindo a missão que haviam colocado a si mesmos: enviar a mensagem. Um detalhe eloquente de seu trabalho lobista no nível mais alto para "a causa europeia": quando um interlocutor sucumbia e apoiava a iniciativa de Monnet, ele *não* era agradecido. Ao menos, é o que dois biógrafos sinalizaram, "o interlocutor não concorda por causa de Monnet ou de Kohnstamm: ele o faz pelo bem e, com isso, para si mesmo".[16] Nesse momento, pressão política e *lobbing* se transformam num trabalho missionário moral.

Tal zelo religioso também acabava gerando irritação; em Paris, o ministro das Relações Exteriores Couve de Murville fala de "teologia supranacional".[17] Justamente quem hesitava sentia a pressão do discurso. Era-se obrigado a crer na "Europa". Nem todos os *players* na arena bruxelense partilhavam dessa crença, mesmo assim, ela tinha seu efeito sobre todos. Espera-se que cada um que está à mesa de negociações se comporte segundo o *esprit communautaire*, o "espírito comunitário": leal à aliança, reservado quanto ao interesse pessoal, fiel ao ideal europeu.

Evidente nessa aliança é a carga ideológica que a palavra "europeu" recebeu nos anos 1950 e 1960. Quem falava de "nós europeus" não falava dos habitantes do continente ou dos cidadãos dos Estados-membros; não, o conceito remetia a "nós que construímos a Europa", os operários e os líderes intelectuais do projeto, a vanguarda moral dos Europa-engenheiros. Isso parecia *o contrário* da tendência de nesses círculos se desqualificar determinadas pessoas como não europeias. Em Bruxelas, dizia-se, por exemplo: "De Gaulle não é um europeu". E, mesmo assim, ele era o presidente da França, um país da

---

[16] Anjo G. Harryvan e Jan van der Harst, *Max Kohnstamm. Leven en Werk van een Europeaan*. Utrecht, Spectrum, 2008, p. 183-84.

[17] Maurice Couve de Murville, *Une Politique Étrangère; 1958-1969*. Paris, Plon, 1971, p. 310.

Europa. Mas De Gaulle não *acreditava* nisso; ele escarnecia as instituições bruxelenses, certa vez até mesmo as ironizou como "construção utópica".[18] Um equivalente atual dessa exclusão: "Viktor Orbán não é europeu".

Aqui vamos de encontro ao outro lado da promessa: o tabu. O sonho de um novo começo exigia erradicação do passado maléfico. A ruptura entre passado e presente precisava ser total.

A invocação de um *interesse nacional* era considerada o maior tabu. Quem violava isso, como De Gaulle nos anos 1960 e Thatcher nos anos 1980, posicionava-se fora da ordem. A palavra "tabu" não era um exagero. Quando o presidente francês, em 1965, com um gesto firme chamou seu embaixador de volta de Bruxelas, um dos eurocomissários chamou isso de o mais grave que ocorreu com a Europa "desde Hitler". O que começou como um sentimento de grupo e apelo do colegiado ao *espírito comunitário* em alguns círculos acabou se desenvolvendo até uma superioridade moral, motivada pela equiparação preguiçosa "europeu = bom" e "nacional = mau" (ou, no jargão: "supranacional = bom" e "intergovernamental = mau"). Nesse estágio de igualdade moral, os argumentos são supérfluos e basta a arma do anátema ("ele não é europeu"). Antigamente, era preciso ter o calibre de "General" ou "Dama de Ferro" para não ter dúvidas diante de tal difamação.

O maior pecado de Margaret Thatcher foi declarar certa vez que queria "o nosso próprio dinheiro de volta".[19] Trinta anos depois, essa fala – mitificada exageradamente como "*meu* dinheiro de volta" – ainda continua impregnada na memória coletiva; só isso já é um sinal de que a primeira-ministra britânica ultrapassou uma proibição. Qual? Não tanto que ela estava cuidando de seu dinheiro. Podemos

---

[18] Charles de Gaulle, entrevista coletiva, 5 de maio de 1962.

[19] Margaret Thatcher, 30 de novembro de 1979, entrevista coletiva depois do Conselho Europeu em Dublin.

tranquilamente partir do fato de que diplomatas de todos os Estados-membros por ocasião das negociações orçamentárias calculavam quem recebia quanto e quem contribuía com quanto para o fundo comum, bem como muitas vezes os ministros ficavam noites a fio discutindo sobre os preços agrícolas. A questão, na verdade, era: não se pode *dizer isso em voz alta*. A afronta estava no tom de Thatcher e, sobretudo, no uso da expressão "nosso próprio" (dinheiro britânico), que realmente pouco embutia da noção de "nosso" dinheiro (europeu) "comum". Ela deixava transparecer ostensivamente que não acreditava na promessa.

Embora o tabu de falar sobre o interesse nacional tenha se desgastado, nos círculos de Bruxelas também meio século depois de De Gaulle ainda se olha com desconfiança para a interferência de líderes nacionais em questões da UE. Enquanto os planos construtivos para a despolitização e a parlamentarização forem impulsionados pela Promessa, o terceiro plano construtivo, o da politização via reuniões de cúpula, desde o começo também se enquadrava sob o tabu. Durante a tempestade da zona do euro (2010-2012), Jacques Delors e Jürgen Habermas criticaram o envolvimento de Merkel, Sarkozy e outros líderes de governo na gestão das crises como uma "renacionalização da política europeia". O nacionalismo dos anos 1930, segundo a sensação deles, não estava muito longe, eles diziam com uma alusão nada sutil e desnecessária à guerra que se seguiu.[20] Eles deixaram pouco espaço para uma declaração menos regressiva, para a possibilidade de que o envolvimento de *players* nacionais poderia ser, inversamente, um sinal de uma "europeização da política nacional".[21]

---

[20] Veja, por exemplo, Jacques Delors, "Discours de Jacques Delors Remise de la Médaille de la Paix de Nimègue", 15 de março de 2010, p. 10 (em www.institutdelors.eu); Jürgen Habermas, *Zur Verfassung Europas. Ein Essay*. Berlin, Suhrkamp, 2011.

[21] Herman Van Rompuy, "Discours à Sciences Po Paris", 20 de setembro de 2010.

Um segundo tabu refere-se a falar em termos de *diferença* entre Estados-membros. A Comunidade é uma comunidade de iguais, como já precisava estar expresso no próprio nome.* A diferença impronunciável mais importante era a diferença de poder. Todo mundo sabia que a França exercia mais poder na mesa de negociações do que Luxemburgo, mas isso não se podia e não se pode dizer. Na esfera do direito, todos eram iguais. Para os Estados-membros menores, a ordem jurídica europeia oferecia uma proteção confortável contra a dominação exercida pelos maiores, com a França e a Alemanha em primeiro lugar; justamente eles estavam determinados a manter o tabu da diferença de poder. Essa ficção de igualdade perante a lei é eficaz e útil. Mesmo se as diferenças de poder não desaparecerem na prática, o direito há de amenizá-las.

Lamentável é o fato de que também outras diferenças entre os Estados-membros são ignoradas – diferenças em estrutura econômica, experiência histórica, situação geográfica, força do aparato público. Todos são considerados iguais ou, ao menos, *serão* (para isso servia o vocabulário característico e repleto de promessas de "harmonização" e "convergência"). Enquanto a Europa flutuasse na política de regras para um mercado, a igualdade era uma assunção praticável, talvez necessária. Mas a situação mudou assim que os Estados-membros depois de 1989 reorganizaram sua aliança para também fazerem política de acontecimentos. Nos projetos que não giram em torno de regras, mas de ações, é importante quem você é como Estado-membro e o que você quer ou pode fazer. Nesse caso, é relevante se você tem

---

* O termo "comunidade" foi introduzido em 1950, nas negociações de fundação em Paris por um membro da delegação alemã; este procurava estabelecer um vínculo na oposição sociológica clássica de *comunidade*, uma aliança firme, duradoura e determinadora de identidade (como uma vila ou uma ordem religiosa), e *sociedade*, um grupo mais flexível e mais aberto (como uma cidade ou uma festa). Schuman e Monnet, que tomaram a iniciativa e até então somente tinham indicado termos industriais como "consórcio", "*pool*" ou "organização", gostaram dessa sugestão; o nome combinava com seus anseios políticos de unificação.

um exército, quem são seus vizinhos e se você também é capaz de taxação. Também agora em crises recentes, que verdades como essas vêm à tona, continua sendo problemático dizer, até mesmo com as palavras certas, que os Estados-membros às vezes são *diferentes*.

Um terceiro tabu é falar sobre *fronteira*. Também essa proibição pode ser compreendida a partir da promessa de uma ruptura radical com o passado.

A nova Europa precisava ser aberta e convidativa, sem fronteiras, de forma que o otimismo democrático sem fronteiras pudesse ser promovido ilimitadamente. Uma fronteira, uma linha de corte no mapa, rompe o sonho de paz, nações unidas e um novo começo. Fronteira lembra disputa fronteiriça, guerra, desejo de poder – o feio passado. Esse tabu também é duro. Apesar da expansão com novos membros, apesar da eliminação das fronteiras internas, permanece a questão problemática: o que é a fronteira externa, onde termina a Europa política? Não apenas os países vizinhos Ucrânia, Rússia e Turquia desafiam a confidencialidade: também o público europeu quer respostas e quer saber até onde vai o tabu.

Explicar o tabu de interesses nacionais e líderes que os interpretam; ocultar as diferenças políticas entre os Estados-membros; colocar a determinação de uma fronteira geográfica europeia fora da ordem – são três elementos essenciais da máquina despolitizadora bruxelense. A estratégia de tabuização é compreensível: inicialmente, a Comunidade era uma pequena plantinha que precisava ser protegida contra forças internas de governos nacionais, aparatos administrativos ou conjuntos de regras. Nesse caso, a deslegitimização da oposição é mais efetiva. Depois de transcorridos sessenta anos, essa *razão de ser* caducou; ela passa a ser uma desvantagem. Nos acontecimentos fervilhantes de nosso tempo, a União precisa defender e articular seus próprios interesses, os Estados-membros precisam vincular sua capacidade de ação por força própria, eles precisam determinar um lugar no espaço e no tempo juntos.

No passado, juntos, já tiveram dificuldades com tais questões. Depois da queda do Muro de Berlim em 1989, seguem-se escaramuças fascinantes entre a velha Promessa e a nova realidade histórica. Esse episódio, raramente compreendido em toda a sua abrangência, mostra quão resistente é o autoconceito europeu formado pela guerra.

DEPOIS DO MURO: UNIÃO *VERSUS* COMUNIDADE

Duas cenas antigas estão na origem da Europa política. A primeira foi contada inúmeras vezes: 9 de maio de 1950, um salão no Quai d'Orsay de Paris, discurso de um ministro francês. A segunda delas está gravada na retina de milhões de pessoas: 9 de novembro de 1989, o Muro em Berlim, desejo de liberdade dos cidadãos da Alemanha Oriental. Contudo, seu significado europeu específico foi mais do que isso. Como a cena parisiense levou à fundação de uma Comunidade (1951), da mesma forma a berlinense desembocou na fundação da União (1992). Um. Novo. Começo.

A passagem de Comunidade para União é o momento decisivo na mudança impactante de política de regras para política de acontecimentos na Europa. Foi uma ruptura. Evidentemente, essa ruptura tinha precedentes e indícios, mas iniciativas anteriores foram refutadas ou mantidas fora da ordem do tratado. Uma primeira indicação curiosa: no dia de dezembro em 1991 em que doze líderes de governo assinavam o novo Tratado da União em Maastricht, com direito a fanfarra, Jacques Delors, segundo ele mesmo, era "um homem decepcionado".[22] Por quê? A sua querida Comunidade perdia o monopólio da forma da Europa, e isso num momento em que

---

[22] Éric Bussière e Vincent Dujardin, "Entrevista com Jacques Delors", realizada em 13 de janeiro de 2016 em Paris no âmbito do projeto "HistCom3: História da Comissão Europeia, 1986-2000", p. 23 (não publicado).

o continente estava à beira de uma nova era. A segunda fundação quebra a Promessa da primeira.

Isso somente poderia acontecer por meio de um enorme impacto. Para a metamorfose da Europa impulsionada por acontecimentos, o dia 9 de novembro de 1989 é o "choque materno", o princípio de um período confuso em que as formas velha e nova, Comunidade e União, existem lado a lado e entremeadas entre si – e que ainda não levou a calma e clareza completas. Por isso, está na hora de compreender as consequências do choque para o sistema político, é mais do que tempo de *fazer uma leitura correta* da União.

A TRANSFORMAÇÃO DA EUROPA   A noite depois da Queda do Muro, relembra o primeiro-ministro Felipe González mais tarde, "a história galopou como um cavalo desenfreado através da noite".[23] A Guerra Fria acabou. O continente estava em movimento, uma ânsia por liberdade estremeceu milhões. E, apesar de todo o alívio e felicidade, a insegurança era grande.

Na Europa Oriental, o conflito entre Estados Unidos e Rússia, tempos de ameaça nuclear e rivalidade ideológica, apesar de tudo, havia, sim, proporcionado uma forma de estabilidade. Somente depois da Guerra Fria é que reconhecemos totalmente esse fato como um ramo da Segunda Guerra, que terminara na dicotomia teuto-europeia entre as forças de ocupação norte-americanas-britânicas-francesas e as russas. Os anos de 1945-89 pareciam um parêntese pós-guerra, a "questão pendente" (segundo Tony Judt em *Postwar*) do conflito precedente. Assim, repentinamente em 1989, reapareceram as questões estratégicas de 1945: segurança, fronteiras, ordenação continental. Velhos temas em sótãos diplomáticos foram desempoeirados e

---

[23] Felipe González, "Europa am Scheideweg", no *Frankfurter Allgemeine Zeitung*, 17 de outubro de 2001, citado em: Tilo Schabert, *Wie Weltgeschichte gemacht wird. Frankreich und die Deutsche Einheit*. Stuttgart, Klett-Cotta, 2002, p. 533.

voltaram ao debate – "Ialta", "linha Oder-Neisse", "acordos de Helsinque". O mapa da Europa precisava ser redesenhado. Mas nesse momento ninguém tinha uma ideia da amplitude da situação.

A incerteza circulava em torno de três questões. Como a nova Alemanha haveria de se comportar em relação a seus vizinhos, fronteiras territoriais e planos da união monetária? Será que os norte-americanos continuariam garantindo a segurança da Europa Ocidental? O que aconteceria na Europa Oriental depois de uma retirada russa? Essas três questões dominavam o pensamento sobre a forma política da Europa.

É claro que se podia procurar por um ponto de apoio no que já existia. Muitos países queriam continuar se escondendo sob o guarda-chuva norte-americano da Otan. Alguns até mesmo gostariam de enquadrar a Comunidade Econômica Europeia como "algo político". Por sua vez: será que os interesses norte-americanos continuavam combinando com os europeus? E será que a máquina decisória bruxelense se prestava para a alta política? Havia dúvidas principalmente em Paris. Os franceses não se sentiam atraídos por uma *Pax americana* nem achavam a *Lex bruxellensis* confiável. Mas o quê, então?

Nos fascinantes anos da ruptura de 1989-93, essas questões se juntavam num sem-número de negociações em reuniões de cúpula. O continente europeu recebia uma nova conformação. A questão alemã fora final e rapidamente concluída. O chanceler alemão Helmut Kohl refreou o cavalo em galope daquela noite da *Queda do Muro* pelas rédeas: já em 3 de outubro de 1990 seu país comemorava a unificação. A metamorfose europeia precisava de mais tempo e ela ocorreu em 1993. Igual à *transformação* alemã, a *transformação* europeia tinha um lado geográfico e um institucional.

Na Europa Oriental, a União Soviética deixou para trás um vácuo que precisava ser preenchido para evitar o desmoronamento de economias, a supressão da autoridade do Estado e até mesmo guerras civis ou fluxos migratórios. Tais fenômenos não haveriam, comportados, de estacar diante da fronteira. As Guerras nos Bálcãs mostraram, desde 1991, que paixões nacionalistas aleatórias ainda podiam levar a assassinatos em massa. A Europa Ocidental precisava fazer alguma coisa. Só que os doze líderes de governo hesitavam em aceitar em seu meio os países ex-comunistas que eles mal conheciam. Em junho de 1993, numa reunião de cúpula em Copenhague, eles ofereceram uma possibilidade de adesão. Não o desejo de ampliar o mercado com 100 milhões de consumidores, mas a ciência de prestar um serviço para a própria segurança com a estabilidade continental foi o fator decisivo. Não havia um calendário para isso, mas o grupo haveria de deslocar-se para Leste e, talvez, até mesmo crescer a trinta membros, com a Alemanha como o centro geográfico.

Assim como a mudança de conformação geográfica da Europa está conectada à reunião de cúpula de Copenhague, da mesma forma a alteração institucional está ligada a Maastricht. Nesta cidade, os líderes de governo no final de 1991 assinaram um acordo que, depois de uma longa etapa ao longo das populações, entrou em vigor em 1º de novembro de 1993 – quatro anos menos oito dias depois do Muro. Esse acordo consolidava o mercado despolitizado com seus terrenos políticos associados e abria a cooperação nos domínios políticos mais altos. O que mais se destaca: uma união econômica e monetária, com política externa e de segurança, justiça e assuntos internos comuns. Até era possível falar sobre uma defesa comum. Em Maastricht, os Doze proporcionaram à sua aliança uma base nova e política. Por isso, ela também ganhou um nome novo: a União.

Por que a União não é a Comunidade Uma alteração de nome é um rito de passagem. Para as pessoas, ela indica uma mudança de *status*: nascimento, casamento ou ordenação de cavaleiro. Para os países, uma mudança de nome aponta para uma mudança de estado como descolonização, divisão ou alteração da constituição. E, assim, também o rebatizado da comunidade europeia mais adiante, em 1993, não foi uma ação inocente.

Fala-se rápido demais sobre o momento da passagem de Maastricht: "a Comunidade virou União". Não é isso: a Comunidade continuou sendo a Comunidade. Ela pôde jogar fora o rótulo "Econômica" e recebeu um terreno político, mas, em sua essência, continuava sendo uma fábrica de regras econômica. A União, que se juntou a ela, era diferente. Tratava-se de uma formalização das relações que já existiam fora de tratados entre os Estados-membros. As capitais criaram uma esfera para atuarem juntas e para a qual não queriam transferir imediatamente as competências para o centro – inicialmente política externa. De modo esquemático: a Comunidade continuava se ocupando com a *política de regras*, enquanto a União passava a ser o palco da *política de acontecimentos*, para tarefas como o envio de missões de crises, capturar piratas, vigiar fronteiras. Isso não substituiu a política de regras, mas somou-se a ela. Daí que a Comunidade e a União existiam juridicamente lado a lado desde 1993. Elas nem ao menos partilhavam as mesmas instituições: o Conselho Europeu dos líderes de governo, nos vinte anos de sua existência, desenvolveu-se até o fórum oficial, recebeu uma posição-chave no Tratado da União, mas foi formalmente mantido fora do Tratado da Comunidade.* Essa situação peculiar durou até 2009, quando a Comunidade foi formalmente eliminada e integrada à União. Mas também agora ainda existem métodos e práticas novas e velhas concomitantes, e muitas vezes em situações conflituosas.

A força da Comunidade estava na elaboração de um mercado, em outras palavras, um espaço jurídico em que empresas e consumidores, empresários e trabalhadores pudessem realizar transações livremente de acordo com as regras acordadas. A tarefa das instituições bruxelenses

---

* Com uma exceção característica, prenúncio de tensões posteriores. A pedido da França, o Conselho Europeu acabou recebendo uma função quanto à união monetária, embora a pedido da Alemanha tenha sido acolhido no primeiro pilar da Comunidade. Para reassegurar a doutrina, foi combinado que os líderes de governo efetivamente determinam as *diretrizes* da política econômica, mas o Conselho de ministros define as *decisões* formais. (Art. 103, alínea 2 do tratado do CE, versão de Maastricht.)

consiste em remover obstáculos e uniformizar os padrões, para que surja um "campo de atuação" igual em que oferta e procura se encontrem em toda a Europa. Os *players* nesse palco são empresas e consumidores, entre outros – deles é que sempre parte a negociação, e não das autoridades públicas. Analisando a partir de um governo nacional em Paris, Haia ou Varsóvia, o mercado comunitário é um lugar em que eles querem compromisso de livre e espontânea vontade, por exemplo, no caso de não poderem, sem mais nem menos, dar apoio estatal à sua indústria ou por não poderem se envolver sem mais nem menos com normas de contratação pública. Eles precisam passar despercebidos e experimentar a Comunidade, de forma exagerada, como *impotência organizada*.

A perspectiva se desloca na política de acontecimentos da União. Ali os Estados-membros estão todos juntos no cenário político dos acontecimentos. Eles, juntos, são os *players*. Deles parte a ação, por exemplo, ao garantir a segurança interna e externa. São eles que têm os exércitos, os diplomatas, os serviços secretos e os postos de fronteira. Aqui, não se trata de impotência organizada, mas de *produzir poder comum*.

Essa diferença não é evidente, mas reconhecida por todos os *players*. Isso explica como funcionaria cada disputa entre países e instituições ou o modelo de mercado também para um novo terreno político. Isso explica as brigas subsequentes quando aparentemente houve falhas nas estimativas – assim como aconteceu com o euro, que parecia impotente sem a caixa de ferramentas improvisada, ou com o espaço sem fronteiras internas, que aparentemente não era resistente contra impactos nas fronteiras externas. E daí, também, depois do choque de 1989, o profundo conflito sobre a questão de como configurar formas da política que – passando pela zona cinzenta entre normatizar e agir –, segundo *players* dominantes, exigiam mais do que impotência organizada, pois era preciso agir em conjunto.

Juristas e administradores sentem falta da distinção entre normatizar e executar. A sua linguagem é a das competências jurídicas, enquanto na política de acontecimentos se trata de responsabilidades – e noção política. Aqueles que têm a competência às vezes se esquecem de que nem sempre têm a *autoridade* para assumir a responsabilidade naquela situação: aí começa o excesso de confiança administrativa.

A doutrina bruxelense baseia-se na transmissão de competências dos Estados-membros à Comunidade. Conforme o tratado, competências são transferidas às instituições centrais – política de competência, política agrícola. Juridicamente impermeável. Passo a passo, foi possível realizar a expansão territorial. Isso funcionou enquanto pedacinhos de mercado ou política – mercado do aço, preços da beterraba – podiam, por assim dizer, ser separados e preparados individualmente, mas isso passou a ser mais complicado para a vida econômica como um todo. Quem é responsável se algo der errado? Em que porta o protesto dos agricultores devido aos preços muito baixos dos grãos baterá? Se o mercado é uma competência comum, por que o combate ao desemprego não o é? E a taxação? Onde é que ela vai parar?

Na União, não se trata de transmissão de competências, mas de acordos para atuar juntos e, portanto, por *organização da responsabilidade*. Um termo menos empregado. Assumir responsabilidade tem a ver com agir em situações para as quais não há regras. Não é possível estabelecer num acordo como agir se eclodir uma guerra entre a Rússia e a Ucrânia, se a economia grega desmoronar ou se massas de refugiados atravessarem o Mar Mediterrâneo. Por isso que não foram atribuídas competências às instituições centrais em 1993 para política externa, defesa, segurança interna; para o último item, o próprio Estado-membro ficou sendo o responsável. Então, como é que a União podia ser significativa? Justamente por *não* ter sido pensada como uma décima terceira entidade *paralela* aos Estados-membros, mas que, de certa forma, os unia. A União é: o conjunto dos Estados-membros. A abordagem leva a um sistema de entrelaçamentos em que é cada vez mais difícil distinguir a política "europeia" e a "nacional".

Essa transformação também coloca a questão da autoridade num outro foco. A Comunidade se fundamenta em regras fixas; elas têm valor, são vinculativas e dispõem de autoridade legal. Se os Estados-membros por acordo transferem competências, depois disso não deve protestar quando elas são exercidas. Questão de adaptação administrativa. Juridicamente impermeável, sempre. Muito adequado para contextos de política e regras existentes. Já a União, ao contrário, organiza o poder e a autoridade política para tomar decisões em situações únicas. Pois, como ficam as coisas se for necessário fazer algo para o que ainda não há regras? Se a economia não se atentar às limitações das agências de planejamento, se um país vizinho não quiser se ater aos acordos internacionais e centenas de milhares de refugiados não quiserem respeitar fronteiras com ou sem arame farpado, e aí, o que fazer? E o que fazer se um acontecimento, governos colegas ou o próprio público perguntarem sobre ações ou decisões determinantes? Nesses casos, os *políticos* – os eleitos que em nome do interesse comum tomam decisões e agem – devem organizar o apoio junto ao público, os eleitores. Eles devem *convencer* seu público não apenas com regras jurídicas ou argumentos técnicos, mas também com uma história sobre o porquê, o interesse ou a urgência de suas escolhas. Eles, então, reivindicam a autoridade política e pedem por sua aceitação.

Isso suscita a questão de como e por meio de qual linha trazer para dentro os eleitores a partir de Maastricht. No novo Tratado da União (e inicialmente, apenas ali), o Conselho Europeu recebeu essa tarefa, que ele já exercia, pela primeira vez de modo formal; os líderes de governo, como o escalão mais alto eleito democraticamente em seu próprio país, podiam operar como uma fonte de autoridade para a atuação conjunta na política de acontecimentos. No tratado renovado da Comunidade (e inicialmente somente ali), o Parlamento Europeu recebeu mais participação, ao lado do Conselho de ministros; no caso da política de regras, os eleitores, além das eleições nacionais, estão envolvidos em sua função europeia.

Mais uma consequência importante raramente reconhecida da transformação: a relativização da igualdade jurídica dos

Estados-membros. Na política de regras bruxelense de antes do Muro, o tabu de desigualdade funcionava excelentemente bem. Depois da transferência de competências, os Estados-membros, na esfera do tratado, ficaram "residualmente" para trás como iguais. Mesmos direitos para cada Estado-membro, Alemanha igual a Luxemburgo. Isso estava em desacordo com a desigualdade real, mas, uma vez que os Estados-membros haviam se comprometido sobretudo com as regras da Comunidade e transferido as tarefas de supervisão, controle e facilitação – de "mestre de mercado" e "encarregado" –, as coisas ainda funcionavam. Na política de acontecimentos, porém, os próprios Estados-membros entram em cena. Eles são os atores que devem reagir a desafios imprevistos. Como parte da União, resumindo, os Estados-membros têm um exército, uma diplomacia, um aparato policial, um fisco, um território e uma história. Essas características não podem ficar escondidas para garantir a representação jurídica de igualdade, não, elas determinam quanto de responsabilidade política cada um *pode* ou *quer* assumir. E o resultado: o *player* Alemanha aguenta mais do que os *players* Luxemburgo ou Grécia. Por isso, os Estados-membros na União são desiguais – grandes e pequenos, ricos e pobres, com vizinhos agradáveis ou bravos, fronteiras densas ou porosas. Isso determina a natureza de estarem juntos.

Todas essas diferenças – mercado e segurança, normatização e capacidade de ação, competência e responsabilidade, anonimato e visibilidade, igualdade formal e desigualdade real – podem parecer sutilidades, ou ser tabus. Mesmo assim, nos dramáticos anos pós-Muro de 1989-1991, brigava-se duramente por isso. Interesses e visão colidiam. Aparentemente, os *players* principais em Paris, Bruxelas, Bonn, Londres, Haia ou Roma entendiam muito bem o que estava em jogo com a União: uma metamorfose europeia. Justamente por isso que a oposição mais feroz contra a ruptura em direção a uma União estava não somente na Londres de Thatcher e Major, mas justamente também na Bruxelas de Jacques Delors.

RUPTURA E RESISTÊNCIA   No outono de 1989, diplomatas franceses previram que as negociações sobre uma moeda levariam a um debate sobre "a Europa política". Se esse exercício chegasse mesmo, talvez fosse o caso de oferecer um contexto melhor, uma forma para acomodar as forças.

Foi planejada uma pequena bandeira durante a reunião de cúpula de Estrasburgo de dezembro de 1989 – a mesma do acordo implícito entre a reunificação alemã e a união monetária europeia. As primeiras quatro palavras da declaração de encerramento são: *Vers l'union européenne*, "Para a união europeia". Algumas frases mais adiante: "É no interesse de todos os Estados europeus que a Comunidade se fortaleça e acelere sua marcha em direção à União Europeia".[24] No entanto, não dá para saber se todos os doze líderes se deram conta dessas palavrinhas. Pois, sabe como é, eles tinham tanto para tratar e isso era só uma prosa introdutória decorativa, as decisões para valer vinham depois. "Palavras", o embaixador britânico deixou escapar para seu colega francês.[25] Contudo, com essas quatro palavras os líderes de governo vinculavam a situação a uma finalidade. Um mês depois da Queda do Muro, eles disseram para onde queriam ir: para a União Europeia. (Nesses novos dias, a forma de escrever ainda variava entre "união" e "União".)

O representante permanente da Grã-Bretanha tinha razão num ponto: ninguém sabia exatamente o que a "União" implicava. Mas essa imprecisão também era uma vantagem. Um conceito vazio pode ser preenchido. Além disso, a palavra passando pela integração europeia tinha adquirido uma função específica. Não tinha importância se era pelo plano construtivo federalista do europarlamentar italiano Spinelli, ou via reuniões de cúpula de líderes de governo como

---

[24] "Sessão do Conselho Europeu, Estrasburgo, 8 e 9 de dezembro de 1989", 1.

[25] John Kerr, 8 de dezembro de 1989; comunicado por escrito por meio de Pierre de Boissieu ao autor da nota interna sobre o Tratado da União.

De Gaulle havia preconizado no Plano Fouchet – quem invocava a "união" queria mais do que mais uma breve etapa de expansão territorial tecnocrática, queria, sim, uma brecha na fábrica de regras, forçar uma ruptura em direção à política.

Em 19 de abril de 1990, Mitterrand e Kohl enviam uma carta curta, mas forte, a seus dez colegas líderes de governo. "Considerando as mudanças radicais na Europa, a obtenção do mercado interno e a realização de uma União Econômica e Monetária", segundo o chanceler e o presidente, "consideramos ser necessário acelerar *a construção política da Europa dos Doze* (...) e dotar essa união com os meios necessários para que possa agir".[26] Com referência à pretensão várias vezes adiada, eles escrevem: "Acreditamos que chegou o momento de 'transformar todo o conjunto de relações entre os Estados-membros em uma União Europeia'".[27] A partir de 1993, é preciso que as "reformas fundamentais" da união monetária e da união política sejam um fato.

Um esclarecimento. Kohl e Mitterrand *não* escreveram: a Comunidade precisa se transformar em União. Não, eles localizaram a origem da União na "Europa dos Doze", no "conjunto de relações entre os Estados-membros". O espaço pode ser chamado de "esfera intermediária" dos Estados-*membros*, considerando que eles, imperceptivelmente, haviam se emaranhado entre a velha "esfera externa" continental de todos os Estados europeus soberanos e a "esfera interna" do tratado das instituições de Bruxelas.[28]

A carta não é muito convincente. Os desentendimentos franco-germânicos foram retoricamente varridos para debaixo do tapete ou

---

[26] Helmut Kohl e François Mitterrand, Carta à presidência irlandesa, 19 de abril de 1990; a carta completa pode ser encontrada em: Finn Laursen e Sophie Vanhoonacker, *The Intergovernmental Conference on Political Union. Institutional Reforms, New Policies and International Identity of the European Community*. Maastricht, Martins Nijhoff, 1992, p. 276 (curs. LvM).

[27] Kohl e Mitterrand, Carta à presidência irlandesa.

[28] Van Middelaar, *Europa em Transição*, p. 43-45.

elaborados num compromisso. Um pouco depois da carta, os Doze decidiram realizar uma conferência de governo sobre a união política, paralelamente a uma sobre a moeda. Todos os Estados-membros trazem ideias, que variaram de uma melhor política ambiental (Dinamarca) ou mais dinheiro para regiões mais pobres (os Estados-membros do Sul) até um Parlamento mais poderoso (Alemanha, Benelux) e introdução da cidadania europeia (Espanha). Seguimos em direção a uma nova fundação.

Parece que a política externa é um fator decisivo para a natureza da nova aliança. Como os Doze falariam com o mundo externo? Todos reconhecem que a cooperação informal existente é muito fraca. Ela é reativa, declaratória e obriga a pouco mais que troca de informações e aconselhamento mútuo. Não se é obrigado a ter uma posição partilhada, sequer *desejá-la*. Por sua vez, expor a política externa às regras da Comunidade tem uma posição muito sensível. Nesse caso, somente a Comissão poderia fazer sugestões, o Parlamento poderia se manifestar a respeito e a Corte adjudicaria ações diplomáticas. Isso contradiz o sentimento de soberania nacional. Dirigir um mercado é uma coisa, decidir sobre guerra e paz, outra; essa responsabilidade os administradores bruxelenses e os parlamentares estrasburgueses não podem carregar, ao menos conforme a análise das capitais, Paris e Londres em primeiro lugar.* O dilema: as regras informais não são suficientemente vinculantes e o espartilho oferecido pela Comunidade é muito apertado. É preciso encontrar uma solução intermediária.

Por causa dessa sensibilidade, o presidente luxemburguês, em

---

* Enquanto os britânicos eram os únicos a dizê-lo em voz alta, os franceses manifestavam seu ceticismo a portas fechadas: o primeiro-ministro neerlandês Lubbers, que no verão de 1991 estava em visita ao Eliseu, ouviu do presidente Mitterrand quanto à sua declaração de reforçar as instituições: "Mas o que é que o Senhor está dizendo agora? A Comissão é zero, o Parlamento é zero e zero mais zero é zero". (Citado por Ruud Lubbers na transmissão do programa de TV de entrevistas *Buitenhof* em 18 de março de 2007.)

abril de 1991, apresenta o esboço de um tratado para "uma União". Ele tem três conjuntos de regras: para as questões da Comunidade (mercado, moeda e política adjacente), para a política externa e para os assuntos da justiça. Colocando um telhadinho sobre esses três "pilares", temos um templo. Este oferece espaço suficiente para renovação e protege a Comunidade. Esse telhadinho sobre os três pilares se chama "União", e com isso está integrada a tensão institucional. Em todo caso, esse modelo também não serve, argumentam Bélgica, Países Baixos, Grécia e a Comissão: ele fecha o caminho para um desenvolvimento federativo da Europa. Já França, Grã-Bretanha, Portugal e Dinamarca apoiam o modelo-de-três-pilares; política externa não é um assunto para "Bruxelas".

Nesse terreno, eles se prendem à autodeterminação e ao seu veto. Ao que tudo indica, a Alemanha pode viver com as duas versões. Na reunião de cúpula em Luxemburgo de junho de 1991 – a guerra na Iugoslávia acaba de eclodir –, os líderes de governo resolvem aceitar a proposta dos pilares como *o* (e não *um*) ponto de partida para um Tratado da União. E com isso a ruptura está decidida.

No histórico outono de 1989, também o presidente da Comissão, Delors, começou a enxergar suas oportunidades. A Comunidade precisava ser reforçada "para poder responder às acelerações da história".[29] Pela necessidade de uma política externa europeia, em janeiro de 1990, em Estrasburgo, ele defendeu corajosamente a remodelação da Comissão em um Poder Executivo verdadeiro e responsável. Este teria que prestar contas "na presença das instituições democráticas da futura Federação".[30] Uma semana depois, na

---

[29] Jacques Delors, 17 de outubro de 1989, em: Jacques Delors, *Le Nouveau Concert Européen*. Paris, Odile Jacob, 1992, p. 314-338: 335.

[30] Jacques Delors, 17 de janeiro de 1990, em: Jacques Delors, *Le Nouveau Concert Européen*. Paris, Odile Jacob, 1992, p. 193-218; 209.

televisão francesa, ele ainda deu uma data para isso: "Meu objetivo é que a Europa até o final do milênio seja uma verdadeira federação".[31]

Em Londres, Thatcher viu sua suspeita sobre as pretensões de Bruxelas confirmada. Em Paris, Mitterrand exclamou diante da televisão em sua casa durante a entrevista de Delors: "Mas isso é ridículo! Onde é que ele está se metendo? Ninguém na Europa vai gostar disso. Fazendo-se de extremista desse jeito, ele ainda vai destruir o que dava para ser feito".[32] O biógrafo dele denominou esse episódio de "momento Ícaro de Delors". Impulsionado pelos acontecimentos, ele pensou por um momento que podia voar. Ele sobreviveu à queda; a ajuda prestativa de Helmut Kohl – que teve grande auxílio seu durante a unificação – serviu de rede de proteção.

Atrás da tela, os defensores do método da Comunidade ficavam argumentando contra a ruptura em direção a uma União. Em julho de 1991, Haia, naquela época um bastião da tecnocracia e da ortodoxia, recebeu a presidência de Luxemburgo; com o apoio determinante vindo da Comissão, os diplomatas neerlandeses reescreveram o esboço do tratado.[33] Eles voltaram a chamar a "União" de "Comunidade" e espremeram a política externa dentro do casulo comunitário. Mas essa tentativa de proteger o santo método bruxelense falhou – um fracasso conhecido nos Países Baixos como "a segunda-feira negra" (30 de setembro de 1991). O fluxo histórico de depois do Muro não ergue a Comunidade, mas a aliança dos Doze.

Uma última batalha na retaguarda ocorreu na reunião de cúpula de Maastricht em 9-10 de dezembro de 1991. Nessa ocasião, o

---

[31] Jacques Delors, 23 de janeiro de 1990, em: Charles Grant, *Delors. Inside the House that Jacques Built*. London, Nicholas Brealey, 1994, p. 135.

[32] François Mitterrand, 23 de janeiro de 1990, em: Jacques Attali, *Verbatim III, 1988-1991*. Paris, Fayard, 1995, p. 401.

[33] Reconstrução da cooperação entre Haia e a Comissão em: Bob van den Bos, *Mirakel en Debacle. De Nederlandse Besluitvorming over de Politieke Unie in het Verdrag van Maastricht*, Assen, Van Gorcum, 2008.

presidente Lubbers, apoiado por Delors, evitou que a União se transformasse numa pessoa jurídica. O resultado curioso: a União, a nova aliança apresentada com todo um estardalhaço, não existia juridicamente, ela foi parar na zona intermediária jurídica. Foi só o Tratado de Lisboa (2007) que finalmente resolveu a diferença entre Comunidade e União. A Comunidade desapareceu e sobrou apenas a União. Só então é que ela recebeu uma personalidade jurídica formal.*

A CORUJA DE MINERVA Em seu *Filosofia do Direito*, Hegel escreveu: "A coruja de Minerva somente começa sua fuga com o cair da escuridão". Com essa imagem, o filósofo alemão expressou o fato trágico que na verdade somente aparece em nossa visão da realidade assim que começa a anoitecer. Não é de estranhar que a *transformação* europeia de 1989-93 hoje em dia seja mais bem compreendida do que no próprio momento; acontecimentos posteriores lançaram uma luz no que aconteceu antes e nós aprendemos coletivamente. Mas não foi só isso. Também havia a ação de forças contrárias, forças que ocultavam a metamorfose, que agarravam a coruja de Minerva pelos pés evitando que ela alçasse voo.

O repensar é combatido pelas práticas e pela doutrina bruxelenses. A Comissão e o Parlamento consideravam os arranjos institucionais do Tratado de Maastricht intervenções no santo método da Comunidade, alterações na pura doutrina. A forma particular de trabalho da política externa e justiça, a função principal para os líderes de governo: somente podiam – e também podem ainda hoje – ser exceções temporárias. Como de costume, o "não" era traduzido por "ainda não".

Esse tipo específico de teleologia bruxelense podia promover autoconfiança a alguns desenvolvimentos posteriores. O mais importante

* Não foi o acaso: a mudança jurídica silenciosa que transformou a União numa *pessoa jurídica* (art. 47 TUE) encontrou no mesmo Tratado de Lisboa o seu tão discutido contrapeso político com a introdução da presidência fixa do Conselho Europeu: essa figura, que se expressará em nome dos Estados-membros reunidos, transforma a União em um *corpo político*.

era o fato de que parte da política judicial desde 1999 continuava sendo vertida no molde comunitário; assuntos como asilo, visto, imigração e trânsito livre de pessoas mudaram de lugar no Tratado da União, de "terceiro" para "primeiro pilar". Isso removeu vetos e facilitou a formação de decisão, era como isso se chamava (de fato, na crise dos refugiados de 2015-2016 poderia ter sido votada uma controversa decisão de asilo); quem sabe, uma questão de tempo para o restante seguir. Além disso, a política externa ("segundo pilar") ainda representava muito pouco. Nos anos de 1991-99, as Guerras dos Bálcãs, que estavam próximas, não foram contidas pela Europa, mas pelos norte-americanos enquanto a Guerra do Iraque em 2003 levou a uma amarga divisão entre as capitais. Críticos constataram que a nova União não conseguia realizar muita coisa.

Quando, então, a partir de 2002, a mecânica institucional foi revolucionada, a briga pelos métodos entre as instituições e os Estados-membros se aqueceu novamente. Frequentemente, as disputas de fronteira entre os domínios da política de regras e a de acontecimentos eram traduzidas em rivalidade institucional da Comissão *versus* Conselho Europeu ou o Conselho de ministros. Os compromissos obtidos (como para os de relações exteriores: um serviço diplomático) mostravam-se frágeis devido à desconfiança mútua. A indecisão da mudança substancial permanece.

A confusão depois do Muro até mesmo aumentou. A União é uma aliança política que, para poder dominar os acontecimentos, rompe com a despolitização. Isso aguçou o debate entre os dois planos construtivos alternativos: politização via Parlamento ou via líderes de governo – uma briga muito natural, uma disputa fácil de ler entre dois grupos políticos por poder governante e controle. Mas um dos dois grupos ainda continua insistindo na Promessa do pós-guerra. Sob a autoridade da Fundação, vários simpatizantes da parlamentarização gostam de traduzir a briga pelo poder num conflito moral entre a (boa) Comunidade e a (má) União. Esse movimento é questionável.

A legitimidade do plano construtivo original de fato se baseava na *regra*: esta precisava ser apartidária, objetiva e obrigatória; a mecânica institucional estava a serviço de um resultado aceitável para todos. Não havia nada previsto para a política de acontecimentos. Na situação do pós-Muro, os idealistas bruxelenses invertem a questão tecnicamente: agora as *instituições* são as principais. Somente o que passa pelas mãos da Comissão e do Parlamento é legítimo, independentemente de ser uma regra normativa (da velha Comunidade) ou da decisão para uma ação (na nova União). Falando abertamente: eles querem se imiscuir em tudo e, quando são deixados de fora, lançam acusações de "traição de um ideal" ou "desprezo pela democracia parlamentar". Eles ignoram que nem todos os Estados-membros que um dia assinaram pelo mercado despolitizado pensavam numa Europa federativa – com certeza, França, Países Baixos, Espanha, Dinamarca ou Polônia bem menos do que Alemanha, Itália e Bélgica. (Sem falar da Grã-Bretanha, que por desconfiança já fechou a porta.) O plano construtivo parlamentar não é permitido em toda a União com base em política de acontecimentos. Também falta uma linguagem para expressar isso. Assim, os líderes de governo, aos quais, na União, foi atribuída a tarefa de conter crises quando as regras não oferecem condições para isso, encontram-se sob ataque como subversores do projeto puro.

Ninguém menos do que Angela Merkel sentiu esse ataque doutrinário na própria pele. Num discurso feito no final de 2010 em Bruges, a chanceler alemã sugeriu o novo estado político e jurídico da Europa. Um ano antes, o Tratado de Lisboa havia elevado juridicamente a Comunidade e transformado formalmente o Conselho Europeu numa instituição da UE. Merkel apontou para seu público que as instituições bruxelenses Comissão e Parlamento não detinham o monopólio da "Europa" e que os Estados-membros também exercem a sua função na União via Comissão e Conselho Europeu (do qual ela mesma era membro). "Um não é mais europeu do que o outro, independentemente de onde se faz parte, mas nós todos somos

Europa".³⁴ Ela defendia um comportamento coordenado em terrenos como política energética, para os quais os Estados-membros continuavam sendo responsáveis; mesmo sem transferência de autoridade podia-se agir como "Europa".

Para essa desejada atuação em conjunto de instituições e Estados-membros, Merkel, com uma grande visão arquitetônica e *contexto histórico*, lançou o termo "método da União". Embora o elemento constitucional da União – a autoridade governante aglutinada no e em torno do Conselho Europeu, o Poder Legislador para o Parlamento e o Conselho, o motor político e a execução administrativa pela Comissão, o Poder Jurídico para a Corte – há muito já tivesse se formado na prática, o Tratado de Lisboa reforçou as relações para todos apenas de modo visível, ou seja, a chanceler alemã procurou as palavras que se encaixavam na situação. O termo "método da União" também causou nervosismo em círculos bruxelenses e foi interpretado como um ataque. Eles estavam revoltados.³⁵ Por pressão de membros proeminentes do partido no Parlamento Europeu, Merkel desistiu do termo. Ela havia violado um tabu. O episódio é revelador. Mesmo agora, que a Comunidade não existe mais, o Método da Comunidade permanece intocável. Quem tenta dar seu próprio sentido ou especificar a nova União é colocado fora da ordem. Tabuização como método. O velho pensamento prensa o autoconceito europeu. Isso é antieficaz e acaba sendo autodestruidor: segundo minha convicção, a crença bitolada de que "a verdadeira Europa" deve ser construída contra os Estados-membros, em vez de com eles, alimenta justamente

---

³⁴ Angela Merkel, "Discurso da chanceler alemã por ocasião da abertura do 61º Ano Acadêmico do Colégio Europeu de Bruges", 2 de novembro de 2010.

³⁵ Manuel Sarrazin e Sven-Christian Kindler, "'Brügge Sehen und Sterben': Gemeinschaftsmethode Versus Unionsmethode", em *integration* 3, 2012, p. 214-23. Os dois membros do *Bundestag* do Partido Verde concluíram (p. 223): "O caminho pelo Método de Bruges, ao contrário – como no filme, a parada em Bruges foi mortal para alguns protagonistas – pode ser mortal para a União Europeia".

o ceticismo público e o nacionalismo disruptivo contra os quais não tem defesas – sem falar do terrível anátema.

Além dessa contrapressão doutrinária, havia mais uma força que impedia a coruja de Minerva de alçar voo e empurrava o conceito da *transformação* política para a União. Logo em 1989, considerou-se que não era urgente o pensamento depois daquele do que a nova União desejava fazer, assegurar a segurança e implementar a política de acontecimentos. O choque da *Queda do Muro*, o retorno de grandes questões de guerra e paz, aparentemente não tinha problemas. Daí que a volta da história colocou conselhos diplomáticos e institucionais em movimento – e trouxe a ruptura para a União –, mas não penetrou de fato até o autoconceito europeu. Ao contrário, esse autoconceito anestesiou-se com o adágio "Fim da História" lançado concomitantemente, o conceito sedutor de que o mundo todo estava a caminho da liberdade do capitalismo democrático segundo o modelo ocidental. Uma ironia e tanto: justamente quando a Europa despertava geopoliticamente, alguém grita: "A apresentação terminou, você pode voltar para o camarim!".

Enquanto Francis Fukuyama achava que havia ajudado a terminar a História, ela foi apenas sufocada. A aceleração histórica chegou ao continente no verão de 2008 – com a crise dos bancos e a guerra entre Rússia e Geórgia – e parece que ninguém conseguirá pará-la. Somente nesse fluxo de acontecimentos em torno de euro, putinismo, refugiados, Brexit e trumpianismo, a Europa precisa realmente abordar a autoridade e a capacidade de ação que potencialmente estavam à disposição na União. Somente agora a transformação da Europa é posta à prova, obrigando que os acontecimentos sejam configurados de acordo com uma nova política.

Isso leva claramente ao florescimento de formas de "governar". Mas ao mesmo tempo nessa nova política, os eleitores também querem opinar, contradizer; eles também se manifestam *em massa* no palco e querem aproveitar o momento – às vezes como verdadeira "Oposição".

PARTE III

GOVERNAR OU NÃO?

> Esses três poderes [Executivo, Legislativo, Judiciário] formariam um repouso ou uma inação. Porém, como, por causa do movimento das coisas, eles serão obrigados a agir, serão obrigados a agir em concerto.
>
> *Charles de Montesquieu*[1]

> Existe uma ideia, que tem os seus defensores, de que um Executivo enérgico é incoerente com o espírito de governo republicano. (...) A energia no Executivo é um caráter de liderança na definição de bom governo (...). Um Executivo fraco implica uma execução fraca do governo. Uma execução fraca nada mais é do que outra frase para má execução; e um governo mal executado, seja lá o que possa ser em teoria, na prática é um mau governo.
>
> *Alexander Hamilton*[2]

EMANCIPAÇÃO DO PODER EXECUTIVO

A nova política da Europa: no fluxo fervilhante dos acontecimentos – moeda em dificuldade, refugiados se afogando, Brexit doloroso, Trump desafiador –, tomar decisões em conjunto, e não apenas estabelecer regras, agir, e não apenas regular e enquadrar. Fazer política de acontecimentos. Será que essa necessidade é apenas a consequência de situações extraordinárias, de preparação deficiente, de furos lamentáveis no mecanismo normativo? Ou será que há mais fatos envolvidos?

A palavra "acontecimento" – Heidegger chamava de *evento* –, na filosofia do século XX, remete à abertura essencial nas questões humanas. O termo dá margem ao inesperado. Ele abre uma brecha na imagem fechada da história de hegelianos e marxistas, para os quais a humanidade está indo em direção a um dado ponto final; uma brecha no quadro mundial determinístico dos cientistas naturais que extirpam acaso, vontade e escolha de seus esquemas causais; uma

---

[1] Montesquieu, *De l'Esprit des Lois*, livro XI, cap. 6. Ed. Victor Goldschmidt. Paris, Flammarion, 1979 (orig. 1758), p. 302.

[2] Alexander Hamilton, John Jay e James Madison, *The Federalist Papers* 70 (Hamilton). Eds. Charles R. Kesler e Charles Rossiter. New York, Signet, 1999 (orig. 1788).

brecha nas extrapolações e nos cenários de empresas de planejamento econômico e futurólogos que se empolgam com seu pontilhado alegre em direção ao amanhã. Quem sabe, diz o acontecimento a todos eles, tudo pode ser diferente. A transparêcia da história, portanto, de forma nenhuma é um sinal de nossa deficiência como preditores ou conquistadores do futuro, não, ela é o inverso da liberdade humana – e, portanto, um grande bem.[3]

Segundo Hannah Arendt, as pessoas têm basicamente dois métodos para dominar o futuro; a questão é quando e em que medida devem ser usados. Um dos métodos é a *promessa*, uma capacidade humana por excelência. (Nietzsche: o homem é um animal que consegue fazer promessas.) Traduzido na prática política, isso significa: contratos, tratados e regras. Obrigamo-nos uns aos outros a fazer ou justamente não fazer algo no futuro. Esse é o caminho que os Estados fundadores seguiram em 1950 com a Comunidade Europeia. O Tratado lhes daria suporte e previsibilidade às relações mútuas. Ele foi criado – numa imagem que Arendt usa em outro contexto – como uma "pequena ilha isolada de segurança num oceano de insegurança". Alguns esperavam que essa ilha com o passar do tempo se expandisse para todo o oceano. Mas aí a vantagem se transforma em perigo. "Assim que a capacidade de fazer promessas é utilizada incorretamente para fixar o futuro de uma vez por todas, (...) ela perde o poder de nos obrigar e toda a intenção destrói-se a si mesma."[4] Em outras palavras: quem acha que a esfera de normatização pode abranger toda a realidade política, cedo ou tarde, ficará sem nada.

---

[3] Marcante, segundo Raymond Aron, *Introduction à la Philosophie de l'Histoire. Essai sur les Limites de l'Objectivité Historique*. Paris 1948, p. 323: "O tempo não é um espelho que deforma, nem uma tela que dissimula o ser verdadeiro, mas a expressão da natureza humana, cuja finitude implica o encaminhamento indefinido. A história é livre porque não está escrita de antemão, nem determinada como a natureza ou como uma fatalidade, imprevisível, como o homem por si mesmo".

[4] Hannah Arendt, *De Menselijke Conditie*. Amsterdam, Boom, 2009, p. 226.

O outro método para conseguir manter as rédeas da imprevisibilidade do futuro é com um sistema organizado de "*governar e soberania*".[5] Um grupo de pessoas está ligado não por uma origem étnica ou um desejo idêntico mágico que inspire a todas elas, mas por um objetivo com o qual concordaram publicamente, esse grupo pode ir ao encontro do futuro quase como se ele fosse o presente. Suas decisões podem "proporcionar uma enorme, real e maravilhosa expansão da dimensão para o poder desabrochar".[6] Esse governar é um velho e potente instrumento da política de acontecimentos. É, como o autor de um famoso estudo sobre Maquiavel escreveu, "uma série de dispositivos para lidar com o tempo contingente".[7] Enquanto a história não terminar, não podemos viver sem ele.

Aquele que em Washington vê a glória do Congresso Legislativo, com a sua cúpula majestosa no eixo da cidade, e a comparativamente pequena Casa Branca para o Presidente mais ao lado sente como deveriam ser as relações segundo os fundadores da república norte-americana em torno de 1800. Os legisladores são o chefe, o Poder Executivo vem em segundo lugar. Os treze estados recentemente unidos logo se libertaram do rei britânico, seu soberano colonial; eles não quiseram colocar nenhum rei-cidadão em seu lugar. Algo semelhante aconteceu na França. Depois da revolução de 1789 e a queda do rei absolutista Luís XVI, investiu-se na autoridade impessoal e geral da lei. Como Pierre Rosanvallon mostra em *Le Bon Gouvernement* "a primazia foi para o parlamento, como gestor da soberania do povo. É verdade que a França ainda conhecia o turbulento episódio de Napoleão (e, um meio século depois, o do seu primo), mas a desconfiança

---

[5] Arendt, *Menselijke Conditie*, p. 226 (tradução adaptada).
[6] Arendt, *Menselijke Conditie*, p. 227.
[7] J. G. A. Pocock, *The Machiavellian Moment. Florentine Political Thought and the Atlantic Republican Tradition*. Princeton, Princeton University Press, 1975, p. 27.

frente a líderes erráticos finalmente culminou em 1870 no parlamentarismo da Terceira República".[8] Justamente como os norte-americanos, os franceses mantiveram o Poder Executivo pequeno.

De forma similar, também os fundadores da Comunidade colocaram uma pedra sobre o passado. Igual ao que fizeram as jovens repúblicas francesa e norte-americana colocando seus reis de escanteio, a recém-nascida Comunidade Europeia colocou os governos nacionais para fora, o mais longe possível. Durante os três momentos de ruptura – 1776, 1789 e 1950 –, o primeiro reflexo não foi "Vamos substituir as figuras", mas mais profundamente: "Fora com o arbítrio do rei e do Poder Executivo, vamos construir um sistema impessoal de leis gerais". Censuras e traumas como esses podem repercutir por muito tempo, em práticas e relações constitucionais, em medos e paixões, não por anos, mas décadas ou, até mesmo, um bom século. Até novos choques sacudirem tudo obrigando a outros comportamentos: em Paris a *Grande Guerra* de 1914, em Washington a *Grande Depressão* a partir de 1929. Mas, mesmo então, vê-se que os padrões antigos são difíceis de mudar.

Curioso é que agora, neste ano em Bruxelas, de modo importante há um parlamento, mas que mesmo após sessenta anos continua sendo considerado ingênuo ou é tabu perguntar pelo *governo* no sistema. Essa hesitação e insegurança estão mais arraigadas que a preferência norte-americana e francesa iniciais por um parlamento forte e um Executivo fraco: na União, nem foi possível localizar um governo por muitas décadas. Os especialistas em direito constitucional também não sabiam o que fazer com a mecânica institucional europeia. A "tríade política" ligada ao nome Montesquieu, a separação entre as funções legisladora, executiva e judiciária, parecia não ser adequada para a jovem Comunidade. Somente o Poder *Judiciário* tinha um lugar evidente: a Corte de Justiça em Luxemburgo; com acórdãos

---
[8] Pierre Rosanvallon, *Le Bon Gouvernement*. Paris, Seuil, 2015.

conscientes, a Corte soube desenvolver essa posição positivamente a partir de 1963.[9] Já as funções legisladora e executiva na fábrica de regras de Bruxelas emaranhavam-se entre si nas funções de Comissão e Conselho. Disso os juristas concluíram otimistas que a Comunidade, portanto, teria que ser algo *sui generis*, especial. Com o tempo, a doutrina conseguiu identificar um "Poder *Legislativo* europeu".[10] A existência de um Parlamento, eleito diretamente desde 1979, acelerou essa emancipação; todo parlamento quer ser mais do que um grupo de discussão ou conselho consultivo, preferindo participar na elaboração de leis, mesmo que estas, como acontece em Bruxelas, sejam chamadas de "diretriz" ou "regulamentação". Desde 2009, o Parlamento e o Conselho são denominados oficialmente de "colegisladores". Já, ao contrário, o terceiro membro da tríade, o Poder *Executivo*, não encontrou um lugar indiscutível, próprio.

Existe uma ambiguidade semântica no conceito. Nos modernos sistemas de governo, o Poder Executivo tem duas faces. Uma delas está à vista de todos: o Poder Executivo *político*. Isso é o que comumente se chama governo, uns dez ou vinte políticos nos holofotes; eles, juntos, definem o curso ante parlamento e público. A outra face fica nas sombras, o Poder Executivo *administrativo* (em neerlandês, também conhecido como o "quarto poder"). Trata-se da administração pública, com seus milhares de funcionários em escritórios anônimos, os "executores", no sentido de fazer um serviço, de decisões e leis; eles se encaixam sob a autoridade política do governo. É claro que a União tem montes desses funcionários administrativos. Entre os operadores mais importantes do direito da União, estão os ministérios *nacionais*;

---

[9] No âmbito de uma liderança política de acórdãos, Van Gend e Loos (1963) em Costa/ENEL (1964): Luuk van Middelaar, *Europa em Transição*, São Paulo, É Realizações Editora, 2017, p. 99-107 ("O espírito").

[10] Pierre Pescatore, *Le Droit de l'Intégration. Émergence d'un Phénomène Nouveau dans les Relations Internationales selon l'Expérience des Communautés européennes*. Leiden, A. W. Sijthoff, 1972.

ao mesmo tempo, esse tipo de poder está na Comissão, no Conselho de ministros e, desde os anos 1990, em dezenas de agências da UE (*agencies*). De certa forma, podemos até considerar o Banco Central em Frankfurt o Poder Executivo administrativo, assim como o fundo emergencial da zona do euro. O quarto poder da Europa.

Agora, voltando ao Poder Executivo *político*. Onde ele está? Ou melhor dizendo: onde é que ele surge e surgiu depois de inicialmente ter sido banido, sob a pressão dos acontecimentos? Os doutrinadores bruxelenses têm a resposta na ponta da língua: a Comissão ocupa o Poder Executivo e *é* o governo europeu. O primeiro presidente Walter Hallstein, numa visita a Washington, descreveu a si mesmo como "um tipo de primeiro-ministro da Europa";[11] seu distante sucessor Romano Prodi mandou elaborar uma constituição que concedesse o máximo de poder Executivo possível à sua instituição. Também em círculos do Parlamento colocaram-se todos os esforços compreensivelmente na Comissão, a instituição que podia chamar a responsabilidade para si. Esse é o plano construtivo federal da arquitetura europeia. Adicionalmente, desenvolvia-se a linha de pensamento que preferia os líderes de governo reunidos como a origem da autoridade executiva, o plano construtivo confederativo. A partir dessa convicção, o presidente francês De Gaulle em 1961-62 tentou forçar as reuniões de cúpula regulares, mas os Países Baixos e a Bélgica bloquearam sua iniciativa. No mesmo espírito – mas numa variante sutil –, a dupla Giscard d'Estaing e Monnet, em 1974, conseguiu criar o Conselho Europeu de líderes de governo, batizado pelo último de "governo europeu provisório".

Portanto, duas linhas de pensamento rivais, organizadas em torno da Comissão e do Conselho Europeu. Embora alguns juristas constitucionais ignorem a segunda linha, como indesejada,[12] o resultado era

---

[11] Walter Hallstein, citado em: Van Middelaar, *Passage naar Europa*, p. 8-89.

[12] Christoph Möllers, "Separation of Powers – a Short Manual for the Perplexed". In: Hans-Martien ten Napel e Wim Voermans (eds.), *The Powers*

suficientemente claro para os políticos. No famoso discurso berlinense com o qual, em 2000, gerou um debate constitucional continental, o ministro das Relações Exteriores alemão Joschka Fischer enxergava "duas opções": seja uma tomando o Conselho Europeu como base para um governo europeu, apoiado nos governos nacionais, seja a Comissão atual, mediante eleições diretas de seu presidente e transferência de poderes executivos.[13]

Melhor que resolver esse debate em papel, é mais interessante se voltar para a prática, para condições efetivas e poder de decisão. Como é que se desenvolve o Poder Executivo? Em casos de emergência, quem toma a decisão? Em muitas situações, a resposta é evidente. Às vezes, o assunto – encorajado pela máxima de Joseph Joubert sobre a questão intelectual de "enxergar nos objetos muito pequenos as maiores informações"[14] – é avaliar os deslocamentos institucionais sutis e a polêmica verbal aparentemente inocente. Também tais fenômenos revelam algo do Poder Executivo europeu emergente. Depois do Poder Judiciário e do Poder Legislativo, o terceiro membro da tríade de Montesquieu também vai tateando em busca de seu lugar independente.

---

that Be. Rethinking the Separation of Powers. A Leiden Response to Möllers. Leiden, Leiden University Press, 2015, p. 321-39 ("clandestine"); idem, *The Three Branches. A Comparative Model of Separation of Powers.* Oxford, Oxford University Press, 2015.

[13] Joschka Fischer, "Da Aliança de Estados até Federação – Pensamentos sobre a Finalidade da União Europeia", 12 de maio de 2000 ("Discurso na Universidade Humboldt"). O texto completo é o seguinte: "Da mesma forma é possível colocar duas opções para o Executivo europeu, o governo europeu. Ou se decide pelo desenvolvimento do Conselho Europeu até um governo europeu, ou seja, o governo europeu é formado a partir dos governos nacionais, ou, então, parte-se da estrutura atual de Comissão, para a eleição direta de um presidente com poderes executivos amplos. Mas aqui também é possível imaginar diversas formas intermediárias".

[14] Joseph Joubert, *Pensées, Essais et Maximes*, Titre IX, "De la Sagesse, de la Vertu, de la Morale, de la Règle et du Devoir", III. Paris, Charles Gosselin, 1842, p. 271.

Nesta parte, "Governar ou não?", examinamos como a União Europeia se remodela institucionalmente voltada para a política de acontecimentos. Três qualidades são indispensáveis: autoridade, determinação e capacidade de ação.

Autoridade, a primeira das três, frequentemente subvalorizada por perseverantes pragmáticos e racionalistas jurídicos. Só que autoridade é essencial; é condição para as duas outras. Não é possível tomar decisões em situações totalmente novas ou politicamente sensíveis somente com base em acordos existentes, procedimentos ou *expertise*; elas pedem apoio público, oriundo de eleições ou de maioria parlamentar. Passando pela autoridade legal da administração pública, essas decisões necessitam de autoridade política de governantes, de líderes que claramente vinculam sua sorte política e pessoal a elas. A diferença nem sempre é nítida: ela passa por executores administrativos e adaptadores de regras, via *players* na interface entre técnica e política, bem como ministros competentes ou eurocomissários, chegando a presidentes e primeiros-ministros na visão do público. Regra geral: quanto mais alta a causa, tanto mais forte a autoridade necessária. Por isso que esta parte começa com um retrato político do Conselho Europeu, trazendo a instituição que reúne as pessoas investidas da mais alta autoridade na União à luz dos holofotes. Essa perspectiva também ajuda a mostrar as forças e as fraquezas da Comissão. Desde o discurso de Joschka Fischer na Universidade Humboldt, a discussão entre os planos construtivos, que ainda lhe parecia incerta em 2000, mudou de rumo. Graças à experiência da década que se passou, já sabemos para que lado ela vai.

Através da lente da autoridade, analisamos a seguir as duas qualidades derivadas da política de acontecimentos. *Determinação* é a capacidade de tomar as decisões adequadas sob pressão de tempo, como distinção da paciente elaboração de normas da fábrica de regras. Ela não é necessariamente beneficiada pela eliminação de vetos nacionais, a receita tradicional da cozinha comunitária, mas pela utilização ideal da autoridade da liderança política da União. Analisar o novo campo de atuação executivo e a distribuição dinâmica de funções da década passada – além do Conselho Europeu e da Comissão, toda a linha de conselhos executivos de ministros, presidentes fixos, reuniões de cúpula europeias e gabinetes principais – deixa isso claro.

Capacidade de ação, por fim, é a capacidade da União – depois que a decisão para isso já foi tomada – de realmente *fazer* acontecer, ou seja, para se apresentar como autoridade pública e não oferecer a cidadãos e empresas um cenário em linha com o modelo da fábrica de regras. Quem deve fornecer essa capacidade de ação, o centro ou as partes? O que acontece se nem todos podem ou quiserem participar? Será que também é possível antecipar em vez de ficar pulando de uma crise a outra?

A matéria tratada nesta Parte III é móvel, decorrente de disputa por poder e assunto de inúmeros estudos. Minha intenção não é tratar detalhadamente o Poder Executivo do Estado europeu e todas as relações interinstitucionais. Muito menos, elaborar rapidamente um "plano de dez pontos" para reforma institucional, euro ou defesa; isso também é um gênero que merece seu próprio palco. O meu objetivo é melhorar, como um todo, a *legibilidade* geral da área de atuação institucional da União. É claro que, sempre que possível, lanço mão de experiências recentes. Naturalmente, então, quase discernimos a dinâmica, as energias e a direção do que considero uma emancipação, um desenvolvimento do Poder Executivo da União.

Essa emancipação ainda está longe de estar concluída. O movimento, além disso, não é só inegável, mas também é vital, uma vez que os Estados-membros da União querem proteger seus interesses e valores contra ataques externos e oferecer uma perspectiva a suas populações com base em um papel firme da Europa no mundo. Nesse sentido, a orientação institucional adequada do surgimento de uma nova política é mais do que prazer intelectual. É uma missão. Num momento em que a liderança política da União se prepara para reforçar sua capacidade de ação, é essencial escolher o caminho certo, de guiar as forças para o lado certo. O primeiro critério é reconhecer se as condições de igualdade para decisões conjuntas e ações são possíveis. A partir desse princípio, este livro contribuirá para a criação de uma nova conscientização política do futuro da Europa, reabrindo o debate sobre a potência da União.

Para finalizar, a nova política de acontecimentos não só traz *players* atuantes ao cenário, mas também traz o público às tribunas – que escolhe aplaudir ou reprovar. Uma União cujo funcionamento também vai se pautando gradualmente em Governar inevitavelmente terá que lidar com Oposição. Aliás, esta é muito necessária. A parte IV tratará justamente dessa questão há tanto ignorada, evitada ou negligenciada.

Capítulo 6 | Autoridade

> É curioso, mas o problema e a noção de autoridade foram muito pouco estudados. [...] E, no entanto, é evidentemente impossível discutir o poder político e a estrutura mesma do Estado sem saber o que é a Autoridade enquanto tal.
> *Alexandre Kojève*[1]

> Cortes e aristocracias têm a grande qualidade que rege a multitude, ainda que filósofos não enxerguem nada nisso – visibilidade.
> *Walter Bagehot*[2]

AUTORIDADE E LEGITIMIDADE

Autoridade é um conceito mais antigo, mais amplo do que "legitimidade", muito utilizado entre os politicólogos e especialistas em gestão. A última noção geralmente é aplicada como norma para analisar, avaliar ou criticar a justificação democrática de um sistema político (em nosso caso, a União). Característico de teorias de legitimidade, é como se reduz a vida política a uma máquina formadora de decisões; em verdadeiro vocabulário de fábrica, analisam previamente a "entrada da legitimidade", ou mesmo a medida da influência eleitoral; "saída da legitimidade", os resultados que a fabriqueta de decisões emite; e também o "rendimento da legitimidade", examinando rigidamente se o processo interno está "nos conformes".[3] Por si sós, trata-se de noções úteis. Mas essa visão pragmática, é o que já

---

[1] Alexandre Kojève, *La Notion de l'Autorité*. Paris, Gallimard, 2004 (orig. 1942), p. 49.

[2] Walter Bagehot, *The English Constitution*. Ed. R.H.S. Crossman. London, Collins 1963 (orig. 1867), p. 248.

[3] Fritz W. Scharpf, *Governing in Europe. Effective and Democratic?* Oxford, Oxford University Press, 1991 ("entrada" e "saída"); Vivien A. Schmidt,

chamou a atenção de Bagehot, ignora que a aceitação de decisões frequentemente não ocorre somente com base em participação, efetividade e transparência – aspectos que fazem sumir a "legitimidade" –, mas também em respeito e confiança, costume e tradição, epítome e simbolismo.[4] Os teóricos da legitimidade frequentemente consideram esses últimos motivos de aceitação medíocres, primitivos ou "ilegítimos"; já a noção mais abrangente de "autoridade", familiar para historiadores, sociólogos e filósofos jurídicos, pode, sim, receber um lugar, ao lado de outros, numa perspectiva voltada para a vida comum e a ordem política.

Autoridade política, antes de tudo, é uma qualidade pessoal. Nós sentimos se alguém a tem ou não, por experiência, sabemos se um líder pode conquistar a autoridade rapidamente (Macron) ou até mesmo perdê-la na mesma velocidade (Theresa May) – mas como isso funciona de fato é difícil explicar e pouco estudado. O filósofo russo Alexandre Kojève deu um pontapé inicial ao dividir essa questão em quatro *papéis* típicos ideais; o *pai*, a autoridade da tradição, o *combatente*, aquele que coloca a vida em jogo, o *chefe*, que determina o rumo, e o *juiz*, que faz juízos sábios.[5] É possível

---

Democracy in Europe. The EU and National Polities. Oxford, Oxford University Press, 2006 ("rendimento").

[4] Bagehot (*English Constitution*, p. 61) observou como o pragmatismo induzido pela metáfora técnica ignora justamente a função de autoridade (as partes "nobres" de um sistema de regras, o esplendor visível, distinguidas da "efetiva"): "De fato, existem pessoas práticas que rejeitam as partes dignificantes de Governo. Elas dizem que nós somente queremos obter resultados para fazer negociações: a constituição é uma coleção de meios políticos para fins políticos, e se você admitir que qualquer parte da constituição não faz negociações, ou que uma *máquina* mais simples funciona igualmente bem, você está admitindo que essa parte da constituição, por mais dignificante ou horrível que possa ser, nunca é realmente inútil". (Curs. LvM)

[5] Kojève, *Notion de l'Autorité*, p. 67-69. Termos franceses: *le Père, le Maître, le Chef, le Juge*. (Traduzi *Maître* como "Combatente" pois em Kojève se trata do "mestre" hegeliano pronto para dar sua vida num combate de vida e morte.)

derivar a autoridade política desses papéis e encenações, de acordo com interesse pessoal, condições e público. Churchill e De Gaulle ("o General") na Segunda Guerra Mundial detinham a autoridade de heróis de guerra; depois de 1945, eles assumiram um novo papel de liderança em seu país e na Europa. Também Putin, numa caçada aos ursos, ou Bush filho, num porta-aviões, apresentam-se como Combatentes, mas na Rússia ou nos Estados Unidos de hoje também é preciso ser Chefe concomitantemente. Na Itália, o astuto apresentador e empresário Silvio Berlusconi conseguiu um grande séquito como *Il Cavaliere*, "o Cavaleiro", mas em 2011 ele é derrotado pelo especialista e confiável Mario Monti, "o Professor". A autoridade da alemã Angela Merkel é a da determinação de rumo firme e cuidadosa, enquanto o público francês ovaciona a beligerância teatral dos eleitores neerlandeses, que preferem justamente a argúcia do compromisso empresarial *à la* Lubbers, Kok e Rutte – um mix de Chefe e Juiz.

Pode surgir a partir de qualidades pessoais (do contrário, "não se chega lá") e de sua *mise-en-scène*, mas sua autoridade política se baseia em sistemas políticos ordenados também na *posição* que alguém ocupa. Um ministro tem a autoridade formal em virtude de sua função, independentemente da pessoa ou reputação. Donald Trump tem menos autoridade pessoal do que Barack Obama, mas, mesmo assim, ele é o "Presidente dos Estados Unidos". Em uma democracia, junta-se um fator: a liderança política lida inicialmente com uma vitória eleitoral. A campanha eleitoral deve ser considerada uma disputa entre portadores de qualidades pessoais – persistência, eloquência, visão, coragem, *expertise* e talento para improvisação comprovado à luz de holofotes – e o vencedor fica com o prêmio de autoridade política formal.

Uma vez que se ganhou o desejado prêmio de autoridade política, então é possível, às vezes até mesmo se *deve*, empregá-la dinamicamente no jogo – promessas feitas e mantidas, ação adotada – com a penalização de perdê-la. Também a autoridade política estabelecida precisa ser mantida permanentemente, com palavras e atos, qualidades pessoais e sua encenação, pois a próxima eleição já está outra vez batendo à porta. Quem perde a autoridade pessoal por erros, falhas ou azar aos olhos da imprensa e do público é uma "caça ferida" ou até mesmo "está politicamente morto". A autoridade formal de alguém entra em questão quando a falha pessoal também enfraquece a autoridade da posição institucional (cargo de primeiro-ministro, ministério, presidência da câmara); pode-se não ter mais nenhuma chance no caso de uma votação.

O Conselho Europeu, em sua essência, é um encontro das figuras de autoridade mais alta dos Estados-membros, um encontro que atualiza, mobiliza e reforça sua autoridade política pessoal individual – potencialmente, a central de força da União.

REGULARIDADE. FORMAÇÃO DO CONSELHO EUROPEU

Entre 1960 e 1974, ocorreu uma disputa intensa a respeito da introdução de regularidade de reuniões de cúpula. Essa disputa nos leva ao nascimento do Conselho Europeu de líderes de governo.

O que distingue uma reunião de uma instituição? Uma palavra: regularidade. Transforme um encontro *ad hoc* único no primeiro de uma série e o tempo que se estende para os participantes não é mais aberto e indeterminado, mas será, a partir de então, medido na duração até a próxima reunião. O encontro seguinte lança sua sombra alongada adiante. Isso influencia imediatamente as inter-relações e as responsabilidades. Ele obriga os políticos que estão presentes hoje não só a falar em termos de análise ou preocupação, mas também em termos de promessas, engajamentos e ações.

Essa era a intuição partilhada por dois homens, Valéry Giscard d'Estaing e Jean Monnet. Eles trabalharam duro em 1973-74, um à vista do público e o outro nos bastidores, para garantir a regularidade ao que até então era bastante aleatório na vida da jovem Comunidade: os encontros dos líderes dos então seis Estados-membros. Foram realizadas seis reuniões de cúpula entre 1961 e 1973. Cada uma delas foi muito difícil e sem nenhuma sistemática. A cada vez, a França pressionou para que eles se encontrassem e os outros cinco hesitaram em comparecer.

Meio século depois, é praticamente impossível imaginar a profundidade dessa resistência em círculos bruxelenses e Estados-membros, por exemplo, Países Baixos e Bélgica, serem contra as reuniões de cúpula. Temia-se que líderes nacionais envolvidos haveriam de minar o poder da Comissão, a instituição que os Estados-membros menores consideravam uma aliada contra os grandes e guardiã da lei. Ainda é possível ouvir o argumento, mas as emoções naquela época eram incomparavelmente intensas. O nome "Fouchet", o diplomata francês que no início dos anos 1960 havia preparado os planos dos encontros dos líderes para o presidente De Gaulle, ainda hoje, meio século depois, é capaz de dar arrepios na Comissão em Haia ou Bonn – como o nome "Robespierre" em círculos monarquistas um século depois de 1789. Para quem acreditava no "Método da Comunidade" como um objetivo em si, ele considerava a entrada permanente de líderes nacionais alta traição, o começo do fim, o beijo da morte para a jovem unidade europeia depois de duas guerras mundiais. Um plano construtivo proibido.

O papel de Jean Monnet era crucial. Idealizador da Comunidade, primeiro presidente do pródromo da Comissão desde 1952 e, depois, lobista principal defensor do assunto europeu, ele conhecia a resistência ideológica dos doutrinários. Ao mesmo tempo, chegou à conclusão de que os Estados-membros não resistiriam às tempestades que se delineavam no começo dos anos 1970 sobre a Europa sem um guia político comum. A Comunidade precisava de um "foco em autoridade" como lhe dizia o primeiro-ministro britânico Edward Heath, um ponto de concentração de autoridade.⁶ Monnet compreendeu que essa autoridade não poderia emanar das instituições bruxelenses ligadas ao Tratado. "Precisávamos apenas decepcionar aqueles", ele escreveu depois, "que continuavam acreditando que (...) o governo europeu um dia brotaria totalmente equipado das instituições da Comunidade Europeia". Com certeza, a política econômica podia ser ampliada passo a passo, mas Monnet sabia que esse processo "estacaria no limite onde a política começa: nesse ponto, teríamos novamente que imaginar alguma coisa".⁷ Por isso, ele insistia nas reuniões regulares de presidentes e primeiros-ministros. Numa nota, ele batizou o fórum de "governo europeu provisório".* Nos bastidores, em 1973, o francês convenceu pessoalmente os líderes da França, da Alemanha Ocidental e da Grã-Bretanha a assumirem mais responsabilidade europeia. Ao mesmo tempo, ele sugeriu aos primeiros-ministros do Benelux a integrarem o novo fórum na estrutura da Comunidade. Isso reduziu sua resistência; além disso, essa proximidade geraria uma cooperação produtiva. Um Jean Monnet prospectivo era menos doutrinário e tinha mais confiança na Comunidade que ele mesmo havia estruturado do que seus defensores posteriores teriam; ele não considerava o envolvimento dos líderes nacionais uma ameaça às instituições bruxelenses, mas mais um ponto de ignição potencial de autoridade para a Europa.

A primeira tentativa foi um verdadeiro desastre. Os nove líderes de governo reuniram-se em dezembro de 1973 em Copenhague a pedido do presidente francês Pompidou. Na pauta: como reagir conjuntamente às guerras no Oriente Médio e à crise do petróleo?

---

* O nome "governo europeu provisório" é característico da função intermediária que Monnet queria preencher. A maior parte das opiniões públicas se assustaria devido às implicações existentes em função de um "governo europeu" (por isso, o nome logo foi abandonado).

---

⁶ Edward Heath, 16 de setembro de 1973, citado em: Jean Monnet, *Mémoires*, p. 593.
⁷ Monnet, *Mémoires*, p. 599.

Foi um fracasso. Inesperadamente, quatro ministros do Petróleo árabes entraram em cena; em vez de uma política energética europeia, a reunião terminou com acordos de petróleo bilaterais acertados nos corredores. No caos instituído, o presidente francês não teve nenhum apoio à sua ideia das reuniões de cúpula regulares. Contudo, os líderes falaram em futuramente se reunir com mais frequência, "quando a situação o exigisse".[8] Na verdade, essa fórmula foi além de apenas reuniões arbitrárias e eventuais, mas já era um passo adiante no mecanismo da regularidade. Mesmo que situações futuras exigissem uma reunião, continuava sendo necessária uma decisão ativa.

Em 1974, deu certo. Com a morte repentina de Georges Pompidou, ele foi sucedido por Valéry Giscard d'Estaing. O novo presidente francês chegou à mesma conclusão que seus dois antecessores: "O objetivo que estava diante dos meus olhos era que os líderes de governo europeus precisavam se reunir com regularidade. Uma vez estabelecida uma periodicidade, o alcance do poder dos líderes de governo faria o resto e a instituição haveria de se consolidar por si só: um Poder Executivo europeu surgiria gradualmente".[9] Giscard trabalhou em direção a seu objetivo em duas etapas. Em setembro, ele trouxe seus oito colegas europeus a Paris, para um encontro informal preparatório. Nessa "reunião de cúpula piquenique", parecia que todos estavam mais dispostos a trabalhar em conjunto, mesmo que hesitação e inclarezas continuassem presentes. Nos meses

* Para os círculos de Bruxelas, ao contrário, o termo implicava a reserva da Comissão como o governo em progresso da Europa e, ainda por cima, por seu fundador. Para esse público, a qualificação "por enquanto" precisava suavizar o remédio, como um conforto teleológico de que no futuro surgiria algo melhor, mais puro. Mas a tensão semântica entre as duas leituras era muito grande.

---

[8] Reunião de cúpula de Copenhague, 14-15 de dezembro de 1973, comunicado final emitido pelo presidente da conferência, pt. 3.

[9] Valéry Giscard d'Estaing, *Le Pouvoir et la vie: I*. Paris, Le Livre de Poche, 1988, p. 119.

seguintes, os ministros das Relações Exteriores se reuniram quatro vezes para aparar as arestas. Tratava-se de três pontos "técnicos". O primeiro: o nome. Os franceses tinham levado à discussão o nome "Conselho Europeu" justamente porque lembrava o "Conselho" existente; assim, esperava-se aliviar as preocupações bruxelenses de uma instituição rival. O segundo: o apoio administrativo. O órgão teria um secretariado à parte ou nem o teria? Para isso, os italianos imaginaram uma fórmula vazia esperta que deixava a decisão para a prática futura. ("Levando em conta as práticas e procedimentos vigentes, o secretariado administrativo será assegurado de forma adequada.")[10] O terceiro: qual a frequência? Aqui os ministros se encontraram em torno de uma fórmula belga que sugeria que os líderes de governo "se reuniriam ao menos x vezes por ano".[11] As preferências variavam de "ao menos duas vezes" até "quatro vezes", mas, considerando que o princípio da regularidade parecia ter sido reconhecido, Giscard e seus conselheiros apostaram que este ponto era passível de resolução.

Em 9-10 de dezembro de 1974, realizou-se o encontro que já naquele outono foi chamado de "reunião de cúpula para encerrar todas as reuniões de cúpula". Insegurança sobre a continuação esteve presente até o final. O chanceler alemão Schmidt somente confirmou sua presença dez dias antes. O primeiro-ministro Den Uyl não foi autorizado a viajar pelo Senado, mas foi assim mesmo. Jean Monnet um pouco antes havia novamente visitado o primeiro-ministro belga Tindemans e sussurrou-lhe uma ideia inteligente para o local da reunião.

---

[10] "Comunicado final da reunião dos chefes de governo da Comunidade (Paris, 9-10 de dezembro de 1974)", pt. 3. Reconstrução de negociação que está sendo preparada: Emmanuel Mourlon-Druol, "Filling the EEC Leadership Vacuum? The Creation of the European Council in 1974", em *Cold War History* 10:3, 2010, p. 315-339: 322-327.

[11] Citado em: Mourlon-Druol, "Filling the Leadership Vacuum?", p. 322.

Somente na tarde do segundo dia Giscard recebeu seus oito colegas no Palácio do Eliseu. Todos estavam descontraídos; praticamente todos os demais pontos foram esclarecidos e os ministros das Relações Exteriores (que bem queriam colocar obstáculos) se ocuparam do comunicado final. Num salão no piso térreo, com os convidados espalhados informalmente pelas poltronas e uma bolachinha acompanhando o café ou chá, ouve-se o que precisava ser dito: "Será que não seria bacana inserir certa regularidade nesses encontros?". Previamente, Giscard havia se certificado de ter o apoio de Schmidt: França e Alemanha estão em linha. O primeiro-ministro italiano Aldo Moro é o primeiro que mostra boa vontade: ele acha que é uma boa ideia. O primeiro-ministro britânico ainda não cede. O dinamarquês não diz nada. Os representantes de Benelux hesitam.

Aí Leo Tindemans tem uma ideia. *Onde* os encontros seriam realizados? O primeiro-ministro belga gostaria que alguns deles fossem em Bruxelas "por causa da coesão das instituições europeias". Giscard d'Estaing mal consegue dominar sua alegria. "A partir do momento que falamos sobre o local de reunião, o jogo estava ganho! Agora era só uma questão de concessões. Foi assim que depois de uma longa discussão – que acompanhei lá dentro com uma sensação maravilhosa, pois a intenção parecia certa – decidiram que haveria três reuniões por ano, sendo uma de duas delas no primeiro semestre e uma obrigatoriamente em Bruxelas ou Luxemburgo".[12]

Devido à oposição da Dinamarca e dos Países Baixos a uma nova instituição, os Nove concordaram na reunião que o fórum deles *não* se chamaria "Conselho Europeu". Nas conclusões oficiais do encontro, o termo está ausente. Esses detalhes não detiveram o anfitrião. Com ajuda da publicidade, Giscard criou o fato político desejado. Triunfante, ele abriu a entrevista coletiva dizendo: *Le Sommet est mort. Vive le Conseil européen!*, "A reunião de cúpula está morta.

---

[12] Giscard d'Estaing, *Le Pouvoir*, p. 120-21.

Viva o Conselho Europeu!". Esse golpe semântico deu certo – as máquinas de telex nas redações funcionavam a pleno vapor – sim, nasceu o Conselho Europeu.

"O resultado mais importante", segundo Giscard para a imprensa, "é que nós conseguimos estabelecer que estas reuniões ocorrerão três vezes ao ano, e mais frequentemente se as circunstâncias assim o exigirem". Ele ressaltou o contraste com as reuniões de cúpula anteriores, as grandes conferências diplomáticas, enquanto "este era um encontro somente de líderes de governo e ministros das Relações Exteriores, do começo ao fim, exatamente como as instituições governamentais o fazem em nossos países".

Depois de mais uma pergunta da imprensa sobre a utilidade da reunião, Giscard disse: "Reuniões pessoais frequentes envolvem uma dinâmica própria. Acabamos de presentear a união política da Europa com um instrumento e um meio de expressão".[13] E um lema para o futuro.

A regularidade estava instalada, a instituição havia nascido e foi batizada. A partir de 1975, a periodicidade fez seu trabalho e o Conselho Europeu – como os melhores observadores bruxelenses logo notaram – passou a ser um componente imprescindível da "engrenagem europeia".[14] Foco da autoridade.

A frequência continuava sendo questionada. Na alteração do Tratado de 1986, a pedido dos Países Baixos, o número de reuniões foi reduzido de três para duas; dessa forma, Haia queria restringir o dano do recém-chegado. Na prática, depois da Queda do Muro, o número de reuniões "extraordinárias", "excepcionais" e "informais" aumentou; a criação da união monetária, decisões sobre o nome,

---

[13] Valéry Giscard d'Estaing, "Declaração do resultado da reunião de cúpula de Paris (10 dezembro 1974)", em www.cvce.eu.

[14] Emile Noël, *Les Rouages de l'Europe. Comment Fonctionnent les Institutions de la Communauté Européenne.* Brussel e Paris, F. Nathan, 1976, p. 43-54.

alterações do tratado – e os chefes tinham bem mais a discutir do que cabia numa noite e num dia a cada meio ano.

No Tratado de Lisboa (2007), os líderes de governo definiram não só um presidente fixo e o *status* de instituição plena da União para suas reuniões de cúpula, mas também consolidaram a frequência em "duas vezes a cada meio ano" em que não obstante se aplicava: "Se a situação assim o exigir, o presidente convoca uma reunião extraordinária do Conselho Europeu".[15] Quando o presidente fixo Van Rompuy, depois de sua primeira reunião de cúpula, no começo de 2010, sugeriu quase ingenuamente que os líderes de governo deveriam se reunir dez vezes ao ano – para desfazer a dramaticidade de sua reunião – ele foi muito criticado. Só que, de fato, a frequência nesse ínterim não está muito abaixo disso. A aceleração começou em 2008, quando se apresentaram a crise econômica e as escaramuças fronteiriças com a Rússia (primeiro com a Geórgia e, em seguida, com a Ucrânia). Desde então, o contador foi aumentando ano a ano para seis ou sete reuniões de cúpula, com situações atípicas para oito (2014) e dez (2015).[16] Considerando as turbulências, isso não haverá de diminuir rapidamente.

CINCO MOMENTOS-CHEFE

Um conceito que atinge em cheio o Conselho Europeu é o *assunto de chefe*. Em alemão, *assunto de chefe* é uma questão tão importante que o chefe precisa se envolver pessoalmente; numa empresa, o diretor mais alto, em um ministério, o secretário-geral e, na política alemã, o chanceler. Na União, um problema é considerado um

---
[15] Art. 15, alínea 3 do Tratado da UE.
[16] Contabilizando os deslocamentos de fato dos líderes, ou seja, quando num dia ocorrem um Conselho Europeu e uma reunião de cúpula da zona do euro – formalmente duas reuniões distintas –, elas são consideradas uma.

assunto de chefe quando os presidentes e primeiros-ministros reunidos no Conselho Europeu – os chefes, sempre no plural – decidem que o assunto é da alçada deles.

Em quais questões isso ocorre? Numa organização, qualquer assunto, qualquer incidente pode, de repente, atingir um ponto nevrálgico, transformar-se no símbolo de algo maior, desencadear uma tempestade midiática insuportável que exige a atenção dos membros "da cúpula". Já, ao contrário, tudo aquilo que pode ser solucionado por outras pessoas não é um *assunto de chefe*. Não é o conteúdo que distingue. O segredo do *assunto de chefe* não está no *quê*. Trata-se do *quando*, de urgência e atualidade, de sensibilidade na situação, do momento certo para agir.

Só que muitos autores discutem o Conselho Europeu com um olho no *quê*. Eles classificam por âmbito político o que os líderes gostavam de fazer nas cúpulas a favor de euro, expansão ou política de asilo. Útil, mas essa abordagem carece da essência política do Conselho Europeu. Eu prefiro diferenciar os *momentos* em que os líderes de governo se debruçam sobre um assunto e a função adequada que o grupo preenche. Voltando ao âmago da questão, existem cerca de cinco desses momentos-chefe, quando se invoca a autoridade dos presidentes e primeiros-ministros reunidos.

Quando a necessidade depende da pessoa: o controlador
Em situações de crise, olha-se para o Conselho Europeu e seus membros mais importantes. O grupo, então, age como um controlador da tempestade. Individualmente e em conjunto, os membros dispõem de autoridade para tomar decisões rápidas e profundas que vão além dos contextos existentes. Somente eles conseguem mobilizar a energia política e todos os aparatos diplomáticos e administrativos na União para um objetivo. Como gestor de crise e "supervisor de tarefa", o grupo distribui os papéis entre os próprios membros e entre outros *players* bruxelenses e as capitais.

Onde mais do que no Conselho Europeu, depois da queda do Muro em 1989, seria possível unir a inquietação de Thatcher, Andreotti e Lubbers, o bom senso de Mitterrand, a energia de Kohl e todas aquelas outras forças? Quem senão os líderes de governo reunidos sob a direção de Merkel e Sarkozy poderia a partir de 2010 defender a variedade de medidas contra a crise para os públicos nacionais e, assim, salvar a moeda europeia ameaçada? Onde mais do que numa reunião de cúpula, depois da invasão russa na Crimeia em 2014, era necessário oferecer uma resposta europeia firme em que todas as posições dentro da União – do Chipre até a Polônia – se unissem numa frente fechada?

Essa função de controle é vital para a União. Entretanto, ela não é vista nos textos. Laconicamente, o tratado se restringe ao procedimento: "Se a situação assim o exigir, o presidente convoca uma reunião extraordinária do Conselho Europeu".[17] O capítulo sobre o exterior repete essa determinação para as crises internacionais.[18]

Uma questão europeia também se transforma em *assunto de chefe* se para um membro do grupo sua sobrevivência política estiver em jogo. Alexis Tsipras que solicita um pedido de crédito para a Grécia, David Cameron que coloca a adesão britânica na balança – eles não têm vontade de tratar de assuntos com um grupo de ministros ou eurocomissários. Eles lutam por sua vida política e querem se defender para sobreviver frente a seus pares.

Uma crise também pode libertar forças que dividem a União. Aí, numa reunião de cúpula a briga é cada um por si ou um contra o outro. Foi o que aconteceu em 2003 num conflito amargo sobre a invasão norte-americana ao Iraque; durante a crise dos refugiados de 2015-16, houve uma ameaça de acontecer algo similar, quando,

---

[17] Art. 15, alínea 3 do Tratado da UE.
[18] Art. 26, alínea 1 do Tratado da UE: "Se um desenvolvimento internacional assim o exigir, o Conselho Europeu será convocado por seu presidente em situações extraordinárias a fim de estabelecer linhas políticas estratégicas da União em relação a esse desenvolvimento".

um depois do outro, os países foram fechando as fronteiras internas. Trata-se de assuntos embaraçosos. Muitas vezes, os críticos – ou pessoas internas preocupadas – enxergam "o fim da União" nesse tipo de divisão no nível mais alto. Até hoje, isso pareceu precipitado. Premido pela necessidade, o grupo acaba buscando contato uns com os outros; *seguir adiante sozinho* parece que não vale a pena; as feridas curam e a vida segue adiante. A caminho da próxima tempestade.

Quando o jogo no nível inferior empaca: o decisor   Como Zeus, no Olimpo, que sempre teve que resolver as rusgas entre suas mulheres e filhos, age a reunião de cúpula, como instância de decisão máxima em questões que empacam nos níveis inferiores. Nessa função, o grupo de líderes precisa dispor, decidir e concluir o que chega a eles proveniente do nível inferior.

No setor abaixo do Conselho Europeu, está o Conselho de ministros regular, uma pirâmide administrativa que funciona de baixo para cima. Começando na base, cada nível dentro de seu mandato resolve os problemas viáveis e empurra o "osso duro de roer" para o nível logo acima. E é assim que – em mais ou menos passos – dos administradores especialistas vai para os embaixadores, os representantes de cada Estado-membro junto à União. O que mesmo para esses resolvedores de problemas sem precedentes for "político demais" segue para a instância acima deles: os ministros. Quando também estes não conseguem "descascar o abacaxi", por exemplo, porque não lhes é dado espaço de negociação em seu país ou porque há um choque entre ministérios competentes (por exemplo, todos os ministros da Agricultura contra todos os ministros do Meio Ambiente), a questão entra num impasse. O Conselho Europeu foi criado para fazer com que a atuação bruxelense siga facilmente. É um tipo de situação em que Harry S. Truman diria: *The buck stops here*. Em outras palavras: não é possível continuar empurrando a questão; se os líderes não desatarem o nó, ninguém mais o conseguirá. A autoridade da última palavra.

Os funcionários públicos acham que o grupo às vezes é superficial e pretensioso. Não raro solicita-se de modo cortês que o Conselho Europeu restrinja seus esforços a uma assinatura ou um carimbo de autoridade em algo que já foi decidido anteriormente. Isso não importa ao grupo. "Seguir um nível administrativo superior significa um nível de conhecimento inferior", segundo um membro neerlandês certa vez em tom de autodepreciação. Como decisor, o Conselho Europeu pode até mesmo explorar esse fato, dando como prazo de decisão aos ministros uma próxima reunião de cúpula. Preocupados com os cacos que chefes desajeitados podem criar, as equipes técnicas de repente chegam a um acerto. Com esse truque, conseguiram obrigar a realização da união bancária na crise da zona do euro: os avanços obtidos pelos ministros das Finanças acabaram sendo concluídos horas antes da reunião de cúpula seguinte.

A função decisória das reuniões de cúpula atrai resistência no Parlamento Europeu. Isso é compreensível: para regulamentação, o Parlamento é considerado "colegislador" no mesmo nível que o Conselho de ministros. Os líderes de governo podem, sim, vincular seus próprios ministros, mas formalmente não exercem nenhuma autoridade sobre europarlamentares. A expressão *assunto de chefe* não tem nenhuma influência no Parlamento; aliás, ao contrário, apenas cria resistência. Aqui o convencimento informal precisa oferecer resultado, por exemplo, via canais práticos nacionais (com líderes de governo em seu papel de chefe de partido) ou via relação de trabalho entre Comissão e Parlamento (como membro do Conselho Europeu, também o presidente da Comissão precisa fazer com que "seu" parlamento o acompanhe). Com um pouco de jogo de cintura, acaba se chegando a um acordo entre os Estados-membros e o Parlamento, mas nem sempre.

Quando a União precisa de uma direção: o estrategista
O Conselho Europeu direciona estrategicamente. Nas poucas frases dedicadas à instituição, o tratado diz que ele determina "as linhas

políticas gerais e as prioridades da União".[19] Em seus países, cada um dos membros define o caminho de seu governo; juntos, eles definem o caminho da União como um todo.

O grupo sempre deve promover "os impulsos necessários para o desenvolvimento da União". A incrementação de novos campos de trabalho é assunto de chefe. Assim, os líderes de governo em 1972 pediram que a Comissão elaborasse uma política de meio ambiente e regional, o que aconteceu rapidamente. Eles então também definiram o rumo para uma união econômica e monetária "para o final da década", meta só atingida anos depois. Quando os líderes em 1991, em Haia, juntos decidiram envolver sua nova União também nos assuntos do exterior e da política de justiça, dois campos políticos sensíveis, eles mesmos se deram a tarefa de determinar os "interesses estratégicos e os objetivos" e também de definir as "diretrizes estratégicas".[20] Dar o impulso, manter o controle.

Como estrategista, o Conselho Europeu deve se limitar às macrolinhas. Quando ele começa a mexer os pauzinhos, as instituições colegas ficam irritadas. Por isso, o Tratado diz: "Ele não exercerá nenhuma tarefa legisladora".[21] A função se baseia no triângulo legislador composto por Comissão, Conselho de ministros e Parlamento (tradicionalmente já citado anteriormente como triângulo "institucional"). Só que existem algumas zonas intermediárias. As orientações estratégicas dos líderes de governo muitas vezes determinam o prazo para parâmetros de uma nova legislação. Regra de ouro: quanto mais falhas políticas são esperadas, tanto mais exata é a determinação do rumo. Com isso, a Comissão vez ou outra se sente limitada no exercício de seu "direito de iniciativa".[22] Esse tipo de atrito faz parte: quem

---

[19] Art. 15, alínea 1 do Tratado da UE.

[20] Art. 22, alínea 1 do Tratado da UE (exterior); art. 68 TFUE (justiça).

[21] Art. 15, alínea 1 do Tratado da UE.

[22] Art. 17, alínea 1 do Tratado da UE.

pode decidir onde, exatamente, os "impulsos" e as "diretrizes" param e o "direito de iniciativa" começa?

Somente uma bússola não é suficiente quando os obstáculos práticos são maiores do que o desejo de obter um destino. Inúmeras vezes, o Conselho Europeu fez convocações infrutiferamente para a "finalização" do mercado de energia. Excesso de confiança também foi o desejo em 2000 de em dez anos transformar a União na economia mais inovadora do mundo; essa visão custou credibilidade. Contudo, o simples anúncio de que um assunto será discutido no nível mais alto já tem efeito estimulante; ele mobiliza preparativos práticos e intelectuais em todas as capitais e em Bruxelas – mesmo se os líderes no final das contas somente se debruçarem meia horinha sobre o assunto. Também é dessa forma que o estrategista reforça um conceito comum de sentido.

QUANDO É PRECISO MUDAR A BASE: O FORMADOR   A União com suas instituições se baseia num tratado; ela mesma não pode mudar sua base. As populações detêm a última palavra sobre a forma da Europa. Embora cada Estado-membro tenha um veto e, portanto, uma estagnação seria esperada, as regras fundamentais foram alteradas cinco vezes desde 1985. E como isso foi possível? Um bom observador verá que não existem somente 28 *players* com direito a veto, mas também uma instância constituinte à qual apesar disso estão vinculados: o conjunto dos Estados-membros que do ponto de vista político tem sua expressão no Conselho Europeu. Aqui é que está o *poder constituinte* da Europa.*

Os chefes se fizeram reconhecer como os guardiões das regras do jogo.

Na negociação de um tratado, o Conselho Europeu, uma instituição

---

* Para destacar a sua posição fundamental no direito da União, a Corte Constituinte alemã certa vez chamou os Estados-membros de "mestres do Tratado", uma noção significativa; à luz da análise apresentada, essa autoconfiança de Karlsruhe acabou levando um tapinha: o conjunto dos Estados-membros é o "mestre do Tratado" – no singular.

da União, coloca-se como uma Conferência intergovernamental, uma velha forma diplomática. O mesmo grupo, um outro nome. A potência dessa dramatização apareceu na reunião de cúpula de Milão em 1985. O presidente Craxi forçou uma negociação do tratado com base num ponto do procedimento com uma votação inesperada, deixando a primeira-ministra britânica, Thatcher, vencida e seus colegas dinamarquês e grego irados e perplexos. Na dinâmica da negociação que se seguiu, apesar do veto de cada um no resultado final, ninguém mais pôde ir contra toda a renovação: em seis meses havia um novo tratado na mesa. Os líderes descobriram *na* votação em Milão – no fato de que os reticentes haviam perdido – que seu encontro não era facultativo; era mais do que um Congresso contemporâneo de Viena em que apenas se trocam pontos de vista: uma instituição. O momento da passagem de Milão forjou esse tipo de aliança entre a renovação europeia e o fórum dos chefes.[23]

Não obstante, teme-se essa qualidade demiurga. Quem está disposto a criar também pode destruir. Em Bruxelas, cada convocação para uma alteração do tratado é, por padrão, seguida de um aviso para principalmente não abrir a "caixa de Pandora". Até mesmo os líderes temem sua capacidade criadora. A duras penas, eles ainda por cima descobriram a resistência de seu próprio público, de que cada novo tratado precisa ser aceito por várias cabeças para reviver – no parlamento ou por referendo – e que às vezes elas dizem não.

Além das regras do jogo, o número de membros determina a natureza da União; um grupo de seis é um monstrinho bem diferente de trinta. Os seis fundadores convidavam, no tratado da fundação, "todos os Estados europeus" a se juntarem à sua causa. Desde então, nunca mais sumiu a pergunta: quem ainda juntará e quando? A Europa consegue uma conformação com ou sem britânicos, dinamarqueses,

---

[23] Analisado mais detalhadamente em: Van Middelaar, *Europa em Transição*, p. 177-94 ("Golpe em Milão").

gregos, poloneses, búlgaros, turcos, ucranianos? Com seu veto brusco contra a entrada dos britânicos em 1961, De Gaulle transformou essa questão de identidade em *assunto de chefe*. Sem dúvida nenhuma, desde então os líderes de governo são os seguranças da porta do clube. O grupo funciona como sucessor do "Concerto da Europa", a conexão que de 1648 até 1914 dava forma ao equilíbrio de poder e relações diplomáticas entre os Estados europeus e determinava quem dela participava. (Assim, o Império Otomano já no século XVIII veio bater à porta e em 1856, depois da ajuda dos franceses e britânicos na Guerra da Crimeia, foi admitido no *Concerto da Europa*.)

Nenhuma surpresa, portanto: também um Estado-membro que quer *deixar* a União, como a Grã-Bretanha definiu por referendo, comunica esse fato ao Conselho Europeu, que determinará as diretrizes do divórcio.[24]

QUANDO A EUROPA PRECISA FALAR: O ORADOR   Qual é o número de telefone da Europa? A *Questão Kissinger* continua pertinente.

Devido ao *Ano da Europa* imaginado pelo conselheiro de segurança norte-americano, em 1973 muitos líderes de governo europeus foram até a Casa Branca. Willy Brandt, o primeiro da fila, num jantar com Richard Nixon tentou uma fórmula capciosa: "Nenhum de nós o está visitando somente como representante de seu próprio país, mas ao mesmo tempo, em certa medida, como representante da Comunidade Europeia. Assim, com certeza não estou aqui como orador *em nome* da Europa, mas, sim, um orador *a favor da* Europa".[25] Henry Kissinger achou interessante, mas o que isso significava na prática? Enquanto não existissem instituições *políticas* europeias, para ele não havia "nenhuma instância para que ele falasse com a Europa". Em suas memórias, o diplomata expôs esse problema de forma bem clara:

---

[24] Art. 50 do Tratado da UE.

[25] Willy Brandt, 1º de maio de1973, citado em: Henry Kissinger, *Years of Upheaval*. London, Weidenfeld & Nicolson, 1982, p. 157.

"Brandt nos colocou diante de um *Ardil 22*, pois, se cada líder europeu é orador da Europa, mas não a pode representar, e se aqueles que representam a Europa são os funcionários públicos sem autoridade para negociar, então quem é que tem autoridade para negociar?".[26] O "em nome da Europa" que a Comissão bruxelense oferecia (e que Washington conhecia das relações comerciais) não tinha autoridade suficiente, a autoridade da "esfera intermediária" do conjunto de Estados-membros ainda não tinha um representante claro.

Valéry Giscard d'Estaing se propôs a resolver esse embaraço de orador com a criação do Conselho Europeu um ano depois. Por sua iniciativa, os nove líderes declararam na reunião de cúpula de Paris: "A presidência exerce a função de orador dos Nove e interpreta as suas visões na diplomacia internacional".[27] Mas essa presidência ainda tinha pouco a falar.

Para saber a opinião da "Europa" sobre algo, os sucessores atuais de Kissinger telefonam para os líderes em Berlim, Londres (por enquanto), Paris, Roma e, também, para *players* institucionais da UE. Os líderes nacionais falam com autoridade em nome (sobretudo) de seu próprio país, *players* bruxelenses não conseguem vincular (de fato) os Estados-membros. O melhor lugar para conseguir falar com todos "ao telefone" ao mesmo tempo é o Conselho Europeu. Algo assim aconteceu durante a crise dos refugiados, na primavera de 2016, quando o Conselho Europeu estava com todos os membros e fechou um acordo com a Turquia, representada pelo primeiro-ministro turco. Esse acordo UE-Turquia, na verdade previamente costurado por Berlim, Haia e Bruxelas, finalmente conseguiu fazer com que trinta pessoas em nome da União falassem como uma. Num momento como esse, o Conselho Europeu é um tipo de chefe de Estado coletivo, que não trabalha num *Salão Oval*, mas numa Mesa Redonda.

---

[26] Kissinger, *Years of Upheaval*, p. 157.

[27] "Comunicado final da reunião de chefes de governo da Comunidade (Paris, 9-10 dezembro 1974)", pt. 4.

A questão do orador é tão premente interna quanto externamente. Também o público doméstico quer saber quem fala "em nome da Europa". Não se trata somente de um assunto de decisões vinculativas juridicamente. Às vezes, é necessário ter palavras europeias para a cena. Quem toma a palavras quando refugiados se afogam diante de nossas costas, quem presta as condolências depois de um terremoto ou um ataque terrorista, quem agradece quando a "Europa" vai receber um prêmio Nobel em Oslo? A política simbólica é política boa do mesmo jeito.

A DINÂMICA DO ENCONTRO

Como o Conselho Europeu pode preencher esses papéis de chefe controlador, decisor, estrategista, formador e orador? De onde o grupo deriva sua autoridade coletiva? Para começar, na *autoridade política individual* de seus membros, as máximas figuras de autoridade dos Estados. Elas trazem consigo sua autoridade nacional numa reunião de cúpula em Bruxelas, um encontro em que negociam, fecham acordos, disputam quedas de braço para depois vender uma vitória em casa. Esse encontro *pode* mudar o poder doméstico de cada um em poder conjunto, em força de impulsão para a União como um todo, graças às negociações que inicia, às palavras que comunica, às ligações que estabelece. Contudo, também pode levar a nada, mostrar divisão e impotência, desfazer-se como areia. O sistema deriva até mesmo a chance de um fracasso de seu funcionamento – pois sem tensão ninguém vem ver o que está acontecendo espiar.

PODER DOMÉSTICO   A primeira condição para uma reunião produtiva é que cada presente traga autoridade consigo. A linguagem bruxelense aponta levemente para o Conselho Europeu como *the heads, les chefs, the leaders* ou "os líderes". Termos que em palavras comuns expressam uma relação de autoridade. Mais formalmente:

cada membro do grupo fala numa reunião de cúpula em nome de seu próprio país e presume-se inversamente que seja capaz de vincular seu governo e população politicamente a uma decisão conjunta.

No próprio país, todos os membros do Conselho Europeu têm a mesma função: *comandar seu país*. O poder doméstico se baseia no apoio do público. Eles conquistaram sua posição nacional graças a suas qualidades ou circunstâncias pessoais: perseverança ou boa oratória, experiência, blefe ou sorte. No entanto, essa base de certa forma é considerada: em uma reunião de cúpula conta, em primeiro lugar, o que cada um traz de poder de vinculação política. Isso se torna bem visível em tempos de eleição. Quem acabou de vencer uma eleição tem mais força junto aos colegas: um novo mandato eleitoral significa poder doméstico "fresco". Assim, o candidato socialista a presidente François Hollande na primavera de 2012 prometeu um "pacto de crescimento europeu", como ruptura com o pacto de estabilidade somente voltado para disciplina: foi o que os colegas lhe presentearam na primeira reunião de cúpula depois de sua vitória. Para o primeiro-ministro italiano Matteo Renzi, que assumiu o governo não pelas urnas, mas graças a uma reunião palaciana, as eleições europeias de 2014 formavam o primeiro teste eleitoral no próprio país: depois de encerrado, ele declarou que seu partido conforme o número de eleitores "passara a ser o segundo partido da Europa" e exigiu sua parte à mesa. Embora sua fanfarronice não tenha sido bem-vista pelos colegas, ele conseguiu o que queria – com a nomeação de sua ministra Mogherini numa alta função na UE. O contrário também é verdade: quem está mal posicionado nas pesquisas no fim de seu mandato perde influência; pode ser que na próxima reunião ele nem esteja mais presente. Um primeiro-ministro com maioria parlamentar sólida tem uma posição mais forte do que o líder de um governo de minoria ou uma coalizão fraca de vários partidos: ele consegue vincular seu governo mais crivelmente. A autoridade do Conselho

Europeu depende em parte do poder doméstico de seus membros; portanto, está fortemente sujeita ao ritmo dos ciclos eleitorais nacionais e humores dos eleitores.

Para a maioria dos líderes nacionais, seu poder doméstico se baseia, em última instância, na liderança de seu partido político. Eles também trazem a cor de seu partido político à reunião de cúpula. Antes de um Conselho Europeu, eles se encontram como conservadores, socialistas e liberais para votar assuntos ou, por exemplo, preparar nomeações. Dessa forma, orientações político-partidárias também atravessam o foro de conflitos de interesses nacionais – um desenvolvimento que acaba tendo consequências.

A LISTA DE CONVIDADOS   Batalhas institucionais ingentes são travadas durante as reuniões de cúpula sobre a questão de quem tem direito de sentar-se à mesa ou de ganhar um lugar na fotografia. E isso é importante? É sim. Tais incidentes são para a análise política como o esquecimento é para a psicanálise. Da mesma forma que Freud esperava chegar aos rastros das profundezas ocultas da alma humana usando promessas e brincadeiras fracassadas, uma confrontação protocolar pode oferecer uma visão das relações de força ou mudanças de poder que normalmente não são visíveis.

Quem são os membros do Conselho Europeu? Em primeiro lugar: "os chefes de Estado ou líderes de governo dos Estados-membros".[28] Na União de hoje, isso significa 28 presidentes, primeiros-ministros e chanceleres – um por país. A pergunta de quem designar, o chefe de Estado *ou* o líder de governo, cada país responde por si. A regra de ouro: envia-se o chefe do Poder Executivo político. Em outras palavras, Alemanha, a chanceler, e não o presidente; França, o presidente, e não o primeiro-ministro; Grã-Bretanha, a primeira-ministra, e não a rainha. Também essa informação é uma dica do funcionamento e

---

[28] Art. 15, alínea 2. A versão neerlandesa oficial diz "os chefes de Estado *e* os líderes de governo"; as versões francesa e inglesa falam de "ou", aliás, o certo.

desenvolvimento do órgão: um grupo de líderes reunidos deve estar inclinado a fortalecer o Poder Executivo e desenvolvê-lo.

Essa regra de ouro não resolveu imediatamente todos os casos de dúvida. Alguns Estados-membros com regime semipresidencialista, como Finlândia, Polônia ou Romênia, acabaram criando polêmica pelo lugar, até mesmo conflitos constitucionais entre presidente e primeiro-ministro. O presidente polonês voou em outubro de 2008, para divertimento da imprensa, com um avião alugado para uma reunião de cúpula e se apresentou no salão contra o desejo do primeiro-ministro polonês – para se informar sobre um acordo do clima. Nessa época, cada delegação tinha direito a duas cadeiras e, portanto, o ministro das Relações Exteriores saiu do salão resmungando e o presidente pôde tomar seu lugar. Desde o Tratado de Lisboa vigente, com somente uma cadeira por país, não é mais possível absorver um conflito doméstico de forma tão simples. Em junho de 2012, a disputa ainda estava a pleno vapor entre o presidente romeno e o primeiro-ministro recentemente eleito; a corte constitucional em Bucareste tinha que fazer uma declaração. Finalmente, o primeiro-ministro romeno pegou um voo comercial para Bruxelas e o presidente – apesar de a corte ter lhe dado razão – resolveu ficar em casa "para não prejudicar a imagem do país". Esses tipos de conflito mostram que o Conselho Europeu, que funciona como integração do poder doméstico, por sua vez consiste numa fonte de autoridade (doméstica) para seus membros: a adesão reforça a posição de um líder de governo em relação à sua equipe ministerial e à opinião pública.[29]

---

[29] Para a situação neerlandesa, com um presidente-ministro que sob pressão europeia passa a ser cada vez menos *primo entre pares* e cada vez mais um "líder de governo", veja a leitura de Thorbecke feita por Mark Rutte (membro do Conselho Europeu desde 2010): "O Presidente-ministro: Construção Anexa na Casa de Thorbecke", Zwolle, 12 de outubro de 2016 (em www.rijksoverheid. nl). Veja também: Van Middelaar, *Passage naar Europa*, p. 408-09.

O presidente da Comissão Europeia também é membro do Conselho Europeu. Trata-se de uma informação frequentemente negligenciada, mas crucial.* Nas primeiras reuniões de cúpula nos anos de 1960, esse titular de um cargo não era convidado, em 1967 o presidente Jean Rey, para sua tristeza, pôde se juntar a eles por apenas duas horas, mas desde 1972 seus sucessores estão sempre presentes e, desde 1975, como membros. O presidente da Comissão se encaixa bem no grupo: ele também é um tipo de "chefe do Poder Executivo" – não da União como tal, mas do aparato normativo bruxelense. A sua adesão estabelece um vínculo sólido entre os líderes reunidos e esse aparato. O presidente da Comissão pode propor ideias, aceitar planos e inversamente persuadir mudanças em acordos; este último não pode ser chamado assim devido a sensibilidades institucionais (nesses casos, diz-se que "o Conselho Europeu convida a Comissão a"). Em algumas situações, ele traz algumas ideias do Parlamento Europeu; ali ele parece com os primeiros-ministros presentes, dos quais uma parte também traz consigo a lição de casa de seu parlamento. Além disso, ele traduz a voz do Tratado: onde necessário, oferece possibilidades e limites para uma decisão dentro da ordem jurídica europeia.

Em terceiro, é membro do grupo: o presidente fixo do Conselho Europeu. Historicamente, essa foi a última figura que se juntou ao grupo. Anteriormente, a presidência era rotativa passando para outro Estado-membro a cada seis meses. Isso significava que cada presidente do Conselho Europeu continuava sendo líder de governo no próprio país e adicionalmente trabalhava no Conselho. (Essa rotação ainda existe hoje em dia para o Conselho de ministros.) Essa mudança entrou

* Os envolvidos não gostavam de destacar que eram membros do grupo, considerando que no cenário bruxelense se colocavam como presidentes da Comissão e concomitantemente como líderes nacionais nas reuniões do Conselho Europeu. O fato era que eles eram tão culpados no papel duplo que representavam que políticos nacionais frequentemente eram reprovados por seus apoiadores – no caso deles: o Parlamento Europeu e os círculos bruxelenses –, que se afastavam deles carregando consigo decisões conjuntas da União.

em vigor no final de 2009. Como dirigente dos trabalhos, o presidente tem três tarefas: preparar os encontros e conduzir os debates, tirar conclusões e garantir a continuidade dos trabalhos. Os presidentes rotativos também tinham as duas primeiras tarefas, mas a terceira é nova e está vinculada ao período maior que o presidente fixo e em tempo integral dispõe não de seis meses, mas dois anos e meio até no máximo cinco anos – ou seja, dez vezes mais. Assim, ele pode planejar a médio prazo e voltar às questões quando necessário.

Além dessas trinta pessoas que formam o Conselho Europeu hoje em dia – 28 líderes nacionais e dois presidentes bruxelenses – também existe o representante máximo da política externa. Este não é um membro do grupo, mas "participa dos trabalhos".[30] Na prática, isso significa que elas (as duas primeiras mandatárias eram mulheres) estão presentes quando os líderes de governo discutem a política externa e não durante outros pontos da pauta.

ENTRE SI   Essencial para o sucesso dos encontros é a sensação de grupo. Os chefes se encontram num círculo de iguais. Assim, eles se tratam pelo primeiro nome. Mesmo os recém-chegados, alguns se sentindo desconfortáveis, participam como "Angela", "Emanuel", "Theresa", "Mark", "Charles" e "Jean-Claude". À mesa – anos a fio ela era oval e, recentemente, passou a ser redonda –, todos têm lugares fixos: o presidente do Conselho Europeu no eixo do salão, o presidente da Comissão no lado contrário, bem à frente dele. As cadeiras nacionais ficam dispostas na sequência em que cada país tem a presidência do Conselho de ministros (que ainda é rotativa). A cada seis meses, os lugares à mesa mudam todos juntos em uma posição, de modo que o país que está na presidência fique à direita do presidente.

O número de funcionários públicos é restrito ao mínimo necessário. À esquerda do presidente, fica o secretário-geral do Conselho,

---

[30] Art. 15, alínea 2 do Tratado da UE.

o único não eleito à mesa. Cinco funcionários públicos sentados em uma segunda fileira: o chefe do gabinete do presidente do Conselho Europeu, o responsável permanente da presidência rotativa do Conselho, um servidor público jurídico e um político de alto nível do Conselho mais o secretário-geral da Comissão. Mais discretamente e somente presentes nas sessões de trabalho formais há dois relatores: trabalhando alternadamente em um local vizinho, eles elaboram um relatório verbal da reunião aos braços direitos de 28 embaixadores da UE e cada um destes digita seu relatório e o envia a seus diplomatas nacionais. Os jornalistas gostam de correr até esses relatórios *Antici*; eles não são feitos durante as sessões-jantar exclusivas, embora ali sejam tomadas as decisões mais importantes, não raro até tarde da noite. Às vezes, encontrava-se um "clandestino" escondido nas cabines de tradução, como um diretor-geral do Conselho ou o chefe de gabinete adjunto do presidente; para promover a intimidade, Van Rompuy mandou remover essas cabines do salão em 2012. Exceto pelos líderes e esse punhado de pessoal administrativo, *ninguém* mais é permitido no salão. Se, por exemplo, o presidente francês quer falar com seu embaixador, ele precisa sair do salão. O contraste é grande com os conselhos de ministros comuns, em que há entra e sai, em que ministros sem o menor constrangimento se deixam substituir por um secretário de Estado ou um embaixador e em que, às vezes, há uma equipe administrativa com seis pessoas *por delegação* na segunda fileira que ficam atentas para ver se o chefe deles está lendo corretamente o discurso preparado. Num viveiro como esse, com 150 ou mais pessoas, é difícil criar confiança mútua e a sensação de grupo necessárias para realizar acordos difíceis. Já o caráter íntimo do Conselho Europeu é essencial para a dinâmica dos encontros.

A administração pública do Conselho zela estritamente por esse acesso exclusivo. Durante a reunião de cúpula de outubro de 2008 sobre o clima, o presidente Nicolas Sarkozy percebeu surpreso que não havia uma cadeira prevista para o ministro do Ambiente

Jean-Louis Borloo (que havia feito o trabalho preparatório com os ministros do Meio Ambiente). Sarkozy disse que não sabia o que tinha acontecido e ele mesmo foi buscar uma cadeira e, num discurso mais tarde, disse de modo divertido que a Europa às vezes precisa ser chacoalhada – *de improviso*![31]

É muito raro que um líder de governo esteja ausente. Caso isso ocorra, não é possível enviar um substituto, mas um chefe-colega falará em seu nome. *Somente membros.*

Anos a fio, os líderes de governo em reuniões de cúpula são substituídos por seus ministros de Assuntos Externos. Estes, em conjunto com seu próprio Conselho, dispunham de uma rede muito unida que coordenava quase todas as decisões de Bruxelas – não só aquelas "internacionais", como comércio exterior ou ajuda para desenvolvimento, mas também as "domésticas", como agricultura, qualidade do ar ou tarifas do imposto de valor agregado. Quando o euro entrou em cena, também ministros das Finanças se juntavam à reunião. Com uma União de doze a quinze membros, isso era administrável, mas, com a expansão de 2004, havia pelo menos cinquenta pessoas ao redor da mesa. Usavam-se monitores de televisão para que pudessem se ver. Isso deixou de ser o grupinho "em volta da fogueira" de muitos.

No Tratado de Lisboa, os líderes – ou alguns do pessoal administrativo do Conselho atuantes por eles – viram sua oportunidade: com uma manobra jurídica sutil, retiraram os ministros do salão. Enquanto o velho tratado determinava que os membros do Conselho Europeu "podiam ser assistidos por seu ministro das Relações Exteriores e, quanto ao presidente da Comissão, por um membro da Comissão", o

---

[31] Jean Quatremer, "La Chaise de Jean-Louis Borloo", no blogue *Libération* "Coulisses de Bruxelles", 13 de novembro de 2008; Jean-Pierre Jouyet, *Une Présidente de Crises. Les Six Mois qui ont Bousculés l'Europe.* Paris, Albin Michel, 2009, p. 14-15.

texto atual diz mais eficientemente que os membros "se a pauta assim o exigir" *podem* (...) decidir pela assistência de um ministro e no que se refere ao presidente da Comissão por um membro da Comissão".[32] Essa foi uma surpresa desagradável para os ministros das Relações Exteriores. Quando no final de 2009 a primeira reunião de cúpula europeia no "novo estilo" foi preparada, eles constataram desconcertados, alguns furiosos, que não eram mais esperados. Apesar de seus próprios diplomatas terem negociado os textos nos menores detalhes, escapou-lhes o alcance das nuances. Agora eram verdadeiramente os chefes entre si.

Os ministros ainda reapareceram uma vez. Na primeira reunião sob o novo regime, o chanceler alemão perguntou – em nome de sua ministra das Relações Exteriores, líder do partido de coalizão – da possibilidade de realizar ao menos uma vez ao ano um Conselho Europeu com ministros. O presidente concordou. Essa reunião ocorreu em setembro de 2010 e foi dedicada à política externa da União. Embora esse fosse seu terreno, nenhum ministro abriu a boca. A constelação se mostrou pouco útil. A reunião que deveria se transformar numa tradição anual foi o último espasmo do velho sistema. A retirada dos ministros das Relações Exteriores tem um significado mais amplo: a política europeia não é mais uma questão de política externa, mas, em primeiro lugar, política interna.

VISIBILIDADE

A visibilidade é uma condição para autoridade política pessoal. Políticos sem imprensa, sem opinião pública, sem demonstrações – esses são a equipe administrativa. Liberdade democrática pede por indivíduos que em público mostrem responsabilidade pessoal por

---

[32] Art. 15, alínea 3 do Tratado da UE.

decisões e encarnem responsabilidade institucional e, se necessário, vinculando seu destino a isso. Já poder anônimo e invisível desperta a desconfiança do público; o termo forte "ditadura da burocracia" expressa algo dessa suspeita.

Graças à sua composição e apresentação dramática, as reuniões de cúpula estabelecem um vínculo estreito com o público. O elenco é crucial. É verdade que todos os europeus conhecem um ou mais membros do grupo: o líder de seu próprio país, provavelmente os da França, da Alemanha ou da Grã-Bretanha e um ou mais países vizinhos (diferentes) e o presidente de Bruxelas – ou um que capte a imagem de um personagem que costuma ser um desafio, como Silvio Berlusconi, Alexis Tsipras ou Viktor Orbán. Três, quatro, cinco *players* conhecidos; unidade de lugar, tempo e ação: esses elementos proporcionam uma qualidade "dramática" única ao Conselho Europeu. O vínculo com o público confere ao órgão um elevado grau de autoridade.

Além disso, dá ao Conselho Europeu um argumento vigoroso contra a culpa de que a União é dirigida por burocratas não eleitos, ministros desconhecidos e parlamentares alienados de seus eleitores. Como única instituição da União, não pode ser reduzido a "Bruxelas", mas precisa ter uma visão de Europa como um grupo de países no continente.

PALÁCIOS E ESCRITÓRIOS   Visibilidade pede, falando claramente, imagens – para alimentar todos os tipos de câmeras. Assim, além do elenco, o local é essencial. Por muito tempo, o Conselho Europeu tinha um circo itinerante; a cada seis meses, a presidência organizava ao menos uma reunião em seu país. O líder de governo anfitrião queria fazer algo especial desse evento – para os colegas hóspedes, o público ou a indústria do turismo local. Assim surgiu um carrossel simpático que por anos percorreu vários locais: um castelo de caçada francês, um palácio renascentista italiano, uma vila britânica, uma ilha grega, um palácio belga, um convento português, o Ridderzaal em Haia e uma série de outros locais cruzando toda a União. Uma foto do recém-eleito Tony Blair montado numa bicicleta pedalando ao lado dos canais de Amsterdã, líderes de governo e ministros num *vaporetto* em Veneza: todo mundo gostava de mostrar seu lado mais charmoso.

Em 2000, num centro de reuniões meio tenebroso em Nice, os líderes resolveram terminar esse circo. Uma decisão que teve um grande significado simbólico, mas com fundo prático. O número de membros estava aumentando, as medidas de segurança – que por volta da mudança de século tiveram que ser muito reforçadas devido às demonstrações contra a globalização – significavam um encargo cada vez mais pesado. E também estava ficando praticamente impossível encaixar uma reunião extra de última hora. Desde 2003, todas as reuniões de cúpula regulares ocorreram em Bruxelas. Durante muitos anos, num colosso de escritórios cujo nome homenageia o humanista Justus Lipsius, um edifício que, segundo os seus moradores fixos, "emana uma austeridade em estilo soviético".[33] Desde o começo de 2017, num novo local, o edifício "Europa", também conhecido como "o ovo na jaula".

No umbral   Entre as imagens repetidas centenas de vezes de Bruxelas, está esta aqui: uma limusine preta segue na frente, um líder de governo ou ministro desce do carro e toma a palavra. Duas ou três frases antes da reunião sob medida para os jornais televisivos. *Entrada* é como se chama esse exercício no jargão jornalístico. A cena se desenrola na entrada VIP do prédio do Conselho, uma entrada austera na parte de trás, mas coberta.

Um jornalista que gastou horas com isso nota como os políticos atuam "num tipo de domínio intermediário": "Eles enviam

---

[33] Herman Van Rompuy, *Europa in de Storm. Lessen en Uitdagingen*. Leuven, Davidsfonds, 2014, p. 109.

expectativas para a próxima reunião e, ao mesmo tempo, dirigem-se a seu público doméstico".[34] Ele nota como nessa *entrada* as diferenças desaparecem; também oradores de países menores ou menos importantes podem se revelar como os queridinhos da imprensa ao usar uma linguagem cativante. Durante a crise grega do verão de 2015, os especialistas já pelo tom na entrada "dos fundos" reconheciam a chance de um compromisso: políticos eslovacos, finlandeses, alemães e neerlandeses expressam desconhecimento ou até mesmo indignação sobre o comportamento de Atenas – primeiro lá fora, na frente da porta e depois lá dentro, no salão.

O momento umbral caracteriza de certa forma a democratização europeia: o que acontece em Bruxelas já não se dá mais apenas atrás de portas fechadas; os conflitos são cada vez mais tratados publicamente "na *entrada*, na transição de uma esfera pública nacional para uma europeia, que está ocupada em existir".[35] O Conselho Europeu cria um espaço público tornando a União mais democrática. O fato de com isso talvez também oferecer um palco inesperado para oposição política ainda precisa ser verificado.

Quadro do elenco   Um elemento fixo na *mise-en-scène* de um Conselho Europeu tradicional é a foto da família. Os líderes posicionados direitinho em duas ou três fileiras, olhando de frente diretamente para a câmera. Cuidadosamente, o serviço protocolar já havia colado bandeirinhas nacionais e europeias no piso para que cada um soubesse o seu lugar. Presidentes (chefes de Estado) ficam, protocolarmente, na frente de primeiros-ministros e chanceleres (líderes de governo). Antiguidade e ciclo de rotação da presidência regular do Conselho também contam. As câmeras de televisão registram a foto

---

[34] Matthias Krupa, 'Wie hat die Krise Europa Verändert?', no *Die Zeit* 29 (16 de julho de 2015).

[35] Krupa, "Wie hat die Krise".

escolar bem-humorada. A foto em si não tem muito valor como novidade, no entanto ela mostra quem está presente.

A unidade indicada na foto oferece uma imagem distorcida. A lente não registra o quão heterogêneo é o grupo. É grande a diferença entre um presidente que já rege há cinco anos quase como um rei e um primeiro-ministro de um gabinete de minoria, ou entre um recém-chegado que acabou de ganhar as eleições e um veterano que distribui *palavras certas*. Gravatas e ternos sob medida também não mostram quem é conservador, quem é cristão-democrata, quem é liberal ou quem é social-democrata – no máximo, um terno sem gravata grego indica que é um adversário de esquerda. Mas todos eles são animais políticos.

A foto de família dá oportunidade àqueles que não são membros de se mostrarem em público na companhia de um grupo poderoso. Os líderes de membros-candidatos são muito interessados nisso. Nos anos que antecederam a entrada da Polônia e outros países da Europa Central e da Oriental, seus presidentes e primeiros-ministros tinham direito a esse privilégio. A tradição tornou-se obsoleta em 2004, frustrando totalmente a Turquia, uma candidata à época e ainda por muitos anos depois. Depois de insistir várias vezes, finalmente Ankara ganhou esse prêmio simbólico no final de 2015. Superficialidades? Não. Para uso doméstico turco, a foto do primeiro-ministro turco entre os líderes europeus dá um sinal mais forte de possibilidade de adesão do que todo aquele falatório bruxelense sobre "capítulos" em negociações que podem ou não ser "iniciadas". Cada espectador de televisão ou leitor de jornal em Istambul ou Konya vê na hora: nosso homem está lá.

Quem conseguiu um lugar na foto foi o presidente do Parlamento Europeu. Embora não seja um membro do Conselho Europeu, esse funcionário no começo da reunião tem um breve intercâmbio com os líderes. A foto de família é feita logo em seguida; ela oferece uma oportunidade natural de conseguir que o convidado saia do salão depois dela. Não se trata de excesso de cautela: o Parlamento, nas palavras de um funcionário público estrasburguês antigo de reuniões de cúpula, "realizou uma campanha de trinta anos para estar 'presente', ser visto à mesa de cúpula na União Europeia". Devido a um reconhecimento moderado junto aos próprios eleitores, o Parlamento procura apoio junto às luzes dos holofotes da mídia que foca os líderes nacionais reunidos.

As "CONCLUSÕES" As decisões do Conselho Europeu chamam-se "conclusões". São textos administrativos com que os líderes exercem seus papéis de chefe – decisor, estrategista, controlador, formador, orador. Tradicionalmente, essas palavras são voltadas ao mundo bruxelense doméstico. Jacques Delors certa vez equiparou a autoridade das conclusões em linha com o Tratado: quando o Conselho Europeu dizia algo, declarava ou afirmava, ele, como presidente da Comissão, poderia *fazer* algo em seguida.[36]

As conclusões são politicamente vinculadoras, não *juridicamente*. Uma diferença relevante. Depois da criação do Conselho Europeu em 1974, é o que faziam os juristas e funcionários públicos bruxelenses nas capitais, compromissados com os acordos de bastidores entre a Comissão e o Conselho de ministros, que décadas antes do recém-chegado não existiam, considerando que os chefes, ao pé da letra da lei, não podiam eles mesmos tomar "decisões". A imprensa, que imediatamente em massa fazia os relatórios das reuniões de cúpula, mostrou mais sensibilidade pelas relações. A vontade dos chefes *virava* lei: seus acordos políticos recebiam um efeito vinculatório no nível do Conselho de ministros.[37] Isso não precisava ter despertado surpre-

---

[36] Jacques Delors num debate no Parlamento Europeu, 16 de fevereiro de 1989, citado em: Peter Ludlow, "Leadership in an Enlarged European Union. The European Council, the Presidency and the Commission". *EuroComment Briefing Note* 3:8, 2005, p. 13.

[37] Desde 2009, quando se transformou numa verdadeira instituição da União com o Tratado de Lisboa, o Conselho Europeu pôde tomar "decisões

sa. Uma relação formal de autoridade entre chefes reunidos (Conselho Europeu) e os ministros reunidos (Conselho) não é necessária enquanto cada líder de governo individual é quem em casa manda em seu próprio ministro. O que for suficientemente importante é imposto. Isso ainda funciona assim. Durante a crise da zona do euro, mais de uma pessoa estava fascinada com as controvérsias em Berlim entre a chanceler Merkel e seu ministro Schäuble: este, vez por outra, seguia seu próprio caminho, mas, quando realmente era importante, Merkel tinha a última palavra. *Assunto de chefe*.

Os membros do Conselho Europeu consideram as conclusões sua propriedade conjunta. Enquanto os líderes em conferências internacionais como o G7 ou o G20 em geral se limitam a aceitar um documento negociado nos mínimos detalhes por seu *staff* administrativo e diplomático com a mudança de apenas uma palavra, os líderes de governo na União sentem uma responsabilidade mais forte pelo que eles levam para fora – por causa de seu próprio público. Normalmente, o texto é passado parágrafo por parágrafo, às vezes linha a linha, pelos líderes e depois "finalizado". Isso certamente se aplica aos pontos de discórdia.

Os líderes de governo não só querem que seu texto reflita corretamente o debate, mas também que ele seja compreensível. Confrontado com a enésima formulação complexa – o tipo de nuance burocrática ou compromisso semântico que é o dia a dia dos funcionários da administração pública bruxelenses –, o chanceler alemão Helmut Kohl costumava dizer em voz alta o que seus colegas pensavam mentalmente: "É impossível explicar a uma pessoa razoável o que está escrito aqui!".[38] Esse tipo de irritação expõe o quanto os líderes de governo também nos bastidores se mantêm conscientes do

---

vinculativas", por exemplo, para nomeações; só que as "conclusões" continuam sendo o instrumento adequado.

[38] Helmut Kohl, citado em: Pierre de Boissieu et al., *National Leaders and the Making of Europe*. London, John Harper, 2015, p. 8-9.

vínculo vital com seu público. Eles percebem, muitas vezes melhor do que sua própria equipe, a diferença entre a linguagem secreta da fábrica de regras e as palavras que o mundo externo entende.

ENTREVISTAS COLETIVAS   Desde o início, os encontros do Conselho Europeu atraíram mais de mil jornalistas de todos os Estados-membros e muitos outros lugares. A imprensa entendeu as reuniões de cúpula corretamente, como uma "instância de poder" e como uma máquina de fazer histórias. Personagens contrários, decisões históricas, uma disputa por poder e dinheiro – quanta coisa acontecendo! Assim as reuniões de cúpula oferecem o que falta na fábrica de regras: um momento público-político palpável.

Depois do encerramento de uma reunião de cúpula, não só o presidente, mas também todos os membros do Conselho Europeu dão uma entrevista coletiva. (É como se nos Países Baixos depois do conselho de governo da sexta-feira não só o ministro-presidente se encontra com a imprensa, mas também cada um dos ministros.) Cada um deles dá sua própria versão, em seu próprio idioma a uma parte da mídia e geralmente ao mesmo tempo. Às vezes, tem-se a impressão de que nem todos participaram da mesma reunião. Mesmo assim, um líder não consegue contar uma história diametralmente oposta à do colega. As conclusões formais – comumente publicadas logo depois da reunião – dão a base e vinculam a todos. A informação flui rapidamente. Todos ficam de olho uns nos outros. Os oradores prestam atenção aos vizinhos. Os jornalistas trocam informações (o coleguismo no corpo de imprensa bruxelense é grande). O Twitter não para, as agências de notícias querem ser as primeiras, as bolsas reagem.

Sem dúvida nenhuma, a pressão da imprensa contribui com a dinâmica do encontro. Com mais de mil repórteres diante da porta, é quase impossível aos líderes colocarem o pé para fora com um "Não chegamos a um resultado". Um presidente chamou isso de a impossibilidade de falhar. Uma reunião de ministros competentes pode ser suspensa por uma semana – "Sem comentários, semana que vem continuaremos o assunto" –, mas, com o circo de uma reunião de cúpula, isso é impossível. Caso não se tenha chegado a um acordo, apesar disso é preciso dar *algo* à imprensa, mesmo que seja uma declaração final bem superficial. (Em quatro décadas, somente uma vez os líderes conseguiram ir para casa sem entrevista coletiva, em 1983 em Atenas.) A imprensa pode instigar divisão, quebrar reputações, extrair declarações. Justamente devido a esse poder fortíssimo é que ela é produtiva e impulsiona o Conselho Europeu a uma maior unidade e determinação, fato que os líderes individuais previamente nem imaginavam que fosse possível.

Os líderes de governo, todos políticos eleitos, quase sem exceção têm uma relação de amor e ódio com a mídia: eles não vivem sem ela, mas também não querem saber dela. Eles estão muito mais cientes do poder da mídia do que seu séquito de diplomatas, juristas e outros funcionários públicos – mais forte também que a maioria dos acadêmicos. O paradoxo do umbral: Conselhos Europeus são secretos, neles se resmunga sobre a política de bastidor, mas sem o encontro direto com o público os líderes não tomariam uma decisão importante. A imprensa é quem faz a autoridade deles, porque ela também pode quebrá-la.

A COMISSÃO E A LIMITAÇÃO DA AUTORIDADE LEGAL

A Comissão gosta de chamar a si mesma de "o Executivo europeu" e a imprensa repete o que ela diz. Assim ela explora habilmente a ambiguidade semântica do termo "Poder Executivo", o Poder Executivo *administrativo* e *político* de fato abrange a administração pública e o governo. Com a qualificação de "administração pública" (ou "administração"), a instituição se sente tolhida, enquanto o termo "governo", que ela a seu ver deveria *ser*, não pode ser exigido sem desencadear uma rebelião. Com o ambíguo "Executivo", ela mantém seus fãs esperançosos satisfeitos sem dar munição aos caluniadores. No entanto, essa ambiguidade não satisfaz. O atalho acadêmico usual de denominar algo de um caso único (*sui generis*) tampouco é possível.

A lente da autoridade focaliza melhor as forças e as fraquezas da instituição. A Comissão é um produto do tratado de fundação assinado pelos Estados, um texto constitucional. Basicamente, sua posição se apoia em autoridade legal, que dentro de suas limitações é vinculativa e irrefutável. Por si só, isso não é nada demais; no entanto, todas as instituições estatais provêm de tal origem. A questão é o que se faz ou é possível fazer com esse capital inicial. O Tratado atribui três papéis à Comissão: simulador de política, supervisor e controlador em nome do Tratado e executor administrativo. Traduzido nos termos do pensador de autoridade Kojève: "Chefe", "Juiz" e "Servidor". Como "Juiz", ou melhor, procurador, a instituição tem a posição mais forte: sem receio, ela distribui milhões de multas a Google e Microsoft, entra em empresas, aponta o caminho certo aos Estados-membros – um *player* formidável, indispensável para o aparato de mercado. No entanto, ela acha o papel de Líder o mais honorável; o Tratado lhe dava as belas tarefas de promover "o interesse geral da União" e adotar "iniciativas" para tal.[39] Nesse papel, ela enxergou potencial e iniciou um infinito ansiar, desejar, fisgar, experimentar.

Por que não dá certo? Principalmente porque a autoridade política não é capaz de ser *derivada* da autoridade legal. Enquanto como Juiz e funcionário público com base na autoridade legal é possível já começar a trabalhar, o papel de Chefe também pede *autoridade política*. Isso *não* se dá inteiramente com uma missão do tratado e também precisa ser forçado, merecido – com firmeza e superioridade, com confrontação, convencimento e sucesso. (Quem recebe a faixa de

---

[39] Art. 17, alínea 1 do Tratado da UE.

capitão do técnico está um passo à frente, mas ele precisa conquistar sua autoridade em campo.) Evidentemente, a Comissão foi em busca de sua *própria* autoridade política, independentemente dos Estados-membros, o que é expresso no reconhecimento *de fato* pelo público de seu poder de emitir suas opiniões finais e tomar decisões. Se ela é ouvida quando fala, então ela a tem. Se não é, então não a tem.

A Comissão aposta nas eleições diretas com mandato de cinco anos do Parlamento Europeu que acontecem desde 1979. Isso lhe parecia uma fonte de autoridade promissora e em Estrasburgo deparou-se com um parceiro entusiasmado. Com o tempo, as duas instituições construíram uma ligação que se parece com a relação governo-parlamento, completa com voto de confiança, audiências e questões parlamentares.[40] Só que fica a pergunta se a Comissão obtém ou consegue obter tanta autoridade política nas eleições para o Parlamento quanto ela espera. A sua fonte de autoridade continua sendo dupla, nomeação administrativa por Estados-membros e eleição política pelo Parlamento; a arte do equilíbrio.[41] Confiando na Promessa do plano construtivo federal, a Comissão e o Parlamento querem mover as relações no sentido da autoridade independente; a eleição de Jean-Claude Juncker para a presidência em 2014 promovida pelo Parlamento foi um passo muito discutido. Mas aquilo que a missão do tratado não prepara tampouco dá certo com a "entrada

---

[40] Um elemento importante *que está ausente* é a relação *política* entre os prazos dos mandatos de Parlamento e Comissão que caracterizam os sistemas parlamentares. Num conflito entre eles, a Comissão não pode anular o Parlamento para buscar apoio junto aos eleitores para sua visão sobre o assunto. É verdade que o Parlamento pode enviar a Comissão para casa, mas a Comissão substituta somente poderá concluir o restante do "mandato" de cinco anos (art. 17, alínea 3 do Tratado da UE), um procedimento no qual se retorna à origem administrativa.

[41] Até hoje, o presidente e os membros de uma nova Comissão, exceto no caso de maioria parlamentar, são "eleitos" e respectivamente "aprovados" *também* "propostos" respectivamente "nomeados" pelo Conselho Europeu. (Art. 17, alínea 7 do Tratado da UE.)

de legitimidade" formal de um parlamento que procura seu público. Obviamente, nesse meio-tempo Juncker também não tem certeza se sua "Comissão política" terá que beber da fonte estrasburguesa. Em julho de 2017, quando o salão estava bastante esvaziado antes da entrada do presidente maltês do Conselho, Joseph Muscat, e ele mesmo, o luxemburguense ficou furioso: "O Parlamento é ridículo, muito ridículo". Sua decepção com o desinteresse do parceiro institucional fixo é compreensível; representar para um salão vazio é doloroso. Mas fugir de seu papel é decepcionante e ridicularizar sua base de autoridade, penoso.

Sobra a autoridade da fábrica de regras do Juiz e do funcionário público. Irrefutável, mas não adequada a situações em que os ânimos sobem e a União como um todo precisa exercer política de acontecimentos. Na crise da zona do euro (2010-12), a Comissão de Barroso perdeu a iniciativa política para o Conselho Europeu; ela não podia ser culpada por isso, mas, mesmo assim, ela "ouviu" do Parlamento. Para rearrumar as relações, a Comissão de Juncker começou uma disputa por prestígio com o fórum de chefes na crise dos refugiados. A proposta controversa, empurrada por ela e aceita por maioria, da "cota de asilo" obrigatória (setembro de 2015) foi um exemplo curioso. Os Estados-membros vencidos, Hungria e Eslováquia, recusaram-se a implementar essas decisões. Por fim, a Comissão decidiu seguir para a Corte de Justiça para assegurar a conformidade (junho de 2017). Do ponto de vista jurídico, provavelmente um movimento defensável, mas politicamente, a admissão de fraqueza. O que a instituição não conseguiu realizar como Chefe, tentou consertar na sua função de Juiz. Uma estratégia arriscada. (Pois o que aconteceria se Orbán mesmo depois de uma decisão da corte continuasse recusando os requerentes de asilo? Nesse caso, a Corte arrisca a perder autoridade legal e, portanto, toda a União.) Se a Comissão, ao contrário, em setembro de 2015 tivesse conseguido um acordo de princípios sobre a cota no Conselho Europeu com todos os presentes, inclusive os primeiros-ministros húngaro e eslovaco, e estes tivessem recusado a implementação *depois*, então seu caminho para a Corte teria tido uma impressão mais forte; nesse caso, a autoridade política e a autoridade legal da Europa não seriam rivais, mas teriam se reforçado mutuamente em vez de terem se enfrentado.

A falha pertinente é a de que a Comissão pode ser o "governo" da União como um todo. É mais justo interpretá-la como *componente* das estruturas executivas da União. Ela é parte do Executivo administrativo, em que sua posição é forte e a acompanha, e é consistente com a executiva política verdadeira. Especialmente, o *presidente* da Comissão constitui parte do Poder Executivo político da Europa, desse punhado de políticos com sua má vontade. Isso ele faz por conta própria e como membro do Conselho Europeu, no qual sua presença estabelece um vínculo crucial entre a esfera interna bruxelense e a esfera intermediária dos Estados-membros. Sobre essas condições executivas da União, em que não se discute somente *autoridade*, mas também *determinação* e *capacidade de ação*, é o que tratam os dois próximos capítulos.

Capítulo 7 | Determinação

> Existem dois objetivos grandes em que cada constituição precisa ser bem-sucedida (...): toda constituição deve primeiro ganhar autoridade e depois usar autoridade; ela deve primeiro conquistar a lealdade e a confiança da humanidade e depois empregar essa homenagem no trabalho de governar.
> *Walter Bagehot*[1]

> O que primeiro mina e depois mata comunidades políticas é a perda de poder e a impotência no final; e poder não pode ser guardado nem armazenado para emergências, como os instrumentos de violência, mas existe somente em sua realização.
> *Hannah Arendt*[2]

A União tem a máxima autoridade política na forma do Conselho Europeu e condições de orientar o Estado, costurar acordos e assumir a responsabilidade diante das populações. Dessa maneira, a condição principal da política de acontecimentos foi satisfeita. Mas apenas poder decisório com autoridade não é suficiente. Ele somente terá seu efeito dinâmico em conjunto com outras funções de governo, como iniciativa e reivindicação, gestão e orientação, execução e acompanhamento. Para não fixar o pensamento antecipadamente, uso expressamente termos mais "soltos". O que me interessa é distinguir, de um lado, essas características *ativas* que marcam o *métier* dos *gestores* e executores, beneficiando energia, unidade e perseverança, e, de outro, as características *representativas* dos *legisladores* em parlamentos, voltados para aceitação, reflexão, controle e influência popular.[3] Assim, a maioria das

---

[1] Bagehot, *English Constitution*, p. 61.

[2] Hannah Arendt, *The Human Condition*. Chicago e London, The University of Chicago, 1998 (orig. 1958), p. 200-01.

[3] Estimulante para a análise do comportamento do legislador executivo é: Thijmen Koopmans, *Vergelijkend Publiekrecht*. Deventer, Kluwer, 1986 (2ª impressão), p. 143-207.

funções de governo precisa ser analisada dessa forma e não colocada numa reunião de trinta líderes em torno de uma mesa; pede articulação interna e conexões com outras instituições e *players*.

Este capítulo visa a ajudar a entender o palco do Executivo *político* na União – sua posição frente aos *legisladores* e com os executivos *administrativos* entre si, aos quais já fomos apresentados nas crises e na confusão de *players* em trabalho. Nesse palco, membros e presidente do Conselho Europeu são os *players* centrais, mas não os únicos. Deparamo-nos várias vezes com o presidente e os membros da Comissão, vimos o trabalho dos ministros das Finanças no Eurogrupo, ministros das Relações Exteriores em missão em Kiev, ministros da Justiça reunidos na crise dos refugiados – e, por ora, ainda não falarei dos banqueiros centrais em Frankfurt. Qual é a melhor forma de indicar as linhas de autoridade e conexões nesse palco? Como as funções executivas encontram-se distribuídas entre *players* e instituições sabendo que não é preciso ter uma relação um para um? E a questão-chave: como a União, nessa interação, gera a determinação essencial necessária que lhe é oferecida com o Conselho Europeu em momentos de crise?

O que se segue não é um organograma estático da posição executiva da situação atual, mas um esboço de um cenário móvel, de criação, desenvolvimento e movimento; essa abordagem combina melhor com a interação de acontecimentos turbulentos que promovem a emancipação e a expansão do Poder Executivo na União.

DESENVOLVIMENTOS DO CONSELHO E DO CONSELHO EUROPEU

Conselhos de ministros executivos   O Conselho de ministros era tradicionalmente o centro de um amontoado intrincado de funções legisladoras e executivas. Uma vantagem para a fábrica de regras, mas a política de acontecimentos tem outras exigências. Nesse contexto, é fascinante ver como os assuntos foram se desemaranhando com o tempo.

A teleologia bruxelense considera o poder decisório executivo do Conselho de ministros "residual";[4] com o passar do tempo, haveria de sobrar somente funções legisladoras. Segundo o plano construtivo federal, algum dia o Conselho será um sistema de duas câmaras, um tipo de "Senado" Europeu (representação dos Estados), funcionando ao lado do Parlamento Europeu (representação dos cidadãos) e oposto à Comissão (governo) – semelhante ao Senado em Washington ou ao Conselho Federal em Berlim.

Essa visão entra em atrito com a prática. É verdade que movimentos recentes criam clareza constitucional no âmbito legislador, mas contradizem a assunção de que o Poder Executivo dos governos nacionais reunidos é uma categoria residual moribunda. Pois, enquanto o Poder Legislativo se emancipa, desenvolve-se concomitantemente a função executiva do amontado do Conselho original. Dessa emancipação, a criação do Conselho Europeu de líderes de governo em 1974 foi um exemplo antecipado, mas há uma década o movimento está acelerando.

O Tratado de Lisboa de 2009 trouxe duas mudanças significativas para o Conselho de ministros. Em nome da transparência, ele faz uma distinção bem rígida entre o Conselho, de um lado, em "deliberação legislativa" ou quando os membros votam (publicamente e seguido em transmissões ao vivo), e o Conselho do outro lado, quando o grupo discute, negocia ou decide (a portas fechadas).[5] Em um dos casos, o Conselho como "colegislador" é o parceiro público do Parlamento Europeu também em reunião aberta e, no outro caso, ele está sozinho. O que acontece a portas fechadas não é mencionado, mas

---

[4] François Lamoureux, "La Constitution 'Penelope'. Une Refondation pour en Finir avec les Replâtrages". In: A. Mattera (ed.), *"Pénélope". Projet de Constitution de l'Union Européenne*. Paris, Clement Jugar 2003, p. 11-34: 19.

[5] Conselho da União Europeia, "Regulamento da Ordem do Conselho", art. 7.

não pode ser elaboração de leis. Portanto, aí existe potencialmente espaço para o Conselho como Executivo.

A segunda divisão da função abrangeu a separação do velho "Conselho de Assuntos Gerais e Relações Externas" – durante anos, o bastião bruxelense dos ministros das Relações Exteriores – em um Conselho para assuntos gerais e um para assuntos externos, o primeiro com missão legisladora e o segundo, executora. A intenção era que o Conselho de Assuntos Gerais fosse se desenvolver até um órgão coordenador para todo o trabalho legislativo e a tomada de decisão juridicamente vinculante. (A Convenção Europeia de 2002-2003 quis batizar a estrutura claramente de "Conselho Legislador", mas essa jogada semântica foi logo desfeita pelos próprios ministros na segunda fase que se seguiu.) Na prática, esse novo Conselho não cumpriu sua promessa; portanto, o trabalho legislador continua distribuído por ministros competentes em várias configurações de Conselho como a da agricultura ou a de economia e de finanças. Uma emancipação dificultada do Poder Legislativo

Contudo, no lado do Conselho de Assuntos *Externos* foi mantida a clareza obtida com a separação dos dois conselhos. Nesse fórum, os ministros das Relações Exteriores tratam de questões que são do "exterior" para a União como um todo. Elas raramente se referem a legislação. O órgão produz muitas declarações sobre as inúmeras crises no mundo, portanto a qualificação de "Poder Executivo" parece exagerada; ele também não tem o livre alcance de líderes de governo. Apesar disso, o grupo tomou decisões sobre sanções contra o Irã ou sobre missões militares e outras missões de crise. Mas, para uma guerra próxima ou questões com consequências internas graves (segurança, energia), os ministros das Relações Exteriores operam sob a alçada de seus presidentes e primeiros-ministros.[6] Quando a crise da Ucrânia no final

---

[6] Stefan Lehne, "Are Prime-Ministers Taking Over EU Foreign Policy?", no *Carnegie Europe*, 16 de fevereiro de 2015.

de fevereiro de 2014 mudou para uma revolta popular de açambarcamento, de "Maidan" para a "Crimeia", a questão passou a ser *assunto de chefe*. Para assuntos do dia a dia ou crises isoladas, os ministros das Relações Exteriores agem com base em sua própria autoridade. Indubitavelmente, eles ocupam uma função executiva.

EUROGRUPO O que vale para os ministros das Relações Exteriores também se aplica aos ministros das Finanças dos europaíses. Também eles se desembaraçaram de um órgão mesclado, no caso, do Conselho de ministros das Finanças de todos os Estados-membros ("Ecofin"); desde o lançamento do euro, eles se reúnem mensalmente como "Eurogrupo". Esse desabrochar se concretizou na prática sob pressão francesa; no final de 1997, foi aceito pelo Conselho Europeu em seu papel de formador. Devido a duas formas de reserva – Bonn temia a politização da moeda e Londres, uma posição de desvantagem de países não europaíses –, ficou estabelecido que o órgão não haveria de tomar decisões formais, as quais permaneceriam exclusivas do "Ecofin" com todos os membros.[7] Em círculos informais, por enquanto fora do Tratado, os euroministros podiam discutir sobre a moeda comum.

Seu encontro, no entanto, logo adquiriu as características de um órgão executivo.[8] A discussão se dá a portas fechadas. O número de participantes é limitado aos ministros, um eurocomissário e um membro da direção do Banco Central, sozinho com um consultor. A sensação de grupo e pragmatismo marca a atmosfera: os ministros das

---

[7] Conselho Europeu de Luxemburgo, 12-13 de dezembro de 1997, Conclusões da presidência, pt. 44.

[8] Estudo clássico de antes da crise da zona do euro: Uwe Puetter, *The Eurogroup. How a Secretive Circle of Finance Ministers Shape European Economic Governance*. Manchester, Manchester University Press, 2006; para uma atualização do mesmo autor: idem, *The European Council and the Council. New Intergovernmentalism and Institutional Change*. Oxford, Oxford University Press, 2014, p. 155-70.

Finanças, cada um dentro de seu governo, têm o poder monetário e precisam estar bem posicionados frente aos colegas promotores de gastos. Graças à configuração informal e decidida, o Banco Central também pôde se juntar ao grupo numa reunião política sem colocar em jogo sua independência. Oficialmente, nos Eurogrupos não haveria documentos a serem preparados; uma ficção burocrática, considerando que a complexidade da matéria evidentemente vai além de uma explanação oral ou um papelzinho de rascunho. Negociações legisladoras e outras negociações jurídicas vinculantes não são realizadas formalmente pelos eurominstros; essas até hoje, conforme o Tratado, estão no nível da União com *todos* os ministros das Finanças.[9]

Desde as crises da zona do euro, o Eurogrupo tem participado mais de decisões executivas. O motivo mais importante é que o grupo de eurominstros das Finanças *naturalmente* forma o "Conselho de governadores" do mecanismo de estabilidade, o fundo emergencial que decide sobre empréstimos a Estados-membros em caso de necessidade financeira.[10] Esse poderoso *Quadro de governadores*, portanto é, *de fato*, o Eurogrupo. Isso significava uma enorme valorização do grupo, que em sua função de credor emergencial toma decisões vinculantes e muito importantes.

Essa tarefa no gerenciamento de crise, a partir de 2010-12, revelou publicamente a natureza executiva do Eurogrupo. A frequência dos encontros aumentou; o grupo às vezes reunia-se rapidamente ou fazia uma reunião por videoconferência. Houve um aumento no impacto público das decisões, em primeiro lugar em países com programas de ajuda. Mesmo assim, atinham-se ao caráter acordado e informal das reuniões, levando em conta o intenso interesse de mercados e público em relação à comunicação limitada (ou seja, o Eurogrupo não publica

---

[9] Contudo, o Tratado prevê a possibilidade de o "ECOFIN" votar sem os Estados-membros de fora da zona do euro (art. 139, alínea 4, TFUE), com o que o Eurogrupo *de fato* toma decisões juridicamente vinculantes.

[10] Tratado ESM, art. 5, alínea 1.

sistematicamente conclusões por escrito das reuniões). Essa forma de trabalho ia de encontro a uma crítica cada vez mais intensa, que acabou estourando com a chegada no começo de 2015 na Grécia de um governo que publicamente exigia uma orientação de esquerda nos assuntos da UE. O novo ministro grego Yanis Varoufakis não era muito a favor das regras informais do Eurogrupo, ensinava a seus colegas a política econômica keynesiana e não estava disposto a deixar que o pressionassem à posição de devedor frente a banqueiros. Os outros dezoito ministros davam sinais de impaciência. Não se haviam passado nem três meses e o recém-chegado já era colocado para fora do círculo numa reunião confusa em Riga; ele mesmo falava de "emboscada" e "assassinato de caráter", com cumplicidade da imprensa.[11]

O conflito subjacente era se o Eurogrupo, como um corpo tecnocrático, adapta simples regras da união monetária, como a maioria dos matemáticos nacionais o enxerga, ou se também toma decisões "políticas" como argumentava o ministro grego e se tinha autoridade política para isso.* Sob pressão pública, o Eurogrupo nesse ínterim foi gradualmente publicando mais trechos de reunião. Acaso ou não: um anúncio disso veio no dia 11 de fevereiro de 2016, o dia depois que Yanis Varoufakis, nesse meio-tempo ex-ministro, lançou um movimento político europeu em Berlim com as prioridades de transparência e democracia.

* Uma mesma censura atingiu o presidente, Draghi, do Banco Central Europeu quando ele, em fevereiro de 2015, interrompeu o financiamento emergencial para o sistema bancário grego; "um movimento político profundamente hostil pelo Banco Central Europeu contra meu próprio governo", segundo Varoufakis em *Adults in the Room*, p. 207.

Essa sequência evidencia que o Poder Executivo precisa primeiro se manifestar antes que possa reivindicar publicamente a responsabilidade.

Quem rege precisa ir para fora, enfrentar oposição.

---

[11] Yanis Varoufakis, *Adults in the Room. My Battle with Europe's Deep Establishment*. London, Bodley Head, 2017, p. 383-88; a respectiva reunião do Eurogrupo ocorreu no domingo 24 de abril de 2015.

PRESIDENTES FIXOS   Os círculos de ministros das Relações Exteriores e dos euroministros das Finanças ainda têm mais uma coisa em comum: não só os dois se desembaraçaram como configurações executivas do amontoado do Conselho original, mas cada um deles também se concedeu um presidente fixo. As reuniões dos ministros das Relações Exteriores desde 2009 são conduzidas pelo representante máximo (no momento, Federica Mogherini); os euroministros já desde 2005 têm um presidente fixo (meados de 2017, Jeroen Dijsselbloem). Em contraste: na presidência das demais configurações de conselho, em que ocorre a legislação ou a coordenação política, permanece a presidência rotativa, que muda a cada seis meses entre os Estados-membros. Como se sabe, também o Conselho Europeu de líderes de governo, igualmente um ramo executivo da "família do Conselho" concedeu-se um presidente fixo no Tratado de Lisboa em 2009 (desde 2014, Donald Tusk).

Existe um padrão nessa dança das três cadeiras. Primeiros-ministros, ministros das Finanças e ministros das Relações Exteriores são os *players*, os decisores na linha de frente em seus governos nacionais. Depois, os presidentes fixos oferecem continuidade e um ponto de contato. Se o mundo gira, é melhor que você mesmo não rotacione. É verdade que também os presidentes fixos na união baseada em colegialidade não podem se portar como figuras presidenciais, mas possibilitam uma forma de liderança coletiva e responsabilização por decisões. Além disso, personificam a autoridade europeia; como "presidente", "senhor euro" e "senhora UE", em princípio são eles os mais expostos diante do público. Também as presidências fixas do Conselho devem ser consideradas um desenvolvimento gradual do Poder Executivo na União.

Graças à sua própria autoridade política, o Conselho Europeu desses três órgãos é o único com funções executivas plenas e autoridades, e mínimas limitações. Isso é assim no sentido *político*, porque se presume que todos os membros são o "chefe" em casa e, portanto, em condições de vincular o próprio governo e parlamento às decisões europeias. Também é *institucionalmente* assim porque o círculo de presidentes e primeiros-ministros está acostumado a atuar fora do âmbito formal do Tratado, como encontro informal de chefes de Estado e líderes de governo dos Estados-membros. Isso eles fizeram, por exemplo, em fevereiro 2010, na crise da zona do euro, para poder dar apoio a Atenas sem violar a cláusula *no-bailout*.[12] Os líderes de governo têm a *autoridade política* para em determinadas situações ir contra a *autoridade legal* dos tratados. Sem amarras na fábrica de regras, eles podem pisar em terreno desconhecido e, conforme necessário, contornar o Tratado para, mesmo assim, irem juntos ao encontro do futuro. Uma condição essencial para praticar a política de acontecimentos, um trunfo.

O HOMEM DE LIGAÇÃO   O Conselho Europeu dos líderes de governo é uma central de força política, que, graças à entrada de seu poder doméstico e à dinâmica do encontro, gera energia. Não obstante, existe o perigo de a central de força às vezes girar no vazio, de o espetáculo de uma reunião de cúpula ficar sem seguimento. A energia gerada se perde se ela não for conduzida pelas administrações bruxelenses e nacionais.

No Conselho Europeu de Lisboa (junho de 2000), os quinze líderes de governo da União prometeram fazer dentro de dez anos "a economia mais competitiva" do mundo. Voltando de Portugal, o primeiro-ministro e o ministro das Finanças neerlandeses conversaram no Het Torentje (em Haia) com o funcionário administrativo de cargo mais alto do país, o secretário-geral Ad Geelhoed de Assuntos Gerais. "Uma boa decisão, e o que vamos fazer agora?", ele perguntou, pronto para traduzir o mandato político em

---

[12] Ministros também podem usar essa fórmula, porém isso é menos frequente e atualmente somente sob a autoridade do Conselho Europeu (como em 9 de maio de 2010 na criação dos fundos emergenciais *ad hoc*).

execução administrativa. Os dois olharam para ele perplexos, seus olhares dizendo: "Nada".[13]

Na condução da energia, o presidente desempenha um papel vital. A sua tarefa modesta, mas indispensável, é puxar os fios institucionais e fazer a manutenção das conexões, para que a União, quando for necessário, disponha de um veículo de política de acontecimentos. Um homem a serviço das conexões entre as linhas. Segundo o primeiro funcionário administrativo titular dessa função, as competências que o Tratado lhe atribuía "ainda eram vagas e até mesmo escassas".[14] O presidente fixo do Conselho Europeu, ele mesmo, não tem nenhum poder decisório executivo – "nenhuma competência orçamentária, nenhuma administração própria e nenhuma competência de nomeação" –;[15] sua tarefa é tornar possível a formação de decisões coletivas. Diferentemente de seus antecessores rotativos, que eram líderes de governo em casa e, portanto, também podiam utilizar sua administração e governo nacionais, os presidentes fixos têm um aparato de apoio limitado e nenhuma influência no Conselho comum. Herman Van Rompuy sentia-se "desconectado" das outras instituições da União; seu sucessor teve a mesma experiência. A partir do dia um, o belga tentou construir relações informais para compensar a falta de vínculos formais.

Consequentemente, durante cinco anos houve um café da manhã semanal entre Van Rompuy e Barroso, o presidente da Comissão, para tratar de assuntos em andamento – um costume que os sucessores Tusk e Juncker deram continuidade – e também um encontro mensal com o presidente do Parlamento. Como regra geral, todo começo de ano o presidente visitava todos os 28 membros do Conselho Europeu em suas próprias capitais, um *tour* das capitais

---

[13] Ad Geelhoed contou essa anedota durante uma aparição pública com o autor em Utrecht em 2006.

[14] Van Rompuy, *Europa in de Storm*, p. 115.

[15] Van Rompuy, *Europa in de Storm*, p. 115.

que reforçava os vínculos de confiança, dando visibilidade às necessidades de cada Estado-membro. Seu sucessor não deu continuidade a esse acompanhamento regular, preferindo realizar visitas determinadas pela atualidade.

Antes do Tratado de Lisboa existia uma cadeia de comando natural entre o chefe do governo que liderava o Conselho Europeu e seus ministros, que presidiam os diversos Conselhos de ministros. Isso permitia que líderes fortes comandassem o maquinário bruxelense por seis meses a partir de suas próprias capitais, como o presidente francês Sarkozy fez na segunda metade de 2008 (no caso da crise dos bancos, da guerra Geórgia-Rússia e do acordo climático). Depois de "Lisboa", essa cadeia de comando entre chefes e ministros deixou de existir. Também aqui a coordenação informal e as discussões, da mesma forma que o apoio administrativo compartilhado pelo secretariado-geral do Conselho, precisam compensar a falta de relações formais.

Existem, sim, fios formais puxados entre o fórum de chefes e os dois conselhos de ministros executivos. O Alto Representante, *naturalmente* presidente do Conselho de Assuntos Externos, "participa das atividades" do Conselho Europeu. Sua presença estabelece um vínculo entre os chefes e os ministros das Relações Exteriores reunidos. Uma fórmula parecida existe para as reuniões de cúpula dos líderes de governo dos europaíses: nelas é o presidente do Eurogrupo que se junta a eles.* A sua cadeira também estabelece implicitamente um vínculo hierárquico entre os dois fóruns decisores, como se viu na crise da zona do euro.

Na crise dos refugiados de 2015-16, o primeiro vice-presidente da Comissão, Frans Timmermans, apresentou duas vezes um relatório ao Conselho Europeu sobre as negociações com a Turquia; desde março de 2017, o negociador do

* Essa determinação foi desnecessária para o primeiro presidente do Eurogrupo, Jean-Claude Juncker (2005-13): como primeiro-ministro e ministro das Finanças de Luxemburgo, ele era membro dos dois círculos e podia atuar administrativamente como um "comutador" entre os dois.

Brexit da União, Michel Barnier, fez o mesmo depois de algumas cúpulas para consulta. Tais *players* operam bem no limite entre técnica e alta política, entre a sala de máquinas e o convés – suas cabeças, nesses momentos, estão voltadas para o vento soprando para a frente.

No papel, os Conselhos Europeus foram preparados pelo Conselho de Assuntos Gerais. Na prática, esse fórum não faz jus à sua função. A causa mais importante disso é que nem todos os seus membros – muitas vezes, ministros juniores com o portfólio Europa de membros de um partido de coalizão – têm o ouvido de "seu" líder no Conselho Europeu. Devido ao fato de a confiança pessoal na última fase da negociação ser crucial, esses ministros raramente conseguem resolver problemas em seu nível. Em seu lugar, dois outros grupos assumem os preparativos das reuniões de cúpula. Um deles é a rede formal de representes permanentes estabelecidos em Bruxelas (Coreper II), uma máquina bem lubrificada, mas com membros sem peso suficiente em seu próprio país. O outro é a rede informal de consultores da UE de 28 membros do Conselho Europeu, também chamados de "xerpas" (pois eles, como auxiliares, precisam levar seus líderes "à reunião de cúpula"): estes são os funcionários públicos encarregados da União Europeia na Chancelaria Federal alemã, no Palácio do Eliseu, na Downing Street 10, nos Assuntos Gerais em Haia e em outras capitais e na Comissão. Este segundo órgão, embora informal e espalhado, nos últimos anos apresentou um grande ganho em poder, porque os presidentes e primeiros-ministros tiveram que se ocupar cada vez mais intensivamente com as crises. Diferentemente do círculo de embaixadores, esse dos "xerpas" não está sob as asas da presidência rotativa, mas do chefe do gabinete do presidente do Conselho Europeu. A rede xerpa, poderosa e invisível, reforça a capacidade executiva do sistema de governo da Europa.

Os sólidos vínculos entre chefes reunidos de um lado e seus ministros de outro (e para o presidente da Comissão: os comissários) e seus respectivos aparatos administrativos nas 28 capitais e em Bruxelas – eles transformam o Conselho Europeu num corpo bem informado e que consegue responder a situações mais rápido do que antes e utilizar a energia gerada durante as reuniões de cúpula para, como União, operar a política de acontecimentos.

EUROCÚPULAS   Sob pressão das crises financeiras, desde 2008 outro fórum de poder decisório executivo tornou-se independente: reuniões de chefes de Estado e líderes de governo dos europaíses, ou as Eurocúpulas.

A França há muito queria um maior envolvimento dos líderes de governo nas decisões sobre a moeda comum. Em julho de 2007, Nicolas Sarkozy, que recentemente assumira a presidência, convidou a si mesmo inesperadamente, contra o protocolo, a se juntar aos ministros do Eurogrupo – uma *quebra do jogo* sem precedentes. A Alemanha, ao contrário, opôs-se anos a fio à interferência dos líderes nacionais na política da zona do euro; ela temia uma politização do espartilho de regras diante da moeda e uma contaminação da independência do Banco Central. Quando, então, no outono de 2008 eclodiu a crise dos bancos e o mesmo Sarkozy por acaso era o presidente do Conselho Europeu, este – depois de uma discussão fracassada com apenas os quatro maiores europaíses – convocou uma reunião de todos os líderes da zona do euro antes de 12 de outubro de 2008. Embora Angela Merkel inicialmente tenha ameaçado não comparecer, ela estava presente. Tratou-se de uma absoluta exceção, "uma vez e nunca mais" como ela ainda em janeiro de 2010 repetiu em círculo fechado. Só que o francês havia criado um precedente.

Quando irrompeu a crise grega, o presidente do Conselho Europeu operou cuidadosamente nesse precedente. Em março de 2010, apenas os europaíses estavam dispostos a dar apoio financeiro a Atenas, enquanto essa decisão, devido aos valores necessários e à controvérsia pública, indiscutivelmente era *assunto de chefe*. Por isso, Van

Rompuy, durante o Conselho Europeu regular de 25-26 de março de 2010, convocou uma reunião *ad hoc* de eurolíderes. A reunião com a presença de todos foi suspensa para que os dezesseis pudessem conversar entre si. (Seguiu-se um momento de hesitação: *onde* essa reunião se daria? Será que os dezesseis europaíses, entre eles a chanceler alemã e o presidente francês, teriam que procurar uma sala para isso ou será que os onze países que não são da zona do euro, entre eles os primeiros-ministros britânico e polonês, sairiam do recinto? Os primeiros permaneceram em seus assentos.) Depois desse encontro discreto num intervalo da reunião de cúpula habitual, já na sexta-feira dia 7 de maio continuou-se a reunião interrompida, ou seja, a reunião de cúpula visível de líderes da zona do euro. Essa reunião foi necessária para inverter o risco agudo de contaminação para toda a zona do euro e "mobilizar toda a gama de meios disponíveis" na União. As decisões depois do encerramento foram comunicadas numa simples folha de papel A4 sem nem mesmo um cabeçalho decente – também isso foi *improvisado*. Depois de uma nova reunião de cúpula de crise especial no verão de 2011, mais algumas à margem dos encontros regulares, o grupo adquiriu um *status* oficial. Em 23 de outubro de 2011 ele foi batizado de *Eurocúpula* (*Euro Summit*) e, três dias depois, ele se concedeu um pacote de tarefas, forma de trabalho e aparato de apoio, em acordo com o Conselho Europeu com todos os membros.[1] No Tratado orçamentário de início de 2012, embora formalmente assinado fora do Tratado da União, foi previsto que a Eurocúpula se reuniria duas vezes ao ano.[2] Contudo, houve uma resistência contra o fórum, tanto pela Alemanha quanto por países que

---

[1] "Conclusões do Conselho Europeu de 23 de outubro de 2011", pt. 7; "Declaração dos chefes de Estado e líderes de governo da zona do euro", 26 de outubro de 2011; "Declaração dos chefes de Estado e líderes de governo da União Europeia", 26 de outubro de 2011.

[2] Acordo para estabilidade, coordenação e governança da UEM ("Tratado orçamentário"), art. 12.

não são da zona do euro, como a Polônia. Talvez por isso a frequência desses encontros acabou diminuindo à medida que a crise da zona do euro foi sendo controlada: formalmente, nos anos de 2012-14 ocorreu uma Eurocúpula por ano e depois, com o renascimento da crise grega em 2015, o número subiu para quatro.

Assim como outros Conselhos executivos, também a Eurocúpula concedeu a si mesma um presidente fixo. Na primavera de 2010, com certeza havia três líderes disputando a europresidência: o ministro-presidente espanhol Zapatero, cujo país estava com a presidência de seis meses do Conselho comum e cuja economia estava fraca; o presidente francês Sarkozy, com boas lembranças de sua iniciativa de 2008; e o presidente das reuniões de cúpula Van Rompuy, com o argumento de que coerência e continuidade estavam a seu lado. O último deles foi o sortudo em 25 de março de 2010; já fazia uma semana que ele não estava mais na presidência. Ele comprou o espanhol com o *face-saver* de participação numa entrevista coletiva conjunta no final. Sarkozy não abriu mão logo de cara, testemunha da *mise-en-scène* de sua entrevista coletiva depois da reunião de cúpula da crise de 7 de maio de 2010: por trás das bandeiras de todos os países da zona do euro, o francês posou como o salvador da moeda. Em outubro de 2011, Van Rompuy conseguiu formalmente a presidência da Eurocúpula. O precedente de seu papel duplo foi reforçado em 2014 com a nomeação de Donald Tusk (embora proveniente de um país que não é da zona do euro) a presidente do Conselho Europeu e da Eurocúpula. Uma união pessoal útil, que evita rivalidade.

Embora a partir da França de tempos em tempos ainda se ouvia o desejo de reunir os eurolíderes mensalmente e, assim, formar um "governo econômico" para a zona do euro,[3] as Eurocúpulas acabaram provando que eram sobretudo um grupo decisor em tempos de

---

[3] Por exemplo, François Hollande, em entrevista ao *Le Monde*, 17 de outubro de 2012. O seu sucessor, Emanuel Macron, ao contrário, escolhe um "ministro das Finanças" para a zona do euro.

crise. Para as decisões diárias dos europaíses, o Conselho Europeu completo atua onde necessário como a reunião de cúpula da pirâmide decisória do euro (meio torta, pois entre os 28 chefes de Estado está o Eurogrupo com seus 19 ministros das Finanças e seus próprios órgãos preparadores). Além disso, com a futura saída do britânico, a relação entre os europaíses e não europaíses se moverá; é de imaginar que a pressão sobre os não membros para sua adesão aumentará e a utilidade do *setor* do euro independente diminuirá.

A Eurocúpula em desenvolvimento é um exemplo de uma União que, sob a pressão dos acontecimentos, se renova institucionalmente – primeiro fora do tratado, depois passo a passo dentro das estruturas existentes – e vai criando sua própria capacidade para tomar decisões coletivas rapidamente e com autoridade. Depois do Conselho Europeu, do Eurogrupo e do Conselho de Assuntos Externos, que se tornaram independentes do amontoado do Conselho original, é a próxima formação executiva que se desembaraça (em seu caso) do Conselho Europeu e, graças a uma presidência fixa, aumenta a determinação da União.

REPOSICIONAMENTO DA COMISSÃO

Na política de regras, a Comissão é e continua desempenhando o papel de governo *sósia*. Não importa sobre o que se trata, mercado interno, competência, política comercial, política agrícola, fundos regionais, programas de pesquisa – em todos esses setores a instituição está ativa em todas as linhas, desde estimulador até executor e controlador. Nós já pudemos ver que ela dispõe de papéis fortes: a missão proporcionada pelo Tratado de promover o "interesse geral da União" e, para isso, desenvolver "iniciativas".[4] A Comissão

---

[4] Art. 17, alínea 1 do Tratado da UE.

formalmente tem até mesmo o *monopólio* desse direito de iniciativa; em setores políticos econômicos e adjacentes, somente ela pode fazer propostas legislativas. Esse direito exclusivo, chave do "Método da Comunidade", é um trunfo enorme. Em meio às outras funções regentes rapidamente citadas – a capacidade de colocar algo em movimento, estimular –, essa é a mais cobiçada, a mais respeitada. Além disso, o processo legislador foi elaborado de tal forma que o Parlamento e o Conselho mal podem desviar da vontade da Comissão de uma proposta apresentada por ela; no caso de ausência de uma relação de autoridade política com o Conselho (a qual, no entanto, ela tem com o Parlamento), a instituição mantém uma abordagem procedimental verdadeira no resultado.

Dessa tarefa de iniciativa a Comissão deriva sua vocação de governo europeu, muito mais do que sua relação com o Parlamento. Ela reconhece que, na prática, mais de 90% das propostas não são de um movimento próprio, mas a pedido de outras instituições ou *players*. Para o Parlamento e o Conselho de ministros, essa oportunidade está integrada formalmente; ambas as instituições às vezes empurram os temas para a pauta legisladora.[5] Mais importante é sua cooperação com o Conselho Europeu, que, como formador, estrategista ou controlador, assume ou aceita as iniciativas mais importantes. A Comissão muitas vezes ajuda o presidente das reuniões de cúpula na redação de projetos de conclusão em que lhe "é pedido" para desenvolver uma atividade: assim, ela redige suas próprias "instruções", que, mais tarde, usará interna e externamente como legitimização para conseguir a aprovação de uma proposta. Portanto, ela usa a autoridade do Conselho Europeu. É claro que existe um limite: na União, não é possível desenvolver uma grande iniciativa política contra a vontade dos líderes de governo reunidos. Apesar dessa relativização, na prática, a Comissão defende o direito exclusivo formal de iniciativa com unhas

---

[5] Art. 225 TFUE (Parlamento); art. 241 TFUE (Conselho).

e dentes – mesmo contra seu aliado constitucional fixo, o Parlamento, que gostaria de apresentar leis de sua iniciativa. A política de regras do dia a dia é seu porto seguro: com um público doméstico bruxelense fixo, ela está constantemente nas tribunas.

Na política de acontecimentos, ao contrário, tem mais gente que vem dar uma espiadinha – e nas tribunas, além disso, não estão apenas os torcedores do time Europa, mas também os do adversário. E aí mudam as relações – no tratado e na prática. E elas aparecem inicialmente a partir da distribuição formal de papéis nos palcos de política externa e justiça, criados e frequentados pelos Estados-membros depois da Queda do Muro. Devido à sensibilidade, os líderes de governo ficam de olho e estabelecem os "interesses estratégicos" e, respectivamente, as "diretrizes estratégicas".[6] Mas também nesse contexto a Comissão não ganhou a iniciativa completa. Na política externa, a instituição ficou praticamente dentro do limite: as iniciativas podem ser apresentadas por "qualquer Estado-membro, pelo alto representante (...) ou o alto representante (...) com o apoio da Comissão";[7] ou seja, aqui ela entra no jogo somente através do alto representante (*naturalmente* e de seus vice-presidentes). Ela está mais forte no setor da cooperação da legislação criminal e da polícia, mas também ali sem direito a iniciativa exclusiva: as ações são estabelecidas "por sugestão da Comissão, ou por iniciativa de um quarto dos Estados-membros".[8]

Para assumir a direção na política externa, falta *autoridade* à Comissão – tanto na presença das populações europeias quanto dos poderes externos. Não só juridicamente, devido à falta de direito à iniciativa, mas também, e sobretudo, na prática. Enviar soldados para Mali não se faz a partir do edifício Berlaymont. Na crise da Ucrânia

---

[6] Art. 22, alínea 1 do Tratado da UE (exterior); art. 68 TFUE (justiça).

[7] Art. 30, alínea 1 do Tratado da UE.

[8] Art. 76 TFUE (Acordo de funcionamento da UE).

de 2014-15, um assunto de guerra e paz, ninguém questionou essas relações: tratava-se de uma decisão em nome de todos os Estados-membros e seus chefes; a Comissão não entrou em campo para negociar um cessar-fogo entre Moscou e Kiev. Mas ela realizou um trabalho importante para estabelecer as sanções comerciais contra a Rússia e na distribuição uniforme da retaliação entre os Estados-membros; sua *expertise* administrativa e arbitragem nos bastidores foram essenciais diante de um *front* fechado.

Nas crises da zona do euro e dos refugiados, a disputa política pela iniciativa podia ir alto, justamente porque se desenrolavam em setores nos quais o Conselho Europeu e a Comissão, ambos, têm uma tarefa do tratado (dar "impulsos" e tomar "iniciativas", respectivamente). Aqui as reivindicações de autoridade colidiam e a imprensa devorava a rivalidade. Um episódio embaraçoso de 2010 deixou clara a dificuldade que a Comissão tem para se posicionar em situações como essas. Quando a crise da zona do euro eclodiu, os líderes da zona do euro autorizaram o presidente do Conselho Europeu para, em trabalho conjunto com a Comissão, criar um grupo de trabalho para uma melhor governança da zona do euro.[9] Esse grupo de trabalho de Van Rompuy, com um eurocomissário e um bom tanto de ministros das Finanças entre seus membros, apresentou suas sugestões em 18 de outubro. A Comissão de José Manuel Barroso sentia-se "em casa" e com o terreno definido; é verdade que não podia boicotar o grupo de trabalho e cooperava com ele, mas, apesar disso, no dia 29 de setembro de 2010 – três semanas antes do relatório final de Van Rompuy – ela apresentou seu próprio pacote com seis propostas de lei, aproveitando bem o consenso que se havia formado no outro grupo nesse meio-tempo. Com essa jogada

---

[9] "Declaração dos chefes de Estado ou líderes de governo da zona do euro", 25 de março de 2010. Foi por tentativa de Herman Van Rompuy, que sentiu a chegada do problema, que a cooperação com a Comissão foi registrada no mandato da *força-tarefa*.

preventiva, ela conseguiu manter o direito à iniciativa no palco bruxelense – mas todo mundo viu a pressa frustrante com que a Comissão queria recuperar uma razão perdida.

Em tempos de crise, a União precisa mobilizar todos os *players* executivos e encorajar uma boa cooperação. E isso também aconteceu várias vezes. No final de semana do "um trilhão de dólares", de 7-10 de maio, em que os primeiros fundos emergenciais foram improvisados, os líderes de governo na sexta-feira à noite pediram uma sugestão à Comissão, funcionários públicos trabalharam a noite toda, o Colegiado de Comissários – pela primeira vez na história – reuniu-se no domingo em que, conforme as regras, havia uma proposta sobre a qual o Conselho de ministros das Finanças podia tomar uma decisão antes de os mercados asiáticos abrirem na segunda-feira.[10] (O fato de que, naquela noite, para a maior parte dos dinheiros e para profunda decepção da Comissão, tenha se optado por um instrumento fora do direito da União não tem importância na sequência dos fatos.) Uma cooperação similar entre os *players* executivos, mais frutífera e com mais tempo, criou forma junto à união de bancos: a Eurocúpula de 28-29 de junho de 2012 decidiu – numa improvisação bem-sucedida da crise da zona do euro – instituir a supervisão central de bancos para a zona do euro, atribuída ao Banco Central. Os líderes de governo nessa noite solicitaram que a Comissão desse entrada numa proposta de lei, o mais rápido possível, para que o Conselho e o Parlamento pudessem tomar uma decisão a respeito ainda antes de 1º de janeiro de 2013 – em parâmetros de tempo bruxelenses, impressionantemente rápido. Embora a Comissão adorasse exercer a tarefa de supervisão dos bancos, os funcionários públicos envolvidos deram duro todo aquele verão e no dia 12 de setembro o Colegiado se

---

[10] Comissão Europeia, "Proposta de 9 de maio de 2010 para uma Regulamentação do Conselho para estabelecer um Mecanismo de Estabilização Financeira Europeia" COM (2010) 2010 final.

reuniu conforme especificado com sua proposta – uma "iniciativa" nas asas da autoridade política mais alta.[11]

É assim que a cooperação se forma nos melhores momentos: a Comissão fornece de seu lado, salvo o direito de iniciativa, também o *know-how* e a *expertise* administrativa que, considerando a dimensão técnica das decisões da crise, é essencial; ela formula as opções para uma solução e, assim, na prática, influi muito no resultado. De seu lado, o grupo de líderes de governo (repetindo: inclusive o presidente da Comissão) fornece a autoridade política e a força de propulsão indispensáveis para as decisões duras da política de acontecimentos. Enquanto para a conversão das decisões de crise a *legislação "normal"* é suficiente, como para a união de bancos, a Comissão desempenha seu apreciado papel e envia uma proposta aos legisladores Parlamento e Conselho; ao fazer isso, ela tem um espaço de manobra considerável. Enquanto as decisões de crise ultrapassam os contextos existentes e/ou a direção política quer ou precisa dar a elas o peso de uma *alteração ou assinatura de tratado* – como aconteceu com o Tratado orçamentário (2012) e o acordo do fundo emergencial (2012) –, o Conselho Europeu, como formador, assume a tarefa de achar apoio para elas junto aos parlamentos nacionais reunidos. Contrastando com isso, pode-se deduzir por que a questão na crise de asilo empacou: a *expertise* e entrada da Comissão não foram adequadamente vinculadas à autoridade política do Conselho Europeu completo: a disputa por prestígio frustrou a determinação conjunta.

Política de acontecimentos pede outra autoimagem da Comissão. Os tempos pós-históricos de muitos não retornam. Só que Bruxelas continua numa expectativa nostálgica por "um novo Jacques Delors", o presidente da Comissão que nos anos 1985-90 regeu maravilhosamente a peça europeia. Eles se esquecem de que o palco

---

[11] Em outras palavras: especial na União em comparação com sistemas nacionais é o fato de "direito de iniciativa" e "governo" *não* coincidirem.

depois da Queda do Muro mudou, não só devido ao número de membros (de doze para 28), mas também, sobretudo, porque surgiu um novo palco para a nova política. Eles também se esquecem de que seu herói lançou seus sucessos mais importantes – as rupturas para o mercado interno (1985-86) e a união monetária (1988-90) em primeiro lugar – porque foi pessoalmente buscar apoio político para suas iniciativas no Conselho Europeu (onde tinha relações privilegiadas tanto com o presidente francês François Mitterrand quanto com o chanceler alemão Helmut Kohl). Uma aliança sem precedente de iniciativa com autoridade. Ao fazer isso, até mesmo Delors se imiscuiu nos problemas quando reivindicou o *status* de governo para sua Comissão, especialmente no debate sobre a "união política" no início após Maastricht (1990-91). Talvez a Comissão simplesmente olhe para seus limites naturais.

Resumindo: a Comissão desempenha papéis fundamentais no setor executivo graças ao seu direito de iniciativa, vantagem no conhecimento técnico e capacidade executiva. Mas ela não encarna a autoridade política máxima; isso quem faz é o Conselho Europeu. Essa distribuição de papéis é visualizada melhor – no Tratado e nos fatos – em momentos e domínios que *naturalmente* pedem por política de acontecimentos. Já, ao contrário, a distribuição de papéis *não* é visível em domínios que, em condições normais, são perfeitos para a política de regras, como o mercado interno; devido à sua posição central no maquinário normativo, a Comissão aparece para seus fãs como um governo da esfera interna de Bruxelas (mesmo quando observadores externos a classificam menos honrosamente como *regulador chefe*). Mas, quando a necessidade bate à porta, e a crise ataca ou se precisa de renovação política, então parece que a autoridade de líder é condicional e nesse momento, subitamente, fica claro que a Comissão, em última instância, também funciona em "seus" próprios domínios de política de regras sob a autoridade do Conselho Europeu. É assim que estão as relações.

Por último, uma comparação. Essa cooperação sutil e exigente entre dois executivos não é sem precedentes. O resultado líquido da construção contínua concomitante na catedral europeia segundo dois planos construtivos políticos rivais lembra muito o Executivo de duas cabeças na Quinta República Francesa. Só que o sistema de governo francês não foi um acidente involuntário de uma série de compromissos como o da União, mas instituído em 1958 de forma bem consciente. No topo está o *Presidente*, escolhido diretamente pelos eleitores franceses: ele personifica a autoridade política máxima, representa a França no mundo e determina o rumo do governo. Ao lado e abaixo, está o *primeiro-ministro*, nomeado por ele e apoiado numa maioria parlamentar na Assembleia: em diálogo estreito com o Eliseu, ele conduz a equipe de ministros e traduz as macrolinhas presidenciais em legislação e execução. Assim, em Paris funciona um sistema *presidencialista* como nos Estados Unidos associado a elementos do atual sistema *parlamentarista* da Europa Ocidental.

Para poder enxergar a analogia com a União, não se deve focar nas relações entre os dois presidentes bruxelenses, mas entender o Conselho Europeu *em seu todo* como um "presidente coletivo" da União: os chefes reunidos são a instância máxima de autoridade para o público e o mundo externo; também este "presidente" não se apoia em uma maioria parlamentar, mas obtém sua autoridade política de um eleitorado próprio, nesse caso, um eleitorado nacional de 28 países. Nessa perspectiva, a contraparte do primeiro-ministro francês é o *presidente* da Comissão, nomeado pelo Conselho Europeu e apoiado por uma maioria parlamentar estrasburguesa; ele também opera dentro de limites estabelecidos pelo presidente coletivo da Europa, não se atreve à *alta política* e sua autoridade é parte derivada e parte própria.[12]

---

[12] Existem comparações dela com a Quinta República Francesa na literatura francesa; uma única vez ela também aparece em livros-textos neerlandeses (por exemplo, W. T. Eijsbouts et al., *Europees Recht*. Groningen, Europa Law, 2006, p. 365, parte geral, 2 ed. rev.).

Não é preciso levar a comparação ao pé da letra; a intenção, aqui, é simplesmente criar uma *legibilidade* do cenário para que o público nas tribunas possa saber *grosso modo* o que esperar e o que não esperar de qual *player*.

SURGIMENTO DE GABINETES CENTRAIS

A capacidade de acelerar em tempos de crise, impor soluções, conseguir o envolvimento de todos frequentemente arrebata seu rebanho na União *fora* das estruturas formais. Trata-se de grupinhos de tomada de decisão em que nem todos os Estados-membros ou instituições têm um lugar. Eles invariavelmente podem contar com críticas – de *players* políticos que ficaram de fora, do aparato administrativo, do Parlamento Europeu, de parte do público. Vamos denominá-los "gabinetes centrais". O fenômeno em si é descrito como ainda mal identificado e deficiente em coesão, certamente também porque viola um tabu. Uma primeira tentativa de visualizá-lo pode ampliar nossa compreensão da determinação real na União.

Uma reunião de crise só é bem-sucedida com um pequeno grupo de interessados que costuram soluções e tomam decisões preliminares. Os governos nacionais frequentemente conhecem um *círculo interno* como esse de modo formal. Na Bélgica, o formal materializa-se como gabinete central, também chamado de "o centro", composto pelo primeiro-ministro e pelos líderes de todos os partidos da coalizão. Para os Países Baixos, pode-se pensar no informal "Tratado de Torentje" entre o primeiro-ministro, o(os) vice-primeiro(s)-ministro(s) e a fração de presidentes dos partidos da coalizão. A situação britânica é elucidadora. O governo britânico completo é o *Gabinete*, o coletivo responsável por todas as decisões. Com todos os ministros jurados à mesa, é aqui que se encontra a autoridade de governo visível. O ex-chefe de gabinete Tony

Blair nos permite compreender o que aqui se pode fazer e o que não se pode fazer: "O *Gabinete* é o lugar certo para abençoar decisões, é o lugar certo para as pessoas apresentarem suas reclamações se já não o fizeram anteriormente, é o lugar certo para ser atualizado pelo primeiro-ministro ou por outros ministros sobre questões estratégicas e o lugar certo para afirmar a unidade política, mas de forma alguma é o lugar certo para tomar uma decisão equilibrada sobre questões políticas intrincadas e detalhadas".[13] Em outras palavras, um lugar para autoridade e *assuntos políticos*, não para assuntos técnicos ou para *políticas*. Os preparativos de decisões ocorrem em outro lugar, por exemplo, nos *Comitês de Gabinete*, com a presença de ministros envolvidos e, por exemplo, especialistas militares ou científicos. Idealmente, as pessoas presentes devem ter à mão todas as informações disponíveis, verbalmente ou por escrito, e devem se sentir livres para desafiar a proposta feita. Mais uma vez, Tony Blair: "Sempre há um número suficiente de pessoas que querem participar de discussões importantes para, futuramente, poderem dizer que estavam lá no *momento supremo*. Por isso, a maior parte da minha tarefa era justamente manter de fora as pessoas que não tinham nada para contribuir além do seu *status social*".[14] Nessa perspectiva, o Conselho Europeu, dos 28 presidentes e primeiros-ministros, seu presidente e o presidente da Comissão, deve ser comparado com o *Gabinete* britânico completo, com todos os seus ministros e secretários de Estado e, portanto, faz surgir a pergunta para a União de como e onde quais *players* políticos atraem para si um poder decisório preparatório. E, ao comparar com a situação britânica, logo uma complicação salta aos olhos: juridicamente, todos os membros do Conselho Europeu são iguais, portanto não há "secretários de Estado" nem mesmo "ministros

---

[13] Jonathan Powell, *The New Machiavelli. How to Wield Power in the Modern World*. London, Random House, 2011, p. 59.

[14] Powell, *New Machiavelli*, p. 60.

competentes" – todos eles são chefes, egos políticos. Isso torna a composição dos gabinetes centrais ainda mais sensível.

O arquétipo do gabinete central europeu e, ao mesmo tempo, o medo primitivo de Estados pequenos é o *diretório*: um grupinho de representantes dos grandes Estados(-membros). No Congresso de Viena (1814-15), duzentos países e principados se reuniram para falar sobre uma ordem europeia pós-napoleônica, mas praticamente todas as decisões estavam nas mãos dos Cinco Grandes: Rússia, Áustria, Prússia, Grã-Bretanha e França. Sem o menor pudor, elas mudaram as fronteiras de seus vizinhos e aqui e ali colocaram novos líderes no trono. Depois da Segunda Guerra Mundial, a Comunidade Europeia rompeu com essa lógica de poder em favor da igualdade jurídica – uma renovação promissora para os países menores. Só que o poder político se arrastou para onde não podia ir. Em particular os dois grandes, França e Alemanha (Ocidental), às vezes se portavam como se somente eles tinham algo a dizer em Bruxelas. Desde De Gaulle e Adenauer até "Merkozy", isso suscitava e suscita uma constante e profunda desconfiança junto aos demais. É verdade que os pequenos reconhecem a necessidade das iniciativas franco-germânicas para colocar tudo em movimento, mas ao mesmo tempo temem a *ditadura* de uma *direção a dois*.

A tensão entre grandes e pequenos também permeia a política de regras, mas se materializa mais diretamente na política de acontecimentos. O dilema para as instituições bruxelenses e os Estados-membros menores: será que se deve rechaçar toda e qualquer tendência à formação de ditadura como indevida e como violação da promessa europeia ou é mais responsável aceitar o fenômeno (pois, afinal de contas, não se pode proibir o encontro de líderes de Estados-membros grandes) e tentar integrar isso em estruturas conjuntas? A segunda escolha acaba gerando combinações, instâncias decisórias com um número limitado de representantes bruxelenses e nacionais.

Formalmente, eles não têm direito de existir. Contudo, são vistos como mais legítimos e eficientes do que a ditadura franco-germânica – que em outubro de 2010 com Sarkozy e Merkel conduziu uma debacle em "Deauville", tanto protocolar quanto de conteúdo.

Um exemplo típico de tal *círculo interno* misto que surgiu durante um dos piores momentos da crise da zona do euro foi o "Grupo de Frankfurt". Esse pequeno grupo se encontrou pela primeira vez na Ópera de Frankfurt em 19 de outubro de 2011, por ocasião da despedida de Jean-Claude Trichet do comando do Banco Central. Angela Merkel, como convidada, estava sentada na primeira fileira e Nicolas Sarkozy, devido à tempestade da zona do euro que estava se formando, voou às pressas de Paris, onde sua mulher Carla Bruni estava no hospital dando à luz à primeira filha deles. Depois dos discursos festivos e enquanto a orquestra tocava Mozart, nos bastidores ocorria uma reunião às pressas entre esses dois líderes nacionais, os três presidentes bruxelenses presentes, Van Rompuy (líderes de governo), Barroso (Comissão) e Juncker (euroministros), assim como o homenageado Trichet (em nome do Banco). Quatro dias antes de uma reunião de cúpula europeia, o conflito franco-germânico sobre a abordagem da crise era tão grande e tão urgente sair dele que o cuidado protocolar foi desprezado; essa reunião acabou se tornando pública. Nos bastidores surgiu, sem mais nem menos, o *gabinete central da zona do euro*. Esse grupo trabalhou nos meses seguintes atravessando a tempestade, vez por outra com um convidado extra – como aconteceu no G20 em Cannes, quando o presidente Obama se juntou ao grupo.

Na política externa, os *círculos internos* de *players* institucionais e/ou alguns nacionais individuais são menos comuns. Nesse domínio, eles encontram menos resistência e menos desconfiança. Quando se trata de negociação e assumir risco, as diferenças factuais em poder e responsabilidade entre Estados-membros são aparentemente mais fáceis de aceitar.

Um exemplo que chama um pouco a atenção é o comportamento da Europa frente ao Irã. Em 2003, os ministros das Relações Exteriores de França, Grã-Bretanha e Alemanha – os "Três Grandes" – tomaram uma iniciativa para convencer o governo iraniano a limitar seu programa de energia nuclear somente para uso civil. Rapidamente, o trio pediu a Javier Solana, o Alto Representante da União, que coordenasse o trabalho deles e, quando oportuno, conduzisse as conversações em nome deles; o espanhol foi a chave formal entre os "Três Grandes" e os demais Estados-membros e instituições. Nada de espetacular para o grande público, mas, sim, uma novidade diplomática. As duas sucessoras de Solana, Catherine Ashton e Federica Mogherini, em negociações posteriores com o Irã desempenharam o mesmo papel em um grupo maior (então haviam se juntado ao lado europeu na mesa de negociações os membros permanentes do Conselho de Segurança da ONU, Estados Unidos, Rússia e China).

Na crise ucraniana de fevereiro de 2014, apareceu um trio ministerial franco-teuto-polonês em Kiev para, depois de um banho sangrento, intermediar as negociações entre os manifestantes de Maidan e o regime; o embaixador local da UE os auxiliou, no entanto, a representante do exterior, Catherine Ashton, não estava presente. Entre os outros 25 ministros reunidos em Bruxelas havia alguns rangendo os dentes, porque era *ele* que queria estar lá naquele momento decisivo, como o ministro sueco, Carl Bildt, mesmo assim, aceitou-se que esse trio falasse "em nome da Europa". Em junho de 2014, depois do aumento do conflito pela invasão da Crimeia, surgiu outro grupo: os "Quatro da Normandia", um quarteto voltado para as negociações de paz constituído pelo presidente francês, a chanceler alemã e os presidentes russo e ucraniano. Também nesse caso, a contingência foi efetivamente utilizada. Da mesma forma que a festinha de Trichet na Casa de Ópera em Frankfurt, esse assunto foi tratado numa cerimônia para relembrar o desembarque dos Aliados na Normandia, que proporcionou a oportunidade para um primeiro encontro que, depois disso, consolidou-se à forma diplomática. Nesses "Quatro da Normandia", chama a atenção a ausência dos representantes bruxelenses; e até mesmo a ausência do primeiro-ministro britânico. Merkel e Hollande compensaram a falta de participação formal das instituições da União informando seus colegas antes e depois da reunião; assim, depois da "Noite em Minsk", em 12 de fevereiro de 2015, eles voaram diretamente para o Conselho Europeu em Bruxelas. Em sua caixa de ferramentas diplomática, eles tinham, além disso, sanções da União como armas. Isso proporcionou sua legitimidade "europeia" à dupla teuto-francesa.

Os gabinetes centrais formam uma fase seguinte na metamorfose da união normativa segundo união de regras e de acontecimentos; nós os veremos aqui e ali mais frequentemente. A experiência ainda é muito recente para uma reunião sistemática. Mesmo assim, podemos fazer quatro observações sobre as vantagens e desvantagens dessa constelação imprevisível.

Em primeiro lugar: gabinetes centrais são relacionados a problemas e voltados para a solução. Eles surgem em função do acontecimento a ser resolvido e precisam, então, organizar solidariedade ou eficácia onde a situação o exigir – geralmente, nem toda crise tem a mesma dificuldade. Por esse motivo, eles *não* funcionam quando querem jogar um contra o outro, mas somente quando estão em condições de superar as contradições políticas mais importantes dentro da União e verter em formas institucionais.* Concreto: o trabalho preliminar teuto-francês na crise da zona do euro foi essencial, justamente porque os dois países basicamente *discordavam* e cada um deles falava implicitamente em nome de um grupo concorde, Norte e Sul. Na crise dos refugiados, surgiu um

* Os gabinetes centrais, portanto, devem ser distinguidos do fenômeno relacionado de coalizões de Estados-membros, dos quais alguns até mesmo se cristalizaram a estruturas fixas (Benelux, "quarteto de Visedrád", "os Nórdicos"), enquanto outros se manifestaram em função da situação.

gabinete central informal; em alguns momentos, os *players* dos papéis principais trabalharam até mesmo paralelamente, o que indiscutivelmente contribuiu no inverno de 2015-2016 com a sensação de caos e perda de controle. Nessa situação, poderia ter existido um gabinete central formado por Tusk e Juncker com, por exemplo, Merkel (países de destino), Renzi ou Tsipras (países de chegada) e Orbán (países que recusam asilo). Um grupo informal como esse de chefes poderia ter superado as tensões contínuas entre Norte, Sul e Oeste quanto à acolhida e à distribuição de refugiados.

Em segundo lugar: não se pode esquecer dos *outsiders*, ou seja, é necessária a inclusão em estruturas formais. O preparo de decisões num círculo restrito que abrange todos os Estados-membros, embora às vezes seja inevitável, é desconfortável para os ausentes. Pode até mesmo ocorrer de ressentimento se voltar contra o centro autonomeado e inverter suas propostas. Foi o que aconteceu depois de "Deauville" com Sarkozy e Merkel, esta arrastada devido à sua imagem; deboche e caça às bruxas foram o preço a pagar. Por seu próprio interesse e pelo comum, os *círculos internos* fazem bem em apresentar um acordo como etapa preparatória em vez de um ditado e não tornar a visibilidade pública de seu encontro muito grande.

Em terceiro lugar: a resistência contra gabinetes centrais arbitrários é tão grande que levará muito tempo até que a forma legal seja aceita. Essa é uma diferença em relação aos grupos de Conselho executivos tratados anteriormente que também começaram como "bastardos" (Conselho Europeu, Eurogrupo, Eurocúpulas) e que – considerando que todos os Estados-membros da zona do euro foram representados –, com o tempo, conseguiram um lugar na ordem do tratado. A melhor forma de funcionamento dos gabinetes centrais ligados a problema deveria ser o modelo dos Comitês de Gabinete britânicos, órgãos parciais poderosos que sem dúvida chegam a um acordo segundo a última palavra e a autoridade pública do Gabinete completo – traduzido para a União, o do Conselho Europeu. Mas, enquanto o primeiro-ministro britânico conduz o gabinete irrefutavelmente com base na autoridade política pessoal e nomeia todos os ministros, o presidente ainda tem membros do Conselho Europeu em posição. A atenuação dessa fraqueza executiva pediria por autorização de um centro pela Cúpula completa; trata-se de uma fórmula que permanece subutilizada, justamente por se chocar contra a sensação de igualdade, ou seja, continua-se navegando no limite de acontecimento, autoridade efetiva e direito.

Em quarto lugar: com base na experiência prática, grupos menores seletos de política externa se deparam com menos resistência e continuam sendo desenvolvidos. Todo mundo entende que os primeiros-ministros de Luxemburgo e Malta, mesmo acompanhados por dois presidentes bruxelenses, não teriam conseguido um cessar-fogo russo-ucraniano em Minsk. Nos casos que pedem poder de fato e capacidade de ação, lida-se de forma mais tranquila com a igualdade jurídica dos Estados-membros. Esse *senso comum* quanto à política externa também pode ser utilizado em outros lugares.

Ainda é preciso mencionar um exemplo de gabinete de crise.

Como colaborador de um político, às vezes a gente ouve o chefe dizer alguma coisa publicamente e na hora passa pela cabeça: será que isso é alta sabedoria ou, sem saber, ele está pisando numa mina sem desconfiar de nada? Algo assim aconteceu comigo no final de maio de 2010 numa sala em Bruxelas. Depois de uma declaração inocente, Herman Van Rompuy ainda respondeu a algumas perguntas sobre seus planos para reforçar a zona do euro, com a elaboração que os líderes de governo o haviam encarregado. De repente, ele saiu do *script*: "Estamos trabalhando numa espécie de gabinete de crise, pois somos muitos *players* neste setor, sem dúvida nenhuma para uma crise, e entre eles não há vínculos hierárquicos ou orgânicos. Isso é um problema de verdade. Por isso, vou fazer propostas para uma melhor coordenação". Isso soou inocente, mas fiquei preocupado. De fato, estava meio bagunçado com tantos responsáveis pelo euro em Bruxelas e Frankfurt, ou seja, todo mundo acharia "coordenação" ótimo. Mas o termo "hierarquia" usado por Van Rompuy era novíssimo e violava um tabu. Esse termo assustaria as Comissões independentes e o Banco Central sem dúvida nenhuma. Afinal de contas, não teriam nenhuma relação de poder com *ninguém*, certo?! Por ser seu secretário de imprensa e chefe de gabinete, fiquei preocupado com a manifestação esperada. O dano publicitário ficou limitado a uma notícia de última hora para círculos bruxelenses ("Van Rompuy quer mais hierarquia"[15]). Já internamente, o clima esquentou. Em conversas com Barroso e Trichet, naquele verão de 2010, Van Rompuy não desistiu de seu gabinete de crise: numa situação com Estados-membros em plena briga e mercados perdendo a confiança na moeda, só faltava agora que cada *player* da UE emitisse outros sinais. A sobrevivência da moeda estava por um triz. Mas seus colegas não queriam saber de coordenação ("Quem é que então vai convocar a reunião?") e se refugiaram atrás de queixas institucionais. A ideia morreu; era muito cedo.

No entanto, o tempo fez seu trabalho. A crise continuou afetando a autoconfiança da zona do euro. Aquilo que no verão de 2010 ainda era proibido e impensável, em outubro de 2011 já era possível. Assim, no anexo da declaração de fundação da Eurocúpula passou-se a ler no ponto 6: "O presidente da Eurocúpula realiza regularmente e pelo menos uma vez por mês uma reunião com o presidente da Comissão e o presidente do Eurogrupo. O presidente do Banco Central Europeu pode ser convidado para dela participar".[16] Isso era justamente a

---

[15] Honor Mahony, "Van Rompuy Wants Clearer 'Hierarchy' to Deal with Future Crises", *EUobserver.com*, 25 de maio de 2010.

[16] "Declaração dos chefes de Estado e líderes de governo da zona do euro", 26 de outubro de 2011, Anexo 1 ("Dez medidas para melhorar a governança da zona do euro"), pt. 6. Alguns meses depois, o grupo também recebeu um lugar no "Tratado orçamentário" fechado fora do Tratado da União (art. 12, alínea 4).

sugestão de Van Rompuy um ano antes. Palavras complicadas como "hierarquia" foram evitadas desta vez, embora estivesse claro quem era o presidente. Com governos cambaleantes em Roma e Atenas e o euro no meio de uma tempestade, a ortodoxia *fora de época* cedeu seu lugar ao pragmatismo. E assim surgiu uma estrutura executiva, bem *discreta*. Internamente, esse gabinete foi chamado de "encontro de *players* institucionais". (Provavelmente esse grupinho, diferentemente dos outros gabinetes centrais, poderia, sim, conseguir um lugar nos textos, pois não havia representantes nacionais; manter *todo mundo* de fora também garante igualdade.) Será que esse encontro mensal valia alguma coisa? Isso se descobriu em março de 2013, quando a crise da zona do euro passou para Chipre.

Os bancos cipriotas, por causa de sua exposição às dívidas gregas, desde 2012 se encontravam em condição precária, mas o governo atual evitava o assunto. Depois das eleições e uma mudança de governo, aumentou a inquietação financeira. Os euroministros negociaram um pacote emergencial de 10 bilhões de euros com o novo governo cipriota. Esse acordo desajeitado atingiu tanto pequenos poupadores locais quanto os grandes depositantes estrangeiros, entre eles, muitos russos; ele foi recusado pelo parlamento em Nicósia. Seguiu-se um impasse confuso, havia a ameaça de uma *corrida aos bancos*. Essa intensificação significava que se tinha que "subir um degrau", ir ao Conselho Europeu como instância de apelo e controlador de tempestade. Mas Van Rompuy não estava muito disposto a convocar uma reunião de cúpula de crise completa em caráter de urgência, muito menos porque os mercados financeiros achavam 10 bilhões para Chipre uma *ninharia*. Em contato estreito com membros do Conselho Europeu – entre os quais a chanceler Merkel estava sob pressão intensa do *Bundestag*, que se opunha à ideia de ajudar os oligarcas russos na ilha –, o presidente investiu numa reunião com o novo presidente de Chipre, Nicos Anastasiades, e os presidentes da Comissão (Barroso), do Banco Central (Draghi) e do

Eurogrupo (Dijsselbloem), bem como a chefe do Fundo Monetário Internacional (Lagarde). Esse encontro se deu no domingo, dia 24 de março de 2013. Van Rompuy pediu à Força Aérea belga que levasse Anastasiades de Nicósia a Bruxelas. Por horas a fio, seguiu-se um jogo de pôquer psicológico e financeiro *no pequeno comitê*, onde Draghi era o *policial mau* e Van Rompuy, o *policial bom,* para convencer o cipriota a fazer concessões. Em outro lugar no prédio do Conselho, os euroministros estavam reunidos sem fazer nada; em Chipre, a questão era *assunto de chefe* – o setor financeiro era um quinto da economia nacional – e um presidente não negocia com ministros. Por volta da meia-noite, os líderes chegaram a uma solução. Anastasiades concordou com a nacionalização de um banco grande e a falência de outro. Pouco depois, o acordo, com uma pequena alteração feita pelos ministros, é ratificado pelos euroministros, que o deram a conhecer ao mundo externo. Um único jornal informou o que havia acontecido por trás dos holofotes.[17] Até mesmo um observador habituado falou de uma "trama bizantina de complexidade confusa".[18]

No episódio de Chipre, Van Rompuy utilizou as estruturas construídas para a política de acontecimentos financeira. Ele juntou dois grupos: a troica de Banco Central, Comissão e FMI – os técnicos da concessão de empréstimo – mais a "reunião de *players* institucionais" iniciada por ele, trazendo os líderes de governo e os euroministros para o jogo como responsáveis políticos, e posicionou a si mesmo centralmente, no eixo das instituições e dos Estados-membros. Espremidas em cinco pessoas, todas as partes relevantes estavam sentadas diante do presidente do Chipre e, sob pressão, era possível negociar

---

[17] Nikolas Busse, "Feuer und Flamme. Verhandlungen über Zypern-Hilfe", no *Frankfurter Allgemeine Zeitung*, 25 de março de 2013.

[18] David Marsh, *Europe's Deadlock. How the Euro Crisis Could Be Solved and Why it Won't Happen*. London e New Haven, Yale University Press, 2013, p. 60.

duramente e evitar a bancarrota da ilha. No dia seguinte, o parlamento em Nicósia concordou com o acordo.

A dramaticidade da decisão de Chipre esclarece a diferença entre velha e nova política. Na política de regras bancária, depois de um processo legislativo longo, inclusivo e vinculado a regras é feito um acordo entre as partes: *todos* os bancos de *todos* os Estados-membros devem satisfazer a regra x dentro de n anos. Não tinha como essa decisão da política de acontecimentos ser diferente, em que um gabinete central depois de uma negociação duríssima diz ao chefe de Estado de um Estado-membro: Solicitamos o fechamento deste banco do senhor dentro de algumas horas. Um momento doloroso que, de um lado, exige autoridade política e, de outro, aceitação visível.

A situação em que a Comunidade se encontrava depois de 1945 faz com que mais se pense no que De Gaulle escreveu sobre o fraco presidente francês Lebrun em 1940: "No fundo, como chefe de Estado, faltaram-lhe duas coisas: que ele fosse um chefe; e que houvesse um Estado".[19] Com o desenvolvimento concomitante do Conselho Europeu, não surgiram cadeias de comando alternativas. Isso também não é possível na União. Mas agora existe uma instância de autoridade que, se a situação o exigir, pode tomar decisões rápidas e vinculativas e, graças à interação com todo o executivo político – *players* fixos da Comissão e conselhos de ministros, mas também os gabinetes centrais pouco refinados –, pode convertê-las em legislação e execução. É verdade que nem sempre dá certo. Mas isso pareceu ser potencialmente a melhor maneira de, primeiro hesitante e depois de forma improvisada, solucionar a quadratura do círculo: como conduzir de forma efetiva e com uma maioria de chefes e setores? Como agir como União? E isso com visibilidade pública.

---

[19] Charles de Gaulle, *Mémoires de guerre – Le salut: 1944-1946* (dl. III) (1959). Paris, Pocket, 2006, p. 31-32.

O conjunto inegavelmente ganhou determinação na última década, mas ainda peca em capacidade de ação e perspectiva estratégica. Um acordo num salão de reuniões ou parlamento é uma coisa, a ação concreta que não raro deve se seguir na política de acontecimentos é outra. Na próxima década, o Poder Executivo da União terá que se desenvolver nesse setor. E, nisso, ele também sempre vivenciará novamente: mais do que o decidir juntos, o agir juntos exige o apoio público.

Capítulo 8 | Capacidade de ação

> Quão certas são as palavras do filósofo: *De futuris contingentibus non est determinata veritas,* sobre o fato de que não é possível afirmar com segurança o que pode acontecer no futuro. Pode-se resmungar à vontade a respeito e, quanto mais, tanto mais se percebe quão certa é essa frase.
>
> *Francesco Guicciardini*[1]

> Governar é prevenir, antecipar.
>
> *Émile de Girardin*[2]

A política de acontecimentos implica não só poder tomar *decisões* rapidamente, mas, em muitos casos, também *agir* em seguida. Aí surgem novos dilemas. O primeiro é evidente: quem precisa fornecer a capacidade de ação, de onde devem vir os postos de fronteira: o centro ou as partes, de Bruxelas ou das capitais? Como a autoridade política na União pode ser transformada em ação concreta?

Um segundo dilema se revela com o tempo: na atuação aparecem as diferenças entre Estados-membros, com o mecanismo normativo jurídico despercebido, novamente presentes; o lugar de cada um no tempo e no espaço, a vontade e a contribuição política de cada um. O que acontece se nem todo mundo *quiser* ou *puder* participar com um setor político ou uma atividade, o que acontece se um Estado-membro como a obstinada Dinamarca se recusar ou se a Grécia em dificuldades ou a pequena Luxemburgo não tiverem a capacidade necessária? Quem tomará as decisões nesses casos e como?

Também existe um terceiro dilema inevitável diante de nós: uma União que publicamente se manifesta como um *player* e se lança no

---

[1] Francesco Guicciardini, *Ricordi*. Groningen, Jonge Historici, 2017 (orig. 1530), p. 32 (*ricordo* p. 58).

[2] Émile de Girardin, jornalista francês (1802-1881), frase atribuída a ele.

turbilhão atual, a qual também precisa encontrar uma nova forma de lidar com o tempo histórico; ela precisa aceitar a contingência do futuro e antecipar estrategicamente. Muitas vezes, só sob pressão de uma crise aguda se consegue colocar todos os envolvidos em uma mesma linha, mobilizar pessoal e meios; uma migração oriunda da África precisa inicialmente criar estados de emergência visíveis para que só então a União tome uma atitude. É necessário agir antecipando preventivamente. Essa é uma grande tarefa para a nova política da Europa.

OS ENGENHEIROS DA POLÍTICA DE REGRAS

A diferença entre agir e regular é facilmente subestimada. É claro que quem faz regras diariamente sentado no escritório também considera isso uma verdadeira ação. Só que aí existe uma diferença essencial. Vamos tomar como exemplo a regulamentação da indústria de alimentos ou de medicamentos e a vigilância das fronteiras ou salvamento de bancos.[3] No primeiro caso, as autoridades públicas criam as condições para "um campo de atuação igual", em que cidadãos ou empresas são ativos e até mesmo trabalham como encarregados nos bastidores ou de outra forma, preferencialmente como árbitros invisíveis entre as linhas; no segundo caso, entram em campo, como um jogador entre vários jogadores diante de um público. Com um belo quadro do filósofo John Dewey: "As regras da lei são (...) estruturas que canalizam ação; são forças ativas somente como o são os bancos, que confinam a vazão de um fluxo, e são comandos somente no senso em que os bancos comandam a corrente".[4] Portanto, regular

---

[3] Evidentemente, refere-se a uma escala deslizante; aqui, sem atenção para o setor intermediário de, por exemplo, política agrícola europeia ou apoio regional que para muitos recai sob ação administrativa.

[4] John Dewey, *The Public and its Problems*. Athens, Swallow, 1954 (orig. 1927), p. 54.

não é atuar. Apesar disso, é grande a tendência na União de, a partir de métodos consagrados da fábrica de regras, também se querer conseguir a força operacional. É claro que isso é bem pragmático, mas negligencia o fato de que a ação precisa encontrar seu lugar na autoridade política.

REFORMA DE AGÊNCIAS   "Então vamos fazer nós mesmos." Criar uma *agência* é a nova resposta de Bruxelas à necessidade de força administrativa.

Ministérios e administrações nacionais em princípio estão na primeira linha da execução das regras e decisões europeias;* como uniformidade é essencial, a Comissão e o Conselho entram no jogo – sobretudo na política externa. Mas com a nova necessidade de capacidade de ação, cresce o desejo de execução central – porque os Estados-membros considerados a partir do centro são laxos, pouco confiáveis ou muito *diferentes.*

Agências, órgãos de governo independentes dentro da União, há muito são utilizadas como instrumentos da política de regras técnicas para o *outsourcing* das tarefas da Comissão. Os exemplos são a agência de segurança alimentar em Parma, a agência ambiental em Copenhague e a de medicamentos em Londres (por enquanto). Com base em conhecimento especializado, elas desempenham tarefas de regulação, controle e, às vezes, de prestação de serviços ou de coordenação com vistas a alguma distância do funcionamento de Bruxelas; nesse espírito, em 2011 foi criada mais uma agência em Liubliana para a cooperação de reguladores de energia. Mas, em reação ao fluxo de acontecimentos desde a queda do Lehman Brothers e a inquietação nas fronteiras externas, surge uma nova geração de agências. Com mandato dado pelos governos, os reguladores se tornam audaciosos e passam a ser "fazedores".

* "Os Estados-membros adotam todas as medidas de direito interno necessárias para a execução dos atos juridicamente vinculantes da União." (Art. 291, alínea 1 TFUE [Acordo sobre o Funcionamento da UE].)

Começou com a crise dos bancos de 2008-09: no ano seguinte, a União instalou três autoridades supervisoras financeiras, entre elas, a autoridade europeia dos bancos. É verdade que dentro da tradição da política de regras, mas as três têm competências abrangentes, não apenas para tomar decisões individuais, mas também para criar regulamentações que a Comissão às vezes integra *diretamente* ao programa legislativo. Atalho da análise tecnocrática em direção à legislação política.

Continuamos na crise da zona do euro. A união bancária decidida pela União em 2012 precisava inicialmente de um supervisor central para todos os (grandes) bancos da zona do euro – uma tarefa atribuída ao Banco Central Europeu –, mas, segundo um mecanismo de resolução, também para a liquidação de falências bancárias. Com o "conselho de falências comum" associado, é o que se argumenta, houve um salto de "regular" para "agir". Por isso, foi surgindo acertadamente entre os juristas a questão de se a criação podia se basear no habitual "artigo-de-mercado-interno"; ao realizar a liquidação de um banco falido, trata-se não de regular e supervisionar em prol da harmonização, mas sim de uma intervenção forçada em casos emergenciais individuais, inclusive de escolhas políticas sobre quem terá que ser afetado com a perda financeira.[5] Não é surpreendente, portanto, que as primeiras decisões substanciais que o conselho de falências tomou – em junho de 2017, um banco espanhol teve que ser desmantelado enquanto uma semana mais tarde dois bancos italianos, à custa do Estado, puderam ser salvos – foram criticadas como "decisões políticas".

Outro *player* que surgiu na crise da zona do euro foi a famosa "Troika", que formalmente não é uma agência, mas um produto da

---

[5] Refere-se ao art. 114 do TFUE [Acordo de funcionamento da UE]. Veja, por exemplo, Stefano Micossi et al., "The New European Framework for Managing Bank Crises", em *CEPS Policy Brief* 304, 21 de novembro de 2013, p. 16-19.

mesma inversão para "fazer algo", e que chamou ainda mais a atenção pela falta de cobertura política. Os pacotes de ajuda mais importantes para países com problemas financeiros – desde 2010 concedidos à Grécia, à Irlanda e a Portugal – exigiam supervisão local intensiva nas reestruturações econômicas e cortes de gastos locais. Devido à origem dos financiamentos, os Estados-membros entregavam essa tarefa de supervisão a um "trio" (do russo, *troika*), composto por Comissão, Banco Central e Fundo Monetário.* Tinha amplos poderes no nível administrativo: especialistas do nível departamental mais alto estipulavam detalhadamente para ministros escolhidos como cortar pensões ou restituir custos de quais medicamentos.[6] A relação financeira credor-devedor atravessava a relação de autoridade habitual entre o executivo administrativo e o executivo político – resultando em um curto-circuito intermitente.

A discrepância entre essa força bancário-administrativa para transpor obstáculos vinda de Bruxelas-Frankfurt-Washington e as decisões que os públicos grego, irlandês e português perceberam como intervenções políticas gerou, primeiro nos países atendidos, mas depois em toda a opinião pública europeia, críticas intensas e fundamentais sobre a Troika, que prejudicava a União como um todo. Foi só depois de anos de indignação pública sobre essa arrogância administrativa, aceita pelos ministros das Finanças no Eurogrupo em seu papel de banqueiros, é que se percebeu na Comissão que, ao menos, era preciso enviar alguém com autoridade política e responsabilidade perante o Parlamento Europeu

* Devido à controvérsia política entre os Estados-membros, o financiamento emergencial improvisado precisava ser retirado de três fontes: do orçamento da União gerido pela Comissão, dos tesouros públicos dos Estados-membros da zona do euro (rateio conforme a contribuição de cada um junto ao Banco Central) e do Fundo Monetário Internacional.

---

[6] Comissão Europeia, "Programa de ajuste econômico para a Grécia" (26 de maio de 2010).

para Atenas, Dublin ou Lisboa. Em 2015, a Comissão de Juncker prometeu uma recuperação ao novo governo de Syriza: de agora em diante, os funcionários-públicos-em-missão falariam somente com funcionários públicos locais (em Atenas) e políticos com políticos (em Bruxelas); a técnica seria separada da política, ou seja, sem mais imagens de estrangeiros que – como "canhoneiras diplomáticas do século XIX do Império Britânico" – vinham prescrever a lei em Atenas lançando mão de uma artilharia financeira pesada. Aliás, na prática, pouco disso foi posto em prática, segundo o ministro grego crítico Varoufakis.[7] Resguardados por um escudo impenetrável de tecnocracia, os reguladores continuavam penetrando a arena política.

No domínio de asilo, migração e gestão de fronteiras, havia e há uma necessidade de outro tipo de capacidade de ação operacional. Aí é realmente preciso pôr mãos à obra. Em fevereiro de 2011, quase ao mesmo tempo do início da Primavera Árabe, foi criada uma agência para asilo em Malta, um centro especializado para apoio aos Estados--membros.[8] Quanto ao funcionamento, lembrava a agência de fronteira "Frontex", que começara seus trabalhos alguns anos antes em Varsóvia. Os dois órgãos foram bem equipados durante a crise dos refugiados. Depois dos dramas no Mar Mediterrâneo e nos Bálcãs de

---

[7] Varoufakis, *Adults in the Room*, p. 339-45; "o equivalente da diplomacia canhoneira do século XIX usada pelo Império Britânico" (p. 343). Um exemplo: em março de 2015, um funcionário (irlandês) da Comissão enviou um *e-mail* para o chefe grego do grupo de especialistas em que ele, em nome da Troika, ameaça retirar a proposta de lei para aliviar a crise humanitária na Grécia da agenda parlamentar; Varoufakis deixou a carta vazar e a consequência foi uma indignação pública dos gregos. Veja também *The Irish Times*, 20 de março de 2015, "EU Mandarin Declan Costello Faces Greek Wrath over 'Ultimatums' Letter".

[8] Relatório do primeiro diretor: Robert K. Visser, "Naissance d'une Agence. Le Cas EASO", em *Revue du Droit de l'Union Européenne* 3, 2003, p. 1-14; ele conta (p. 6): "Construir uma agência europeia significa que é preciso partir do zero. Há uma situação de *tabula rasa*, de zero, não há nada. Zero quer dizer nenhum ator, nenhuma regra interna, nenhum local, nenhum equipamento, nada de nada".

2015-16, a Frontex foi modificada para Guarda Costeira e de Fronteira Europeia, que com equipes aduaneiras de prontidão ajuda os Estados-membros no controle da fronteira externa terrestre e marítima. À modesta agência de asilo foi dada uma função operacional para o acolhimento, o registro e a realocação de (essa era a intenção) 160 mil requerentes de asilo da Grécia e da Itália para o restante da União. Além dos inúmeros obstáculos logísticos e jurídicos, ainda houve um fenômeno desconhecido para agências no acolhimento: "oposição da população local".[9] Outro sinal claro de nova política.

Um detalhe da política de pessoal mostra o quanto, no pensamento bruxelense, "regular" equivale a "agir". O mesmo funcionário público do Ministério das Finanças neerlandês que na famosa noite de 9 a 10 de maio de 2010 inventou o criativo veículo jurídico dos fundos emergenciais da zona do euro ajudando, assim, a salvar a moeda, nesse momento um alto funcionário na Comissão, foi enviado para Atenas em 2015 para o seguinte: ajudar as autoridades nas Ilhas Gregas com o acolhimento e o registro de requerentes de asilo. Uma tarefa para a qual, considerando o caos local, seria mais indicado usar um oficial da Marinha ou um buldôzer do que um gênio financeiro.

Política de acontecimentos também significa trabalho para as agências da UE – "Mãos à obra!". Dar uma ajeitada: construir uma ponte, criar uma represa, erigir uma casa, fazer vigilância. Quando os engenheiros da política de regras nem a pedido se deslocam para o domínio da política de acontecimentos, significa que o *excesso*

---

[9] Frans Timmermans, primeiro vice-presidente da Comissão, em seu artigo de opinião "Turkije-Deal Werkt, nu ook Nieuwe Samenwerking Zoeken met Afrika", em *de Volkskrant*, 15 de junho de 2017: "Antes de 20 de março de 2016 [data do acordo entre a UE e a Turquia] não havia nenhum serviço de asilo e autoridade para apelo nas ilhas gregas, capacidade de acolhimento insuficiente, falta de recepção organizada e ausência de regulamentação de retorno. Mesmo o país mais bem organizado necessitaria de algum tempo para conseguir organizar isso sendo que a capacidade de acolhimento às vezes esbarra na oposição da população local".

administrativo está à espreita. A lógica jurídico-administrativa ignora que é um *pulo* para ir de regras a agir, de criar condições para um "campo de atuação igual" para empresas ou cidadãos a pisar no campo como autoridade pública. Daí a supervalorização das competências exercidas anonimamente à custa da responsabilidade política: a "ilusão da Troika". Daí que também ocorre a subavaliação de obstáculos práticos e emoções políticas: "a ilusão da cota de asilo".

Aqui, portanto, vemos que para *agir* surgem os mesmos problemas de antes para *decidir*, o que nos leva a deduzir: para decisões difíceis e sensíveis em situações de emergência, os procedimentos da política de regras (por exemplo, votação por maioria no Conselho baseada numa iniciativa da Comissão) são inadequados e é necessário empregar a máxima autoridade visível da política de acontecimentos. As agências têm mandato para fazer coisas para as quais não foram criadas originalmente. O problema dessas novas tarefas é sua distância da autoridade política; esse problema não varia em essência daquele com que a Comissão briga quando opera por conta própria na política de acontecimentos.[10]

À medida que as agências vão recebendo cada vez mais funções no *outsourcing* de problemas politicamente sensíveis – salvar

---
[10] Nesse sentido, o debate jurídico a esse respeito é conduzido com base na chamada doutrina *Meroni* da Corte de Justiça, em parte meio longe do ponto. No acórdão *Meroni* (1958), a Corte estabeleceu restrições à competência do legislador para delegar competências a agências, logicamente pedindo sobretudo moderação com relação às competências discricionárias, ou melhores competências que abrangem liberdade de avaliação e liberdade política, que ultrapassam a execução estritamente administrativa. As novas tarefas das agências evidentemente acabam criando uma situação tensa com essa doutrina, que ainda continua em vigor. Mas a pergunta preliminar é se a própria Comissão tem autoridade política para exercer determinadas competências, sem vínculo com a autoridade política máxima da União. (Será que na percepção da opinião pública faz tanta diferença assim se um funcionário administrativo da Comissão ou um da agência aduaneira de fronteira decide qual bote salvar e qual não?) A delegação de competências aumenta um pouco o problema, mas não é seu causador.

náufragos, mapear redes de terror, desenvolver *drones* militares –, passam a ser o alvo da crítica pública, e o clamor por direção política visível aumenta. Por si só, às vezes talvez seja útil ultrapassar os limites da tecnicidade reguladora para que a União maior possa agir melhor, mas tal comportamento pede – igual à prévia tomada de decisão em emergência – explicitamente subordinação à autoridade política, em última instância, do Conselho Europeu. A capacidade de ação ainda procura uma conexão adequada com a autoridade mais alta.

UM BANCO FORTE   Como executor independente da política monetária vinculada a regras, o Banco Central Europeu por ocasião de sua criação – por insistência alemã e decepção francesa – foi posicionado distante da política, como um tipo de "superagência". Nas tempestades econômico-financeiras desde 2008, a instituição em Frankfurt sem dúvida passa por uma fascinante metamorfose. Ela muda de executor prudente da missão acordada de garantia da "estabilidade de preços" na zona do euro (uma inflação baixa e constante) para executor de "estabilidade financeira" com ação decisiva nos mercados financeiros. Desde janeiro de 2015, suas aquisições massivas de bilhões de euros de dívida pública chamam a atenção, mas também na crise dos bancos e em momentos anteriores na crise da zona do euro o Banco tomou decisões por iniciativa própria que impressionaram os mercados, denominadas em jargão moralista de "medidas não convencionais". Essa transformação é a versão monetária da transição da Europa para uma nova política. No entanto, é irônico, observou um ex-ministro francês, considerando que o resultado toca o ponto nevrálgico da ortodoxia monetária alemã: "Justamente a independência exigida pela Alemanha possibilitou a metamorfose do Banco".[11]

Dois elementos marcantes têm papel importante na reformulação do Banco em fórum político e *player* político. Em primeiro lugar,

---

[11] Dominique de Villepin, *Mémoires de Paix pour Temps de Guerre*. Paris, Grasset, 2016, p. 551.

seu conselho administrativo, composto pela diretoria de seis pessoas em Frankfurt e os dezenove presidentes de bancos centrais nacionais, em situações emergenciais várias vezes buscou refúgio numa *decisão por maioria*. Uma ruptura com os costumes dos primeiros anos de estabilidade sob o presidente Wim Duisenberg (1998-2003), quando todas as decisões eram colegiadas. Em maio de 2010, sob a direção do presidente francês do Banco Jean-Claude Trichet, o presidente do poderoso *Bundesbank* alemão, Axel Weber, foi derrotado na votação. Mesmo numa situação de emergência absoluta, o Banco só conseguiu romper com sua ortodoxia numa votação por maioria para poder adotar medidas decisivas. O simples fato de uma decisão por maioria revela que há desacordo e conflito; trata-se de um indicativo de que o Banco não é um simples comitê de especialistas monetários que obtêm conclusões técnicas por consenso, mas que (também) é um fórum político de interesses e valores conflitantes.

O Banco ainda lançou mão de um segundo instrumento da caixa de ferramentas do executivo *político*, que geralmente não está à disposição dos executores administrativos: *blefe*. Famosas são as palavras do presidente do Banco Mario Draghi, em julho de 2012 na cidade londrina, de que sua instituição faria "o que fosse necessário" para salvar o euro; elas foram especialmente eficazes, pois ele ainda acrescentou, com voz em tom profundo: "E podem acreditar: será suficiente". Assim ele desafiava os especuladores que desvalorizavam a moeda: tem certeza que você quer apostar milhões no fim do euro? O fato de a frase desse blefe bancário "o que fosse necessário" iniciar de forma restritiva e administrativa tranquilizando a ortodoxia com "Dentro de nosso mandato" foi ignorado por muitos; isso marca a arte do equilíbrio do novo Banco de Draghi – no limite entre política de regras e de acontecimentos.

Também essa decisão do verão de 2012 o Banco Central tomou com o respaldo da autoridade do Conselho Europeu, que no final de junho havia instituído a união bancária. Igual a dois outros casos memoráveis, sua decisão foi tomada logo depois ou perto de uma ruptura política na reunião de cúpula.[12] Daí que o presidente do Conselho Europeu, Herman Van Rompuy, olhando para os anos tempestuosos de 2010-12, pôde escrever: "Durante todo o período, houve um diálogo sutil, mas tácito, entre líderes políticos e autoridades monetárias. Na União Europeia, a determinação da política monetária é independente, mas certamente não num vácuo político ou social".[13]

GENERAIS E CHEFES DA MISSÃO

Não é necessário que a capacidade de ação conjunta seja organizada centralmente pela Comissão bruxelense e seus satélites – o Frankfurter Bank e suas agências bancárias. Ao contrário. Todos os governos nacionais e administrações públicas em princípio dispõem de meios e recursos humanos com linhas de autoridade política bem desenvolvidas; eles também são "Europa". Aqui não se trata de transferir esses meios para o centro, mas de vinculá-los num esforço coordenado.

É na política externa que o problema da atuação política da União é visualizado melhor. Desde 2010, a União dispõe de um serviço

---

[12] É preciso pensar: no programa de compra de títulos Securities Market Program (SMP) nos mercados secundários de 10 de maio de 2010 (depois da decisão política para a criação dos fundos emergenciais de 7-9 de maio de 2010); no programa Long-Term Refinancing Operations (LTRO), que disponibilizou crédito barato a bancos comerciais, anunciado em 8 de dezembro de 2011 (em face do acordo político da reunião de cúpula de 8-9 de dezembro de 2011 sobre o "Tratado orçamentário" – um nome sugerido pelo próprio Draghi). Como foi dito, Draghi desvalorizou a abertura para o programa Outright Monetary Transactions (OMT) para aquisição massiva condicional de títulos de dívida pública de 6 de setembro de 2012, ao que ele aludiu na declaração de julho de 2012 na decisão noturna tomada na Eurocúpula de 28-29 de junho para criar uma união bancária. Na manhã seguinte, logo cedo, ele disse a Herman Van Rompuy: "Vocês se deram conta do que fizeram ontem à noite? Este é o divisor de águas de que precisamos". Também veja o capítulo 1.

[13] Van Rompuy, *Europa in de Storm*, p. 22.

diplomático europeu sob a autoridade do alto representante; não se trata de uma agência no sentido estrito, mas de uma ampliação do aparato. Naturalmente não significava uma subordinação ou substituição, muito menos supressão dos serviços diplomáticos nacionais; não há prejuízo dos trabalhos de diplomatas franceses, neerlandeses ou poloneses, em princípio, igualmente válidos para a causa europeia. Há quarenta anos os Estados-membros estão acostumados a ajustar suas posições da política externa em grupos, como as Nações Unidas, e percebem como interesses, ideias e práticas coincidem cada vez mais. Nesse setor, o novo serviço diplomático europeu, com sua sede em Bruxelas e 150 embaixadas no mundo todo, desempenha um papel de ligação na coordenação de posições, troca de informações e serviços consulares para cidadãos da União, ou seja, promove um centro mais forte que fala Europa "com uma só voz".

Mas falar em uma só voz *não* implica que somente Bruxelas fale e Paris, Berlim, Londres e outras capitais fiquem de boca fechada. A União não é um Estado, mas uma associação de Estados. Meios de política externa e recursos humanos estão em sua maioria nas mãos de Estados-membros. Isso se aplica a diplomatas, mas também a forças armadas, serviços de espionagem ou dinheiros. Some, nessas 28 entradas, as contribuições feitas nesse meio-tempo por alguns milhares de diplomatas da UE e dos meios abrangentes do orçamento da UE, e a União, como um todo, dispõe da segunda maior força armada do mundo, a maior diplomacia e o mais amplo orçamento para desenvolvimento. No papel. Nessa perspectiva, o maior obstáculo para a efetividade *não* é a falta de meios para "Bruxelas", mas a relutância de Estados-membros empregarem seus próprios meios como parte do todo. Essa mentalidade exige uma alteração do tratado; o Tratado já pede que os membros ajam como União.

Os obstáculos para a atuação da política externa são muitos. Os obstáculos políticos em primeiro lugar: existem interesses setoriais nacionais no caminho, é preciso exigir responsabilidade nas eleições nacionais; a distribuição da carga pede solidariedade e sacrifícios em benefício do todo. E, na falta de meios centrais para utilização direta, também o uso prático é dificultado ainda mais: traduzir decisões em capacidade de ação em campo exige coordenação permanente e improvisação. Para cada missão – capturar piratas da Somália, parar os traficantes de pessoas da Líbia, supervisionar o cessar-fogo na Geórgia –, os generais responsáveis ou os chefes de missão precisam telefonar para reunir pessoas e materiais e organizar com charme, insistência e formas de *pressão social*. Os ministros das Relações Exteriores decidem em seus Conselhos sobre os objetivos, mas nem todos em seus países têm acesso aos meios necessários, certamente não aos abrangentes ou urgentes necessários numa situação emergencial. Isso é diferente no Conselho Europeu. Nessa mesa de líderes de governo, encontra-se reunida a possibilidade de estabelecer um rumo comum como em nenhum outro lugar, com a autoridade de atribuir recursos humanos e meios, tanto nacionais quanto "de Bruxelas". Ponto negativo: a instituição é guiada por crise e, por isso, faltam-lhe atenção, continuidade e contexto.

Agir conjuntamente é algo que se precisa querer e poder. E o que se vê? Nem todo Estado-membro *quer* participar de tudo (o problema dos britânicos, dos dinamarqueses ou dos húngaros), nem todo Estado-membro *pode* participar de tudo (o problema dos gregos, às vezes dos luxemburgueses). A volta da *desigualdade* entre Estados-membros, de diferenças de poder, diferenças de cultura, de história e geografia: essa é a consequência há muito ignorada da inversão de regular para agir.

Em nenhum outro lugar esse fenômeno é tão evidente como na política externa. Aqui é preciso querer e poder, e, assim, de repente, passou a ser extremamente importante *qual* a contribuição de cada um com capacidade, *quem* se é como Estado ou sociedade. Alguns com vizinhos agressivos, outros uma ilha. Alguns foram regentes coloniais, outros passaram séculos sob autoridade estrangeira. Alguns com um exército excepcional e diplomacia de topo, outros quase sem nada. Alguns membros da Otan, outros militarmente neutros. Alguns com a atenção voltada para o Ocidente e outros, para o Sul ou o Oriente. Quem quer se apresentar ao mundo como União não pode desprezar essas diferenças em experiência, meios e interesses, mas precisa reconhecê-las e amarrá-las juntas.

As tão debatidas exceções, exclusões, inclusões e formas de cooperação reforçada tratam muitas vezes do não envolvimento de um Estado-membro em determinado *terreno político*.* Assim, a Irlanda não faz parte de Schengen, a Suécia não integra a zona do euro e a Dinamarca está fora da defesa – nada prático, mas é feito um arranjo procedural. A regra geral nesse caso é: a autoridade política é exercida por e para aqueles que participam da política. Os mesmos dilemas também ocorrem no caso de uma *operação individual*; as perguntas delicadas que isso traz consigo ainda mal recebem atenção.

Imagine que a União envie uma missão militar para a Somália e somente oito Estados-membros enviem soldados ou outro pessoal: será que os outros vinte (ou dezenove, se deixarmos os dinamarqueses de fora) poderão palpitar nas decisões operacionais diárias? A tomada de decisão executiva imprevisível em situações individuais está bem longe dos procedimentos legislativos. Mas a máquina bruxelense só conhece um caminho e não gosta de ser confrontada com diferenças entre Estados-membros.[14] Além disso, não se trata somente

---

* Em vez de ficar resmungando sobre tantas exceções, é melhor encarar esses fenômenos – que não por acaso se destacaram a partir da *transformação* de Comunidade para União em Maastricht – como produto da evolução da política de regras para a de acontecimentos, na qual a pergunta quem participa se tornou ainda mais marcante.

---

[14] Somente em junho de 2016 é que o Conselho Europeu ativou a disposição que estava pronta desde 2009 para a criação de uma "cooperação estruturada permanente" no setor de defesa para Estados-membros que querem seguir adiante na "execução das missões mais exigentes" (art. 42, alínea 6 do

de desigualdade em capacidade e disponibilidade de participar com o que "o centro" sugere (ainda mais porque o centro é fraco nesse setor): na política externa, também pesa a medida em que se é afetado, a participação num evento, a diferença entre dinamismo e responsabilidade.

Um exemplo. Em janeiro de 2013, o presidente francês Hollande decidiu intervir militarmente em Mali para interromper o avanço dos islamistas; Tombuctu já tinha caído. Segundo ele, a intervenção visava à segurança e à estabilidade de Mali, mas também da França e da Europa. Só que Hollande não pediu previamente apoio a seus parceiros europeus.

Por que não? Bem, pressa operacional e um impulso executivo momentâneo (algo raro com este *Président*) sem dúvida tiveram sua participação nisso, mas creio que também a sensação de que "não adianta ficar discutindo". Pois, no caso de uma missão militar europeia, Paris de qualquer modo arcaria sozinha com 90% dela, o que significaria (do ponto de vista diplomático francês ou da equipe militar francesa) horas de negociações em Bruxelas por mais um e meio helicóptero e doze ambulâncias extras, ficar ouvindo preocupações ou conselhos estratégicos de colegas que uma semana antes ainda confundiam Mali com Mauritânia. "Então, vamos resolver isso." Posteriormente, Hollande foi criticado por essa ação unilateral, ainda mais quando a França foi, sim, bater à porta da União em busca de ajuda financeira e outros apoios; uma crítica que não era injusta.

É um diálogo impossível: os franceses acham que estão fazendo o trabalho sujo de toda a União no Sahel e acusam os outros de comportamento *oportunista*, enquanto do outro lado a crítica é de comportamento arrogante e decisão *unilateral* desnecessária. O exemplo evoca questões institucionais delicadas: como a União poderia reagir a uma iniciativa como essa? Qual tipo de tomada de decisão

---

Tratado da UE e art. 46 do Tratado da UE); dentro desse grupo menor, vale a unanimidade dos participantes.

um "europeu" pode adotar numa decisão assumida pela União? E quando isso seria ou poderia ser excluído?

Imediatamente aplica-se que a União, num caso como o de Mali, não pode *proibir* a atuação do Estado-membro França. A União pode decidir não se manifestar, pode participar da operação ou auxiliá-la financeiramente, mas impedi-la não pode. Isso está menos relacionado às competências e aos procedimentos do que à situação no local. A França representa cerca de dois terços da presença europeia em Mali – em assuntos comerciais, em forças militares, em *expatriados* – e, ao contrário, todos os malianos na França, ou seja, seria estranho se Paris pudesse ser derrotada em votação (na hipótese de uma decisão por maioria na política externa). Ao mesmo tempo, a unanimidade não ajuda pela mesma razão. Seria um tanto bizarro se a Lituânia pudesse vetar a ação francesa; o país não tem nenhum interesse na África, está ausente. Descoberta curiosa: para esse tipo de decisão executiva, as relações de votos por maioria e por unanimidade do procedimento legislativo perdem seu efeito. Como configurar um sistema que seja justo com a exposição direta e concomitantemente evite uma direção dos grandes países, os quais, afinal de contas, têm mais capacidade de atuar e são mais expostos? Um novo dilema.

Somando tudo, a União não consegue responder tão facilmente com uma "decisão" formal à atuação da França. Nesse cenário, a iniciativa política está com a França; ela não está junto ao representante máximo nem junto à Comissão (que não tem a iniciativa nesse domínio). O Parlamento Europeu igualmente está fora do jogo; o uso de soldados é assunto de parlamentos nacionais. O Conselho de ministros das Relações Exteriores simplesmente dispõe da autoridade para atribuir meios "de Bruxelas". Sobra o Conselho Europeu: este pode aprovar a presença francesa em Mali, tomar nota do apoio militar de alguns poucos Estados-membros (vamos dizer, Grã-Bretanha, Países Baixos, Bélgica e Suécia), expressar sua solidariedade, recomendar medidas complementares. Nesse caso, um "apoio formal" substitui uma decisão jurídica. Isso é adequado, pois, na experiência do público e das forças externas, seria a "Europa" a agir. A União Europeia não se presta para que outros Estados-membros expressem sua *desaprovação* em relação à presença francesa em Mali: a França, que é um Estado-membro, provavelmente haveria de vetar uma declaração dessas; a desaprovação do restante levaria a um silêncio incômodo.

Não é desejável que cada Estado-membro antes de cada atuação receba *a priori* uma "bênção" europeia. Vamos imaginar que Chipre fosse provocada pela Turquia, a Croácia se intrometesse na questão da Bósnia, Portugal tivesse um assunto a esclarecer em Moçambique, a França nas Ilhas Maurício ou os Países Baixos em Suriname – nesses casos, os outros não precisam aplaudir e muito menos ajudar. (No caso de defesa em resposta a um ataque armado, a situação é outra e aí se aplica a solidariedade entre Estados-membros dentro da União.*) Evitar a arbitrariedade pede um contexto partilhado e estrategicamente definido no nível mais alto, que pode ser rapidamente adaptado. O público precisa saber: nós, europeus, queremos desenvolver o estado de direito em Kosovo, evitar a desestabilização do Sahel, treinar oficiais de polícia no Iraque – são prioridades estratégicas comuns e quem se empenhar por elas o está fazendo em nome de todos nós. Aqui está uma missão para o Conselho Europeu em seu papel de estrategista.[15] Um contexto dividido estimula Estados-membros a

* Depois dos ataques terroristas em Paris de novembro de 2015, a França, por intermédio do presidente Hollande, invocou essa cláusula ainda não testada (art. 42, alínea 7, Tratado da UE), apresentada por seu ministro da Defesa Le Drian numa reunião do Conselho; ela ficou sem consequências operacionais.

---

[15] Um Conselho de Segurança Europeu, como o de janeiro de 2017, defendido pelo candidato a presidente Emmanuel Macron em seu discurso sobre a soberania europeia, poderia fortalecer tal desenvolvimento. (Macron, discurso em Humboldt em Berlim, 10 de janeiro de 2017.) Para observadores estrangeiros, trata-se de uma evidência; veja, por exemplo, o pedido de uma "unidade de planejamento estratégico elevada" europeia do diplomata cingapurense e intelectual Kishore Mahbubani em seu "Here's How the EU Should Start to

integrarem efetivamente suas pretensões e iniciativas nacionais em um todo europeu. Isso evita que ações conjuntas tenham somente uma força simbólica ou que apenas sejam possíveis de obter em setores abrangidos pela esfera interna de Bruxelas (socorro, ajuda para desenvolvimento e comércio).[16] O potencialmente maior ganho na capacidade de ação está no tal "agir como União".

Essa missão estratégica não pode ser simplesmente satisfeita com "conclusões" de líderes de governo e ministros das Relações Exteriores para o circuito diplomático europeu (como eles fazem agora), mas também pede comprometimento de sua própria autoridade política pessoal no ambiente público nacional. Eles precisam ter coragem de confrontar seus eleitores com assuntos vitais enredados na política interna e externa – custos de defesa tumultuosos, dilemas migratórios político-morais, riscos climáticos brutais. Nem sempre são mensagens com que se ganham votos, mas, por sua vez, como políticos temerosos de seus próprios eleitores querem impressionar Erdogan, Putin ou Trump?

E talvez ainda vá mais adiante. Quando o ministro das Relações Exteriores francês Fabius no começo de 2013 pediu a seu colega russo por apoio no Conselho de Segurança para a missão de antiterrorismo em Mali, Lavrov disse: "É claro, também vemos o perigo do terror. Mas talvez vocês devessem ter pensado melhor quando expulsaram Gaddafi da Líbia". "Mas a vida é assim", reagiu o francês, e Lavrov redarguiu na mesma hora: "Para os russos, a vida é assim não é uma política externa".[17] Aqui, portanto, existe mais um dilema: capacidade

---

Think Long-Term", no *Europe's World* 31 (outono de 2015, publicado em 26 de novembro de 2015).

[16] Para um pedido nesse sentido: Pierre de Boissieu et al., "L'Action Extérieure de l'Union Européenne: Cause Perdue ou Dernière Chance?", no *Rapport Synopia*, setembro de 2014 (em www.synopia.fr).

[17] Sergei Lavrov, "Speech and Answers to Questions at the Meeting with Representatives of the Association of European Businesses (AEB), Moscow, October 25, 2016", via site do ministério russo de assuntos externos (www.

estratégica exige não só apoio visível do público, mas também o julgamento determinado para refutar a emoção pública do momento, se for necessário, com o olhar para um horizonte mais amplo.*

ANTECIPAR

É grande o desejo da direção política da União de se libertar do estado de emergência permanente, a enésima reunião de cúpula "da última oportunidade", o estado sempre ameaçador de confusão e oportunismo. Houve um do grupo social de Angela Merkel durante o Conselho Europeu de junho de 2017: "Chega de gerenciamento de crise! Chegou o momento das escolhas estratégicas; e é justamente isso que vamos fazer na Europa junto com Paris".[18] Depois dessa mesma reunião de cúpula, sua primeira, Emmanuel Macron anunciou um plano de trabalho franco-germânico "por dez anos" e quer desviar da União como "curador do gerenciamento de crise".[19] Esses ruídos podiam ser ouvidos desde pelo menos 2010; será que dessa vez daria certo?

Governar é antecipar, diz o adágio. Uma União que só pode ser firme quando está com as costas contra a parede, que somente pode

* A causa direta da intervenção ocidental orquestrada por Sarkozy e Cameron na Líbia em fevereiro de 2011 estava no avanço das tropas de Gaddafi até a Bengasi revoltosa; com a queda dessa cidade, havia a ameaça de "uma nova Srebrenica no outro lado do Mar Mediterrâneo" (segundo o filósofo da comunicação influente em Paris, Bernard-Henri Lévy, que então tinha contato estreito com os rebeldes líbios).

---

mid.ru/en); aqui foi utilizada a versão de Monkica Sie, diretora do Instituto Clingendael, em uma entrevista ao jornal *de Volkskrant*, 16 junho de 2017.

[18] Diplomata alemão anônimo citado em: *Le Figaro*, 24-25 de junho de 2017, "Macron Veut un Pacte pour Dix Ans avec Berlin".

[19] Emmanuel Macron, citado em: *Le Figaro*, 24-25 junho ("dez anos"); Emmanuel Macron, "Discours du Président Devant le Parlement Réuni en Congrès", 3 de julho de 2017 ("curadores"), em www.elysee.fr.

ser decidida quando está à beira do precipício não é soberana. Ninguém mais tem dúvidas de que, depois das improvisações na crise da zona do euro ou dos esforços na crise dos refugiados, a União pode surpreender seus críticos e a si mesma com uma resistência inimaginável. Mas um corpo político maduro é capaz de pensar no longo prazo para estar um passo adiante da situação de emergência e preparado para o futuro.

Não se deve confundir "antecipar", nesse contexto, com "planejar" ou "prever". Isso seria um retrocesso conceitual, um novo sucumbir diante da ilusão do Fim da História. Antecipar é aceitar a dinâmica imprevisível da História, voltar o olhar corrente acima, reconhecer padrões, avaliar riscos, adotar medidas. (Maquiavel: "Mas o fato de que rios são assim não significa que em períodos de calmaria não se possa adotar medidas preventivas com a criação de locais protegidos e represas de modo que a água, quando voltar a passar, possa ser desviada por um canal ou ser menos desenfreada e prejudicial".) Desde que isso seja "planejar", principalmente *planejamento de contingência*, deve-se levar em conta o limbo do pior (este último já é toda uma provocação, testemunha do tabu existente na União quanto a discussões precoces de "Grexit" ou "Brexit"). Por isso, a melhor preparação não é descobrir o custo preciso do cenário futuro – no final das contas, será mesmo diferente –, mas ampliar a resiliência, a efetividade e a capacidade de improvisação. De forma que, *se* algo acontecer, se possa *fazer* alguma coisa.

A capacidade de antecipar demanda uma transformação mental e a União está apenas no início disso desde a crise do Atlântico do Brexit-e-Trump – quando pela primeira vez ela registrou sua natureza finita e expressou a vontade de "pegar o destino nas próprias mãos". Antecipar nesse sentido exige a autoimagem de um *player* em meio a outros *players*, vivo e atuante num mundo de interesses conflitantes e possíveis hostilidades, no qual a História pode se voltar contra ele – ou seja, uma ruptura com o pensamento universal de eternidade, um pulo na corrente do tempo. Só tal perspectiva faz com que antecipação estratégica seja útil. Agir com o olhar voltado para o que está por vir ou deve vir subentende de fato *continuidade*, uma identidade no tempo. Subentende que se sabe quem se é, aliás, que se realmente *é* alguém e, portanto, tem seus próprios interesses e valores que se podem determinar autonomamente como União. Esses interesses, em última instância, são determinados pela própria razão do Estado, pela ciência da soberania europeia, pela capacidade de se perpetuar por força própria em setores geopolíticos em constante mutação. Só então é o *momento maquiaveliano*, em que a União, após dez anos envolvida em crises, está totalmente desenvolvida: o momento em que ela se dá conta de sua própria mortalidade e natureza finita e consegue estabelecer uma ordem política "para sobreviver moral e politicamente em uma corrente de acontecimentos desmotivadores que ameaça destruir todos os sistemas estáveis de fabricação humana".[20]

Deu-se início a um começo. Os fundos emergenciais elaborados desde 2010 tornam a zona do euro capaz de absorver choques financeiros e aumentam sua resiliência. Também a agência de fronteira com sua equipe aduaneira de 1.500 homens de prontidão existe para futuros casos de emergência. Mas essas duas medidas preventivas somente foram instituídas quando tudo quase tinha dado errado. O teste, portanto, é se a União é capaz de se preparar *a priori* para o inesperado e também se preparar melhor para o esperado. Os planos de Bruxelas de documentos estratégicos das instituições centrais ou *thinktanks* entusiastas podem ajudar a pavimentar o caminho, mas sentido e objetivo são primariamente definidos por decisões vinculantes do Conselho Europeu em seu papel de formador com autoridade.

O debate sobre o futuro da zona do euro gira em torno da transformação de regular para capacidade de ação. Sob impulso francês e

---
[20] Pocock, *Machiavellian Moment*, viii.

bruxelense, são feitas reflexões sobre um "orçamento específico para a zona do euro": uma ferramenta política que, como os fundos emergenciais, deve servir para amortecer choques financeiros e ampliar a resiliência. Em alguns planos, trata-se de despesas para auxílios-desemprego ou para proteção de investimentos públicos depois de uma recessão abrupta.[21] Em outros casos, trata-se de uma reserva financeira central seguindo o modelo federal norte-americano que, depois da futura restauração da cláusula *no-bailout* (sem solidariedade fiscal), ajudaria a dominar os ecos de falência de um Estado-membro (ou seja, uma estabilização central).[22] São todas questões controversas sobre as quais surgirão discussões.

Não importa se o assunto é a moeda ou a defesa da fronteira: indiscutivelmente trata-se da vontade política de tentar escapar da armadura de uma década de gerenciamento de crises para aumentar capacidade de ação, vigilância e resiliência da Europa. A autoconfiança aumentada da direção política da União, com Berlim e Paris em primeiro lugar, a necessidade de tomar o destino nas próprias mãos e ser soberano, terá que aprender do rendimento "político" dos anos de crise, e, mais, precisará expandir as formas de governo que surgiram diante dos olhos de cada um que quer ver.

Um elemento importante e necessário também não pode mais ficar escondido sob o tapete. O público, de fato, já bem antes tentou colocar em movimento a inversão de regras para a política; já está mais do que na hora de canalizar para dentro essa energia da oposição pública. *Que venha a oposição!*

---

[21] Comissão Europeia, "Discussienota over de Verdieping van de Economische en Monetaire Unie", COM (2017) 291, 31 de maio de 2017, p. 25-26 ("função de estabilização macroeconômica").

[22] Veja, por exemplo, o *thinktank* do governo francês: France Stratégie, "Quelle Architecture pour la Zone Euro: Actions Critiques" (dezembro de 2016, em www.strategie.gouv.fr).

PARTE IV

OPOSIÇÃO

> Eu acho que aqueles que condenam a luta entre a nobreza e o povo estão criticando a causa mais importante da liberdade duradoura de Roma, e que estão dando mais atenção ao barulho e à briga que acompanhavam a luta por liberdade do que a seus efeitos positivos.
>
> *Nicolau Maquiavel*[1]

> Sem a liberdade de censurar, não existe elogio lisonjeiro.
>
> *Beaumarchais*[2]

SEM PONTO DE REFERÊNCIA

O fato de em Bruxelas por décadas não ter havido ou não ter se identificado ou nem mesmo pudesse existir um governo teve uma consequência importante e descuidada: uma oposição organizada não conseguia se formar, a oposição também não podia ser conduzida a um local independente – e, por isso, movia-se por outros caminhos incontroláveis.

A oposição política preenche funções vitais. Para um partido regente, a ausência de uma oposição capaz de ser identificada – gente que inferniza sua vida, frustra seus planos e que você preferiria fazer de tudo para tirá-la do governo – pode soar tentador, mas para um sistema político como um todo é nefasta. Vamos enumerar rapidamente quatro funções.[3]

Primeira: *equilíbrio*. A presença de uma oposição reforça os "controles e equilíbrios" em um sistema político. Ela coloca um freio no mau uso do poder pelo governo ou pela administração pública servindo, assim, para a qualidade de governança e estado de direito. Isso

---

[1] Niccolò Machiavelli, *Discorsi. Gedachten over Staat en politiek*. Trad., intr. e esclarecimentos Paul van Heck. Amsterdam, Ambo, 1997, I. 4.

[2] Pierre-Augustin Caron de Beaumarchais, *Le Mariage de Figaro*, v. 3. Paris, 1778.

[3] Robert A. Dahl (ed.), *Political Oppositions in Western Democracies*. New Haven e London, Yale University Press, 1966.

funciona melhor quando a oposição tem uma base no Parlamento; então, ela pode fazer com que o Executivo sinta seu poder potencial. Somente graças a uma oposição, a divisão de poder de Montesquieu obtém sua plena função protetora e dinâmica.

Segunda: *troca de poder*. A transferência de poder sem violência, desde os primórdios da humanidade, é um desafio para qualquer ordem política; as soluções variam de sorteio de magistrados em Atenas até a adoção de um novo imperador em Roma, de sucessão em monarquias europeias até a autosseleção do contexto partidário na China comunista. Em democracias, praticamos a troca de poder através de urna eleitoral; é uma variação com grandes qualidades, não só de natureza moral, mas também político-prática,* mas elas só são percebidas quando a participação ativa e passiva na disputa eleitoral é livre, quando também a Oposição pode recrutar apoio com vistas a se tornar Governo.

Terceira: *vigilância*. Quando governadores permanecem no poder sem serem desafiados e perdem o contato com as necessidades ou medos da população, a Oposição os mantém focalizados. Como as tribunas populares na República romana, que deixaram o Senado ciente da insatisfação ou inquietação da população, da mesma forma a oposição política moderna – inclusive com o apoio da imprensa – traduz a voz das ruas contra o Estado. O alarme obriga o Governo a adotar medidas (mesmo que seja apenas para tirar os argumentos das mãos da Oposição antes da próxima campanha eleitoral).

Quarta: *contradição*. Com planos próprios, propostas legislativas ou visões do futuro, a Oposição mostra que escolhas políticas também podem produzir um resultado *diferente*. É nefasto para um sistema político se as pessoas acharem que não há nada a ser escolhido, que "é tudo farinha do mesmo saco". É claro que se a Oposição um dia se

---

* Maquiavel: "E por isso não existe nada que torne um Estado tão estável e equilibrado quanto a escolha de uma estrutura em que uma transformação da opinião pública possa se manifestar dentro de um contexto legal" (*Discorsi*, I. 7).

mudar para os edifícios do governo, ela, por sua vez, descobrirá as restrições e forças contrárias com que o governo anterior precisava lidar. Mesmo assim, a contradição oposicionista obriga a direção política a justificar suas decisões, com uma história convincente em vez de *Não tem outra alternativa*. É assim que a Oposição mantém aberto o espaço público de palavra e réplica. Uma função democrática vital.

Todos os Estados-membros da União conhecem uma arena política nacional com luta entre Governo e Oposição (mesmo que esta esteja momentaneamente sob pressão na Polônia e na Hungria). Assim, durante muito tempo ninguém se preocupou com a falta de oposição *europeia* (afinal de contas, também não havia um governo europeu); tudo ia bem com a democracia: nós de fato *somos* democracia. Com essa negligência, estamos perdidos, como mostrou uma recente revolta dos eleitores que deu um susto e tanto na União; agora ela sabe o tanto que está em jogo com essa questão.

Depois das vitórias do Brexit e de Trump em 2016, todo mundo ficou preocupado. A luta entre aqueles que eram a favor e contra mercados abertos e fronteiras abertas deslocou-se do outro lado do Oceano Atlântico para a terra firme na Europa. Será que era possível inverter a corrente populista? Ou será que ela eliminará os partidos moderados arrastando junto as instituições tradicionais? Nesse meio-tempo, a bola de neve já tinha sido achatada; depois das vitórias de Alexander Van der Bellen na Áustria (dezembro de 2016), Mark Rutte nos Países Baixos (março de 2017) e Emmanuel Macron na França (maio de 2017) – que derrotaram seus oponentes nacional-populistas Höfer, Wilders e Le Pen –, o alívio era geral. As forças subjacentes podem estar tranquilas por ora, mas a tempestade pode ressurgir a qualquer momento.

Na perspectiva deste livro, a revolta dos eleitores de 2016 é o clímax transitório da descoberta pública da Europa que acompanha a evolução da política de regras para a política de acontecimentos;

ela é o avesso da nova política da União – uma parte de resistência profunda e uma parte de clamor por abertura democrática. Sem dúvida nenhuma: a revolta não se restringe geograficamente somente ao nosso continente, mas ela é instigada por tendências sociais e desenvolvimentos em tecnologia da informação e da comunicação e em termos de conteúdo afeta muito mais do que questões da UE em sentido estrito. Apesar disso, a tempestade grassa na Europa. Os partidos populistas de direita e esquerda usam a antipatia pelo maquinário europeu como um aríete contra os sistemas fechados do *establishment*. A saída da União é um ponto central do UKIP britânico (missão concluída), o Front Nacional Francês, o PVV neerlandês, o AfD alemão e o MoVimento 5 Estrelas italiano. As causas dessa tempestade, por ora acalmada, ainda não foram solucionadas. Ela obriga a União a oferecer mais espaço para a contradição legítima. Sem dúvida nenhuma, quando as pessoas não podem organizar uma oposição *dentro* da União, a oposição há de se mobilizar *contra* a União.

Essa visão forma a parte central de uma leitura visionária e brilhante de 2006 sobre "oposição política e a União Europeia" do politicólogo irlandês Peter Mair, que então trabalhava em Leiden e Florença.[4] Ele falou um ano depois dos duros votos do não da França e dos Países Baixos contra o tratado constitucional europeu. O seu ponto de partida foi a situação peculiar de que evidentemente há muita oposição *contra* a União e naturalmente também existem governos *dentro* da União, mas que não há nenhum vínculo entre esses dois para que surja uma dinâmica entre governo e oposição, graças à qual, por exemplo, um poder governante pode perder as eleições.

---

[4] Peter Mair, "Political Opposition and the European Union". In: *Government and Opposition* 42:1, 2007, p. 1-17. Versão revisada de *Government and Opposition*, Leonard Schapiro Annual Lecture, apresentada no dia 5 de abril de 2006 na Reading University.

Para determinar a gravidade da situação, Mair alinhou-se à tripartite politicológica de três modelos de oposição.[5] O primeiro deles é a *oposição clássica*: o modelo familiar em que partidos fora do governo fazem oposição com alternativas para a política (*policy*) e para reconhecer e respeitar o direito do governo de governar. O segundo é a *oposição por princípio*, em que não só o governo e sua política, mas também a legitimidade da ordem política como um todo (*polity*) são colocados em dúvida e às vezes se busca refúgio na violência. Em terceiro, existe uma *oposição assimilada*: uma situação de governo por cartel, em que o poder é distribuído (como aconteceu na Áustria pós-guerra entre conservadores e social-democratas) e a luta por conteúdo fica restringida, ou seja, não eliminada. Enquanto nos dois primeiros modelos se trata de *formas* de oposição, o terceiro é um contraconceito que explica como a oposição desaparece. Os três não são canais separados. Quanto mais espaço há para a oposição clássica, tanto menos espaço existe para a oposição por princípio ou a assimilada. Ao contrário, uma restrição à oposição clássica aumenta a chance de os críticos se mobilizarem como oposição por princípio – a escolha, então, fica entre desaparecer e se rebelar.

Na União Europeia, as possibilidades de oposição clássica estão fortemente limitadas. Um erro de sistema que não é fácil de restaurar. É verdade que temos o direito de participar na tomada de decisão através de voto, quer seja mediante a escolha dos representantes nacionais que vão para o Conselho, quer seja dos representantes europeus que realizam suas atividades no Parlamento em Estrasburgo, mas – assim, ainda segundo Mair – carecemos do direito de organizar a oposição clássica, não somos capazes disso e, sobretudo, falta-nos uma arena em que ela possa se estruturar. A declaração dele: não existe adversário, não existe governo.

---

[5] Para a tripartite, Mair faz referência a um artigo conhecido de Otto Kirchheimer, "The Waning of Opposition in Parliamentary Regimes", no *Social Research* 24, 1957, p. 129-56.

Com certeza, segundo os idealistas bruxelenses, a interação entre a Comissão e o Parlamento com o tempo haveria de pôr em movimento uma dinâmica de governo e oposição; e por votação de maioria parlamentar alternante lhe concederia autoridade central bruxelense: essa era a Promessa. Hoje a Comissão não é o governo europeu. O Parlamento, há muito um baluarte de consenso, há décadas conhece mais luta do que antes. Como característica suficiente, a oposição momentaneamente não está entre esquerda e direita, mas entre federalistas e seus aliados moderados pró-europeus *versus* os eurocéticos; as linhas de fratura são mais visíveis em debates sobre *polity* do que em discussões sobre *policy*. Em seu lugar, a "oposição por princípio" é traduzida pela líder da Frente Nacional Marine Le Pen e o líder do UKIP Nigel Farage, ambos europarlamentares.

O argumento de Peter Mair também se baseava expressamente em mais do que somente a ausência de uma dinâmica governo-oposição na esfera interna de Bruxelas. O autor sugeriu (novamente: em 2006) que o desenvolvimento "está começando a chegar à esfera doméstica, na qual o peso crescente da UE, e seu impacto direto nas políticas nacionais, também ajuda a promover os déficits democráticos domésticos e, assim, acaba limitando o escopo da oposição clássica no nível nacional. Aqui também, então, podemos esperar que haja uma eliminação da oposição ou a mobilização de uma nova – quem sabe, populista – oposição por princípio".[6] Parece que de fato entramos nessa última fase uma década mais tarde.[7] A ausência de um ponto de referência para a oposição substantiva alimenta a *oposição fundamental*. Será uma falha de sistema cara se os movimentos

---

[6] Mair, "Political Opposition", p. 15.

[7] Ao mesmo tempo, também a politicóloga Vivien A. Schmidt advertiu, em *Democracy in Europe. The EU and National Polities* (Oxford, Oxford University Press, 2006, p. 156), para "os problemas simultâneos do crescimento da insatisfação dos eleitores e do extremismo político em resposta à europeização".

nacional-populistas emergirem como matadores de dragão. A questão, portanto, é como recuperar a oposição clássica, como dar-lhe espaço. Uma questão existencial.

O politicólogo irlandês até mesmo se mostrou pessimista. Nas linhas finais de seu artigo – retomadas em sua obra póstuma *Ruling the Void* (Verso, 2011) –, ele escreveu: "Oposição política dá voz. Ao perdermos a oposição, perdemos voz, e, ao perdermos a voz, perdemos o controle de nossos próprios sistemas políticos. Ainda não está totalmente claro como esse controle pode ser reconquistado, nem na Europa nem em casa, ou como talvez possamos restaurar o sentido do grande marco na estrada da construção das instituições democráticas".[8] Não obstante, apesar de reconhecermos que a análise está correta, não precisamos assumir uma perspectiva desesperançosa. Pode ser extremamente difícil dar forma a uma oposição legítima, mas *a priori* não impossível e por demais importante para não tentar com todas as nossas forças.

Aliás, os desenvolvimentos continuam. Na Parte anterior, vimos que na União um poder regente visível está se emancipando, com uma máxima autoridade e a capacidade de tomar decisões. Graças a esse florescimento executivo, também aqueles que são contrários sabem melhor quem ou quais são seus alvos, como veremos. Agora que o poder funciona de forma menos imperfeita, a força de oposição encontra melhor o foco e a voz.

Já desde os anos 1970, os políticos tentam envolver as populações dos Estados-membros no projeto europeu. As estratégias que eles desenvolveram resultaram, entre outros, na bandeira europeia,

---

[8] Peter Mair, *Ruling the void. The Hollowing out of Western Democracy*. London, Verso, 2013, p. 142; levemente alterado por Mair, "Political Opposition", p. 17. O termo "marco" na frase final remete aos três marcos a caminho da política democrática de Robert Dahl, em Dahl, *Political Oppositions*, Prefácio.

nas bolsas Erasmus, nas eleições diretas para o Parlamento e na cidadania europeia. Essa "busca de público" em parte bem-sucedida e em parte fracassada – como caracterizei em meu livro anterior – era em essência um movimento de cima para baixo. Via-se um movimento de cidadãos marchando para Bruxelas para exigir direitos europeus não existentes. As coisas acabaram acontecendo ao contrário: políticos inseguros procuraram uma base sólida para suas decisões conjuntas; eles queriam poder falar não só em nome de uma Promessa e de um Tratado, mas também em nome dos cidadãos europeus. Mas o público não deu as caras tão facilmente, quanto mais reformular e seduzir.[9]

Ao mesmo tempo, o público estava procurando algo bem diferente, de baixo para cima. No rastro de Peter Mair, podemos lançar a hipótese de que o público procurava um *ponto de referência para oposição política*. Quando a política europeia aparecia no cenário, ela queria se mostrar como eleitorado, e *não* como máquina de aplauso para simplesmente dizer sim, mas também às vezes não, ou uuuu! Progressivamente, ela descobriu como contradizer é difícil. Assim, até mesmo uma opção radical como a saída da União, escolhida por uma maioria dos eleitores britânicos, passou a ser possível debater.

Ambos os movimentos precisam ser conectados. Só quando a oposição ganha espaço suficiente é que a busca de seu público pode ser exitosa. Isso pede que a política não trate seu público como consumidores de produtos da fábrica de regras, mimados e em busca de promoções, mas que vá ao encontro dele como portador de abertura, com uma presença que na corrente de acontecimentos saiba conectar palavras a ações – inclusive leve em conta a réplica e, até mesmo, a valorize.

Nesta Parte, "Oposição", examinamos primeiro as *experiências básicas* do público para descobrir claramente por que "Bruxelas" é

---

[9] Luuk van Middelaar, *De Passage naar Europa. Geschiedenis van een Begin.* Groningen, Historische Huitgeverij, 2009, p. 293-421 (parte III).

percebida como um bloco de granito do qual ninguém consegue obter alguma coisa. A herança dupla da fábrica de regras – a reivindicação de técnica, a obrigação de acreditar – continua funcionando. Mas também a política de acontecimentos, que inicialmente oferece mais espaço de escolha e história, continua à espera de uma crise para agir e vai, assim, criando sua própria necessidade de consenso.

Também a busca de pontos de referência para oposição tem uma história clara: analiso alguns momentos-chave em que *votos contrários* se fizeram ouvir – do referendo dinamarquês em 1992, pelo duplo não franco-neerlandês contra o tratado constitucional de 2005m até o eurorreferendo grego de 2015 e, a culminância de todas essas linhas, a votação de saída dos britânicos de 2016.

O *consenso permissivo* da concordância por indiferença que a Comunidade trazia consigo há muito foi rompido. Está na hora de entender os eleitores rabugentos não apenas como uma manada de *dissenso obstrutivo*, como os politicólogos costumam fazer. A objeção pública não é um obstáculo ou freio; ela é um fornecedor imprescindível de oxigênio para o agir em conjunto e a vida política. Nossa pergunta mais importante é como, então, podemos criar uma situação de *dissenso conectivo* ou indicar onde a oposição tem, ganha ou cria espaço suficiente, não para anunciar o fim da União, mas para modificá-la, melhorá-la.

Capítulo 9 | A experiência da Europa

Não podemos tirar a política da política.

Giovanni Sartori[1]

Em meus anos como redator de discursos, para preparar cada apresentação de Van Rompuy, eu pesquisava qual a repercussão da Europa na audiência local. E, a cada vez, me chamava a atenção de como, depois de remover a camada de problemas atuais e das últimas propostas de Bruxelas, a União em cada Estado-membro servia como uma *tela de projeção* de medos e desejos específicos. Uma questão de língua e cultura, é claro, mas igualmente de história e experiência política. Assim como "Europa" na França representava a esperança de renascimento e na Alemanha, a de absolvição, na Bélgica, a cola da unidade nacional, nos Países Baixos, a vantagem de um mercado, na Espanha, o retorno à democracia e, na Polônia, ao Ocidente livre, existem ainda umas boas vinte experiências nacionais que se encontram umas às outras na União. A pluralidade é fundamental. Às vezes, parece que somente as experiências de paz e liberdade são partilhadas por todos. Independentemente da autonomia nacional de cada um, é claro.

As observações que se seguem, portanto, de forma nenhuma visam a falar em nome de todos. O meu primeiro objetivo é discutir algumas experiências básicas da "Europa política", que provavelmente

---

[1] Giovanni Sartori, "Constitutionalism: A Preliminary Discussion", em *American Political Science Review* 56:4, 1962, p. 853-64: 864 [citado em: Turkuler Isiksel, "The Deel III 105-Deel IV 24 Dream of Commercial Peace". In: Luuk van Middelaar e Philippe Van Parijs (eds.), *After the Storm. How to Save Democracy in Europe*. Tielt, Lannoo, 2015, p. 38].

podem ser reconhecidas em toda a União, para entender por que é tão difícil para o público encontrar um ponto de referência para a contradição política.

REGRAS COMO EMARANHADO

A primeira experiência básica é a que se tem com a regra. Para o grande público, "Bruxelas" é sinônimo de condições burocráticas. Um sem-número de exemplos bizarros – da obrigação de queijos esterilizados até a proibição de garrafinhas de óleo de oliva – há anos vai se alternando em festas de aniversário e na imprensa popular; ela até mesmo coloca pessoas bem-intencionadas em situações embaraçosas.

E uma dessas histórias é a da diretriz dos cortadores de grama. No começo dos anos 1990, eurocéticos britânicos se depararam com uma diretriz europeia que determinava que cortadores de grama para uso doméstico somente podiam produzir determinado número de decibéis. Os ingleses são famosos por gostarem de um gramado bem aparado e, portanto, não era essa a enésima vez que Bruxelas se metia descaradamente na identidade nacional? Por que o governo não fez um estardalhaço? Uma história e tanto para a imprensa. Um ministro embaraçado pediu a seu pessoal administrativo que destrinchasse a questão para ele. O que isso parecia: sim, existia tal diretriz e, não, o governo britânico não se opôs a ela. Pior, ele mesmo tinha apresentado a diretriz e deu duro no Conselho de ministros para fazer com que ela fosse aprovada! A declaração era simples. Parece que os alemães tinham definido um limite de ruído nacional para cortadores de grama de modo que seus cidadãos podiam aparar sua grama com toda a tranquilidade. Em consequência disso (ou será que foi proposital?), a importação de produtos barulhentos de fabricação britânica foi impedida. As "condições de igualdade" exigiam uma regra europeia que obrigou a Alemanha a abrir o mercado doméstico e não excluir concorrentes injustamente.[2] É sabido que a saída da fábrica de regras às vezes é impenetrável até mesmo para os políticos e os funcionários públicos que estão no controle.

Queixas sobre a sanha normativa fazem inevitavelmente parte do mercado europeu. Bem, trânsito livre de bens, serviços e capital através de um espaço de 28 entidades formadas historicamente pede muitas normas partilhadas e legislação. É claro que sempre pode ser menos. A Comissão atual sob o comando do segundo homem de Junckers, Frans Timmermans, está muito ocupada; isso se chama *regulação melhor*. De fato, combate-se efetivamente a carga administrativa quando 28 regulamentações nacionais são substituídas por uma europeia. Só que mesmo "regulação melhor" continua sendo o que é: legislação. É a linguagem que a política europeia usou para se refugiar de seu temor (fundado) da arbitrariedade e do mau uso do poder. Ao mesmo tempo, essa linguagem limita o espaço para um julgamento ligado à situação. Num sistema jurídico que se apoia em objetividade e imparcialidade de regras, fazer distinções não pode; "não discriminação" é o primeiro preceito.

O público se vê confrontado com uma gigantesca quantidade de regras que vêm de longe e que precisa aceitar *em bloco*. "Bruxelas quer assim", é o que se diz, então. São poucos que sabem como se poderia alterar essas regras e se, aliás, isso é possível de alguma forma. Um ponto de referência para a contradição é difícil de encontrar no amontoado.

É claro que, em princípio, não é diferente com as regras que vieram de governos nacionais ou locais. Mesmo em escala menor vale: regras são regras. Só que, considerando a grande distância até os eleitores, três características tornam as regras europeias extremamente difíceis de acessar, abranger ou de serem suscetíveis à oposição.

---

[2] Philip Stephens, "Why Europe Needs Cross-border Lawnmower Regulations", no *Financial Times*, 15 de outubro de 2013; idem, "The Paradox of EU Regulation", no *FT Brexit briefing*, 25 de janeiro de 2017 (indicação Douglas Hurd).

A primeira delas podemos chamar de *despolitização técnica*, um mascaramento da política atrás da técnica. Na comunicação bruxelense, uma nova norma é preferencialmente apresentada como "solução" de um problema técnico – cortadores de grama barulhentos, riscos para a saúde, inflação –, e não como uma escolha política ou o resultado de ponderações. A vantagem disso é que aparentemente não existem vencedores nem perdedores; os legisladores gostam de evitar o regozijo ou a decepção e preferem ouvir uma concordância moderada. A desvantagem de tal despolitização é que ela reforça o clichê de Bruxelas como máquina de regras tecnocrática. Olhando de fora, o limite é inconvenientemente tênue entre *expertise* e poder anônimo. Enquanto a *expertise* pede confiança, o poder anônimo e invisível, mais do que o visível e pessoal, desperta a desconfiança pública. (Quem são, o que está por trás?)

Uma segunda característica estratégica é, usando um termo de Dieter Grimm, *despolitização constitucional*, colocar as escolhas políticas fora do campo da luta política.[3] Uma parte das regras europeias vem diretamente do Tratado da União. Graças a essa intangibilidade "constitucional", tais regras não podem ser alteradas no processo legislativo habitual. Enquanto a maioria das constituições nacionais se restringe à forma do sistema político, o tratado de constituição europeu também tem muito conteúdo, ou melhor, política; o ponto de partida sempre foi a construção de um *mercado* com suas quatro liberdades. Assim, as escolhas políticas fundamentais estão fora do alcance de oposição imediata. Algo semelhante acontece quando se transmitem determinadas funções políticas por tratado a instituições (parcialmente) independentes, como a Comissão ou o Banco Central, e também quando a Corte de Justiça independente em sua jurisprudência muda o conteúdo do tratado ou de legislações posteriores. Alteração de regras ancoradas no tratado ou em mandatos não é impossível, mas

---

[3] Dieter Grimm, *Europa Ja – Aber Welches? Zur Verfassung der Europäischen Demokratie*. München, C. H. Beck, 2016.

extremamente difícil. O mesmo se aplica à jurisprudência da Corte; é verdade que sentenças não têm um *status* jurídico conforme o tratado, mas na União é mais difícil para o Conselho e o Parlamento passarem por cima do juiz do que para legisladores em contexto nacional. E, afinal de contas, esse era o intuito: em algum momento oferecia a segurança e a confiança de que acordos feitos entre os países não seriam cancelados na primeira oportunidade possível. É claro que essa despolitização constitucional apresenta desvantagens. O mais importante é que a União, como tal, é e era equiparada a determinadas escolhas de conteúdo, especialmente daquelas para uma política econômica liberal. Na França, onde dificilmente se pode usar a palavra liberalismo sem o prefixo *ultra*, esse conceito alimentou o não contra o tratado de constituição de 2005. Essa característica "constitucional" impossibilita, portanto, a oposição clássica nesses pontos; o que resta para a oposição, então, é apenas a oposição por princípio.

A terceira característica podemos chamar de *despolitização procedural*. Ela não se refere à natureza das regras, mas à forma como elas surgem. Um cidadão comum que – por frustração ou curiosidade – quer saber *quem* é responsável por uma decisão, em muitos casos se perderá nos procedimentos. A fábrica de regras é por demais complexa; mesmo depois de concluído um estudo da lei da UE, ainda se tem a tarefa diária de entender, digamos, o funcionamento dos comitês de especialistas. Característico para a incompreensibilidade do momento político-público é o fato de os correspondentes bruxelenses de grandes jornais muitas vezes não saberem quando pedir atenção em suas redações em Amsterdã, Roma ou Praga: Quando a Comissão der entrada em uma proposta? Quando os funcionários públicos derem atenção a ela? Quando os ministros no Conselho falarem sobre ela? Quando o relator parlamentar tiver concluído o seu relatório? Quando o Parlamento votar emendas? Na primeira ou segunda fase do "triálogo" de coordenação?

Claramente essa complexidade procedural é consequência da arte do equilíbrio político. A fábrica de regras bruxelense tem que interligar uma imensidão de opiniões e interesses muito diferentes entre (e dentro de) países, partes e instituições; em um paciente processo de consulta e ponderação, puxar e empurrar, forjar compromissos e pensar em acordos, ela vai construindo um mercado interno que praticamente se estende por um continente – um esforço e tanto. E, mesmo assim, a complexidade não é um efeito colateral infeliz. A despolitização procedural é um componente essencial do sucesso. Pois procedimentos complicados fazem o mesmo que a linguagem técnica: desencorajam o envolvimento público. (Se ninguém conhece precisamente as regras do jogo, não sabe quem está no jogo ou onde está a bola, as arquibancadas esvaziam rapidamente.) Monotonia também é uma qualidade. No abrigo não iluminado é onde a companhia de compromissos melhor realiza seu trabalho, é o que diplomatas e funcionários públicos de Bruxelas e de outras capitais que trabalham diariamente com isso sabem. Quando os holofotes se voltam para eles, quando a imprensa vem espiar, então as posições endurecem e nenhum negociador pode se mover. Também é por isso que a fábrica de regras prefere se manter longe do olhar do público.

Hoje, também os membros diretamente eleitos do Parlamento Europeu participam desse jogo. Eles geralmente não têm nenhuma câmera em seu rastro e são engolidos pela técnica do trabalho legislativo. Característico é que, mesmo para europarlamentares, os procedimentos são tão enrolados e consomem tanto tempo que desde o primeiro dia de seu mandato precisam escolher entre obter influência nas negociações na fabricação de regras ou ser conhecidos na mídia: é quase impossível conseguir fazer os dois ao mesmo tempo. Assim, o Parlamento como *player* da esfera interna de Bruxelas é sugado para dentro, à custa de seu papel no ambiente público.

Agora, técnica e procedimento para as regras de mercado não precisam mais ser um problema em si. Simplificando: as pessoas querem comprar um brinquedo na loja que seja seguro; a maioria delas não precisa saber como surgiu essa norma de segurança ou como ela é mantida. É claro que estabelecer regras de mercado envolve grandes interesses, valores altos e, às vezes, grandes forças, mas isso é um assunto de interessados diretos, empresas, grupos de interesse, lobistas, especialistas e "acionistas" que enchem a bolha bruxelense, *não* exatamente o público em geral. E, para quem é versado nos procedimentos, a fábrica de decisões é incrivelmente "transparente".[4]

No entanto, isso não dá muito certo com decisões que o público quer, sim, saber quem as toma, e dessas há cada vez mais. A Europa não lida mais somente com uma política de regras técnica. Na crise da zona do euro, as decisões agudas conjuntas atingiram decisões diretas ou indiretas sobre austeridade severa e bilhões de euros de impostos; na crise da Ucrânia, sanções econômicas contra a Rússia complicaram as relações com um país vizinho e puseram milhares em marcha; na crise dos refugiados, "Bruxelas" aventurou-se num terreno extremamente delicado com a decisão sobre cota de asilo; nas negociações do Brexit, mais de 3 milhões de cidadãos da União na Grã-Bretanha querem saber como ficam seus direitos. Da forma como víamos, o impacto da mudança para a política de acontecimentos em Bruxelas foi seriamente subavaliado.

Mas também assuntos que desde sempre pertencem à tranquila esfera de regras inesperadamente se veem debaixo de uma lente de aumento. O argumento especializado, científico ou tecnocrático já

---

[4] Por essa razão, muitos politicólogos argumentavam até recentemente que a União Europeia, definida como um "Estado regulatório" (Giandomenico Majone, em um artigo muito citado de 1994), não precisava imputar a si mesma um complexo de culpa por participação democrática insuficiente. Argumento sistemático em 2002, em Andrew Moravcsik, "In Defence of the 'Democratic Deficit': Reassessing Legitimacy in the European Union", em *Journal of Common Market Studies* 40:4, 2002, p. 603-24, que escreve (p. 603): "A aparência da UE de isolamento de exceção reflete o subconjunto de funções que realiza – banco central, adjudicação constitucional, processo civil, diplomacia econômica e administração técnica. Esses são os assuntos de baixa relevância eleitoral geralmente delegados em sistemas nacionais, por motivos justificáveis". Isso era então.

não impressiona como antigamente. Recentemente, a política comercial topou – por exemplo, o acordo TTIP [Transatlantic Trade and Investment Partnership] com os Estados Unidos e o acordo CETA [Comprehensive Economic and Trade Agreement] com o Canadá – com protestos inflamados em vários Estados-membros, insuflados por ativistas. Eles são sobre aves com cloro, carne com hormônio ou tribunais secretos. A Comissão não sabe o que e a atingirá; tais acordos são hipertécnicos e o comércio há décadas é uma "competência exclusiva" das instituições europeias. Quanto à *participação*, há décadas – exceto nos 28 governos eleitos democraticamente no Conselho e no Parlamento Europeu – ela conta com o pessoal que toma conta disso, especialistas, lobistas, grupos de interesse e organizações sociais, e que paira em torno da fábrica de decisões bruxelense e que ela teoricamente atualizou para "esfera pública europeia".[5] De fato, esses profissionais juntos formam um "espaço de política público", um campo semiaberto para especialistas.[6] Mas isso ainda é algo diferente de um espaço público no verdadeiro sentido da palavra, um lugar para *contradição* e paixão.

Em contraste com o que frequentemente é sugerido: um espaço público europeu, portanto, para um melhor funcionamento, não precisa em primeiro lugar de mais transparência (isso não falta para quem tem tempo ou dinheiro), mas de uma melhor *legibilidade* do jogo político. Quando transparência significa: todos os documentos estão na internet e há câmeras na sala de reuniões, então – como se tem visto desde 2009 no Conselho de ministros – o verdadeiro

---

[5] A direção geral do Comércio da Comissão informa orgulhosamente em seu site que nos últimos anos recebeu um total de 2.597 representantes de 737 organizações da sociedade civil (em trade.ec.europa.eu/civilsoc/statistics.cfm; posição de 13 de janeiro de 2017).

[6] Jos de Beus, "The European Union as a Community. An Argument about the Public Sphere in International Society and Politics". In; Paul van Seters (ed.), *Communitarianism in Law and Society*. Lanham, Rowman & Littlefield, 2006, p. 71-108.

debate mudará para outro lugar, para o papel de rascunho ou para os corredores. Nenhum governo do mundo se reúne a portas abertas. A lanterna desconfiada da transparência simplesmente voltada para escândalo, fraude e ocultação destrói facilmente o local onde cresce a confiança, onde se pode testar uma ideia, que se pode saltar por cima da sombra de seu mandato. (Se Schuman em 8 de maio de 1950 tivesse publicado no jornal sua carta para Adenauer em vez de enviá-la para Bonn pelas costas de seus ministros-colegas por meio de um emissário, hoje não teríamos a União Europeia.) Embora os teóricos da legitimidade frequentemente a apresentem dessa forma, a transparência também não é tudo para o público; as pessoas já quase se "afogam" em informação. Simplesmente ver um grupo amontoado de *players* não ajuda a determinar qual deles é *responsável*. Por isso, é mais urgente oferecer legibilidade; uma tarefa tanto para os comentaristas nas cabines de imprensa quanto para os *players* em campo. Os últimos precisam, fora das portas fechadas, assumir em público a responsabilidade pela decisão, pela escolha feita, pelos dilemas e pelo compromisso. Isso ao menos oferece o *começo* de um ponto inicial para oposição.

Monotonia sem paixão é um preço que valia a pena pagar para abafar resistências nacionais, peculiaridades e pretensões. A chama não podia ser reacendida. Mas os meios empregados tinham efeitos colaterais graves. Evitar a contradição – por despolitização técnica, constitucional ou procedural – mobiliza as forças contrárias fora da arena bruxelense. Com o tempo, ela ficou mais robusta e recentemente ameaçou desestabilizar todo o trabalho.

Não só os meios para deixar a política monótona, mas também a própria monotonia, trazem perigos consigo. Um perigo é o fato de o envolvimento público e a vigilância ficarem dessensibilizados. Era com prazer que a fábrica de regras bruxelense enxergava a indiferença pública como uma *carta branca* para prosseguir. Impulsionada por vocação e comportamento messiânico, ela se desenvolveu à margem das opiniões públicas.[7] Toda vez que os eleitores posteriormente descobriam "onde e no que Bruxelas estava se intrometendo outra vez", a boa vontade ou o desinteresse podiam se transformar em desconfiança virulenta.

CONVENCIMENTO COMO COMPORTAMENTO MESSIÂNICO

A Europa era um projeto em que se precisava acreditar. Só assim que em 1950 foi possível manter a tensão, entre o começo prosaico com o minério de ferro e a escória e o elevado objetivo final de paz e liberdade, num nível suportável. A promessa servia para, na jovem Comunidade, manter os políticos nacionais e funcionários públicos no curso e fortalecer seu *espírito comunitário*. Mas trabalho missionário e influência do discurso também se voltavam para um público maior.

A boa notícia da fundação da Europa em inúmeras brochuras, livros escolares e livros de texto conta com um elenco adequado e um estratagema ajustado. O *elenco* é um de homens importantes: Jean Monnet, o grão-mestre da despolitização, que sussurra a seu ministro Schuman os planos construtivos da mina; Altiero Spinelli, que, como preso dos fascistas, escreve um manifesto federalista; Paul-Henri Spaak, o belga que depois de um revés reúne coragem para um novo começo. Trata-se sempre de pequenos grupos visionários, líderes decididos que visando à paz rompem com o "egoísmo nacional"; "santos europeus" é como o historiador britânico Alan Milward os chamou com leve ironia.[8] O *estratagema* ajustado é a erosão da soberania na-

---

[7] Assim relembra retrospectivamente o ex-diplomata e ex-ministro Ben Bot, *Achteraf Bezien. Memoires van een Politieke Diplomaat*. Amsterdam, Prometheus, 2015.

[8] Veja o belíssimo capítulo "The Lives and Teachings of the European Saints", em Alan Milward, *The European Rescue of the Nation-state*. London, Routledge, 1992, p. 318-44.

cional e o desenvolvimento de novas instituições no nível europeu. O processo em si passa a ser o personagem principal da história; "progresso" é a norma, às vezes há uma "estagnação" ou um "obstáculo", mas depois a cada vez segue-se um "relançamento" e o projeto europeu aproxima-se novamente de seu objetivo. Nessa narrativa, perde-se a abertura histórica; não há lugar para perspectivas contrárias ou a chance de outro resultado.[9] Poderíamos falar de "despolitização teleológica"; uma característica quase intoxicante, que desperta forças contrárias virulentas.

Embora não existisse espaço para histórias contrárias, elas não ficaram de fora. Frequentemente havia sinalização de que o elenco honorável de uma classe política visionária que conduz o continente devastado para fora da barbárie tinha seu reflexo na narrativa eurocética de uma conspiração elitista contra os povos da Europa. Mesmos *players*, outra retórica.[10] Também o apreço pelo estratagema pode ser facilmente invertido. Nos debates atuais, não existe uma munição mais gratificante para os opositores da União do que o quadro futuro dos federalistas. A Promessa de que os Estados nacionais se fundirão na Europa, pretendida como sonho do futuro, funciona ao mesmo tempo como um pesadelo. A salvação de um lado representa o apocalipse do outro.

A ironia é que justamente a *crença* impassível na Europa instiga o *ceticismo*. Originalmente, o "ceticismo" está para dúvida teológica ou filosófica. O "euroceticismo" nesse sentido seria uma perspectiva saudável e útil: não acreditar cegamente, analisar criticamente se a Promessa se concretiza, um clamor por fatos e resultados. A prática é diferente. Não são mais os indecisos e os céticos agnósticos, mas justamente os opositores declarados da União que se apropriaram da

---

[9] Para este último ponto, veja: Mark Gilbert, "Narrating the Process: Questioning the Progressive Story of European Integration", *Journal of Common Market Studies* 46:3, 2008, p. 641-62.

[10] Gilbert, "Narrating the Process".

designação especial de "eurocéticos". Eles entraram como oradores de uma oposição frustrada; ao mesmo tempo, podiam se apresentar como realistas *com os pés no chão*, representantes da razão saudável e como combatentes contra o fervor da fé e desmistificadores de ilusões utópicas. Isso lhes dava uma vantagem retórica que não podia ser subestimada, propagada demagogicamente a bel-prazer.

É assim que a dinâmica da crença e do ceticismo restringe o espaço para contradição e oposição clássica. Das variações citadas, a despolitização teleológica é a que obtém de fato a negação mais radical da política. Enquanto a fábrica de regras com suas três formas de despolitização nega ao público um ponto de referência para oposição tornando-a, assim, *praticamente* impotente, a necessidade de acreditar faz algo diferente: coloca a oposição *substancialmente* fora da ordem. Exagerando: a crença dogmática modifica o cenário de disputa entre adversários políticos pró e contra em crentes *versus* não crentes, de fanáticos *versus* hereges. Não é nenhuma surpresa o fato de que uma parte do público europeu desenvolveu simpatia pelos últimos, que receberam de bandeja a função dos hereges obstrucionistas e sem nenhuma preocupação passaram a ser aqueles que "falam a verdade".

O registro de nascimento político do euroceticismo é o discurso de Margaret Thatcher em setembro de 1988 no Colégio Europeu em Bruges. Ciente de que estava na cova do leão, ela começou com uma piadinha sobre a coragem de os anfitriões a terem convidado: "Se vocês acreditam em algumas das coisas ditas ou escritas sobre minhas visões da Europa, é como se vocês tivessem convidado Genghis Khan para falar sobre as virtudes da coexistência pacífica!". Nos meses que se antecederam a isso, Thatcher tinha se irritado com o desejo de Jacques Delors, em julho de 1988, de rapidamente ver um "incentivo (*início*) de um governo europeu", assim como sua previsão naquele mesmo mês de que "em dez anos, 80% de nossa legislação social e econômica será feita aqui em Estrasburgo, e não no nível nacional".¹¹ Ela mirou fortemente nesse ímpeto de federalização, o que seria relembrado como a frase mais famosa em seu discurso: "Nós não embarcamos pretendendo deixar as fronteiras do Estado para trás, somente para vê-las renovadas no nível europeu, com um novo superestado europeu exercendo uma nova dominância a partir de Bruxelas". Mas a base intelectual sob o euroceticismo, *como ceticismo*, ela logo inseriu em sua introdução com uma pequena frase tanto profissional quanto cortante: "A Europa não é a criação do Tratado de Roma".¹² Isso sim é que era praguejar na igreja de Deus.*

Players das partes que procuravam uma posição entre a crença bruxelense e o ceticismo inimigo passaram a se chamar pelo termo de "eurorrealistas"; por exemplo, os conservadores britânicos sob David Cameron em 2009, depois de sua saída do partido da cúpula europeia de cristão-democratas e conservadores.

* E também foi experimentado assim. O ministro Geoffrey Howe, há vinte anos leal a Thatcher, remonta o discurso de Bruges como o começo de sua ruptura, que se concretiza dois anos mais tarde. Em suas memórias, ele escreveu: "Foi, eu imagino, meio parecido com estar casado com um clérigo que subitamente declara que não acredita mais em Deus". (Howe, *Conflict of Loyalty*. London, Pan Books, 1995, p. 538.)

Também o presidente do Conselho europeu Donald Tusk se pronunciava regularmente a favor de "realismo" europeu e contra a tendência de "impor a realidade com todos os tipos de utopias".¹³ Mas no terreno intermediário é difícil manobrar; até recentemente, ficava-se

---

¹¹ Jacques Delors, em: "Un Entretien avec M. Jacques Delors: Il Est Temps que les Douze Réfléchissent à une 'Amorce' de Gouvernement Européen", *Le Monde*, 20 de julho de 1988; J. Delors, discurso no Parlamento Europeu, 6 de julho de 1988.

¹² Margaret Thatcher, "Speech to the College of Europe" ("The Brughes Speech"), 20 de setembro de 1988.

¹³ Donald Tusk, "Speech at the Event Marking the 40th Anniversary of the European People's Party", 30 de maio de 2016; veja também Jacopo Barigazzi, "Donald Tusk Wants to Bury the European Dream. Criticism of EU-topia Is Now Socially Acceptable", em *Politico.eu*, 13 de junho de 2016.

preso entre as posições armadas de crença e ceticismo herege. A hostilidade também nos círculos em Bruxelas nunca saiu de cena; um colaborador duro de Delors naquela época foi apelidado de "aiatolá" dentro da Comissão; novos aiatolás afiam suas facas. Uma consequência é que "as pessoas que lutam somente por um aspecto da integração, que se agarravam a sua identidade, os céticos e os decepcionados, eram todos, sem perdão, jogados no mesmo saco com os verdadeiros odiadores da Europa e eram chamados de egoístas, nacionalistas, soberanistas".[14] O público na arena dessas picuinhas religiosas pode escolher entre polegar para cima ou polegar para baixo.

Se a União quiser conquistar e manter o apoio de uma maioria do público, então precisa restringir o discurso teleológico e libertar-se de seus dogmas. Isso significa parar com o desejo de um futuro federativo que "ainda não" está ao alcance e não mais lamentar que "por enquanto" ainda precisamos lidar com governos nacionais, parlamentos e identidades. O tempo de anátema moral sobre incrédulos acabou. A desconfiança contra o comportamento messiânico bruxelense deve ser removida, de preferência, com sinais visíveis.[15] O espaço para dúvida e contradição precisa ser liberado e deve receber um papel visível e funcional no sistema – no pacote de governo, como isso nesse meio-tempo evoluiu em realidade.

CRISE COMO FACA NO PESCOÇO

Com as improvisações da política de acontecimentos, o público europeu ainda não teve tanta experiência com o tom condescendente

---

[14] Hubert Védrine, "Réinventer l'Europe", em *L'Opinion*, 22 de dezembro de 2015.

[15] Veja, por exemplo, a sugestão de uma declaração formal feita pelos líderes de governo para parar com as sugestões de "mais Europa" por dois anos, uma semana antes da votação do Brexit em: Hubert Védrine, "Radikaler Wandel oder Untergang", no *Frankfurter Allgemeine Zeitung*, 17 de junho de 2016.

e a compulsão por formulários da fábrica de regras. Já, ao contrário, as experiências com a crise da zona do euro desde 2010 e a crise de refugiados depois de 2015 foram bastante intensas. De repente, a União se aproximava inevitavelmente. Pessoas descobriam o que realmente significava partilhar uma moeda, uma fronteira.

Numa surpreendente mudança de rumo, longe do descolorido burocrático, havia imagens que estimulavam as decisões. Na crise da zona do euro, embora se discutisse no registro técnico de *spreads* e programas de ajuda, praças icônicas com manifestantes em Atenas, fotos de bandeiras europeias queimadas e *cartoons* com bigodes de Hitler aumentam a pressão no caldeirão. Na crise dos refugiados, visualmente ainda muito mais dramática, o público exigia uma ação humanitária depois da foto do menino afogado encontrado em uma praia, das correntes de pessoas nos Bálcãs. Imagens de televisão de uma marcha de milhares a pé na autoestrada de Budapeste em direção à fronteira austríaca colocaram a chanceler alemã Merkel no começo de setembro de 2015 diante de uma escolha urgente: abrir a fronteira ou arriscar outros quadros inadmissíveis – de gás lacrimogêneo, cassetetes e arame farpado, de feridos e, quem sabe, mortos, imagens que ela temia (mas o colega húngaro Orbán não). De seu lado, os refugiados tinham escolhido a autoestrada por causa da plena vista, que permite a proteção das câmeras; eles descobriram que a imagem servia como aríete para abrir a fronteira.[1]

Portanto, em ambas as crises havia o choque de interesses, visões e histórias à luz do dia. Praticava-se política draconiana. Sob elevada pressão de tempo, líderes tomavam decisões intervencionistas. Havia pouca oportunidade para despolitização técnica ou procedural (sem nem considerar que isso era indesejado). Também a briga política em si era extremamente visível; dia após dia, os jornais e sites de notícias

---

[1] Segundo as conclusões de uma construção detalhada desse fim de semana em: Georg Blume et al., "Die Nacht, in der Deutschland die Kontrolle Verlor", *Die Zeit* 35, 22 de agosto de 2016.

estavam repletos disso. Algumas reuniões de cúpula e conselhos de ministros dramáticos podiam ser acompanhados cena a cena no Twitter. Devido à situação embaraçosa e caótica, a reivindicação teleológica de um relançamento ficou dentro dos limites; é verdade que um único parlamentar estrasburguês não conseguiu resistir à tentação de enxergar uma oportunidade em cada desastre, mas tais reivindicações não tinham nenhuma chance.

A insatisfação do público aumentou ainda mais devido à impotência. É verdade que cada um tinha seu próprio motivo – de devedores escravizados até credores espremidos numa das crises e Estados com linhas de frente invadidas até aqueles que se recusavam a dar asilo na outra crise – mas o resultado era o mesmo. Mais uma vez, a oposição não tinha nenhum lugar para ir. Certeza: as decisões da política de crise não se pareciam com a saída da fábrica de regras anônima, que era apenas necessário aceitar com um suspiro condescendente de "vem de Bruxelas". Claramente a iniciativa estava junto aos líderes de governo no Conselho Europeu, que, de uma "reunião de cúpula derradeira" a outra tentavam acalmar as crises. Assim o público experimentou mais forte do que antes o quanto a União era um grupo de países com responsabilidade coletiva de decisões – uma experiência educadora. Mas a direção política raramente encontrava uma história convincente que defendesse as decisões como resultado de escolhas livres. A sua linha de defesa era: "Tem que ser assim, nós não conseguimos fazer de outro jeito". É verdade que com isso a esfera de anonimidade invisível foi rompida ("nós"), mas a responsabilidade enfraqueceu imediatamente por causa da reivindicação da *necessidade*. Pois como se pode contradizê-la? Na crise da zona do euro, a necessidade, além disso, estava incorporada: a sociedade só poderia agir por instigação alemã se a estabilidade financeira de toda a zona do euro estivesse em perigo. Se não tivesse nenhum outro jeito.

Será que não tinha mesmo outro jeito? Na crise da zona do euro, também se tornou evidente que o perigo de choque de interesses e visões podia levar a um ponto de equilíbrio, que a pressão de uma crise existencial colocaria cada um numa linha. Já na crise dos refugiados foi ao contrário, era praticamente impossível agir conjuntamente enquanto a situação não fosse percebida *coletivamente* como perigosa. Em sua função como presidente do Conselho Europeu, escapou várias vezes a Herman Van Rompuy que os líderes só tomarão decisões "quando estivermos à beira do precipício, com as costas contra a parede e a faca no pescoço". Uma opinião política de um mestre famoso do compromisso, que gente de fora dificilmente conseguiria refutar.

Assim, também a política de acontecimentos conhece sua própria despolitização: ela não se apoia (ou se limita) atrás de técnica, tratado, procedimento ou plano de salvação, mas no fim se baseia em necessidade. Numa situação de emergência, é preciso assumir a responsabilidade, isso todo mundo compreende. Na verdade, as coisas dão errado com a declaração de que não dá para ser *de outro jeito*. Do fato *que* é necessário agir, ainda não se segue o *como*. A direção política também poderia abordar a situação de emergência para assumir a responsabilidade, fazer escolhas com força de convencimento: politização. Quem omite isso invoca forças contrárias públicas. Uma estratégia de fatos consumados alimenta cinismo. O público ouve: engolir ou sufocar. Dessa forma, a liderança executiva atribui uma própria "despolitização executiva". Olhando a partir dos gestores, trata-se ou *desta* decisão ou de nenhuma decisão acompanhada de um desastre; seu poder de decisão discricionário serve para afastar a desgraça.

Com uma variação de "a necessidade permite quebrar a lei", nós, aqui, somos testemunhas de que "a necessidade piora o debate". Os fenômenos estão bem próximos: no campo político sempre há os *parlamentos*, locais onde se legisla e debate, que por reivindicação executiva em um estado de emergência são tirados do jogo. Será que os líderes puxam poder excessivo para si sob o pretexto do estado de exceção? Como ficam o controle parlamentar e o contrapoder? Alguns críticos, a partir do reflexo, consideravam cada tomada de decisão ilegítima; assim, Jürgen Habermas distinguiu vestígios de "federalismo executivo" na crise da zona do euro.[2]

Para defender a política, a chanceler alemã e seu ministro das Finanças desde 2009 várias vezes usaram a expressão "sem alternativa". O uso frequente dessa expressão durante a crise grega assegurou que fosse escolhida como o *termo proibido* de 2010. "A expressão sugere injusta e infundadamente que no processo de tomada de decisão não há a possibilidade de alternativas e, portanto, *a priori* encerra toda discussão de contradição", informou o presidente do júri, que também se referia ao "argumento de basta" do governo alemão. "Esse tipo de alegação foi feito muito frequentemente em 2010 com excessiva certeza, o que fez com que a população se desapontasse com a política e dela se afastasse."[3]

Se são argumentos necessários ou fatos consumados, o resultado é o mesmo: a oposição é privada de um ponto de referência. Europa, pois não tem outro jeito.

---

[2] Jürgen Habermas, *Zur Verfassung Europas. Ein Essay*. Berlin, Suhrkamp, 2011, p. 48 ("federalismo executivo pós-democrático"). Outra escola de autores referiu-se ao conceito de Carl Schmitt de "estado de exceção" para analisar a política de crise; para uma visão geral, veja Christian Kroeder-Sonnen, em "Beyond Integration Theory: the (Anti-)Constitutional Dimension of European Crisis Governance", em *Journal of Common Market Studies* 54:6, 2016, p. 1350-66; o autor apoia (p. 1359) "a avaliação de que o excepcionalismo europeu mesclou-se numa configuração estrutural mais permanente de autoridade executiva que porta traços autoritários de critério e tomada de decisão autocrática".

[3] Horst Dieter Schlosser, citado em "Alternativlos Ist das Unwort des Jahres", *Spiegel Online*, 18 de janeiro de 2011.

Capítulo 10 | Votos como resistência

> O que é um homem revoltado? É um homem que diz não. Porém, mesmo que recuse, ele não desiste; trata-se também de um homem que diz sim, desde seu primeiro movimento. [...] Qual é o conteúdo desse não? Ele significa, por exemplo, "as coisas já se prolongaram demais", "até aqui sim, além daqui, não", "vocês vão longe demais", e também "há um limite que vocês não ultrapassarão". [...] Com a perda de paciência, com a impaciência, começa um movimento que pode se estender a tudo aquilo que, antes, era aceito.
>
> *Albert Camus*[1]

Em parte, devido à falta de pontos de referência para a oposição contra decisões europeias, o público foi em busca de outros caminhos para fazer com que sua voz fosse ouvida. Ele descobriu que tinha voz na renovação de princípios comuns. Uma decisão para a alteração do tratado, afinal de contas, não está unicamente em "Bruxelas" junto à Comissão, ao Parlamento, ao Conselho ou ao Conselho Europeu, mas volta a todos os Estados-membros e está em "conformidade com suas determinações constitucionais distintas"[2] a ser ratificada pelo parlamento ou eleitorado. Depois de 1989, o público recebeu mais oportunidades: enquanto a fábrica de regras entre 1957 e 1989 somente precisou de um *upgrade* de sua base, a nova e política União queria responder rapidamente aos acontecimentos e, portanto, ela mesma precisava acompanhar o tempo. Assim, o público usou o referendo nacional para puxar as decisões de renovação para si. Há um quarto de século, primavera de 1992, um eleitorado europeu, o dinamarquês, foi o primeiro a dizer "não" numa dessas ocasiões.

---

[1] Albert Camus, *L'Homme Révolté*. Paris, Gallimard, 1951, p. 27-29.
[2] Art. 48, alínea 4, TUE.

Referendos pareciam um bom veículo para que uma voz política fosse ouvida direta e sonoramente, tanto voltados para a própria representação quanto num ambiente público europeu em desenvolvimento. Naturalmente, cada "sim" ou "não" alto e bom som proporcionava momentaneamente uma sensação de alívio ou de participação entre os eleitores, mas no período subsequente às vezes acabava mudando para uma sensação de impotência, uma vez que votar a favor ou contra é bem diferente do que falar a respeito. Quando surge uma dinâmica de frustração – nos últimos anos alimentada tecnicamente pelos "eurocéticos"* –, os eleitores são capazes de promover uma oposição impetuosa.

* Duas semanas antes do "Referendo da Ucrânia" neerlandês, os promotores da iniciativa declararam no *NRC Handelsblad* (31 de março de 2016) que a Ucrânia "lhes era indiferente", mas que seu objetivo mais importante era colocar a relação entre os Países Baixos e a União "sob tensão" para criar frustração e acelerar um "Nexit".

A oposição surgiu em três fases: o público despertou por ocasião da transição da velha Comunidade para a União política (1992), ela resistiu contra a explicitação e a determinação da natureza política da União em uma constituição (2005) e descobriu sua pluralidade essencial nos remoinhos da recente política de crise (desde 2010). No referendo britânico de 2016, foi a primeira vez que essas linhas se juntaram.

O PÚBLICO DESPERTA

Depois do choque da queda do Muro de Berlim (1989), começou a remodelação da Comunidade em União, de um sistema que somente exerça política de regras num que também podia praticar a política de acontecimentos. O tratado de Maastricht implementou essa metamorfose; ele politizou a aliança e preparou um novo futuro. Depois da assinatura, em fevereiro de 1992, os líderes de governo precisavam conduzir o Tratado da União ao longo dos doze parlamentos e populações. Inesperadamente, isso virou um calvário. Era como se o público visualizasse a transformação da Europa melhor do que os líderes. Agora que a letárgica política de regras estava sendo complementada com algo novo, a população acordou de repente.

Começou na Dinamarca. O parlamento em Copenhague votou pela ratificação, mas com uma minoria muito pequena para a transferência de competências para Bruxelas. A palavra estava com o povo dinamarquês. Em 2 de junho de 1992, os dinamarqueses votaram com 50,7% contra o tratado de Maastricht. O choque foi grande. Essa não era a intenção. Como disse o ministro francês Roland Dumas: será que é possível que cinco milhões de dinamarqueses bloqueiem o desejo de 300 milhões de europeus? As objeções dinamarquesas eram em relação a moeda, defesa, justiça e cidadania – ou melhor, todos os lançamentos emblemáticos da nova União. Em uma reunião de cúpula em dezembro, o governo dinamarquês conseguiu a exclusão dos três primeiros.

Apesar disso, ela afastou a preocupação de que a cidadania europeia fosse comparável à cidadania nacional: era um "conceito político e jurídico", ou seja, não uma questão de idioma ou origem, como a dinamarquesa. No referendo de reavaliação em maio de 1993, 57% dos dinamarqueses votaram sim.

Nesse meio-tempo, o presidente socialista francês Mitterrand deu um salto ousado. No dia depois do não dinamarquês, em 3 de junho de 1992, ele anunciou um referendo próprio. Um sim francês haveria de dar um impulso à ratificação estagnada. Foi uma aposta e tanto, muitos o reprovaram claramente (Kohl, Major), outros ficaram em silêncio (Delors).[3] Naquele verão, a campanha atingiu toda a França. Assim como o presidente havia esperado, a oposição de direita ficou dividida entre pró-europeus e soberanistas. Mas também o bloco de esquerda se desfez; comunistas e verdes criticaram "a Europa das

---

[3] Hubert Védrine, *Les Mondes de François Mitterrand*. Paris, Fayard, 1996, p. 555.

empresas e dos tecnocratas". No final de agosto, as pesquisas pela primeira vez mostraram a chance de um não. Mitterrand insistiu. Ele calou a boca de um secretário que ficou resmungando que a ratificação parlamentar era suficiente: "Hoje estamos pagando o preço de quarenta anos de silêncio sobre a Europa. Mais do que um motivo para um referendo". Aos jornais *The Independent*, *El País* e *La Repubblica*, ele disse um pouco antes da eleição: "Eu achei importante transformar uma concordância espontânea, mas vaga, com a Europa num apoio pensado e duradouro".[4] Mitterrand foi parcialmente bem-sucedido na missão. Em 20 de setembro, os franceses votaram com 51 contra 49% pelo sim; "o pequeno sim", é como se chamava o resultado desde então. Foi bem apertado. Depois de quarenta anos de sombra e silêncio, havia apoio democrático, "dissenso" visível e debate público.

Na Grã-Bretanha, o primeiro-ministro John Major na reunião de cúpula de Maastricht teve que trabalhar arduamente para escapar da obrigação de participar da união monetária. Assim que ganhou as eleições em abril de 1992, ele deu entrada na proposta de ratificação do tratado na Câmara dos Comuns, mas demorou até julho de 1993 para que a *fatura* chegasse. Ele não tinha controle sobre o pequeno elemento eurocético em seu próprio partido conservador – "os rebeldes de Maastricht" – e a oposição trabalhista recebia seu apoio devido a outra exceção britânica negociada por Major, a da política social. O tratado estava quase ajustado. Por último, Major foi buscar seu refúgio na arma parlamentar do voto de confiança para conseguir uma maioria para Maastricht. Foi um "pequeno sim".

Na Alemanha, o bloco complicado não estava no parlamento, no qual o Tratado da União conseguiu a exigida maioria de dois terços com tranquilidade, mas na Corte Constitucional. Os juízes em Karlsruhe representaram a voz do povo alemão. Um cidadão preocupado interpôs um recurso: ele considerava que a transferência das competências da política alemã aos órgãos da UE contrariava seus

---

[4] François Mitterrand, citado em: Védrine, *Les Mondes*, p. 553; 557.

direitos de eleitor alemão. Os juízes deliberaram o assunto por muito tempo. Com seu "Acórdão de Maastricht" de 18 de outubro de 1993 – uma das decisões mais famosas da Corte –, eles davam luz verde ao Tratado da União. Ao mesmo tempo, também acenderam a laranja intermitente de alerta. O reclamante perdeu a causa, mas sua queixa foi declarada admissível, com a base de sua reclamação sendo considerada pertinente. *Poderia* acontecer, segundo a Corte, que, devido a uma maior integração europeia, as "exigências mínimas essenciais de legitimização democrática do poder do Estado ligadas aos cidadãos não fossem mais satisfeitas".[5] Esse "ainda não era" o caso, enquanto a União permanecesse sendo uma organização conforme o tratado, uma "aliança de Estados". (Com essa *aliança de Estados*, Karlsruhe posicionava a União segundo sua natureza entre uma "aliança de Estados" solta e um "estado de alianças" federativo.) O acórdão de Maastricht era um aviso para o futuro: também existiam os Estados--membros; o eleitor alemão não podia ser eliminado pelo seu eleito.

Depois dessa decisão da Corte, a República Alemã, o país que com o Muro e a unificação havia posto tudo em andamento, pôde ratificar o acórdão como último Estado-membro. Em 1º de novembro de 1993, o tratado começou a vigorar. A União existia. Ninguém ainda sabia o que ela era ou o que poderia vir a ser. Mas o público levou uma chacoalhada para acordar, as populações – representadas pelos parlamentos, uma corte constitucional, ou diretamente como eleitores – haviam entendido as amplas consequências da *transformação* europeia: era preciso debater, defender ou contradizer. Esse envolvimento contrário ou não do público exigiu da direção política, por sua vez, uma visibilidade imediata e convicção.

Parece que a direção não estava muito preparada para essa tarefa. Ela queria praticar política de acontecimentos e para isso tinha politizado a aliança, mas só entendeu metade do que havia feito.

---

[5] Tribunal Constitucional alemão, "Acórdão de Maastricht", 18 de outubro de 1993.

ARRIAR A BANDEIRA E PARAR O MERCADO. O DUPLO NÃO FRANCO-NEERLANDÊS (2005)

Assim como o primeiro Tratado da União foi uma resposta ao choque de 1989, vieram os sucessores para lidar com as sequelas. A sequela mais importante foi a chegada de quinze novos membros, em sua maioria vindos detrás da Cortina de Ferro. Com um grande intrincado, expresso por uma série de alterações no tratado, os Estados-membros adaptaram sua base institucional à situação. Isso se deu concomitantemente com debates ruidosos sobre peso dos votos e vetos no Conselho, distribuição de assentos no Parlamento e o número de eurocomissários. Depois de "Maastricht" (assinado em 1992), seguiram-se "Amsterdã" (1997) e "Nice" (2001).

As ratificações parlamentares seguiram tranquilamente, mas na Irlanda o povo precisa se manifestar diretamente. Para espanto de Dublin e das outras capitais, os eleitores irlandeses em junho de 2001 rejeitaram "Nice" com 54%. A participação foi baixa e o lado do não soube mobilizar melhor seus eleitores do que o lado do sim. Efetivamente, a campanha do contra ligou o temor difuso de que "países grandes" ameaçavam a soberania nacional com preocupações irlandesas específicas: a perda da neutralidade militar, a legislação do aborto e um eurocomissário irlandês próprio. Como os dinamarqueses uma década antes, os irlandeses, num segundo referendo, votaram pelo sim, graças a uma declaração esclarecedora sobre cooperação na defesa.[6] Também esse voto contrário de um Estado-membro pequeno e periférico podia ser resolvido como um "acidente de trabalho". O mesmo aconteceu com um não dinamarquês e um sueco contra a introdução do euro, em 2000 e 2003: dois referendos rapidamente esquecidos. A Europa seguia adiante.

---

[6] "National Declaration by Ireland to the European Council', Sevilha, 21 de junho de 2002; "Declaration of the European Council", Sevilha, 21 de junho de 2002.

Nesse meio-tempo, a direção da União já estava um passo à frente no planejamento. "Constituição" foi a palavra mágica nos anos depois de 2000. Para poder ganhar capacidade de ação, a União tinha que contar ao mundo e para os próprios cidadãos o que ela era e o que pretendia ser. Esse debate sobre o objetivo final da Europa – tabu por muito tempo – foi iniciado em maio de 2000 pelo ministro alemão Joschka Fischer. Ele mesmo expressava sua preferência pelo plano construtivo federal ("Da aliança de Estados em direção à federação", era seu discurso). Mais importante do que essa escolha era o campo linguístico em que ele pisava: depois de cinquenta anos de segredo burocrático, ele puxava a linguagem constitucional clássica para o plano político. "Onde estão nossos Madisons?", perguntava ao mesmo tempo um livro político-filosófico muito lido sobre democracia na Europa, com uma referência ao legislador norte-americano de 1787.[7] Fiéis ao espírito da época reaquecido, os líderes de governo criaram uma Convenção constitucional, que no verão de 2003 propôs um projeto para um "Tratado para determinação de uma Constituição para a Europa". Com algumas poucas alterações, ele foi assinado por todos os 25 líderes em outubro de 2004, em Roma. Isso significava que fora dado um novo início, uma refundação simbólica da União. Para *insiders*, era importante o fato de isso ter sido feito no mesmo lugar que em 1957 foi iniciada a Comunidade; a União, deplorada por idealistas comunitários doze anos antes em Maastricht como a mácula prejudicial na doutrina pura, talvez trouxesse a velha Promessa numa roupagem nova.

Mas o público não se deixou convencer tão facilmente. Na primavera de 2005, a constituição esbarrou em forte oposição. Dois dos quatro eleitorados consultados via referendo votaram contra, na França e nos Países Baixos.* Nos dois países, a campanha foi intensa, a

* Os eleitores espanhóis e os luxemburgueses disseram sim, os últimos com uma maioria surpreendentemente pequena, de 57%.

---

[7] Larry Siedentop, *Democracy in Europe*. London, Allen Lane, 2000.

participação elevada (69 e 63%) e o resultado incontestável: 55% de não na França e 62 de não nos Países Baixos. Esse golpe duplo proveniente do centro, num período de três dias, nocauteou a constituição. O clima em Bruxelas era o de um funeral.

Embora se considerasse que os dois referendos negativos foram feitos no mesmo contexto, eles soavam bem diferentes. No debate francês, a ideia central era que se queria "*outra* Constituição", uma que dava menos liberdades econômicas, enquanto a conotação neerlandesa era que "*não* se queria uma Constituição" porque esta ameaçava a identidade nacional. Exagerando: a ênfase do *não francês* era "socialista" e a do não neerlandês, "nacionalista". É claro que a França em 2005, assim como na época do referendo de Maastricht, ainda tinha uma oposição soberanista forte. Mesmo assim, é curioso que nos Países Baixos, o partido mais de esquerda, o SP (Partido Socialista), fazia campanha contra o "superestado" europeu com um pôster em que o país tinha sumido do mapa – ou seja, brincando com o registro nacionalista –, enquanto na França os partidos de conservadores de direita se voltavam contra o mercado aberto e usavam o espectro do "encanador polonês" que se apropriava de postos de trabalho franceses. Em outras palavras: os eleitores franceses criticavam a falta de pontos de referência para oposição clássica dentro da União, já os neerlandeses estavam inclinados à oposição por princípio contra a União.

De forma totalmente inesperada, as críticas mais contundentes na França dirigiam-se à parte do tratado de constituição que apenas consolidava e reorganizava a política existente. Os políticos da luta pelo sim não entenderam nada disso: não tinha nada de novo nisso, tinha? Afinal de contas, tratava-se de algo totalmente diferente, não é? Mas o público francês, que recebeu milhões de textos da constituição enviados por correio, descobriu de repente concretamente como a União praticava a "despolitização constitucional" ao colocar as escolhas políticas fora da arena política. Majoritariamente, recusou-se a concordar com uma Europa (liberal) que ele não podia mais modificar; o público resistia contra uma *negação* da política (apesar de sem dúvida também haver eleitores franceses que queriam substituir os princípios liberais por princípios socialistas ou nacionalistas gravados em pedra).

Nos Países Baixos, era diferente: ali a insatisfação devia-se ao *reconhecimento* da política, a explicitação constitucional que a União era mais do que o mercado familiar e a velha fábrica de regras (que às vezes era incompreensível, mas não ameaçadora). Os eleitores neerlandeses do não se assustaram com tudo aquilo que cheirava à formação de Estado, como a bandeira da Europa e o hino e a "constituição". O novo vocabulário também funcionava com um bumerangue. Visando à legibilidade pública, o tratado de constituição renomeou, entre outros, "regulamentações" em "leis", "diretrizes" em "leis-quadro" e o "alto representante para política externa" em "ministro das Relações Exteriores". E mais o mesmo tanto de tentativas para mitigar a despolitização técnica e procedural da fábrica de regras e ser sincero: a União faz política. Mas o público nos Países Baixos – e também em alguns outros Estados-membros onde não houve referendo, como Grã-Bretanha, Polônia e República Tcheca – não se sentia nem um pouco tranquilizado com isso, ao contrário, estava preocupado. Será que isso era o fim de suas próprias leis e ministros? Será que "nossa própria" constituição desapareceria? Será que esse era o avanço ao superestado europeu? Os políticos que defendiam o novo pacto estavam absurdamente despreparados para esse tipo de pergunta, não tinham uma história adequada ou perspectiva.

Confrontados com esse voto contrário ambivalente – um apelo (direcionado) por oposição clássica *versus* uma declaração (de ampla repercussão) da oposição por princípio –, os líderes de governo optaram por autopreservação. Despolitização, mais uma vez. Eles cortaram as asas da oposição por princípio, com o risco de ficarem sujeitos a menos política. Depois de um tempo de espera desagradável, mas sem dúvidas, em junho de 2007 eles decidiram livrar o tratado de constituição de seus "elementos constitucionais".[8] O projeto de constituição foi retirado; as palavras "lei", "lei-quadro" e "ministro" apagadas; a bandeira foi arriada, ao menos no papel. Expulsos do palco constitucional pelos eleitores, os líderes de governo deram marcha à ré e voltaram aos bastidores da burocracia.

Depois disso, argumenta-se que a diferença entre o Tratado de constituição e o tratado de alteração assinado em dezembro de 2007 em Lisboa é "pura perfumaria". De fato, o *hardware* institucional – o presidente fixo do Conselho Europeu, o Parlamento como legislador com os mesmos direitos, o serviço diplomático – foi assumido sem alterações. Com isso, muitos franceses e neerlandeses que votaram pelo não se sentiram enganados: tudo continuava do mesmo jeito. Só que é relevante a diferença de como a União foi ao encontro de seu público: aberta e ofensiva em Roma, sorrateira e defensiva em Lisboa. Os locais evidenciaram essa diferença: a cerimônia de assinatura do tratado de constituição teve lugar no nobre Salão dos Horatii e Curiatii no Capitólio em Roma, ou seja, no espaço público (inventado pelos gregos e estabilizado pelos romanos), e o tratado *substituto* foi assinado pelos líderes de governo no Mosteiro dos Jerónimos nos arredores de Lisboa, ou seja, um prédio destinado ao isolamento do mundo.

A difícil situação da constituição em que os líderes de governo se meteram em 2005 já estava determinada no não dos dinamarqueses depois de Maastricht. Das quatro renovações do Tratado da União que os dinamarqueses rejeitaram – moeda, defesa, justiça e cidadania –, a última rejeição foi a que mais deixou a direção política da Europa

---

[8] "A ideia constitucional, que implicava que todos os tratados existentes fossem retirados e substituídos por um único texto que se chama 'Constituição', foi abandonada." (Conclusões do Conselho Europeu, Bruxelas, de 21-22 de junho de 2007, Anexo 1, ponto 1.)

preocupada. Essa, no entanto, não aconteceu, considerando que o receio dos dinamarqueses, de a cidadania europeia minar a nacional, tenha sido efetivamente removido com uma informação esclarecedora. Desde 1997, consta no Tratado: "A cidadania da União complementa a cidadania nacional, mas não a substitui".[9] No entanto, deveria se refletir sobre o fato de que o desejo por legitimização democrática poderia ricochetear como um bumerangue. O público, com a cidadania da União, recebeu um lugar na ordem política, mas quase tinha repelido essa oferta. Surgiram tensões entre duas funções do público, entre os novos declarados cidadãos europeus, esperança da esfera interna de Bruxelas, e as mesmas pessoas (então) como doze reuniões de cidadãos nacionais, portadores erráticos da esfera intermediária dos Estados-membros.

Com o tratado de constituição, a tensão aumentou ainda mais. Analiticamente, uma *constituição* é um contrato social entre cidadãos e um *tratado* é assinado entre Estados. Embora o "tratado para definição de uma constituição" fosse uma forma intermediária complicada, os líderes de governo haviam dado uma participação aos cidadãos no poder constituinte. Exceto pelo desejo dos Estados, conforme os tratados anteriores, a União de agora em diante também se basearia no desejo dos cidadãos.[10] Mais do que os símbolos muito discutidos, a bandeira e o hino, ou o vocabulário de natureza estatal, isso é que dava traços de constituição ao pacto de 2004. (Traços, pois os Estados permaneceram.) Todavia, essa tentativa de colocar uma base de eleitores diretamente falhou. Os eleitores não queriam uma constituição, eles não queriam carregar a União, eles recusavam o poder constituinte oferecido. Por isso, o Tratado de Lisboa foi apenas acordado em nome dos Estados.

---

[9] Art. 9 TUE.

[10] Art. I -1 Tratado de Constituição. Até mesmo a formulação era um pouco mais fraca: "*inspirada no* desejo dos cidadãos e dos Estados da Europa".

INTERROMPER A AUSTERIDADE E NENHUM CENTAVO PARA A GRÉCIA (2010-2015)

Com a crise da zona do euro desde 2010, começou uma nova e terceira fase da contradição pública. Nos debates sobre Maastricht (1992) e o tratado de constituição (2005) – sobre o avanço *para* uma consolidação *da* União –, evidentemente houve a participação de acontecimentos muito antigos e recentes, mas no cerne foram as expectativas futuras que determinaram o voto dos eleitores. O sim ou não serviu para quadros institucionais cujas consequências práticas ainda não eram palpáveis.

Desde 2010, a briga política ficou mais dura e mais concreta. Nas crises, o público descobriu as implicações palpáveis da adesão à União: da união monetária, da zona de Schengen e agora – durante as negociações do Brexit – do mercado interno. Ao mesmo tempo, ele descobriu como é difícil se opor à política-de-fatos-consumados das decisões de crise. O desconforto atingiu o ponto de inversão previsto por Peter Mair em seu artigo de 2006, o momento em que o impacto das decisões Europeias também passa a restringir o espaço para oposição clássica no nível nacional e ameaça eliminar a oposição e mobilizar "uma nova – talvez populista – oposição por princípio".[11] Depois, florescem partidos de oposição em arenas nacionais com propostas de sair da União ou da zona do euro; alguns, como o alemão AfD (Alternativa para a Alemanha) em 2013, foram criados especialmente para isso. Nos termos de Albert Hirschman: *sair* na falta de *voz*.[12]

Paralelamente, também havia algo diferente acontecendo. Na crise da zona do euro, o eleitorado europeu testou novos pontos de referência para oposição clássica. Depois que os eleitores assumiram a palavra a partir de 1992 por meio de referendos nacionais sobre

---

[11] Mair, "Political Opposition", p. 15.

[12] Albert O. Hirschman, *Exit, Voice, and Loyalty. Responses to Decline in Firms, Organizations, and States*. Cambridge, Harvard University Press, 1972.

alterações do tratado, eles também queriam ter acesso às decisões políticas aqui e agora. Em primeiro lugar, eles usaram para isso, desde 2010, o meio das eleições nacionais: isso era novo. Na fase seguinte, uma segunda arma entrou no jogo: referendos nacionais sobre uma decisão europeia; isso também não tinha sido mostrado antes. A Grécia foi a primeira a usar esse recurso, no fascinante e ao mesmo tempo assustador eurorreferendo de julho de 2015.

Até muito recentemente, também politicólogos com autoridade podiam afirmar que as eleições nacionais em meio século de integração foram decididas apenas uma vez sobre um tema europeu; os dossiês europeus seriam muito monótonos ou muito técnicos: não eram suficientemente *salientes*.* Isso provavelmente era assim *antes* da mudança de política de regras para política de acontecimentos. Desde a eclosão da crise da zona do euro em 2010, não faltam estímulos europeus nas eleições nacionais. Também o ruído em torno dos debates de referendos desde Maastricht empalideceu nessa nova intensidade política.

Uma indicação da magnitude das dificuldades políticas: dezessete dos vinte líderes de governo europeus que entre maio de 2010 e junho de 2012 se viram diante de eleições foram derrotados ou precisaram se afastar devido à pressão; certamente em metade dos casos, a desistência foi consequência direta da crise da zona do euro. É claro que um ou outro caso deve ser interpretado diferentemente, mas entre as baixas podemos citar: o primeiro-ministro eslovaco Robert Fico (julho de 2010), o primeiro-ministro irlandês Brian Cowen (março de 2011), o primeiro-ministro português José Socrates (junho de 2011), a primeira-ministra finlandesa Mari Kiviniemi (junho de 2011), o

* Andrew Moravcsik, que apoia essa afirmação, pensa na exceção de 1965, quando o presidente De Gaulle, devido à sua política da "cadeira vazia" em Bruxelas, perdeu o apoio do eleitorado de agricultores e nas eleições francesas para presidente foi obrigado a participar de um, para ele degradante, segundo turno.

primeiro-ministro grego George Papandreou (novembro de 2011), o primeiro-ministro italiano Silvio Berlusconi (novembro de 2011), o primeiro-ministro espanhol José Luis Zapatero (novembro de 2011), o primeiro-ministro esloveno Borut Pahor (fevereiro de 2012), a primeira-ministra eslovaca Iveta Radičová (abril de 2012) e o presidente francês Nicolas Sarkozy (maio de 2012).* Um campo de batalha eleitoral desconhecido, ou seja, ao contrário, uma vitória retumbante para a oposição reunida.

Quando uma oposição nacional chegava ao poder, logo ela descobria as margens estreitas da política europeia. Ela se deparava na mesa de negociações com as mesmas forças em que muitas vezes seu antecessor ficou encalhado; um novo ministro ou líder de governo, um herói em seu país, descobre o que é ser um dos quase vinte parceiros da zona do euro. Quem tinha prometido a seus próprios eleitores uma mudança de rumo europeia – quer fosse mais disciplina, quer fosse mais solidariedade – na melhor das hipóteses somente poderia fazê-lo em Bruxelas de forma bem limitada. Assim, igual ao voto do não nos referendos nacionais sobre o tratado europeu, o movimento pendular nacional de oposição para governo somente leva a um alívio de curto prazo (no caso dos vencedores) e, depois, a nova frustração.

A mudança para a política de acontecimentos atraiu mais atenção pública para os *players* em campo. Várias eleições nacionais – momentos de troca dos *players* – são acompanhadas intensamente em toda a União. Naturalmente, a primeira coisa que o público percebeu durante a crise monetária foi o quanto os europaíses estão interligados *economicamente*. Todos conscientizaram-se de que as dívidas na Itália, as bolhas especulativas na Irlanda e o superávit comercial da Alemanha exercem influência direta em vagas de emprego, pensões, rendimentos da poupança e

---

* Nesse mesmo período, somente três líderes sobreviveram a uma eleição do parlamento nacional: Donald Tusk, Andrus Ansip e Valdis Dombrowskis, respectivamente de Polônia, Estônia e Lituânia.

no próprio país. Mas, além do envolvimento econômico entre eles, crescia o envolvimento *político* entre eles. Somos reféns de eleições e referendos na Grécia, na Itália, na Grã-Bretanha, na França, na Alemanha, na Áustria ou na Espanha – não por curiosidade exótica, mas como vibrações e tremores em um período democrático compartilhado. Quem partilha uma moeda não partilha somente uma conta bancária, mas também o ambiente público. Contudo, só percebemos isso quando foi necessário salvar a moeda.

Nenhum acontecimento na União foi acompanhado com tanta intensidade quanto a saga grega do verão de 2015, culminando dramaticamente no primeiro referendo nacional sobre uma decisão europeia grave. O governo que subiu ao poder em janeiro daquele ano, de Alexis Tsipras, fez um movimento inesperado: à beira da bancarrota do Estado, numa negociação complexa com os credores do país, o primeiro-ministro usou o referendo como arma na briga europeia. Para conseguir condições mais favoráveis do pacote de ajuda junto aos outros europaíses, Tsipras pediu aos eleitores gregos que rejeitassem a proposta apresentada nas negociações. O seu governo realizou uma campanha para o voto do não e ganhou com folga no dia 5 de julho. Em seguida, os gregos descobriram que, apesar de seu desejo político, mesmo que revestido com toda a autoridade emanada diretamente da voz do povo, invariavelmente ele se chocava com o desejo de dezoito outros eurogovernos que falam em nome de *suas* populações e não estavam dispostos a ceder a Atenas à custa de seus pagadores de impostos. Depois de uma verdadeira montanha-russa de complicações, Tsipras acabou levando um revés.

O drama grego de 2015 aprofundou o conhecimento público do emaranhado econômico, mas, muito mais, da inter-relação política dentro da união monetária, uma interdependência com a qual os eleitores dos europaíses travaram conhecimento a partir de 2010. A nova e mais importante lição: as pessoas viram como o eleitorado grego não lutou como democracia nacional contra a grande "Europa" (como os dinamarqueses, os irlandeses e os neerlandeses fizeram com seus referendos), mas na Europa como democracia em meio a democracias, como povo em meio a outros povos. Nesse campo de batalha grande e desafiador, era e é preciso que uma oposição política se estruture: uma experiência histórica.

Também são aprendidas outras lições. Alexis Tsipras definiu uma tendência. Na crise dos refugiados, outro primeiro-ministro lançou mão da voz do povo para colocar sua própria força do não: o húngaro Viktor Orbán, em outubro de 2016, organizou um referendo sobre a cota de asilo obrigatória. No referendo, ele pede que os eleitores rejeitem a decisão aceita no Conselho um ano antes. O não esmagador veio com 98%, já o comparecimento às urnas foi de apenas 43%, abaixo do limite de validade de 50%; o eleitorado húngaro também votou com os pés no chão.

Nessa mesma semana do verão de 2015, depois que os gregos foram às urnas, os ativistas neerlandeses deram início a uma campanha para obrigar a obtenção de um referendo de consulta sobre o acordo de associação com a Ucrânia, no que eles foram bem-sucedidos. O governo em Haia colocou-se numa situação muito embaraçosa em abril de 2016, enquanto ainda estava na presidência do Conselho, pela derrota acachapante dessa votação popular depois de uma campanha morna em que ela mesma não falou sobre Rússia e Putin. O não, com 61% dos votos, ecoou tão alto quanto aquele contra a constituição europeia em 2005, embora os 32% de comparecimento às urnas fosse a metade. No final desse ano, o primeiro-ministro Mark Rutte recebeu um esclarecimento de seus parceiros europeus para fazer justiça ao não ("um folheto informativo", foi como ele o chamou). Com base nisso, e com a atenção voltada para a ameaça geopolítica da Rússia, ele solicitou ao parlamento neerlandês que ainda assim ratificasse o acordo com a Ucrânia, o que foi feito depois das eleições de março de 2017.

Um referendo nacional sobre uma decisão europeia é uma arma de oposição poderosa, especialmente num mundo midiatizado. Partidos "rebeldes" usam de preferência as mídias sociais de acesso livre para desafiar a política e obrigar o povo a se manifestar sobre assuntos que até recentemente eram domínio do governo e da administração pública. Dois governos, o grego e o húngaro, posicionaram-se (temporariamente) fora da ordem europeia ao levarem isso consigo para Bruxelas como artilharia pesada. A voz do povo cruza a despolitização procedural e às vezes alimenta paixões corrosivas. A frustração é um tipo de emoção que se multiplica com muita facilidade, certamente quando os eleitores via referendo rejeitam um tema que afeta todos os Estados-membros (como um tratado ou um acordo fechado pela União): é enganoso acreditar que uma decisão emanada diretamente do próprio povo pode se impor aos votos de todos os demais eleitorados da União.*[13]

Referendos são a resposta errada a uma pergunta real. Eles obrigam os operadores da política de acontecimentos a subir no palco, a convencer os próprios eleitores de suas escolhas. Essa tarefa, de qualquer modo, é dos líderes da União, mesmo sem estarem sob a mira da arma de um plebiscito. Nesse sentido, o uso de referendos como um "instrumento inadequado" é um sinal de fraqueza. Como os governos europeus, sozinhos ou em conjunto, podem aumentar sua capacidade de ação sem apoio público? Como eles podem se impor na cena mundial se seus oponentes não sentirem que existe um povo por trás da bandeira?

Segundo um *thinktank* londrino, em meados de 2016 circularam cerca de trinta planos de referendo com consequências europeias

* É claro que a situação é outra no caso de referendos sobre assuntos que se referem sobretudo ao próprio Estado-membro: decisões para aderir, sair ou para participar de determinado setor político como o euro ou Schengen.

---

[13] Compare com Yves Bertoncini, "Les Référendums Nationaux sur l'Europe: de la Clarification à la Frustration", em *Rapport Schuman sur l'Europe: l'Etat de l'Union 2017*. Paris, Lignes de repères, 2017, p. 183-90.

diretas, espalhados por dezoito Estados-membros.¹⁴ *Grosso modo*, metade deles se referia a cota de asilo, adesão à zona do euro, expansão com a Turquia, transferência de soberania, acordos de associação com a Ucrânia e outros vizinhos, mau uso do trânsito livre, apoio para a Grécia e o tratado de comércio TTIP. Em outras palavras: questões delicadas da política de acontecimentos europeia nas quais o público quer envolvimento direto na decisão.

A outra metade dos planos de referendo é a repercussão da frustração surgida de que não se espera mais nada da participação e da contradição: saída da União. Os eleitores britânicos em junho de 2016 demonstraram como isso é possível.

RETOMAR O CONTROLE.
O VOTO BRITÂNICO PELO BREXIT (2016)

Com sua escolha de sair da União Europeia, os eleitores britânicos encerraram meio século de política externa e política econômica de seu país. O referendo de 23 de junho de 2016 é uma cicatriz para a Grã-Bretanha, para a União e para o continente como um todo, cujas consequências são difíceis de prever. Isso ainda será assunto por anos: os motivos dos eleitores serão analisados nos menores detalhes, o papel da mídia e dos partidos será examinado, as campanhas do Ficar fracassado e do Sair vencedor serão documentadas, os fatores acaso e pessoalidade serão ponderados.

À luz de nossa análise, o Brexit pode ser visto como um clímax provisório da busca europeia de um ponto de referência para oposição. Trata-se do momento em que numa maioria de eleitores em um Estado-membro a impossibilidade de oposição clássica muda para a

---

[14] Susi Dennison e Dina Pardijs, "The World According to Europe's Insurgent Parties: Putin, Migration and People Power. Flash Scorecard", *European Council on Foreign Relations* (ECFR/181), 27 de junho de 2016.

possibilidade de oposição por princípio, ou também – na conhecida abordagem tripla de Albert Hirschman – o momento em que, devido a *voz* fraca e *lealdade* insuficiente, o equilíbrio inverte para *saída*.

Retirar-se é, por si só, uma consequência lógica da oposição por princípio. Uma separação territorial é perturbadora e destrói todos os vínculos, mas, em princípio, não é violenta, diferente de uma rebelião ou revolução, para onde uma oposição antissistema também pode levar. Só que a linha de separação entre essas duas variantes é tênue. Os brexiteiros mais radicais, além da saída de seu país, querem o fim da União: eles se comportam como revolucionários que apoiam as almas gêmeas nacionalistas no continente em sua "luta por liberdade". De seu lado, a presidente da Frente-Nacional, Marine Le Pen, está ciente de que, se a França sair da União, considerando a posição central do país, a União será destruída – ao menos, porque a *razão de ser*, a conciliação franco-germânica, deixará de existir. A sua oposição por princípio, pela qual ela conquistou um terço dos votos no último turno das eleições de maio de 2017 contra Emmanuel Macron, precisa, portanto, ser caracterizada como uma revolta que quer ser revolução.

A campanha britânica em prol da Saída foi impulsionada, em parte, por mentiras e falsas promessas; provavelmente foram essas que proporcionaram a diferença entre 52% a favor da saída e 48% para ficar. No entanto, também ficou evidente a aversão contra "Bruxelas" a partir de fontes mais profundas. O Brexit ficou com a reputação de uma onda subversiva, pois ao mesmo tempo sugou e arrastou consigo *todas* as forças contrárias construídas com o tempo pelas estratégias de despolitização da União. O *slogan* bem pensado de *Retomar o controle* foi, portanto, o coringa perfeito para mobilizar o mal-estar sobre a *intangibilidade* das regras e decisões de Bruxelas.

Todas as formas de despolitização são levadas ao extremo pela retórica do *Sair*. A despolitização *técnica*, antiga receita da fábrica de regras, já desde os primeiros dias se choca com a desconfiança britânica ("Nós não derrubamos o direito divino de reis de caírem antes do direto divino dos especialistas" segundo o primeiro-ministro Harold Macmillan em 1950 sobre os planos de Monnet[15]) e acrescentou uma série de histórias assustadoras sobre a tirânica febre de regras de Bruxelas. O tema teve seu ato final em 2016 com a declaração tanto lógica quanto ominosa de Michael Gove, líder do Brexit: "Francamente, o povo deste país já teve especialistas demais". O que se refere à despolitização *constitucional*, o fato de colocar as escolhas políticas fora da arena política sempre foi considerado um problema pelos britânicos com a posição da Corte de Justiça Europeia. Decisivo na escolha do governo de May de, no voto do Brexit, ler o mandato para uma saída do mercado interno – ao lado da vontade de restringir o trânsito livre de pessoas – é o desejo de remover a tensão entre a jurisdição da Corte em Luxemburgo e a soberania do Parlamento em Westminster. A própria May equipara o *retomar o controle* com a reconquista das próprias leis.[16] A despolitização *procedural*, a conexão de vários parceiros e tornar as responsabilidades individuais invisíveis em vários níveis de tomada de decisão são incompatíveis com o compromisso britânico de prestação de contas pessoal da liderança política, garantida pelo pêndulo atuante entre governo e oposição política há dois séculos. A despolitização *teleológica*, o apelo (moral) pelo objetivo final de paz, há muito tempo funcionava como um bumerangue num país que quer ser pragmático e realista; em nenhum outro lugar a crença no euro levou ao euroceticismo virulento. A primeira pedra

---

[15] Harold Macmillan, citado em: Nora Beloff, *The General Says No. Britain's Exclusion from Europe*. London, Penguin, 1963, p. 59. Ele falou na reunião parlamentar do Conselho Europeu; a citação completa é: "Temendo a fraqueza da democracia, os homens muitas vezes procuraram segurança em tecnocratas. Não há nada novo nisso. É tão velho quando Platão. Mas, francamente, a ideia não é atraente para os britânicos. Nós não derrubamos o direito divino de reis de caírem antes do direto divino dos especialistas".

[16] Theresa May, "Grã-Bretanha Global", discurso no Lancaster House, 17 de janeiro de 2017.

jogada nesse sentido foi a fórmula de tratado de Roma em 1957, da "união cada vez mais estreita", com seu vago infinito que desperta inquietação; os colegas europeus não entendiam por que o primeiro-ministro David Cameron gastou tanta energia diplomática no início do referendo para enfraquecer essas palavras.[17] Os britânicos – mesmo fora da união monetária e fora de Schengen – primariamente pouco tiveram a ver com a despolitização *executiva* que finalizou invocando uma necessidade urgente para decisões de crise. Mas as duas grandes crises em torno da moeda e dos refugiados funcionaram como ilustração perfeita da incapacidade continental na retórica do Brexit: enquanto a implosão do euro obrigava Cameron em janeiro de 2013 a prometer um referendo, o fracasso da Europa nas fronteiras externas, três invernos depois, deu o empurrãozinho decisivo para o Sair.

A luta pela Saída nunca teria sido ganha se sua retórica não ecoasse junto a insatisfação e reflexões há muito existentes. Ela colheu a desconfiança de anos de um sistema político que satisfez sua promessa continental de paz e prosperidade, mas que nesse meio-tempo, pela falta de uma oposição dinâmica, perdeu o contato com grande parte da população europeia.

No entanto, ainda havia mais uma razão que fez o *slogan* "Retomar o controle" funcionar, que vai além do atrito ideológico britânico-bruxelense. O voto a favor do Brexit faz parte de um fenômeno ocidental mais amplo. Os eleitores de ambos os lados do Oceano Atlântico estão se voltando contra a lógica da globalização de mercados abertos e fronteiras abertas, como os norte-americanos também mostraram, mais ou menos, ao elegerem Donald Trump. Na União, essa lógica de mercado também ainda está ancorada constitucionalmente e se tornou inatingível pela técnica da despolitização constitucional.

---

[17] Conclusões do Conselho Europeu de 18-19 de fevereiro de 2016, Anexo 1.

Pela ausência de uma oposição clássica, faltam as formas mais elementares de vigilância e advertência. Bruxelas enfatizou repetidamente as vantagens de um mercado e do espaço de manobra, aproveitado por muitos que viajam, negociam, estudam ou consomem pelo continente, mas esteve cega ante as desvantagens para outros grupos de eleitores, para aqueles que não enxergam uma chance, mas uma ameaça (concorrência no mercado do trabalho), no ambiente público e cujo voto não chegou até Berlaymont. Para evitar outras saídas (*exits*), a União precisa estabelecer um novo equilíbrio entre seus esforços para liberdades econômicas e seu papel protetor – na política comercial, nas fronteiras externas ou no setor da política social.[18] Isso os presidentes de Bruxelas, Tusk e Juncker, em todo caso, entenderam depois do verão do Brexit em setembro de 2016; uma missão que também o novo homem, Emmanuel Macron, facilmente mostrou que também é sua ao simplesmente adotar para si o *slogan* "Uma Europa que protege".

Somente se a União exigir por si mesma uma réplica com *conteúdo* à oposição por princípio poderá sobreviver a futuras revoltas dos eleitores; por isso, também precisa permitir as forças dinâmicas da oposição *quanto forma* e utilizá-las. Uma relação direta com uma oposição vital é a condição de vida para a ordem política que está desabrochando na União, portanto analogamente para a União como um todo.

---

[18] Isso e como a União pós-Brexit precisa e poderia proteger é discutido de forma mais detalhada na Parte IV, p. 25-60, em: Luuk van Middelaar, "Protect and Survive", *Europe's World* 33, outono de 2016, publicado em 19 de outubro de 2016, p. 10-12.

Capítulo 11 | Dissenso vinculatório

> O fato de que um sistema de oposição pacífico e legal de partidos políticos é relativamente raro significa que deve ser extremamente difícil *introduzir* tal sistema, ou *mantê-lo*, ou ambos.
>
> Robert Dahl[1]

> Eu desejo uma sociedade que entenda o consenso europeu não como técnica da coexistência, mas que sinta a Europa como parte de sua identidade política e cultural e esteja disposta a preservá-la e dar provas dela no mundo cada vez mais social.
>
> Roman Herzog[2]

Na União Europeia, falta a oposição clássica. Devido a essa falha de sistema, a oposição por princípio pôde se fortalecer tanto a ponto de, por um momento, ameaçar a sobrevivência da União, ou seja, há muito em jogo na possibilidade de oposição clássica. A União consegue criar espaço para contradição sem renegar a si mesma? E, se ela não conseguir fazer isso, será que ela sobreviverá a uma próxima revolta dos eleitores?

Nos dois capítulos anteriores, analisamos como o público foi em busca de um ponto de referência para oposição: como ele percebeu a regulamentação bruxelense despolitizada e a política europeia e como uma sequência de votos contrários chamou a atenção. Agora, com base nisso, podemos olhar adiante. O que pode dar certo?

Este capítulo observará quais *formas institucionais* são adequadas para a oposição clássica na União e quais não. Respostas desgastadas precisam ser revistas; de fato, a União nesse meio-tempo passou por

---

[1] Robert A. Dahl (ed.), *Political Oppositions in Western Democracies*. New Haven, Yale University Press, 1966, Prefácio, xiii.
[2] Roman Herzog, "Aufbruch ins 21. Jahrhundert", discurso feito em 26 de abril de 1997 em Berlim (conhecido como "Ruckrede").

uma metamorfose e agora, além da política de regras, pratica a política de acontecimentos, ou seja, queremos saber como a política pode ser introduzida tanto na fábrica de regras quanto na união de acontecimentos. Por esse motivo, tratei sucessivamente as aberturas oferecidas pelos três planos construtivos na arquitetura da Europa: despolitização por meio do direito e da técnica (funcionalismo), politização por meio do Parlamento (federalismo) e por meio da participação de líderes nacionais (confederalismo). Antes vimos como esses três planos construtivos quase desde o início foram usados lado a lado e mesclados entre si, cada um deles gerando componentes do plano construtivo, mas também como eles com o tempo foram se encaixando e – por exemplo no setor executivo – foram obrigados a cooperar. Os impulsos de onde originaram e os interesses pelos quais acabaram conectados não podem ser deixados de lado sem mais nem menos. Somente quem quer oposição por princípio pode reivindicar despreocupadamente por um *vazio* revolucionário. A oposição clássica, ao contrário, precisa ser estruturada em relação a formas existentes de tomar decisões e governar na estrutura em que a União se transformou.

Somente dois dos três planos construtivos foram examinados formalmente quanto a pontos de referência para oposição: a fábrica de regras despolitizada e a promessa parlamentar. Isso justamente enquanto o terceiro, a entrada de líderes nacionais, oferece apoio à política de acontecimentos, que, melhor do que qualquer outro, mantém o público entusiasmado. É ali, portanto, que se encontra o terreno promissor, inesperado e talvez por isso também inexplorado, mas não ilógico a partir do princípio: a contradição mais dura procura a autoridade mais alta.

Dissenso vinculatório é o título deste capítulo, para distingui-lo de uma visão padrão acadêmica. Politicólogos há anos caracterizam a atitude básica das populações perante o mercado interno europeu como *consenso permissivo*, uma indiferença benevolente ante a fábrica de regras bruxelense.³ Essa postura terminou abruptamente em 1992 com o não dinamarquês e o quase não francês contra o novo Tratado da União. Com o conceito de seguimento *dissenso obstrutivo*, os cientistas políticos expressavam como os governos nacionais nos anos 1990 e 2000 viram sua capacidade de ação europeia limitada por eleitores relutantes em seu país.⁴ A transição de fato é inegável: depois de Maastricht, o público acordou e queria participar. A palavra-chave acadêmica para a nova situação, além de indicação, também implica uma acusação: o voto contrário público aparece como uma barreira no caminho da integração, como causa de atraso. O povo freia a Europa, é a ideia central. Portanto, sai de cena o fato de a contradição pública não ser apenas um obstáculo incômodo, mas também que ela fornece oxigênio para a vida política. A democracia não é apenas uma técnica de tomada de decisão: ela também possibilita – como argumentaram Hannah Arendt e Claude Lefort no rastro de Maquiavel – encenar e pacificar simbolicamente conflitos sociais e políticos, até mesmo fazendo-os a origem da liberdade. Por isso, o dissenso tem não só uma força restritiva ou disruptiva, mas também uma força *conectiva*, a qual pode oferecer à União a nova energia de que a política de acontecimentos precisa.

POLÍTICA NA FÁBRICA DE REGRAS

A despolitização forneceu depois da guerra o primeiro plano da arquitetura europeia. Legitimamente e não sem razão, e com

---

³ O termo "consenso permissivo" foi cunhado em 1970 (Leon N. Lindberg e Stuart A. Scheingold, *Europe's Would-be Polity: Patterns of Change in the European Community*. Upper Saddle River, Prentice-Hall, 1970, p. 242 ss), mas se tornou de uso comum somente a partir de 1992.

⁴ Liesbet Hooghe e Gary Marks, "A Postfunctionalist Theory of European Integration: from Permissive Consensus to Constraining Dissensus", *British Journal of Political Science* 39, 2008, p. 1-23.

resultados surpreendentes, mas também com desvantagens que vieram à tona com o tempo. Três características dificultaram muito que a fábrica de regras bruxelense fosse acessível ou receptível à oposição: despolitização técnica, constitucional e procedural. Vamos analisar como, apesar dessas técnicas de despolitização, é possível criar espaço para oposição mesmo na fábrica de regras.

A despolitização *técnica* faz com que a política desapareça atrás da técnica. Uma decisão não aparece como uma escolha política ou um resultado de ponderações, mas como "solução" de um "problema" técnico – de cortadores de grama barulhentos até inflação muito baixa. Assim, não há (aparentemente) vencedores ou perdedores – no entanto, reforça-se o clichê do despertar da desconfiança de uma tecnocracia bruxelense. Parte dessa situação é uma questão de comunicação, como a atual Comissão Juncker reconhece. Em declarações da instituição à imprensa, trata-se hoje em dia menos de procedimentos (como e quando) e mais de objetivos políticos (o que e por quê). Uma grande evolução. É o aspecto mais bem-sucedido e menos controverso do que Juncker chama de sua "Comissão política" – um nome programático que orgulhosamente ataca a despolitização. Mas uma melhor comunicação não mudará o fato de que a base da tomada de decisão permanece a mesma: *expertise*. Por que o público deve aceitar normas e decisões segundo esse modelo? Não porque ele participou delas (entrada), mas porque as decisões são "boas" ou "úteis" (saída). A legitimidade se baseia em *expertise* e objetividade. Fatores aos quais a oposição é praticamente alheia.*

Mesmo assim, nos últimos anos foram feitas sugestões para trazer a oposição para dentro da esfera da *expertise*, a mais ampla até agora segundo Antoine Vauchez em seu *Démocratiser*

---

* Por isso, é óbvio que Juncker, mais enfático do que seus antecessores, busca respaldo junto ao voto dos eleitores personificado pelo Parlamento Europeu; isso acaba criando outras tensões e o presidente da Comissão nesse ínterim experimenta como a "entrada" vinda de Estrasburgo não confere a autoridade política esperada à sua instituição.

l'Europe. Registrando as promessas não cumpridas do Parlamento, este cientista político francês aponta para três instituições: a Comissão, a Corte de Justiça e o Banco Central. Ele descreve como essas três "independentes", que se declaram neutras e querem permanecer fora da briga política e diplomática, definitivamente praticam política sem que ninguém perceba, em seu próprio idioma e seguindo um protocolo próprio. "Os líderes de governo colocam suas diferenças políticas em cena, durante as maratonas de negociação europeias, enquanto as 'independentes' se apresentam como pessoal administrativo sem rosto, juízes vendados ou como banqueiros insensíveis que atuam logicamente".[5] Em seu novo livro, Vauchez resiste à tentação de "destruir o instrumento"; assim, ele considera um boicote da Corte de Justiça ilusório e acha muito arriscada uma saída *à la* Grã-Bretanha.[6] Sem querer regatear a independência delas, ele aponta para as autoridades aparentemente intocáveis da Comissão, da Corte e do Banco.

Vauchez mira dois alvos. Em primeiro lugar, a "interpretação soberana de seu mandato", que não corresponde mais às expectativas em franca mudança do público. O autor chama a atenção para a jurisprudência-guiada-por-mercado-interno da Corte, mesmo quando a questão é sobre cidadania. Em uma constelação como essa, foi mais fácil para um advogado europeu defender o direito ao aborto com base em trânsito livre de serviços do que como um direito fundamental. Com base em direitos sociais e econômicos ancorados no Tratado, os parceiros de contato direto com a Corte (advogados, consultores, especialistas, ativistas) deveriam poder atuar

---

[5] Antoine Vauchez, *Démocratiser l'Europe*. Paris, Seuil, 2014, p. 63.

[6] Vauchez, *Démocratiser*, p. 79. Devido à tendência liberalizante da Corte de Justiça, o politicólogo alemão Fritz Scharpf em 2009 defendeu que as cortes de justiça nacionais não mais enviassem questões no "processo prejudicial" para esclarecimento para Luxemburgo, considerando que a Corte Europeia muitas vezes as usa para fortalecer o alcance do direito europeu – e, com isso, seu próprio poder. (Fritz Scharpf, "The Only Solution Is to Refuse to Comply with ECJ Rulings", *Social Europe Journal* 4:1, 2008, p. 16-21.)

contra essa concepção de mandato unilateral. Segundo objetivo: a "pretensão de objetividade científica", como as teorias de gerenciamento com que a Comissão legitima a criação das agências desde os anos de 1990 ou a teoria econômica do monetarismo em que o Banco Central baseia suas decisões; a comunidade científica deveria se mobilizar contra as pretensões, o que exige acesso à "caixa preta de dogmas, metodologias e instrumentos", ao menos para tornar visível que as decisões do trio são intrinsicamente técnicas e políticas.[7] Em que medida esses dois objetivos de Antoine Vauchez são acertados não é pertinente no momento. Ele indica convincentemente como até mesmo no campo da política tecnocrática existem formas legítimas e desejadas de oposição clássica.

Uma segunda forma de despolitização é a *constitucional*, a colocação de determinadas escolhas políticas fora da arena política. O jurista alemão Dieter Grimm oferece uma defesa contra essa variante. Como ex-membro da Corte Constitucional alemã e acadêmico com autoridade, ele faz uma proposta radical para seus círculos. Em *Europa Ja – Aber Welches?*, Grimm recomenda que a parte política do Tratado ("direito primário") receba o *status* de legislação comum ("direito secundário").[8] Enquanto em Estados nacionais a constituição regula a instituição do Estado e o legislador faz as escolhas políticas dentro desse quadro, os dois níveis se entremeiam na União; o Tratado está repleto de determinações políticas. Historicamente, é possível explicar: o tratado de constituição não foi pensado como constituição e recebeu suas características constitucionais graças à jurisprudência da Corte Europeia. Segundo Grimm, dessa forma a Comissão e a Corte "ficaram imunes" a tentativas do Conselho e do Parlamento – ambos legisladores responsáveis democráticos

---

[7] Vauchez, *Démocratiser*, p. 87.
[8] Dieter Grimm, *Europa Ja – Aber Welshes?* München, C. H. Beck, p. 26.

– de reagir com novas leis a direito de justiça e, portanto, também se tornaram imunes à pressão popular. O resultado: "Os *players* que precisam prestar contas à opinião pública não conseguem mudar nada; aqueles que podem mudar alguma coisa não precisam levar em conta a opinião pública".[9] Por isso, Grimm defende que se limite o Tratado da União à sua essência constitucional e se "rebaixem" todas as regras de natureza não constitucional à legislação comum. Segundo ele, nesse processo todas as regras podem ser mantidas. A operação é até mesmo uma maneira de "o tratado que passou a ser quase-constituição também ser formulado do ponto de vista de conteúdo como constituição".[10] Ela abre a porta para que o Conselho e o Parlamento possam alterar jurisprudência existente, oferecendo-nos, portanto, um ponto de referência para a oposição política. A proposta deixa perguntas delicadas em aberto; as "quatro liberdades" do Tratado da União, por exemplo, integram a parte constitucional intocável?[11] Isso não afeta o cerne: Grimm mostra como a despolitização constitucional pode ser rebatida mediante a criação de espaço para contradição legítima.

Alguns autores argumentam que mesmo sem uma alteração do tratado ou uma "desconstitucionalização" muita coisa pode ser feita. Determinações existentes ofereceriam mais espaço para "outros", política não liberal que juristas e tomadores de decisão normalmente reconhecem.[12] A liberdade interpretativa é insuficientemente explorada; uma *ideia estrita sobre uma regra* diminui a *regra*. Aqui também existe espaço potencial para política.

---

[9] Grimm, *Europa Ja*, p. 115.

[10] Grimm, *Europa Ja*, p. 120.

[11] Para um debate crítico, um pouco defensivo: "Editorial Comments: A Way to Win Back Support for the European Project?", *Common Market Law Review* 54, 2017, p. 1-10.

[12] Assim, por exemplo, o jovem jurista alemão Clemens Kaupa em seu *The Pluralista Character of the European Economic Constitution*, London, Hart, 2016.

A terceira característica estratégica da fábrica de regras que evita oposição, a despolitização *procedural*, esconde da cena quem é responsável por uma decisão. O jogo é tão complexo que somente um público especializado consegue acompanhar quem também está jogando e onde está a bola; os torcedores tanto de um lado quanto do outro não sabem onde e quando farão ouvir sua voz. Portanto, o público é o primeiro beneficiado com uma melhor *legibilidade* do jogo político. Resumindo, isso pede a *players* e comentaristas nas cabines um conceito das decisões europeias em termos de *"governo"* no lugar de "direção", outra óptica. Em nossa busca, esta é a diferença essencial: somente quando é claro quem governa é que a oposição pode se voltar a algo ou alguém.

A despolitização procedural se apoia na argumentação em torno da "governança", uma palavra em moda nos anos 1990. Na década autoconfiante da globalização, revolução da internet e do fim da história, considerava-se que a tomada de decisão em vários níveis nas empresas e organizações internacionais era o auge do progresso.[13] Em 2001, a Comissão também abraçou o termo; depois de "governança corporativa", "governança global" e "governança multinível", veio a "governança europeia".[14] O termo usado em contraposição é o constitucional e clássico *governo*. Em vez de fábricas de decisões inatingíveis, a autoridade visível de um governo. Repetindo: só então é que a oposição tem um alvo, e do efeito ricochete, um ponto identificável no sistema.

Na verdade, há uns dez anos os votos vão para o termo "governo", rompendo um velho tabu bruxelense de sessenta anos nessa palavra. Não é por acaso que ganham força desde as crises financeira e

---

[13] Para uma crítica precoce: Philippe Moreau Defarges, "Gouvernance: une Mutation du Pouvoir?", *Le Débat* 115, maio-agosto de 2001, p. 165-72; ele escreveu: "Nos fluxos da governança, a escolha não é mais uma decisão bem circunscrita, mas o produto de interações sem fim. (...) Mas a política, as relações de força desapareceram por isso, ou estão mascaradas?" (p. 167; 172).

[14] Comissão Europeia, "Europese Governance: een Witboek", COM (2001), p. 428, 25 de julho de 2001.

monetária, que testaram o projeto da política de regras da união monetária até o ponto de ruptura obrigando líderes e instituições a praticarem a política de acontecimentos. Decisores visíveis deram um passo para a frente saindo do amontoado procedural: Conselho Europeu, Eurogrupo, Banco Central, com protagonistas reconhecidos em toda a União – o dueto "Angela" e "Mario". Na Parte III, analisamos essa forma de agir oriunda da necessidade de movimentos periódicos como florescimento do Poder Executivo. Só que essa emancipação *efetiva* do Executivo é apenas associada de modo limitado a uma emancipação *semântica*; as palavras ficam um pouco atrás das novas relações.

Característica é a briga sobre a nova política da zona do euro. Na crise da zona do euro, o governo em Paris e a Comissão em Bruxelas afirmavam ser um "governo econômico" – um lance retórico significativo, mesmo que fosse apenas um "econômico" e unicamente destinado para a zona do euro. Paris destinou esse papel às Eurocúpulas, a Comissão, a si mesma.[15] Revelador é como oponentes em Berlim e Haia replicavam: é melhor nos dar "direção econômica"; nada de *governo*, mas *governança*, nada de decisores visíveis, mas regras e procedimentos. Quando essa altercação subiu de tom numa reunião

---

[15] *Paris*: Nicolas Sarkozy, durante a crise dos bancos em um discurso no Parlamento Europeu em 21 de outubro de 2008: "Não é possível que a zona do euro continue sem um governo econômico europeu claramente identificado". Com a formalização da Eurocúpula na crise da zona do euro, outubro de 2011, para Sarkozy o desentendimento estava resolvido: "É essa a razão de ser do governo da zona do euro que a França quis, e que reunirá os chefes de Estado e de governo para decidirem juntos" (discurso em Toulon, 1º de dezembro de 2011). O seu sucessor, François Hollande, seguiu um caminho semelhante (entrevista coletiva, 16 maio 2013: "Instaurar com os países da zona do euro um governo econômico que se reunirá todos os meses em volta de um presidente que se ocuparia apenas dessa tarefa"), mas não Emmanuel Macron. *Bruxelas*: José Manuel Barroso, "European Renewal: State of the Union Adress 2011", Estrasburgo, 28 de setembro de 2011: "De fato, entre as competências da Comunidade, a Comissão é o governo econômico da União, certamente não precisamos de mais instituições para isso". (Note o enfraquecimento administrativo "dentro das competências".)

de cúpula de crise na primavera de 2010, o presidente Van Rompuy disse generosamente: deixe que cada líder de governo escolha a versão de linguagem preferida – "governo" ou "direção", "ao gosto do freguês".* Nessa briga de palavras, então inconclusiva, existiam forças envolvidas a favor de e contra a despolitização procedural, dois pontos de vista de autoridade política e administrativa.

A união monetária se libertou do amontoado de regras: está se governando. Será que pode surgir um contrapoder para esse "governo econômico" a partir do Parlamento Europeu? Ou será que a nova política coloca outras exigências, mais robustas, para oposição, como sugerir petições para um parlamento da zona do euro?

Com essas perguntas, saímos da fábrica de regras despolitizada no rastro do euro e pisamos no domínio da política de acontecimentos. Chegou a hora de analisar quais as chances que os dois planos construtivos políticos explícitos oferecem para a oposição clássica: embora o plano construtivo parlamentar traga um obstáculo com a teleologia da Promessa e o plano construtivo de cúpulas com a obrigatoriedade de consenso, parece que em ambos os casos podem ser encontrados, e foram, desvios inesperados.

* Os mais aficionados podem comparar as escolhas de linguagem nas Conclusões do Conselho Europeu de 25 de março de 2010. Nessa oportunidade, a Alemanha, sob pressão francesa, mudou pela primeira vez e escolheu governo econômico, enquanto a Grã-Bretanha se manteve em governança e os Países Baixos também (em inglês, naturalmente).

O PARLAMENTO E A PROMESSA

Parece que o modo mais efetivo de alcançar a oposição clássica é por meio do plano construtivo parlamentar, que todo mundo conhece da democracia nacional. Segundo o exemplo de um parlamento nacional com sua disputa interna de partidos, um parlamento europeu teria que produzir uma dinâmica entre governo e oposição.

Nesse plano construtivo federal – na ampliação e no reforço do Coro na catedral europeia –, muita energia foi gasta desde 1950 pelos europarlamentares, pelas outras instituições da União e, também, por alguns governos nacionais começando pelo belga, alemão, italiano e luxemburguês. Por que não acontece?

Para poder interpretar os votos da oposição, é preciso que o coro parlamentar fale tanto *em nome de* quanto *para* alguém; ele precisa criar e manter uma relação significativa tanto com o público quanto com a instância regente. Na Europa, as relações de parlamento e governo e as de parlamento e população são bem complicadas. Mesmo assim, percebe-se, com um pouco de boa vontade, que há um esforço em ambos para dar o primeiro passo para chegar a algo significativo.

Para a relação com o Executivo, o Parlamento investe tradicionalmente na ampliação da Comissão até governo europeu. Essa é a instituição que ele pode responsabilizar formalmente, e é ao longo dessa linha de pensamento que gosta de dar forma à relação. Ao mesmo tempo, o Parlamento e a Comissão há muito se mostram amistosos entre si. Por causa da autoimagem de ambos como pioneiros da Europa e sua fraqueza frente aos Estados-membros, era interesse de ambos apoiar o interlocutor e de certa maneira influenciar as conversas positivamente. Isso consolidou uma cultura parlamentar de consenso promissor. A discórdia apenas prejudicaria o projeto europeu.* Exagerando: assim como o parlamento de um país em guerra continua presente como um homem atrás do governo, os parlamentares estrasburgueses se uniram como um por trás da Comissão.

O plano construtivo parlamentar que liga o Parlamento e a Comissão extrai sua força da Promessa europeia, do "*ainda* não" e

* Sobre os dois antecessores de Parlamento e Comissão, um pesquisador escreveu: "Quanto mais harmonizada era a reunião, (...) tanto mais influência tinha na política da Alta Autoridade, e tanto melhor o Poder Executivo europeu podia oferecer resistência a particularismos tradicionais indubitavelmente firmes nos seis países". (P. J. G. Kapteyn, *L'Assemblée Commune de la Communauté du Charbon et de l'Acier. Un Essai de Parlementarisme Européen.* Leiden, Sijthoff, 1962, p. 219.)

"algum dia". Dessa forma, é possível absorver qualquer revés. Isso leva à tensão que o Parlamento sofre: ele quer politizar a questão, criar uma arena política, mas se sente tão fragilizado que coloca forças de oposição fora da ordem com os meios da *despolitização teleológica* – inclusive o anátema contra os incrédulos.

A instituição quer uma arena, mas limitada a um único assunto. Assim, o Parlamento não desenvolveu uma dinâmica própria de apoio e oposição em relação a um governo (esperado), mas conduziu a oposição *em bloco* contra os Estados-membros reunidos. Essa tendência permanece forte, como se pode perceber quando um presidente do Conselho Europeu em Estrasburgo apresenta um relatório de uma reunião de cúpula de líderes de governo e, num ritual fixo, todos os partidos se pronunciam contra o resultado. "Este é o único parlamento do mundo no qual *todo mundo* está na oposição", escapou do presidente das cúpulas Van Rompuy numa ocasião dessas (aliás, ex-presidente da Câmara Belga).

Para o vínculo com a população, o Parlamento conta com o instrumento das eleições. Em círculos da Comunidade, as expectativas sobre as eleições diretas prometidas no tratado de fundação por anos a fio eram muito altas – elas deveriam inspirar um "choque salutar" no mundo dos escritórios em Bruxelas.[16] Quando esse choque não veio nas primeiras eleições em 1979, a energia utópica mudou para outros planos. Assim, o Parlamento foi adquirindo mais competências com cada tratado. Ainda assim, a participação dos eleitores a cada cinco anos continuou diminuindo. Recentemente, depositou-se

---

[16] Relatório geral de Fernand Dehousse, presidente do grupo de trabalho para as eleições europeias, relativo ao projeto de convenção sobre a eleição da Assembleia Parlamentar Europeia por sufrágio universal direto, submetido à Assembleia em 30 de abril de 1960, pt. 24. Completo: "A eleição da Assembleia deve doravante produzir nos povos de seis países um choque salutar. De sua participação consciente sairá a única vontade que pode sustentar a construção comunitária além das contingências, das divergências, e dos particularismos do momento."

esperança em *candidatos principais*, cabeças de listas em toda a União, para despertar o interesse dos eleitores. Os presidentes sempre tinham esperança de que, com uma disputa de partidos clássica no centro, pudessem enfraquecer a oposição por princípio nos flancos. Também essa renovação foi decepcionante: nas eleições de 2014, a participação manteve-se estável (já era possível falar com otimismo que a queda parou pela primeira vez) e os nacional-populistas antieuropeus conseguiram mais cadeiras do que antes (de uma centena passaram para 751). Só não é nenhuma surpresa que nos círculos federalistas se disseminem ideias novas para as eleições de 2019 ou depois, como um distrito eleitoral pan-europeu, a eleição direta de um presidente europeu ou uma cerimônia para o presidente que está chegando semelhante à posse do presidente norte-americano.[17] A Promessa vai se retroalimentando.

Um ex-eurocomissário que frequentemente era convidado em Estrasburgo, além de ex-parlamentar no próprio país, disse isso da seguinte forma: "Em uma democracia normal, o parlamento se alça ao nível de um intérprete do mal-estar e faz as perguntas difíceis. Um parlamento precisa expressar as preocupações da população, de forma decente. Depois disso, ele precisa apresentar propostas viáveis. Mas o Parlamento Europeu nunca fez isso. Ao contrário, ele passou a ser 'o mais crente entre os crentes' com uma queda por planos ilusórios de uma Europa federal".[18]

Havia pouca resposta do lado do público. Poucos se sentiam muito representados pelo Parlamento Europeu. Os referendos europeus nacionais eram realizados todos fora do Parlamento. Nem as

---

[17] Para esse último plano, elaborado pelo secretário-geral do Parlamento, Klaus Welle, veja: Florian Eder, "Anything Trump Can Do. EU Plans Presidential Inauguration", *Politico.eu*, 10 de março de 2017.

[18] Frits Bolkestein, "Woord vooraf" em: Derk Jan Eppink, *Het rijk der kleine koningen. Achter de schermen van het Europees Parlement*. Kalmthout, Pelckmans, 2015, p. 7-9: 8.

praças lotadas na crise da zona do euro procuravam alguma ligação. Os eleitores sentem muito bem que o parlamento estrasburguês não tem controle sobre as decisões que mais os afetam e que mais importam.* Quer seja por decepção com promessas não cumpridas, quer seja por desconfiança com pretensões federais, eles olham através da Promessa. A intenção era que o Parlamento Europeu lembrasse um parlamento, parecesse com um parlamento, agisse como um parlamento, mas a fachada oculta apenas sua incapacidade de conduzir oposição real, envolver-se no governo, de se portar no sentido clássico como um parlamento nacional. Em outras palavras: o plano construtivo parlamentar exagera com o elemento de estilo rebuscado.

Uma parte dos eleitores resiste contra esse modelo construtivo. O pequeno comparecimento nas eleições para o Parlamento Europeu, muitas vezes interpretado como expressão de desinteresse, também pode indicar votos realistas. Como os dinamarqueses em 1992, que rejeitaram a cidadania europeia que lhes fora concedida em Maastricht, e os neerlandeses em 2005, que não queriam uma constituição, existem cidadãos que não acreditam ou não reconhecem o Parlamento estrasburguês. Insatisfação com a União, portanto, pode concomitantemente levar à demanda por mais poder para o Parlamento – pois então poderemos nos envolver – ou também menos – pois essas pessoas não nos representam.

* *Em sentido contrário, vê-se essa participação na política agrícola, que proporciona uma receita diária a um grupo profissional – aí se vê a única oposição que, buzinando e fazendo estardalhaço, segue ruidosa e visível para Bruxelas.*

E assim o Parlamento fica numa encruzilhada. A partir da apreciada lógica "ainda não" da Promessa, passo a passo vai pedindo mais competências. ("Esse não é o momento para retardar a integração", segundo uma centena de europarlamentares num manifesto federalista no outono de 2010, "ao contrário, precisamos acelerá-la."[19]) Simul-

---

[19] Manifest Spinelli groep, 15 de setembro de 2010, em spinelligroup.eu.

taneamente, o desejo permanente chama para um salto adiante, para poder dominar as forças de oposição públicas que ele mesmo ainda pode entender. O paradoxo embaraçoso é que a criação de uma chance de oposição *clássica* em nível europeu por meio do plano construtivo parlamentar ao mesmo tempo levava a um fortalecimento da oposição *por princípio* contra a União como tal. O protesto contra a construção do Coro vence o Coro.

Para sair dessa encruzilhada, o Parlamento estrasburguês precisa adequar sua autoimagem. Ele precisa parar de mirar cegamente para a Promessa de um futuro federal e reconhecer o seu papel na verdadeira União de hoje. Isso começa com uma inversão mental de um ao outro executivo, da Comissão para o Conselho Europeu.

Até hoje, o Parlamento se enxerga somente como um legislador num sistema *parlamentar*, como a maioria dos países da Europa Oriental conhece: o governo é um produto, quase fundido com uma maioria parlamentar; fala-se em "poderes fundidos". O Parlamento deveria, ao contrário, poder se considerar um legislador num sistema de "separação de poderes", como os Estados Unidos ou a Suíça: Executivo e Legislativo são separados, por exemplo, pois cada um deles tem sua própria base eleitoral; assim, a posição do presidente norte-americano não depende de uma maioria no Congresso, o qual, por sua vez, não pode ser dissolvido por aquele. Enquanto em sistemas de fusão como em Londres e Berlim um governo em estreita conexão com sua maioria parlamentar monopoliza o poder de decisão, a tomada de decisão em Washington e Berna depende de instituições que operam de modo independente, que partilham o poder num processo de negociação permanente. Apesar da familiaridade europeia com os sistemas parlamentares nacionais e apesar da teleologia bruxelense, pode-se interpretar a União Europeia perfeitamente como um sistema-de-poderes-separados, com o Parlamento como uma de duas câmaras legisladoras e o Conselho Europeu, presidente coletivo, como Executivo. Para alguns observadores externos, essa leitura é uma evidência.[20]

Em todo caso, a Assembleia estrasburguesa tem a ganhar com isso, em não apenas procurar sua relação com o Executivo junto à Comissão (o eterno governo-ainda-não), mas igualmente junto à instituição executiva política mais alta: o Conselho Europeu (que ela não pode responsabilizar, mas com quem pode, sim, estabelecer uma relação de negociação). Além disso, ela precisa reconhecer que o trunfo que pode utilizar não são só as eleições, mas também sua *visibilidade* exclusiva como arena política europeia, como local para a disputa verbal pública em toda a União. Justamente ao tornar conflitos e linhas de fratura visíveis, não apenas entre as partes, mas também entre os países, o Parlamento fortalece a vida política europeia. Isso pede um reconhecimento da qualidade e a primazia de um plano construtivo rival como fornecedor de autoridade política para a União como um todo.

Mais um parlamento? O euro deixou de ser uma Promessa, o euro é uma moeda. Enquanto o Parlamento espera até que a Comissão se transforme em governo, parece que na crise se formou efetivamente uma forma de governo (econômico) para a moeda, à qual os estrasburgueses, para sua frustração, tiveram pouco acesso.

---

[20] Amie Kreppel, "Looking 'Up', 'Down' and 'Sideways': Understanding EU Institutions in Context", *West European Politics* 34:1, 2011, p. 167-79. A cientista política norte-americana escreve (p. 169): "A natureza da relação de Executivo-Legislativo dentro da UE é a origem de muita confusão e desinformação. Em parte, trata-se de um resultado da evolução gradual das várias instituições e, em parte, é o resultado de comparações inapropriadas baseadas em familiaridade em vez de uma análise das próprias instituições e das relações funcionais entre elas. Apesar do fato de que quase todos os Estados-membros têm sistemas de poder claramente fundidos (parlamentares), a UE como um todo é organizada com base na separação de poderes". A União Europeia como sistema-de-poderes-separados também é uma perspectiva em: Sergio Fabbrini, *Which European Union? Europe after the Euro Crisis*. Oxford, Cambridge University Press, 2015; veja p. 172-184 para sua crítica completa sobre parlamentarização como consequência das linhas de fratura interestaduais.

Com toda essa engenharia na zona do euro – fundos emergenciais, união bancária, regras para dívida e déficits –, a incorporação de participação e contradição públicas ficou para trás. Durante a crise, os líderes políticos afastaram a questão da "legitimidade democrática": muito sensível. Os planos futuros para a zona do euro (como o Relatório de Van Rompuy, que em junho de 2012 trouxe a união bancária, e o Relatório dos cinco presidentes de Juncker e demais de 2015) se ativeram a declarações de intenção sobre responsabilidade democrática. O Tratado orçamentário da primavera de 2012, é verdade, estabeleceu uma cooperação parlamentar entre o Parlamento Europeu e os parlamentos nacionais,[21] mas na prática esse grupo mesclado para a união monetária não pode fazer nada. Nenhuma das duas partes se interessou por isso. Parlamentos nacionais como o *Bundestag* alemão gostam de ter a última palavra sobre questões fiscais nacionais. O Parlamento em Estrasburgo, de seu lado, acha que detém o monopólio de tudo o que se refere à União e prefere não ter uma concorrência europeia. Não se espera nenhuma oposição parlamentar quanto à coordenação contra a vontade.

E o que pode, então? Muitos veem a situação atual como insatisfatória. No "canto morto do controle político", segundo um manifesto recente, desenvolveu-se o "governo para a zona do euro" – "poderoso e inacessível ao mesmo tempo". Com razão, os quatro autores perguntam: quem está no controle da Troika? Quem conhece os criadores dos memorandos que exigem austeridade em troca de financiamento emergencial do mecanismo do fundo de estabilidade? Quem avalia a Eurocúpula? Quem sabe o que acontece nos comitês administrativos do Eurogrupo? O quarteto, que inclui o economista Thomas Piketty e o politicólogo anteriormente citado Antoine Vauchez, constata que nenhum parlamentar tem acesso individual a esse Poder Executivo: os parlamentos nacionais já têm dificuldade para

---

[21] Acordo para estabilidade, coordenação e governança da UEM ("Tratado orçamentário"), art. 13.

controlar seus próprios ministros e o Parlamento Europeu só tem uma brecha por meio da Comissão. Daí a sugestão deles de estruturar um *novo* parlamento especialmente para a questão da união monetária, composto por quatro quintos de parlamentares nacionais e um quinto de europarlamentares. Para que isso não terminasse num grupo de discussões ineficaz, eles também querem dar a essa Assembleia da zona do euro tarefas de controle e influência na agenda. Não se trata da primeira sugestão nesse sentido, mas seu manifesto *Pour un Traité de Démocratisation de l'Europe* (2017) logo lançou a ideia numa forma jurídica e procurou expressivamente o debate político.*

* Na eleição presidencial francesa da primavera de 2017, o candidato socialista Benoît Hamon adotou a proposta como sua; mas ele fracassou precocemente.

A crítica é pertinente e a solução apontada é justa, mas o efeito prático também mostra as limitações. De fato, o Parlamento Europeu não pode realizar a função de fiscalização democrática para a união monetária sozinho; nas palavras do quarteto, "o governo da zona do euro não é mais a Europa que conhecemos do mercado", pois escolhas de políticas fiscal, orçamentária e econômica passam a ser "o coração da vida democrática" em todos os Estados-membros. Por isso, é necessária a contribuição de parlamentos nacionais: "Somente eles dispõem da legitimidade necessária para democratizar a rede burocrática intergovernamental resistente formada há dez anos".[22] No entanto, é pouco provável que essa contrapressão parlamentar, impulsionada por indignação devida às situações criadas pela Troika em países com ajuda emergencial, gere simultaneamente pressão para harmonização fiscal e convergência política em *todos* os europaíses, como esperam os autores. Isso seria exatamente a transferência de competências requerida que eles com razão rejeitam. Uma moeda com dezenove democracias: continua

---

[22] Stéphanie Hennette, Thomas Piketty, Guillaume Sacriste e Antoine Vauchez, *Pour un Traité de Démocratisation de l'Europe*. Paris, Seuil, 2017, p. 9-10.

sendo a quadratura do círculo – não tão simples de romper, ou seja, uma questão de manter as tensões gerenciáveis.

Também o presidente francês Macron defende um parlamento da zona do euro; para ele, esse seria composto somente por europarlamentares. Enquanto orçamento e política econômica forem um assunto de governos e parlamentos nacionais, sem dúvida nenhuma não fica claro a quem esse parlamento poderia dirigir sua contradição com autoridade – exceto como controlador de um *orçamento* específico da zona do euro, que Macron também deseja.

Seja qual for a composição, um parlamento para a zona do euro deverá interagir sobretudo com os líderes de governo reunidos e seus ministros na zona do euro (Eurocúpulas e Eurogrupo), e não somente com a Comissão. A oposição efetiva precisa contradizer a autoridade política na origem.

Depois de uma década de gerenciamento de crise, os argumentos contra a reconhecida despolitização de Bruxelas são os mais amadurecidos para a zona do euro. Lá é governado e, portanto, é necessário introduzir uma voz contrária. Uma argumentação semelhante deve ser utilizada *mutatis mutandis* em outros domínios em que a União – obrigada ou espontaneamente – está se emancipando de seu espartilho da política de regras e aprendendo a fazer política de acontecimentos. Também atos de governo na fronteira externa exigem que se tome a responsabilidade de modo visível e em conjunto, enquanto – mais uma vez a crise da zona do euro é instrutiva – o Parlamento Europeu, sozinho, é deficiente na mobilização de apoio público e na interpretação da oposição clássica.

Sem "união ainda mais estreita"   A Promessa pós-guerra de estarmos a caminho dos "Estados Unidos da Europa" converteu-se em anacrônica e autodestrutiva, mas parece firme.

Resistência contra o plano construtivo federal não é um fato novo. A resistência partiu de líderes nacionais individuais, parlamentos nacionais, cortes constitucionais nacionais e diretamente dos eleitorados. Nesse ínterim, várias forças contrárias e freios foram integrados ao mecanismo; pense no Conselho Europeu dos líderes de governo, no botão do subsídio e todos os cartões amarelos, laranjas e quase vermelhos com que um grupo de parlamentos nacionais pode desautorizar uma proposta da Comissão. Juncker, ao assumir a presidência da Comissão em 2014, também anunciou uma pausa de cinco anos na expansão com novos Estados-membros. No entanto, pensar em termos de "freio" ou "pausa" não oferece nenhum consolo. Fica pairando a ideia de que uma força europeia inexorável está à espera de um momento de descuido dos guardas do portão constitucional para mesmo assim atravessar as linhas. Por isso, os líderes nacionais terão que convencer seus eleitorados de que, mesmo sua cooperação sendo mais intensiva, os Estados-membros permanecem como tal.

Nesse contexto, o pedido do primeiro-ministro britânico Cameron, anterior a seu referendo para reavaliar a fórmula "união ainda mais estreita" – o "vínculo mais sólido" do preâmbulo do tratado de constituição (1957) – não era um pensamento estranho. Para o público britânico, essas palavras eram o pomo da discórdia; simultaneamente, eram uma fórmula sagrada para os governos alemão e belga, um tabu inviolável. Para conciliar o inconciliável, os 28 líderes de governo na reunião de cúpula de fevereiro de 2016 forneceram uma exegese em meia página de texto.[23] Para a campanha do ficar dos britânicos, esse exercício foi em vão. Mas também no público remanescente, a vaga eternidade do *cada vez mais unido* desperta inquietação desnecessária. O que precisa ser salvo é a *aliança*.

Para cortar as asas da oposição por princípio, está na hora de esclarecer esse assunto. A União não está ocupada em se transformar

---

[23] Conclusões do Conselho Europeu de 18-19 de fevereiro de 2016, Anexo 1: Decisão dos chefes de Estado e líderes de governo, reunidos no âmbito do Conselho Europeu, sobre uma nova regulamentação para o Reino Unido dentro da União Europeia, Parte C ("Soberania"), ponto 1.

num Estado. As suas nações não se fundiram em uma única nação europeia, como se esperava depois de 1945, nem se mesclou num "espaço pós-nacional", como presumiram alguns depois de 1989. De fato, elas descobriram como podem cooperar em sua individualidade uma ao lado da outra e uma com a outra. A União é e permanecerá inegavelmente uma união de Estados no plural. Depois de meio século de construção lado a lado indistinta, a tensão criativa entre os três planos construtivos perde força; ambiguidades barrocas criam confusão pública e ameaçam a estabilidade da construção como um todo.

A parlamentarização federal não só é improvável, mas também indesejável para a União. Política, além de um método para tomar decisões coletivas vinculantes e "solucionar problemas", é uma maneira de tornar tensões sociais, em parte insolucionáveis, visíveis e gerenciáveis. A União também confere sua existência a essa tarefa. A relação de confiança parlamentar Comissão-Parlamento pode absorver conflitos entre os partidos, por exemplo, esquerda e direita; já as contradições interestaduais são resolvidas graças ao Conselho Europeu e Conselho. Os dois mecanismos coexistem lado a lado; ambos são úteis.

O simplismo dos nacionalistas que querem eliminar o Parlamento Europeu tem seu reflexo na ilusão dos federalistas, que acreditam que é necessário diminuir um pouco o Conselho Europeu. Os nacionalistas querem destruir a União; sua posição não é nenhuma surpresa. O mais curioso é o fato de os federalistas com seus planos disruptivos acharem que vão *salvar* a União. Essa escola esquece que as linhas de fratura políticas *primárias* na Europa também ainda hoje passam entre Estados-membros, entre o Norte e o Sul ou entre o Leste e o Oeste, e não entre partidos. (Democratas-cristãos alemães chegam a um acordo sobre o euro mais rapidamente com os social-democratas alemães do que com os conservadores gregos; os socialistas franceses, quanto à intervenção militar na Síria, convencem mais rapidamente seus compatriotas conservadores do que seus companheiros de partido suecos.) É claro que as linhas de fratura às vezes desempenham um papel importante – veja a aliança antieuropeia dos nacional-populistas –, contudo, justamente entre os Estados-membros é necessário absorver as tensões maiores e mais perigosas. Linhas de fratura entre países são resquícios lastimáveis da História que se prefere esquecer. Elas determinam a identidade do nosso continente. Essa informação estabelece um limite para a introdução da oposição clássica ao longo do caminho federal. Quem, invocando a Promessa parlamentar, quiser colocar de lado os fóruns de gerenciamento de conflitos interestaduais nega à União o meio de conter as tensões que lhe são mais ameaçadoras – e, portanto, está brincando com fogo.

Oposição por princípio contra o plano construtivo federal não se origina apenas do mau humor conjuntural dos eleitores; ela também marca o desejo desafiado das populações europeias que querem manter seu voto individual no espaço democrático europeu. O plano construtivo que aposta na introdução de líderes nacionais e seus governos faz jus às linhas de fratura primárias entre Estados (embora subestime a necessidade advinda do "efeito rebote" por instituições de direito e instituições sociais). Ao mesmo tempo, não é óbvio como a oposição clássica pode se estruturar na arena consensual das cúpulas, nem como pode ser essa oposição *europeia*. Contrário às expectativas, isso há de acontecer de qualquer forma.

DESUNIÃO NA CÚPULA

Os governos reunidos têm grande preferência pela tomada de decisão bruxelense por consenso. Nenhum governo quer sofrer perda de prestígio ao ter que admitir em seu país que ficou em minoria em Bruxelas. Efetivamente, muitas vezes há disputas duras atrás de portas fechadas, mas geralmente líderes, ministros e diplomatas procuram ao máximo obter um compromisso, uma exceção ou um período de transição até que todos possam se respaldar atrás de uma decisão.

Quando falta tempo para aparar as arestas, como aconteceu nas enervantes reuniões de cúpula de crise nos últimos anos, argumentos de situações emergenciais agudas e sobrevivência – "necessidade não conhece regras", "pegar ou largar" – colocam todos na linha; essa *despolitização executiva*, era como víamos, mal dá chance para as opiniões contrárias se organizarem.*

Como é possível romper esse rígido consenso de governo? Quais formas de oposição são, então, possíveis? Mais do que se poderia imaginar. Embora a doutrina bruxelense há muito só enxergue uma ferramenta, basta olhar rapidamente para a prática recente para identificar mais quatro variantes. Apresentarei todas as cinco, em ordem crescente de intensidade e publicidade: oposição *senatorial* (países por sistema de votação dividem em maioria e minoria), oposição *estrasburguesa* (Parlamento contra governos reunidos), oposição *doméstica* (uma oposição nacional contra o próprio governo), oposição *unida* (várias oposições nacionais contra vários governos) e oposição *polêmica* (luta por meio da opinião pública europeia contra o discurso dominante). Vamos analisá-las uma a uma.

SENATORIAL   A doutrina bruxelense desde sempre vem acompanhada de um meio simples para furar o bloco de governo: os ministros deveriam ter que *votar*, o que divide os Estados-membros em maioria e minoria da oposição. Podemos falar de *oposição senatorial*, considerando que essa visão atribui ao Conselho de ministros a função da casa mais alta ou senado, que funciona em um sistema bicameral federal ao lado do Parlamento colegislador e ante a Comissão regente. Essa intenção resulta diretamente do plano construtivo parlamentar,

* Nos termos da tripartite de formas de oposição – das quais até agora somente nos deparamos com a "oposição clássica" e a "por princípio" – utilizada por Peter Mair, isso se parece com o terceiro modelo: "oposição assimilada", uma situação em que a oposição é deixada de lado. Segundo o modelo de um cartel partidário nacional, os governos em Bruxelas formam, então, um "consórcio de países": todos os Estados-membros participam do governo.

do qual acabamos de ver as limitações e os riscos; de fato, eliminar os vetos nacionais no Conselho abre espaço para a ampliação de um Coro parlamentar.** A oposição senatorial para os defensores, portanto, nada mais é do que um subproduto do objetivo principal: reduzir o poder das capitais.

Não é de admirar que os governos tenham refutado essa intenção. A ruptura com a cultura de consenso ocorre à custa tanto de seu poder individual quanto do poder conjunto. A França sublinhou o ponto com a política da "cadeira-vazia" de 1965-66: De Gaulle parecia disposto a mandar a Comunidade pelos ares para evitar decisões por maioria no Conselho; para consertar a ruptura, os outros governos também se concederam, em atrito com a carta do Tratado, um veto informal para casos de emergência ("Compromisso de Luxemburgo"). Embora com o tempo essa fórmula de vetos tenha sido retirada e os ministros hoje por vezes votam, o Conselho ainda continua preferindo as decisões por consenso.[24] Ele faz isso para trabalhos legislativos efetivamente em acordo com o Parlamento, ou seja, como um tipo de Senado num sistema bicameral.

O assunto já muda no Conselho Europeu. Injustamente, a doutrina bruxelense acha que também pode degradar as reuniões de cúpula dos líderes de governo ao senado. Isso desconhece a força e a primazia do plano construtivo político que traz os líderes nacionais para o jogo como Executivo *de fato*. Para começar, o consenso no Conselho Europeu é a norma do tratado;[25] isso faz com que a instituição seja menos suscetível à abordagem "senatorial" do que o Conselho de ministros,

> ** Enquanto todos os 28 Estados-membros dispuserem de veto, o Parlamento é um 29º *player* de veto; ele pode se fazer valer nas negociações, mas não está à mesma altura do Conselho como tal.

---

[24] Para a crise da "cadeira vazia" e seu resultado: Van Middelaar, *Europa em Transição*, p. 107-108.

[25] Art. 15, alínea 4, TUE: "Exceto no caso de haver determinação contrária nos Tratados, o Conselho Europeu se expressa por consenso".

no qual a maioria é a regra-padrão. Mais importante ainda é o fato de que as reuniões de cúpula, verdadeiros espetáculos teatrais, estão submetidas em cheio aos holofotes públicos – muito mais do que no maquinário bruxelense em que os ministros participam. Ainda que os presidentes e primeiros-ministros forjem seus compromissos atrás de portas fechadas, eles, como a autoridade máxima em seu país, não escapam de defender suas posições para a opinião pública, em seu país ou diante da mídia reunida em Bruxelas. O paradoxo: é a tribuna pública que impulsiona e instiga esses *players* – mesmo que vários não o queiram – à luta na arena.

Essa combinação de unidade obrigatória e alta visibilidade torna muito interessantes os raros episódios em que os líderes acabam se separando por votação. Memorável foi a primeira votação numa reunião de cúpula europeia, em junho de 1985, em Milão, quando os líderes de governo, para espanto de todos e fúria de alguns, decidiram, com sete contra três, a favor de uma conferência sobre renovação institucional; isso foi possível considerando que se tratava de uma decisão procedural. Sob pressão de 100 mil manifestantes pró-Europa em algum lugar da cidade, o anfitrião italiano Craxi decidiu romper um impasse na votação. De repente, as linhas de fratura ficaram visíveis, mas a Comunidade não rachou: também os que foram minoria se deram conta de que precisavam aceitar o resultado. Um momento de passagem europeu por excelência.[26]

Exceto pelas decisões procedurais, o Tratado também prevê, no caso de determinadas nomeações, uma decisão por maioria em nível de chefe. Uma questão crucial foi a proposta do ex-primeiro-ministro luxemburguês Juncker ao presidente da Comissão pelo Conselho Europeu em junho de 2014, com votos contra do britânico Cameron e do húngaro Orbán. Nessa questão, os líderes nacionais reunidos

---

[26] Episódio extraído de: Van Middelaar, *Europa em Transição*, p. 180-94 ("Golpe em Milão").

perderam seu espaço de manobra por um golpe institucional do Parlamento; as grandes frações tinham informado previamente que aceitariam somente o *candidato principal* vencedor em toda a União como presidente da Comissão. Os líderes de governo no Conselho Europeu resmungaram sobre as pretensões parlamentares, mas ficaram sem saída como líderes de partido das famílias partidárias europeias (Angela Merkel como líder informal dos democratas-cristãos, François Hollande e o italiano Matteo Renzi dos sociais-democratas, o neerlandês Mark Rutte dos liberais). A dupla de oposição britânico-húngara também não conseguiu apoio suficiente para um movimento contrário; uma ofensiva pública anti-Juncker conduzida por Cameron, com um artigo de opinião em jornais europeus e como ponto alto a imagem de um passeio de barco no verão num mar sueco com seus colegas sueco, alemã e neerlandês, não ajudou.[27] O Parlamento ganhou a batalha pela publicidade; na Alemanha, tanto o tabloide *Bild Zeitung* quanto o filósofo Jürgen Habermas partilharam a opinião de Juncker.

Fiel à promessa, o Parlamento considerou que com essa nomeação tinha reduzido o Conselho Europeu dividido a uma casa mais alta, *à la* Conselho Federal Alemão. Na verdade, é mais sensato dizer que a instituição mostrou sua força no conflito em sua relação de negociação como legisladora com o executivo político, como deve ser em um sistema-de-poderes-dividido, como nos Estados Unidos ou na Suíça.[28] (Compare com as escaramuças em Washington entre o presidente e o senado na nomeação de um juiz na alta corte de justiça.) Os líderes de

---

[27] David Cameron, 13 de junho de 2014, publicado em vários Estados-membros, original em: www.gov. uk/government/news/presidency-of-the-european-commission-article-by-david-cameron.

[28] Ajustado por uma disputa anterior entre Parlamento e líderes de governo, quanto à nomeação da Comissão-Barroso – I: Thomas Beukers, "The Invisible Elephant. Deel IV p. 61–83 Member States' Collective Involvement in the Appointment of the Barroso Commission", em *European Constitutional Law Review* 1:2, 2004, p. 217-25.

governo Cameron e Orbán faziam oposição contrariados, mas foram até o final: totalmente cientes de que perderiam, eles registraram seu voto contrário diante do palco no dia 27 de junho de 2014. Para o primeiro-ministro britânico, que no ano anterior havia prometido um referendo europeu a seus eleitores, a derrota foi ominosa.

Resumindo: o Conselho Europeu, produto do plano construtivo das cúpulas, não será um Senado, como o plano construtivo parlamentar o desejaria. É verdade que a regra de votação, em alguns casos especiais, pode revelar a desunião na cúpula, mas não é condição suficiente para isso; entre líderes, o consenso permanece sendo a norma. Trata-se de uma forma colegial de governar que, por exemplo, também caracteriza o Conselho Federal Suíço, um executivo-colega num sistema-de-poderes-dividido. Tanto mais curioso é o fato de que a unidade na reunião de cúpula também pode ser rompida sem a regra de maioria; uma única pessoa pode fazer isso, graças à luz da publicidade europeia presente nas crises.

ESTRASBURGUÊS   A segunda variante é a *oposição estrasburguesa*: Parlamento europeu *versus* governos nacionais juntos. Nesse papel, a instituição não funciona como uma arena para um jogo entre partidos de governo e de oposição (como sua autoimagem o deseja), mas ela mesma é o *player* de oposição. O Parlamento, então, mostra que mesmo com o consenso de 28 governos a última palavra ainda não foi dita. Logicamente, isso pode ter duas razões: quer seja porque os adversários são *nacionais*, quer seja porque são *governos*; a contradição estrasburguesa entra num modo federal e num "civil".

O Parlamento bem que gostaria de fazer oposição em nome da Promessa de mais Europa: nessa perspectiva, as capitais nacionais sempre deixam a desejar. Embora sem mandato de eleitores para planos federais, e com pouco apoio entre os governos, os parlamentares estrasburgueses dispõem de suficiente poder procedural para de vez em quando registrar ganho de terreno, certamente quando podem alterar o balanço entre os Estados-membros desunidos. Assim, o Parlamento durante a crise da zona do euro ajudou os Estados-membros que queriam que as novas regras orçamentárias previssem "sanções automáticas" contra os países com déficits orçamentários, o que aumentava o poder da Comissão; com isso, ele guiava a relação de poder no Conselho, deslocando-o um pouco depois do acordo "Deauville" franco-germânico, outra vez para o lado do Norte.* Como oponente federal, Estrasburgo não se sente muito confortável, mesmo estando bem alienada do público.

Exceto como porta-voz bem ajustado de planos federais *versus* nacionais, o Parlamento também pode falar em nome de *cidadãos* reunidos contra *governos* reunidos. Como oposição "civil" está até mesmo mais forte do que como oposição federal, considerando que nesse papel representa as preferências dos eleitores mais crivelmente. Consideremos a legislação de privacidade: é muito útil o fato de forças executivas, com seu poder de investigação em tempos de insegurança, sentirem resistência e contrapressão civil. Para a legislação nacional, essa pressão inicialmente vem de um parlamento nacional e da opinião pública, na União, com seus governos e setores administrativos trabalhando juntos, essa oposição pode vir somente de Estrasburgo. Foi uma votação de oposição civil desse tipo que fez o Parlamento ficar atento em fevereiro de 2010 por alinhar o acordo de intercâmbio de dados bancários com os Estados Unidos (SWIFT). Três anos mais tarde, com razões comparáveis, rejeitou um acordo transatlântico sobre dados de passageiros (PNR); só quando os governos, depois dos ataques terroristas de janeiro de 2015 em Paris, voltaram a pôr pressão nessa legislação, o Parlamento mudou. Sem levar em conta os méritos: em situações como essas, o Parlamento torna o dilema de segurança *versus* liberdade visível para o público europeu.

---

* Curioso é o fato de que o presidente do Banco, Jean-Claude Trichet, no verão de 2011 foi para Estrasburgo para instigar os parlamentares: o Banco Central usou o ambiente público do Parlamento para oposição institucional.

Como oponente institucional, o Parlamento gosta de se posicionar numa história constitucional heroica. Como certa vez em que os parlamentos britânico e francês foram se defender contra o imperador absoluto e pé ante pé conquistaram liberdade civil – segundo a argumentação em Estrasburgo –, o Parlamento Europeu luta contra o Conselho Europeu, sendo que os membros na verdade respondem 28 vezes em seu próprio país, mas não frente a um fórum democrático, e que a partir da perspectiva parlamentar o coletivo se porta como um imperador absoluto. O que uma comparação dessas acertadamente mostra é que também os verdadeiros crentes, devido à ausência de oposição clássica, ascendiam sua réplica até oposição do sistema.

DOMÉSTICA   A terceira variante é a *oposição doméstica*, em que a oposição nacional clássica coloca seu próprio governo sob pressão para que faça jogo duro em Bruxelas. Essa dinâmica está plenamente presente nos últimos anos – o governo "a" precisa receber mais dinheiro de seu país, "b" precisa absolutamente contribuir menos, "c" não pode ultrapassar a linha vermelha "x", enquanto "d" precisa trazer *ponto alguma coisa* para o país, tudo isso sob pena de moções devido à desconfiança em seu país. Essa politização dificulta o trabalho da companhia de compromissos durante os conselhos de ministros e reuniões de cúpula. Enquanto os governos em Bruxelas até agora pacientemente foram erigindo um mercado entre si, a partir do convencimento de que o interesse nacional estaria bem servido no longo prazo com o toma lá, dá cá a serviço do interesse comum, hoje em dia eles se sentem obrigados a anunciar imediatamente e em voz alta as vantagens de uma decisão, para que não sejam acusados em seu país de abjuradores do interesse nacional.

Mas no novo ambiente público europeu outros governos e opiniões públicas também acompanham os acontecimentos. O politicólogo alemão Herfried Münkler fala de um "paradoxo da politização": o que é bom do ponto de vista comum, para resistir à crítica, precisa ser envolto nacionalmente numa história consistente e afinada retoricamente por um governo.[29] A consequência: um ministro que sai dizendo em seu país o quão incrível foi sua negociação em Bruxelas corre o risco de que na próxima vez não consiga negociar tão bem os interesses do país porque obviamente ele conseguiu demais.[30] Nessa dinâmica, a disposição ao compromisso diminui e aumenta o fosso entre a linguagem em Bruxelas e no país. Münkler – que leva a tese do politicólogo do *dissenso obstrutivo* ao extremo – considera que "não é improvável" que a União sucumba a esse paradoxo.[31]

A oposição nacional coloca, portanto, o sistema sob tensão, enquanto à primeira vista não tem nenhuma expressão europeia, pois está em 28 países. No entanto, a imagem de 28 personalidades de governo que perderam a liberdade de movimento em Bruxelas, pois 28 sentem na própria pele a verdadeira raiva de seu público doméstico, é magnética demais. O dinamismo é mesmo real. Para começar, pelas engrenagens do mecanismo eleitoral nacional que giram sem parar em toda a União: quando um partido da oposição ganha, seus representantes pararão nas cadeiras de governo em Bruxelas. Então a oposição descobre, mas agora como governo, o campo de força europeu e precisa ser responsável por decisões conjuntas. Em muitos casos, governos-colegas vão querer ser solícitos com o recém-chegado para que este possa mostrar que o resultado das urnas "faz a diferença". Só assim uma única oposição nacional recebe uma tradução visível na União.

Mas forças de oposição nacionais ainda podem fazer mais uma coisa para testar o consenso dos governos nacionais reunidos: cooperar.

---

[29] Herfried Münkler, *Macht in der Mitte. Die Neuen Aufgaben Deutschlands in Europa*. Hamburg, Körber, 2015, p. 143.

[30] Este ponto foi indicado pelo Dr. Thomas Bagger, chefe de planejamento do ministério alemão de Assuntos Externos, numa entrevista pública com o autor em 21 de junho de 2016 na embaixada dos Países Baixos em Berlim.

[31] Münkler, *Macht in der Mitte*, p. 143.

UNIDA   *Oposição unida*, a quarta variante, surge quando várias oposições nacionais na União unem suas forças. Isso não é fácil. Quando mesmo governos, apesar do mecanismo que os une e apesar dos acontecimentos que os atingem conjuntamente, já consideram uma tarefa difícil fechar acordos em Bruxelas, quão difícil isso não deve ser para partidos de oposição – espalhados pela União, apenas unidos por determinados contextos, não reunidos por responsabilidade governamental?

A missão para a oposição nacional reunida deveria ser mais clara se existisse um movimento pendular clássico sob os governos. Imagine que em toda a União a direita governasse e a esquerda fosse oposição, então uma eleição depois da outra as cores partidárias nas cadeiras no Conselho Europeu e no Conselho poderiam surpreender. Considerando que cada Estado-membro tem um ciclo parlamentar próprio de quatro ou cinco anos, esse movimento não se daria de uma só vez, mas se estenderia por alguns anos. (Comparável, portanto, com o senado norte-americano, em que a cada dois anos um terço dos senadores é eleito para um mandato de seis anos; um ritmo que abafa choques eleitorais muito grandes, mas, mesmo assim, leva a uma alternância da maioria.) A União Europeia também conhece esses tipos de movimentos eleitorais; uma onda marcante em meados dos anos 1990 trouxe os sociais-democratas ao poder em Londres, Paris e Bonn: Blair (1996), Jospin (1997) e Schröder (1998). Durante a crise da zona do euro, nos países atingidos houve uma pequena onda inversa: a partir da primavera de 2011, na Irlanda, em Portugal, na Espanha e na Grécia os governos de esquerda deram lugar aos de direita. É verdade que permanecem alguns padrões ocasionais; já em função de seus sistemas de eleição distintos, panoramas dos partidos e situações políticas, a União raramente apresenta um quadro eleitoral nítido.

De capital a capital, são outros partidos ou coalizões que governam. Os 28 representantes de governo que encontramos nas reuniões de cúpula ou nos conselhos de ministros sempre formam, por assim dizer, uma *Grande Coalizão* do tipo conservadora – democrática-cristã – social – democrática – liberal. As relações de força se alternam, mas todos os grandes partidos estão à mesa. Inversamente, as grandes famílias partidárias – o conservador Partido Popular Europeu e o Partido dos Socialistas Europeus em primeiro lugar – estão sempre em algum lugar na oposição. Daí a dificuldade para as 28 oposições domésticas se unirem em toda a União para se manifestar como oposição *clássica*, como poder governante alternativo.

Nesse vácuo, entram os partidos dos flancos, de extrema esquerda e direita. Eles podem se opor aos compromissos do centro regente. Isso eles fazem tanto no nível nacional quanto no europeu, com uma diferença importante. Consideremos a Frente Nacional na primavera de 2017: dentro da França o partido fazia oposição *clássica*; Marine Le Pen queria ser presidente e não abolir a República. Em contraste, a Frente na Europa praticava a oposição *por princípio*; com uma saída da França, ela queria destruir a União. Até hoje, somente os partidos de extrema direita e esquerda, que (praticamente) não têm o poder governante em nenhum lugar, conseguiram se organizar explicitamente como *oposição* unida, que, em muitos casos, adota a forma de oposição ao sistema.

Em 21 de janeiro de 2017, os líderes principais dos partidos europeus de extrema direita e direita nacionalista apareceram em público em Koblenz. Pela primeira vez, as líderes Marine Le Pen da FN e Frauke Petry da AfD subiram juntas ao palco; Geert Wilders do PVV neerlandês e Matteo Salvini da Liga Norte italiana também marcaram presença. Um dia depois da posse de Donald Trump em Washington, havia muita expectativa quanto à eleição em Koblenz: com sua alma gêmea na Casa Branca, a oposição europeia estava impaciente para levar o movimento revolucionário Brexit-e-Trump para o continente. Quando o líder de partido neerlandês nas eleições para a câmara dois meses mais tarde *não* passou a ser o maior partido e *não* obteve seu melhor resultado na história, todo o movimento experimentou um revés. Quem alia forças na União visando à vitória também experimenta as perdas uns dos outros.

Também partidos de oposição de extrema esquerda fizeram uma aliança europeia. A crise da zona do euro criou um vínculo entre os críticos sul-europeus sobre a política de austeridade bruxelense. O Syriza grego e o Podemos espanhol, como *start-ups* radicais, opunham-se à classe política doméstica disfarçada; os partidos obtinham sua energia do sucesso um do outro, seus líderes falavam nas campanhas um do outro. O líder do Syriza, Alexis Tsipras, em 2014 o candidato pan-europeu de sua família de partidos para a presidência da Comissão, até mesmo se lançou como líder ideológico de um movimento continental anti-Merkel. Retoricamente, esses partidos praticam oposição clássica, em seu país e na arena europeia: em princípio, eles não defendem a saída da União ou do euro, mas outra política econômica e monetária. No entanto, a alteração que defendem às vezes é tão radical que o limite entre o voto contrário clássico e o por princípio fica vago; na prática, o candidato francês de extrema esquerda Jean-Luc Mélenchon na primavera de 2017 estava na mesma linha antieuropeia da Frente Nacional de Marine Le Pen.

POLÊMICA Ficou para o grego Syriza experimentar uma quinta e última variante de oposição: tendo assumido o poder em Atenas, levou a oposição para Bruxelas. Oposição "polêmica" é como podemos chamar sua estratégia, no sentido de luta (do grego *polemos*, "guerra") contra o discurso dominante.

Para um bom entendimento do episódio, precisamos voltar para a votação dupla na Grécia da primavera de 2012. Em maio, os eleitores penalizaram os dois velhos partidos de governo – eliminação de uma vez por todas da má gestão do passado. Considerando que parecia impossível formar um governo, foi necessário levar a decisão para um segundo turno. Nesse meio-tempo, o esforço estava bem nítido diante dos gregos: a escolha era entre o euro mais reformas (direita e esquerda moderadas) ou sair do euro (a opção tanto da direita nacionalista quanto do Syriza na extrema esquerda). Em junho, os gregos escolheram por uma maioria mínima os partidos que queriam manter o euro, o que fez a zona do euro respirar aliviada.

A sequência de 2015 começou com eleições antecipadas do parlamento em janeiro. Dessa vez, o Syriza fez campanha para atenuar a austeridade e para ficar dentro da zona do euro. Com essa promessa dupla, ganhou retumbantemente. Mas ele agiu diferente. O governo de Tsipras não se satisfez com as margens limitadas da política europeia e foi mais longe do que seja lá qual fosse o partido, também num ataque ao consenso despolitizado. Ele fez isso com uma fórmula que ainda não tinha sido testada por ninguém: governar em seu país e fazer oposição em Bruxelas. Uma garantia de espetáculo.

Mas oposição contra quem ou contra o quê? Retoricamente, o governo de Tsipras lutava contra o grande capital e a política de austeridade de Bruxelas. Também comentaristas estrangeiros na Europa e nos Estados Unidos aplaudiram o fato de um povo, pelo voto, rebelar-se contra o consenso tecnocrático; era como se a democracia novamente exigisse seus direitos – nada menos do que no país onde ela nasceu – refutando o argumento do "Não tem outra alternativa" das receitas de reforma de Bruxelas e do FMI em Washington. Só que o governo grego gradualmente descobriu que não brigava em nome da democracia contra o grande capital internacional, mas como uma democracia lutava contra outras dezoito democracias (cada uma com seus eleitores pagadores de impostos). Era povo contra povo.

Isso logo ficou evidente no isolamento do ministro grego Yanis Varoufakis entre os ministros das Finanças da zona do euro. Os demais governos não estavam dispostos a saldar as promessas de eleição de Atenas à custa deles. Isso se aplicava a europaíses do Leste Europeu onde as pensões eram menores que aquelas da Grécia (Eslováquia, Eslovênia, Países Bálticos), alguns países credores do Norte (Alemanha,

Países Baixos, Finlândia) e para países que também haviam implementado o programa rígido da UE (Espanha, Irlanda e Portugal). Por um estilo de negociação composto por lições de economia, teoria de jogo e chantagem com a conexão com Putin, Atenas, além disso, estava se distanciando de seus melhores amigos, como a França. Uma reunião depois da outra, a vontade do povo grego se chocava com outras dezoito. Jürgen Habermas pode ter tentado diminuir isso meio que denunciadoramente: "Os dois lados ficavam se gabando sem parar que estavam 'autorizados' por seu próprio povo",[32] contudo na zona do euro os dezenove governos que estão concomitantemente ao lado das instituições bruxelenses, mas também fazem parte delas, os *players* mandatários democráticos são os responsáveis pela decisão. Europa significa democracia de várias formas.

Uma pergunta é oposição *contra* quem e a outra, *como*. Bem depressa o governo de Tsipras concluiu que não ganharia nada no campo habitual da política de compromissos. Eles foram parar num campo de forças desfavorável. O novo governo grego não queria pôr os pés nesse campo de compromissos de governo. Era compreensível que Atenas quisesse se libertar da posição de Estado devedor, a cuja qualidade o país havia anos era rebaixado por ministros-banqueiros no grupo "Eurogrupo", visando novamente o poder exercer política como "igual entre iguais".

O extravagante Varoufakis foi acusado de excesso de entrevistas e publicidade; é melhor que ele reforme a economia de seu país, era o que se dizia. No entanto, com sua verborragia o ministro queria – bem racionalmente – inverter o discurso, mudar as regras do jogo. Imediatamente após a vitória do Syriza, ele partiu em *tour* pela Europa, a seus colegas em Paris, Londres, Roma e Berlim. Um movimento planejado e envolvente: dois governos de esquerda para recuperar a

---

[32] Jürgen Habermas, "Warum Merkels Griechenland-Politik ein Fehler ist", no *Süddeutsche Zeitung*, 22 de junho de 2015.

simpatia política e, de quebra, a *City* onde os banqueiros apoiavam o alívio da dívida e, como encerramento, um ataque ao forte alemão da retórica da disciplina. Raramente se viam exposições conflitantes como na entrevista coletiva em Berlim dos ministros Schäuble e Varoufakis, "nós nem mesmo concordamos para poder discordar", segundo o grego, ignorando o lugar comum usual de pousos de emergência diplomáticos.[33] Acompanhar a lógica da austeridade de seus credores já de antemão significava uma derrota para ele. Portanto, o governo Syriza buscou seu refúgio em táticas de fora para inverter a situação: ele contrapôs a dívida financeira grega à dívida de guerra alemã; ele contrapôs a janela de ajuda bruxelense a um momento de ajuda em Moscou. O resultado foi que parceiros em Bruxelas, Berlim e Paris sentiram mais do que somente um oponente disposto a um jogo político duro e audacioso: suspeitou-se que Atenas também estava disposta a deliberadamente detonar o campo de jogo europeu. O impasse era total.

O momento da verdade chegou na sexta-feira dia 26 de junho de 2015, depois de cinco meses de diálogo infrutífero entre Atenas e os credores sobre uma extensão do pacote de ajuda. Um pouco depois da meia-noite, o primeiro-ministro grego apareceu na televisão e anunciou um referendo dentro de oito dias sobre a última proposta formal dos credores. A sua recomendação de voto era "não". Com esse gesto, Tsipras cortou o vínculo entre ele e seus parceiros europeus. Não tanto com o referendo em si – a ideia já pairava no mercado desde 2011 –, mas com a recomendação nunca antes vista do "não". Propor um referendo como governo é algo diferente de ser obrigado pela constituição, por uma maioria parlamentar ou por iniciativa dos cidadãos. De início, faz-se isso para respaldar decisões de forma mais consistente do que o oferecido apenas pelo parlamento. Em qualquer caso,

---

[33] Yanis Varoufakis, entrevista coletiva em Berlim com Wolfgang Schäuble, 5 de fevereiro de 2015, pode ser assistida e ouvida no YouTube.

é necessário apoiar a própria causa. (Quando o primeiro-ministro Cameron em seu referendo recomendou a "saída" aos eleitores britânicos em 2016, seus colegas europeus não olharam mais para ele.) Com essa recomendação de votação, Tsipras transformou-se naquela noite de sexta-feira de colega em necessidade – Merkel e Hollande passaram horas com ele – em líder da oposição. Era como se já tivesse tirado a bola de campo e, dramaticamente, a tivesse colocado diante dos eleitores gregos. Ele usava o voto do povo como arma.

Bancos tiveram que fechar, foram introduzidos controles de capital. Só que o caos ameaçador não funcionou como intimidação. O resultado do referendo no domingo, 5 de julho de 2015, foi um acachapante "não" (com 61%). Os eleitores gregos seguiram seu líder político em sua temerária estratégia de negociação. Muitos votaram "não" cientes de que essa estratégia poderia acabar num fiasco. O clima era: pior não dá para ser; melhor ser digno na pobreza do que uma colônia penal da Europa. A saída da Grécia da zona do euro parecia estar próxima.

Depois do referendo, seguiu-se uma nova montanha-russa de surpresas, que terminou com um acordo no dia 13 de julho depois de uma Eurocúpula à noite. A direção da zona do euro – uma deliberação *a quatro* ao alvorecer do dia entre Tusk, Tsipras, Merkel e Hollande parecia decisiva – abriu o caminho para um novo pacote de resgate que valia como a "última chance" de Atenas permanecer na zona do euro. Considerando a posição financeira deteriorada de seu país, Tsipras foi obrigado a aceitar condições mais rígidas do que lhe haviam sido oferecidas três semanas antes. Ele estava ciente de que recusar e, portanto, sair da zona do euro seria um desastre para o país, para pensões e para oportunidades de trabalho. Em uma semana, tanto o parlamento grego quanto o alemão e outros parlamentos votaram a favor do acordo. Uma revolta do flanco esquerdo sufocou o líder do Syriza, causando sua renúncia como primeiro-ministro, efetuou a convocação de novas eleições e venceu-as com maioria em 20 de setembro. Ele manteve a confiança de seus eleitores, que valorizaram o fato de ter ido até o máximo possível e reconhecer que não dava mais para continuar. O seu papel de oposição europeia pagou um preço financeiro, mas trouxe ganho político, o da dignidade.

Só um líder de governo saiu bem-humorado da Eurocúpula extenuante de 12-13 de julho de 2015. Foi o conservador Mariano Rajoy; o galego, em geral sempre sério, até mesmo ergueu os dois polegares no ar.[34] Há quatro anos ele seguia fielmente a política de austeridade prescrita, "porque é preciso"; a última coisa que ele queria era ter que passar a mensagem a seus eleitores de que não teria sido necessário. A capitulação de Tsipras prejudicou os rivais domésticos de Rajoy, o partido irmão do Syriza, Podemos, tirando dele seu argumento-chave na campanha das eleições espanholas desse outono. A oposição polêmica, que se tornara bem visível na reunião de cúpula, foi interrompida e teve que se reagrupar.

Inesperadamente, forma-se, assim, uma nova arena pan-europeia a partir da política de acontecimentos e da tribuna pública que a acompanha, com oposição visível. Graças às luzes midiáticas sobre as Cúpulas e em outros grupos de crise, figuras políticas nacionais dissidentes obtêm reconhecimento em toda a União – não só como portadoras de sua bandeira nacional, mas como oponente *europeu*. A oposição polêmica mostra com fatos e palavras que os confrontos na União não são apenas de país contra país, mas também de "discurso" contra "discurso", sem com isso dar esperança de um futuro federalista à expressão institucional – uma diferença importante com o modelo construtivo parlamentar.

Da mesma forma que o governo de Tsipras, na crise da zona do euro que estava se reacendendo, ligou a luta ao discurso dominante,

---

[34] Matthias Krupa, "Wie hat die Krise Europa Verändert?", no *Die Zeit* 29, 16 de julho de 2015.

o primeiro-ministro Viktor Orbán o fez quase simultaneamente com as manchetes da crise dos refugiados. O húngaro também expressou francamente uma alternativa coerente para a linha utilizada pela União, neste caso, contra a cultura de boas-vindas de Merkel; em oposição ao motivo cristão do bom samaritano, ele colocou a imagem do cavaleiro das cruzadas como defensor do Ocidente. Também esse dissidente, por muitos considerado um nacionalista perigoso e duro, procurava respaldo público no terreno de opositor. Memorável foi a visita de Orbán, em 23 de setembro de 2015, ao líder bávaro do CSU, Horst Seehofer: este era tão crítico à política de fronteiras abertas de Merkel quanto o era seu hóspede e queria, apesar de líder de um partido político, fazer oposição nessa questão; manifestantes alemães anti-Merkel entusiasmados acolheram o húngaro como defensor da cultura europeia.[35] Meio ano depois, Orbán deu um golpe simbólico como convidado do ex-chanceler alemão Helmut Kohl, cidadão honorário da Europa.[36] Depois do inverno dramático com refugiados na neve, a ética testemunhal manifestada por Merkel e Juncker e a primazia da autopreservação defendida por Orbán finalmente se encontram nas escolhas políticas responsáveis feitas pela União e pelos Estados-membros (como o Acordo da Turquia de março de 2016), que eram boas para muitos líderes que não ousavam contrariar a chanceler alemã em voz alta. Nesse sentido, o primeiro-ministro húngaro era um oponente bem-sucedido nesse ponto em relação a seu colega grego.

Tanto na questão da moeda quanto na da fronteira, a oposição polêmica tinha seus objetivos mais duros em Berlim – para fazer frente ao poder regente mais forte da União de dentro para fora. Também isso indica o grande esforço das eleições alemãs no outono de 2017 no jogo em toda a União entre Governo e Oposição.

---

[35] Ferdinand Otto, "Horst Seehofer: Mit Orbán gegen Merkel", *Zeit Online*, 23 de setembro de 2015.

[36] *Spiegel Online*, "Orbán 80 Minuten Gast von Kohl. Besuch beim Altkanzler", 19 de abril de 2016.

UM NOVO AMBIENTE PÚBLICO

A questão fundamental há muito ignorada pela Oposição na União não pode ser "solucionada" sem mais nem menos. Nem é esse o objetivo aqui; este livro não é um manifesto. Mas eu quis enquadrar a questão de forma adequada para oferecer uma nova perspectiva. Assim, inesperadamente encontramos muitas linhas de pensamento ao longo das quais se vê a oposição pública e que podem se desenvolver. Enquanto o Poder Executivo na União for se desenvolvendo – e considerando a necessidade histórica e a determinação política é o que parece ser –, também a Oposição encontrará novos ou preferencialmente melhores caminhos para deixar ouvir sua voz de forma direcionada. Ela pode introduzir as funções vitais do poder de oposição, troca de poder, vigilância e contradição no sistema da União, com o que o público descobrirá que a "Europa" não é só impulsionada por necessidade tecnocrática, mas, em última instância, também é o resultado de escolhas livres.

A nova política da Europa não pode existir sem um novo ambiente público. Por isso, os votos contrários, as grandes atitudes do momento – Tsipras e Varoufakis na crise da zona do euro, Viktor Orbán na crise dos refugiados – desempenham um papel importante: eles fazem, sim, as escolhas políticas difíceis e tornam os dilemas visíveis aos olhos da contracorrente em massa do público europeu, de toda essa gente que para sua própria surpresa repentinamente se vê nos palcos do teatro político. Eles rompem a lógica depressora da despolitização. A disputa verbal pública oferece a quem está assistindo e aos eleitores uma visão da liberdade no presente no qual moldamos o futuro.

Aqui também existe uma tarefa especial para a imprensa e as novas mídias: elas são imprescindíveis para dar forma ao ambiente público e ligar a política e o público. Com histórias e imagens, podem reunir e ampliar espaços públicos na União – com holofotes nacionais voltados para o teatro europeu com traduções do melhor dos vizinhos, com pesquisa de desconfiança por trás dos escudos da Velha e da Nova Política.[37] Nos últimos anos, eles já nos fizeram sentir como a Europa, devido a moeda, fronteira e vizinhos, está nas fibras de todos os corpos políticos nacionais e como, inversamente, todas as eleições nacionais ressoam através de toda a União. É verdade que existem paredes e leis que oferecem firmeza à *polis*, escreveu Hannah Arendt, mas também paredes e leis não podem existir sem histórias, sem oradores, sem opositores e ouvintes que mantenham as lembranças e compartilhem as expectativas do futuro. Uma comunidade política é uma comunidade de histórias.[38]

Da mesma forma que o local para a Oposição na União precisa se formar e consolidar, ele precisa ficar aberto em Estados-membros individuais. Na Hungria e na Polônia, a separação dos poderes está sob pressão. As cortes constitucionais mais altas são colocadas sob a tutela dos governos – desde 2012 em Budapeste e em 2015 em Varsóvia. O espaço da mídia livre e das organizações sociais está sendo restrito. Por muito tempo, os governos foram reservados com críticas entre si: eles também preferem não ter gente espiando em seus países. Ficou a cargo da Comissão Europeia – com o primeiro vice-presidente de Junckers, Frans Timmermans na linha de frente – fazer com que o governo de Orbán na Hungria e o governo de Szydlo-Kaczynski na Polônia se explicassem e fossem admoestados. Para isso, a Comissão tem a autoridade do Tratado e do Juiz a seu lado. Apesar disso, não é nenhuma surpresa que o governo ultraconservador em Varsóvia culpe o social-democrata Timmermans de ter sido partidário e de atuar em conivência com a oposição local; um jornal oposicionista

---

[37] Com toda razão, um correspondente premiado disse recentemente: "Se políticos nacionais operarem mais europeiamente, os correspondentes bruxelenses terão que controlar mais nacionalmente" (Marc Peeperkorn, "Toespraak bij de Uitreiking van de Anne Vondelingprijs", no *de Volkskrant*, 30 de junho de 2017).

[38] Arendt, *Human Condition*, p. 192.

o proclamou "o homem do ano". A réplica da Comissão e da União como um todo precisa ser: não, nada de apoio a uma oposição local, mas "para a Oposição" como tal. Garantia de contradição e oxigênio para a vida política.

A volta da História que vivenciamos desde 1989 e que desde 2008 sem dúvida nenhuma entrou num curso vertiginoso traz dentro de si o renascimento da política em si. A democracia não é apenas um mecanismo de tomada de decisão, mas também uma maneira de tornar visíveis conflitos sociais e políticos. Fazer oposição, contradizer e dissenso podem proporcionar novamente a dinâmica à Europa sem a qual a política de acontecimentos não poderá continuar se desenvolvendo.

Essa inversão deverá levar a uma União com mais agitação e barulho, mais drama e discussão – um desenvolvimento não isento de risco. Mas o apreciado consenso da política de regras de muitos, que mais e mais eleitores não mais consideram verossímil, é insuficiente para uma União que precisa agir. O efeito vinculante do dissenso subentende duas questões importantes: a autoconfiança de que a União resiste a solavancos e – em linha com o espírito de seus primeiros construtores – o convencimento de que aquilo que nos une como europeus neste continente é maior e mais forte do que aquilo que nos divide.

Notas

Os textos oficiais dos Tratados da União podem ser encontrados em eur-lex.europa.eu. Como é habitual na literatura técnica, "TUE" remete ao tratado referente à União Europeia ("Tratado da União Europeia") e "TFUE" ao tratado relacionado ao funcionamento da União Europeia ("Tratado de Funcionamento da União Europeia", o antigo Tratado da Comunidade). Também as Conclusões e Declarações do Conselho Europeu, Comunicados da Comissão e discursos e entrevistas coletivas de presidentes da UE podem ser facilmente encontrados digitalmente.

Do mesmo autor, leia também:

Amartya Sen, Jürgen Habermas, Rémi Brague e outros doze dos mais prestigiados pensadores da atualidade, de posicionamentos políticos bastante diversificados, estão reunidos neste volume a fim de discutir caminhos para o aprimoramento e a manutenção da harmonia europeia. O convite partiu de Herman Van Rompuy, presidente do Conselho Europeu quando a União Europeia recebeu, em 2012, o Prêmio Nobel da Paz – e que enfrentou, enquanto ocupava esse cargo, desafios perturbadores como as ondas de imigração ilegal, a ascensão de movimentos populistas e o agravamento da crise do euro. Como organizadores da coletânea estão o liberal Luuk van Middelaar e o progressista Philippe Van Parijs. As perspectivas econômica, filosófica, histórica e sociológica aqui se encontram para que se discutam, sem medo da discordância, os temas mais urgentes para a causa da sobrevivência da civilização.

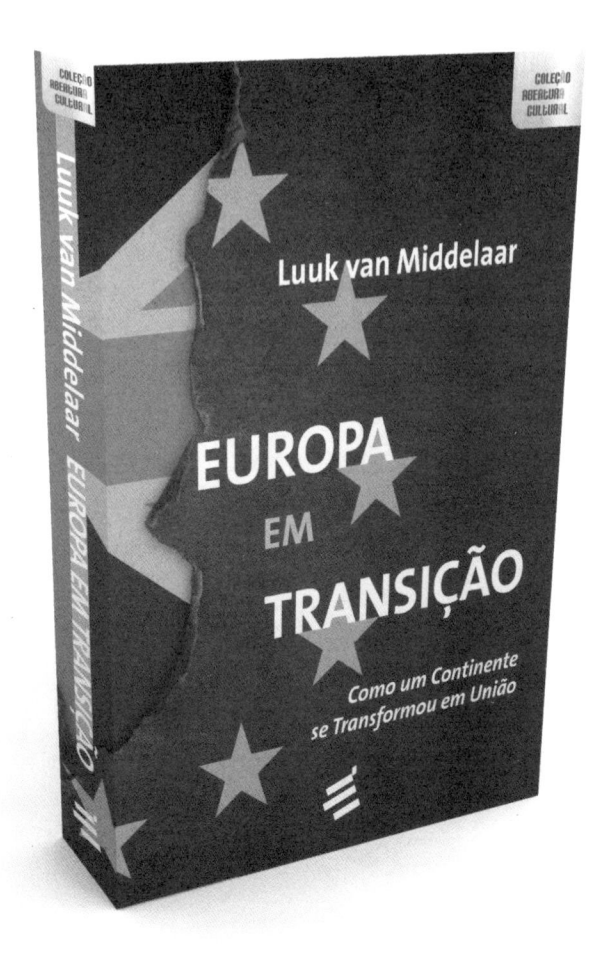

Duas reações frequentes ao projeto da União Europeia são o entusiasmo com a possibilidade de um continente igualitário e o receio de que tal integração ameace a soberania nacional. Luuk van Middelaar se exime de ambos os extremos neste apanhado histórico que se divide em três enfoques: primeiro, a tensão entre a coletividade europeia e os seus Estados-membros, principalmente no nível da tomada de decisões e da criação de leis; em seguida, a integração do bloco europeu com o restante do mundo, sob as condições impostas por cada circunstância histórica; por fim, o tratamento da UE para com seus indivíduos, a fim de que seus governantes não estejam desvinculados da população. Enfrenta-se, assim, um problema clássico da filosofia – "O que é e como surge a política?" –, mas em uma perspectiva nova, que só a nossa época tornou possível – talvez necessária: a da integração internacional.

O livro trata principalmente da forte influência que o marxista russo Alexandre Kojève teve sobre uma geração inteira de intelectuais franceses, como Maurice Merleau-Ponty, Raymond Aron, Georges Bataille, Jacques Lacan, Raymond Queneau e André Breton, que na década de 1930 assistiam às suas aulas sobre a Fenomenologia do Espírito, de Hegel, na École Practique dês Hautes Études em Paris. Alexandre Kojève foi o criador do conceito do "fim da história", tal como preconizado pelo americano Francis Fukuyama logo após a Queda do Muro de Berlim em 1989. Kojève concebeu esse conceito a partir da dialética do senhor e do servo, de Hegel, onde todos os conflitos políticos terminariam depois que o ser humano atingisse um estágio de plena consciência. Em contraste com este último, porém, Kojève previa a necessidade de um Estado após o fim da história, e no contexto marxista esse Estado seria responsável pela "administração das coisas". Dada a plena satisfação de seus cidadãos, o advento desse "Estado Universal e Homogêneo" implicaria no fim da política como forma de manifestação dos anseios e das necessidades humanas.

Você poderá interessar-se também por:

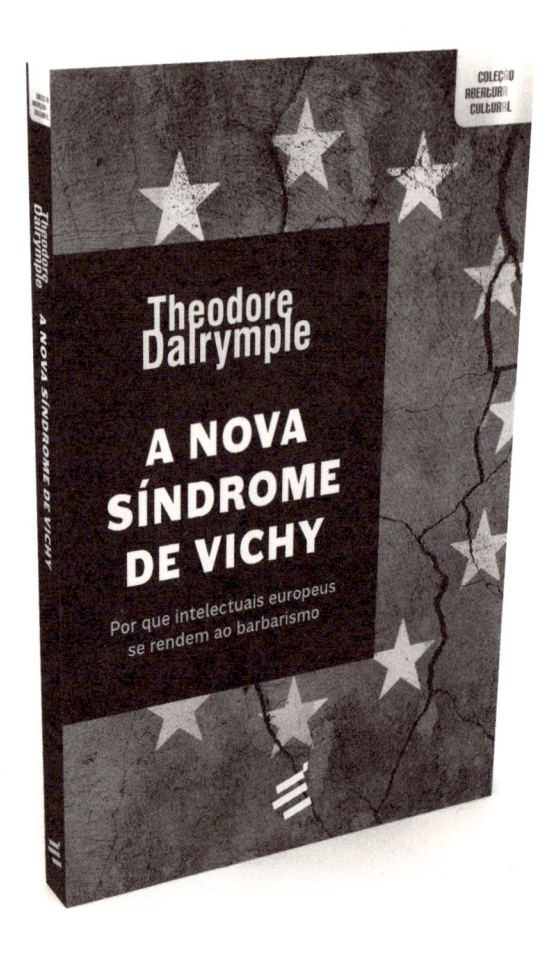

THEODORE DALRYMPLE
A NOVA SÍNDROME DE VICHY
Por que intelectuais europeus se rendem ao barbarismo

Em *A Nova Síndrome de Vichy*, Theodore Dalrymple remonta o mal-estar europeu até as duas guerras mundiais do século passado, com os seus desastrosos embora compreensíveis efeitos sobre a autoconfiança da população do continente. Como resultado de seu passado recente, os europeus não acreditam mais em nada, exceto na segurança econômica, no aumento do padrão de vida, na redução da jornada de trabalho e na ampliação das férias em lugares exóticos. Como consequência, não conseguem estar à altura dos desafios que os assaltam, seja no tocante à crescente penetração islâmica na Europa, seja em relação à crescente competitividade da economia mundial.

facebook.com/erealizacoeseditora   twitter.com/erealizacoes   instagram.com/erealizacoes   youtube.com/editorae

issuu.com/editora_e   erealizacoes.com.br   atendimento@erealizacoes.com.br